Andreas Paul Kaiser

Glücksformel WANDERN

Wie Schritt für Schritt gute Gefühle entstehen

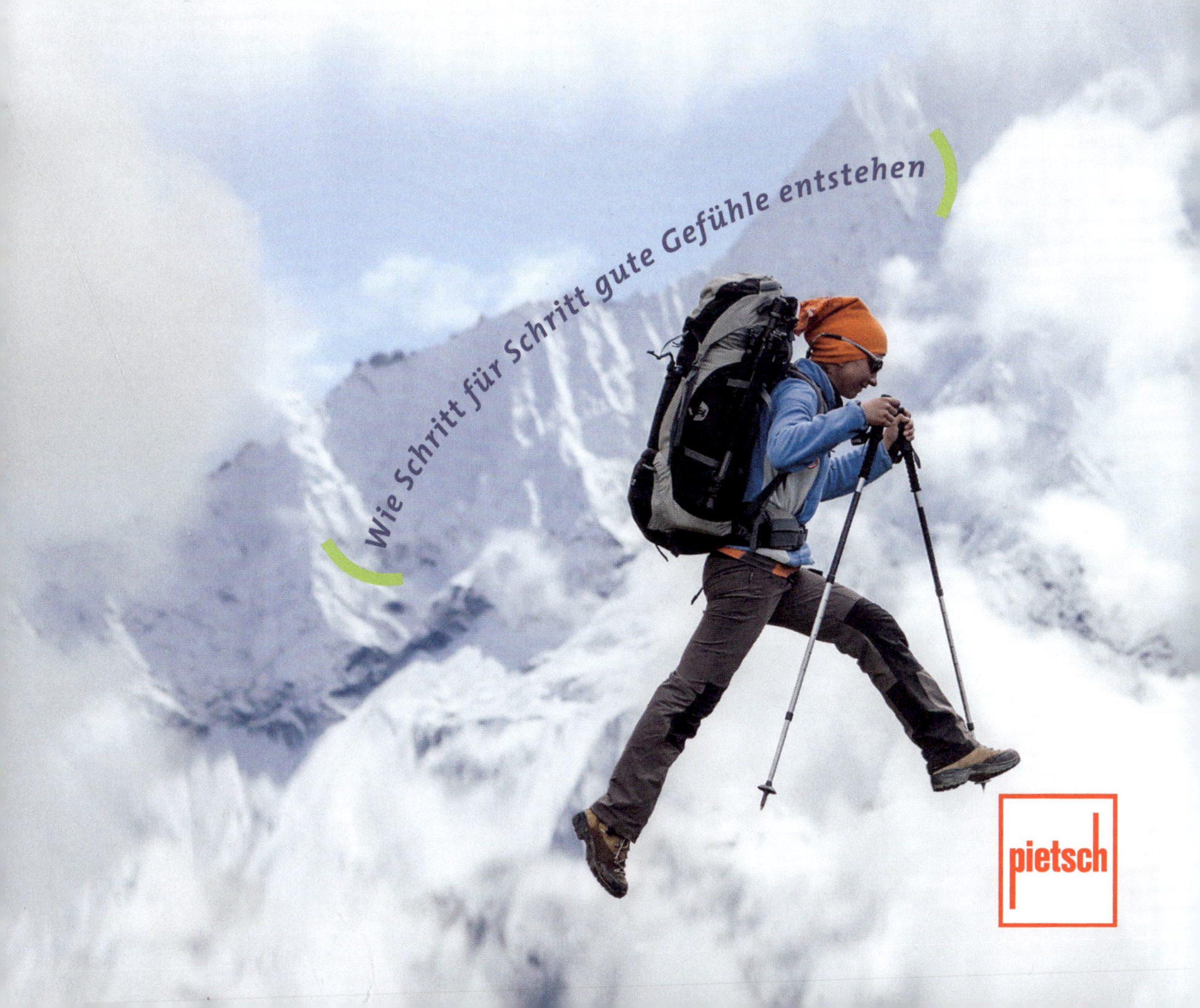

pietsch

Bildnachweis: Alle Fotos stammen vom Autor mit den folgenden Ausnahmen: S. 38/39: Shutterstock.com / Wirestock Creators, Shutterstock.com / Mikadun; S. 129: Shutterstock.com / Brent Hofacker
Titelbild: © Shutterstock.com / My Good Images

ISBN 978-3-613-50916-0

Ein Unternehmen der Paul Pietsch Verlage GmbH & Co. KG
1. Auflage 2020

Sie finden uns im Internet unter www.pietsch-verlag.de

Lektorat: Ulrike Ruh
Cover, Layout und Satz: grafik+design Kornelia Erlewein
Druck und Bindung: Graspo CZ, 76302 Zlín
Printed in Czech Republic

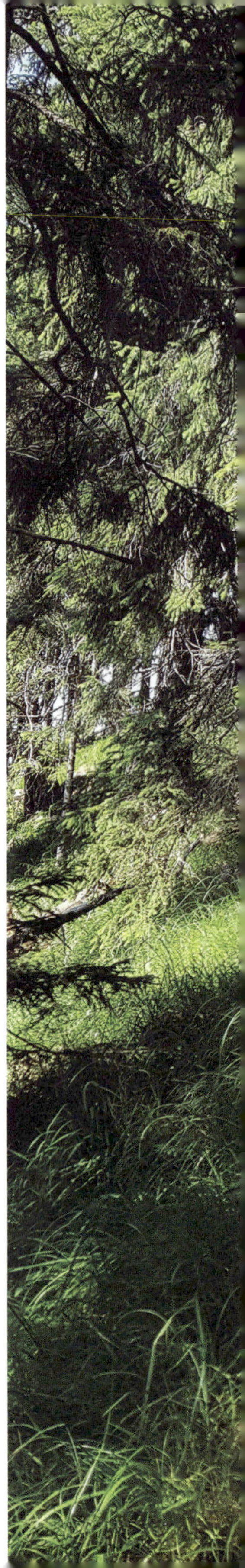

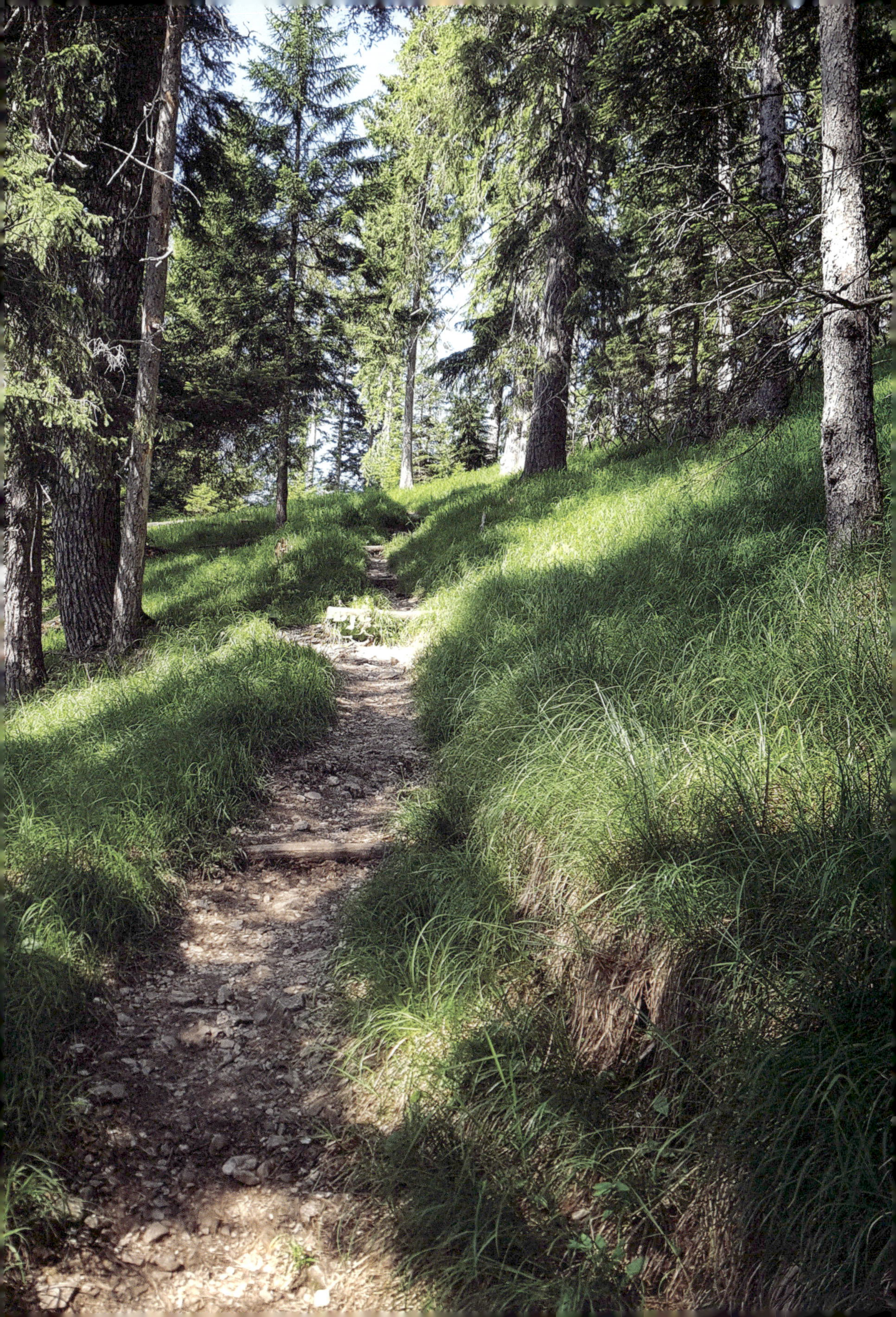

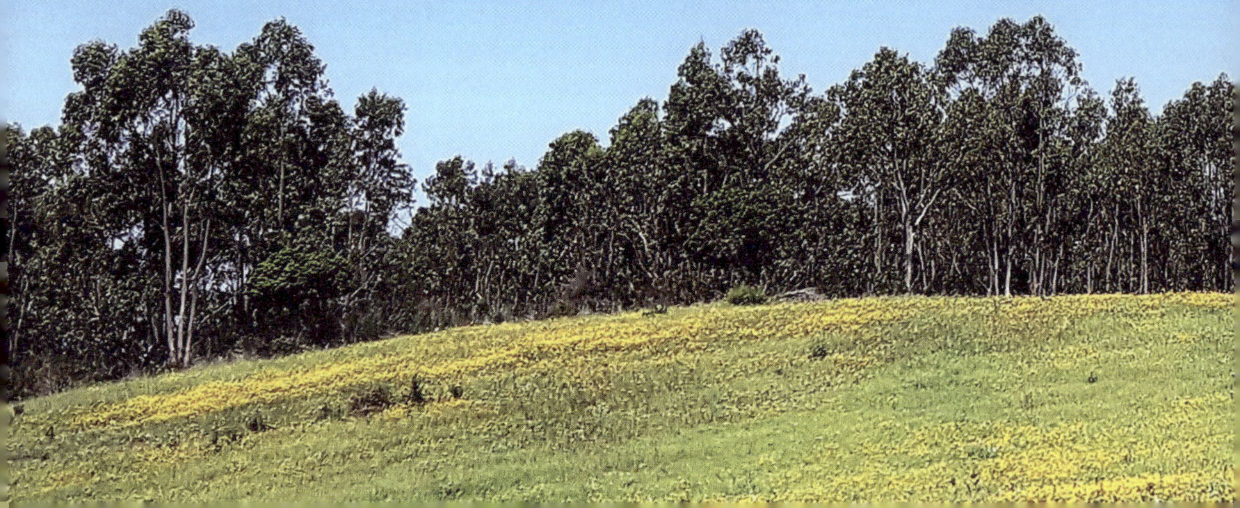

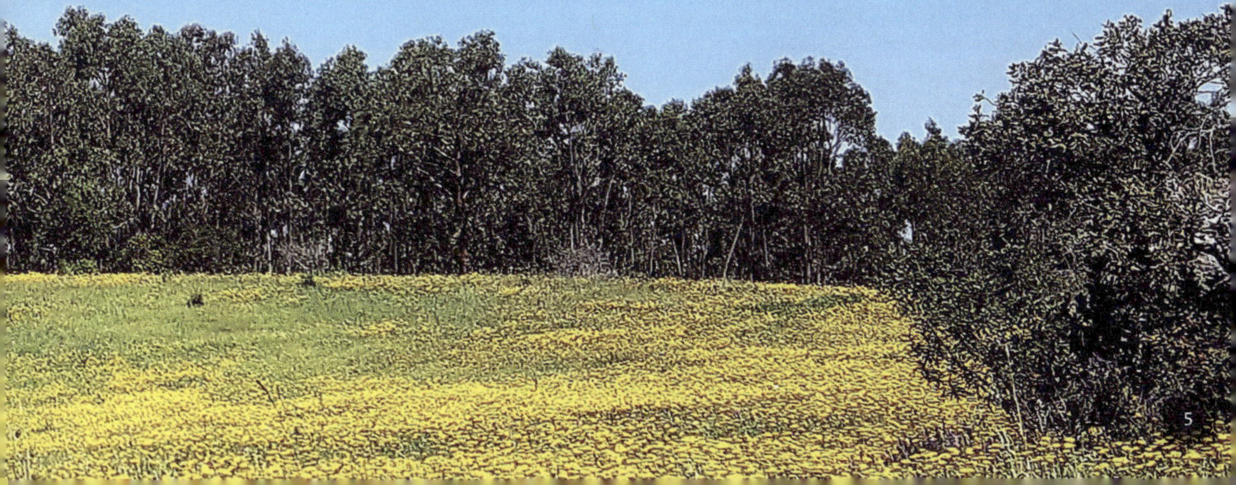

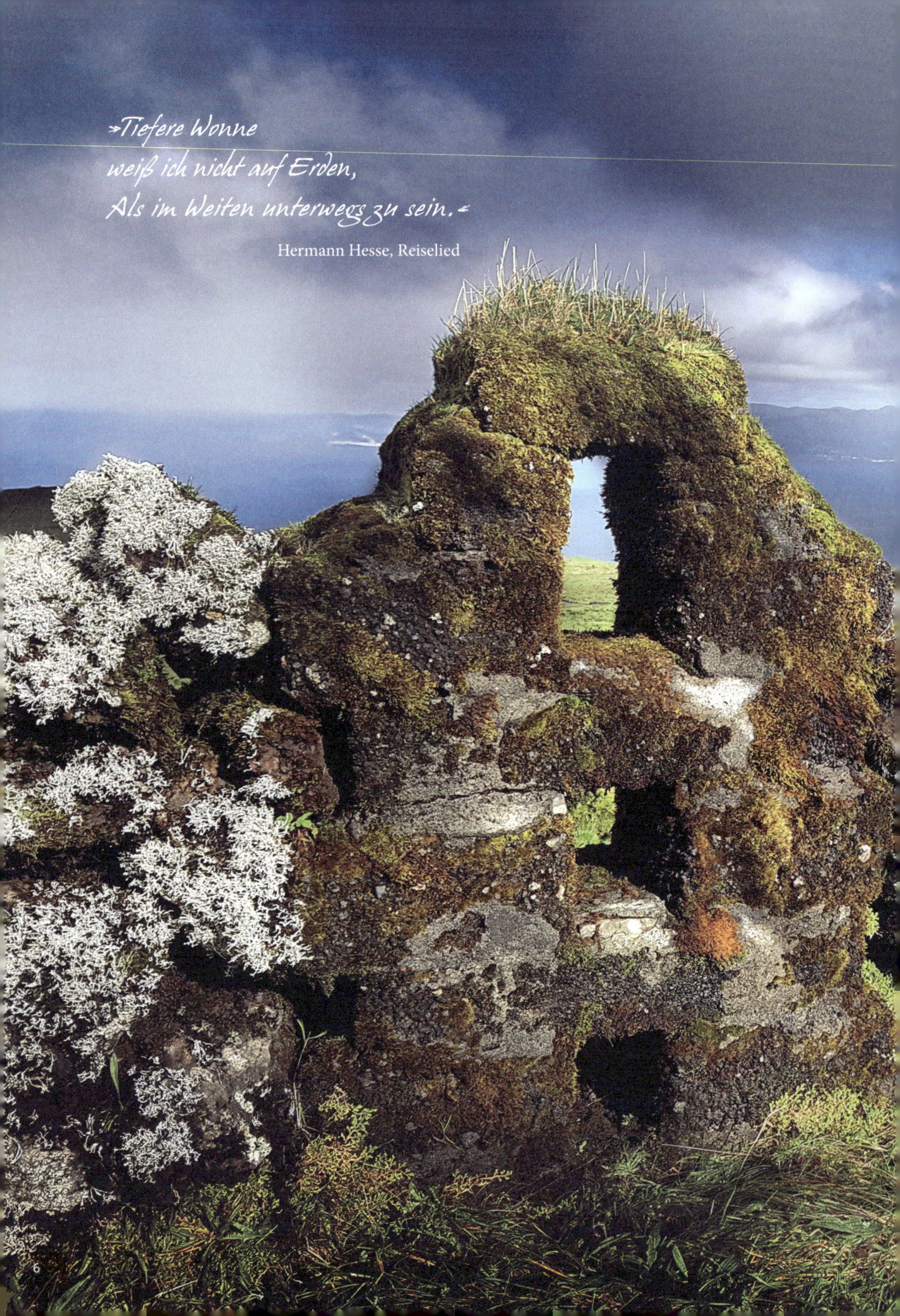

»Tiefere Wonne
weiß ich nicht auf Erden,
Als im Weiten unterwegs zu sein.«

Hermann Hesse, Reiselied

01 »Ich bin dann mal weg«

oder wie für mich alles begann

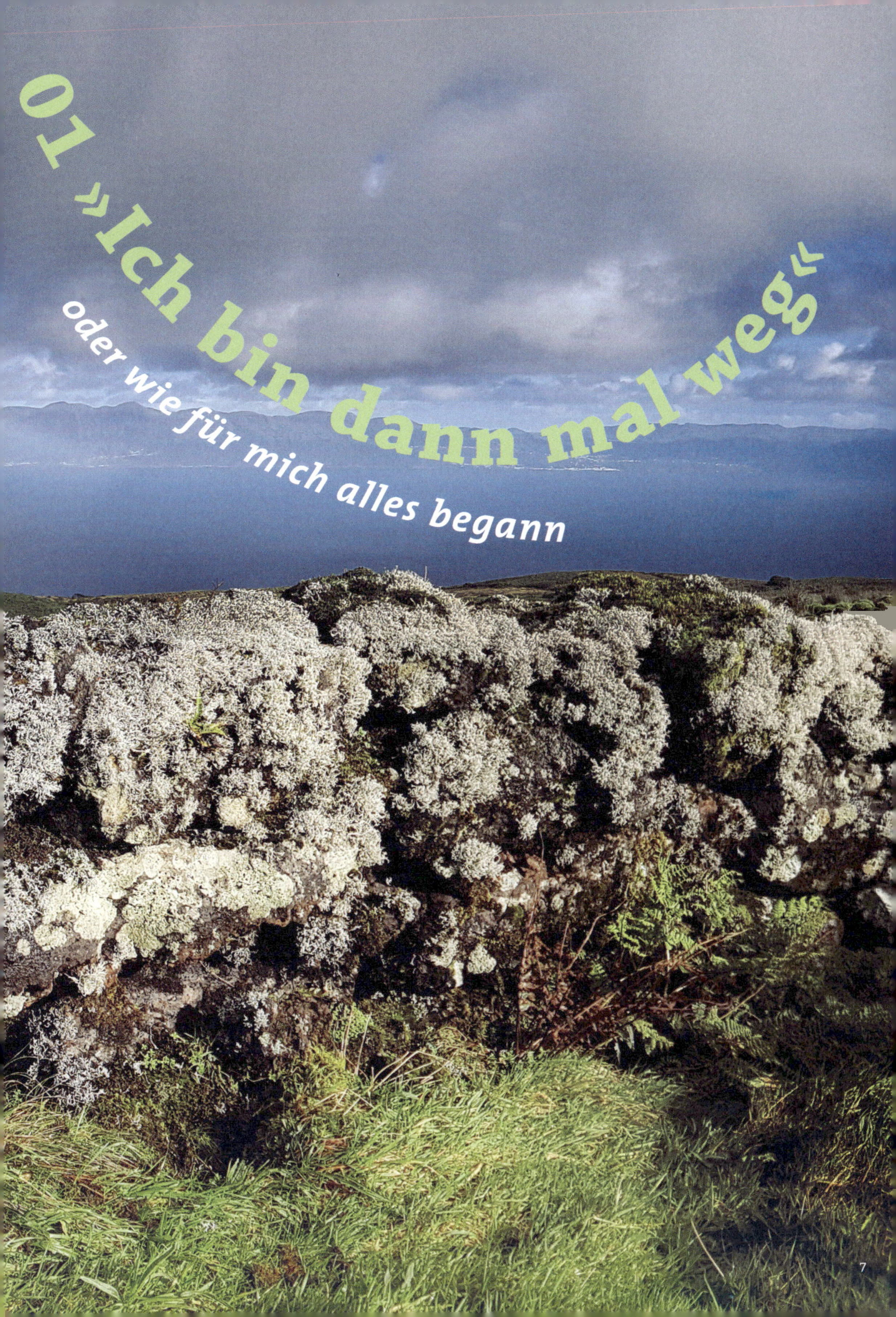

Die Zeiger meiner Armbanduhr stehen auf 11 Uhr 28. Es ist der 4. August 2017, ein Freitag. Ich erreiche in diesem Moment den höchsten Punkt und gleichzeitig den Höhepunkt meiner Alpenüberquerung – meiner ersten Fernwanderung überhaupt. Mein Standort: 3210 Meter über dem Meeresspiegel auf dem Tisenjoch an der Grenze zwischen Tirol in Österreich und Südtirol in Italien. Am 19.09.1991 wurde hier der mumifizierte Leichnam von »Ötzi« einem schmelzenden Gletscher entrissen. Drei unscheinbare, dunkelrote Farbtupfer markieren den Fundort in einer Felsengasse.

Ich bin müde und erschöpft. Die Nacht war so kalt, dass ich kaum schlafen konnte. Im eiskalten Gletscherbach neben meinem Lagerplatz war nur Katzenwäsche möglich. Jetzt dagegen bin ich überhitzt und verschwitzt. Schweiß brennt in meinen Augen. Meine Beine sind zittrig und schwer. Ich habe das Gefühl, meine Schuhsohlen seien aus Blei. Meine Schultern sind vom tagelangen Tragen des schweren 40-Liter-Rucksacks verspannt und schmerzen höllisch. Mein Puls rast, mein Körper ringt mit der dünnen Höhenluft. Ich habe Hunger, fühle mich jedoch zu kaputt zum Essen.

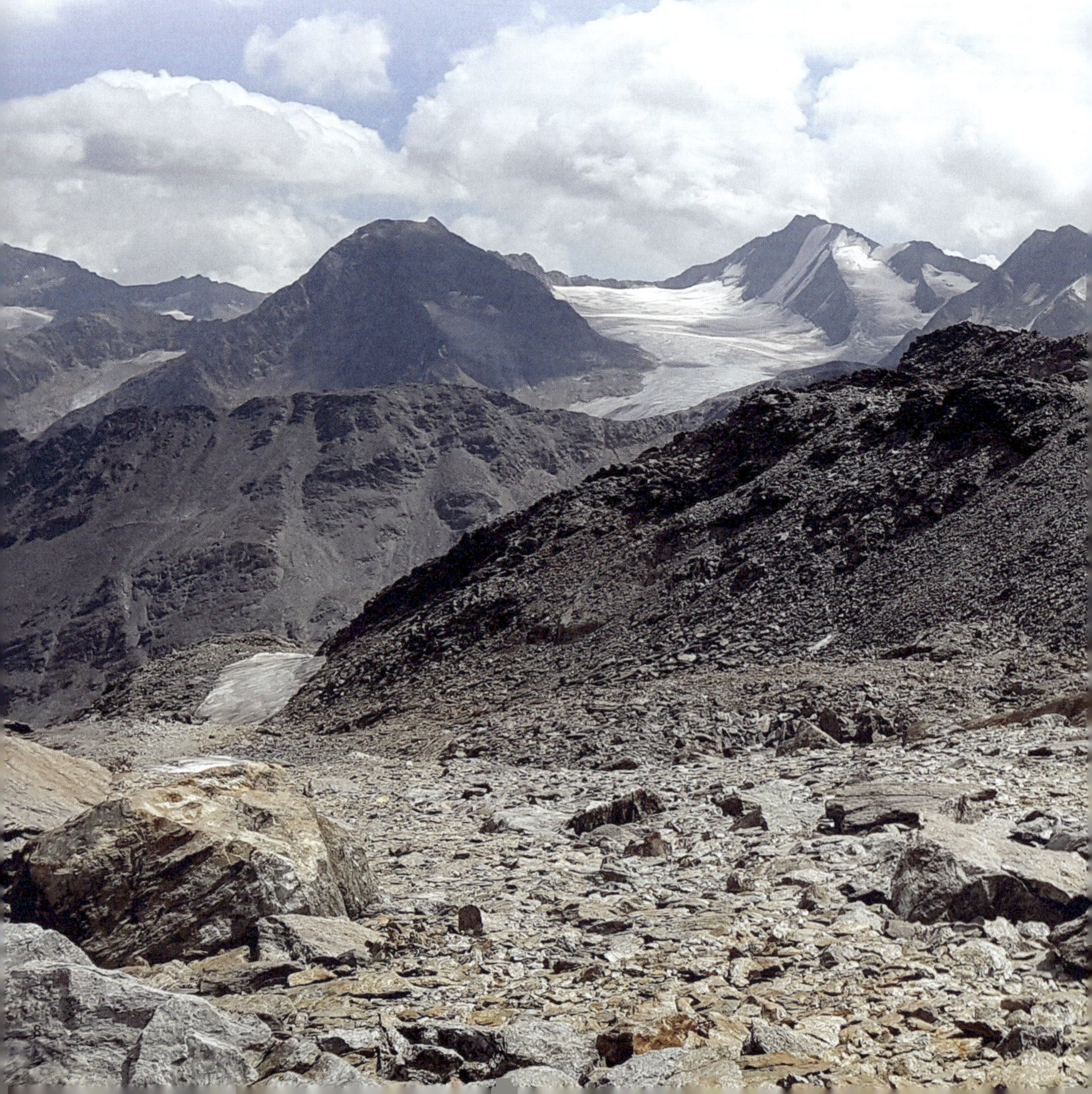

Mein Mund ist trocken, meine Lippen aufgerissen. Ich hatte in den vergangenen Stunden zu wenig getrunken. Seit dem Morgen habe ich nur ein Ziel: die Fundstelle von Ötzi zu erreichen.

Doch trotz aller körperlichen Kalamitäten ist meine Unternehmungslust ungebrochen. Der Himmel ist von einem makellosen Blau und die Sonne erwärmt die vegetationslose Hochgebirgslandschaft auf angenehme 20°C. Ich spüre die prickelnde Magie, die diesen besonderen Ort beseelt. Ich lege eine Pause ein und lehne mich dabei an einen von Glimmerpartikeln schimmernden Felsen. Schnell kehren meine Kräfte zurück.

Rundherum Stille. Keine Menschenseele außer mir. Nur die markante, aus einem Firn- und Eispanzer herausragende Felspyramide des Similaun im Südosten leistet mir Gesellschaft. Mein hellgrüner Rucksack ist der einzige Farbklecks in dieser wunderschönen und zugleich lebensfeindlichen Urlandschaft. Nein, da gibt es noch einen: das Türkis des Vernagt-Stausees tief unter mir im Schnalstal.

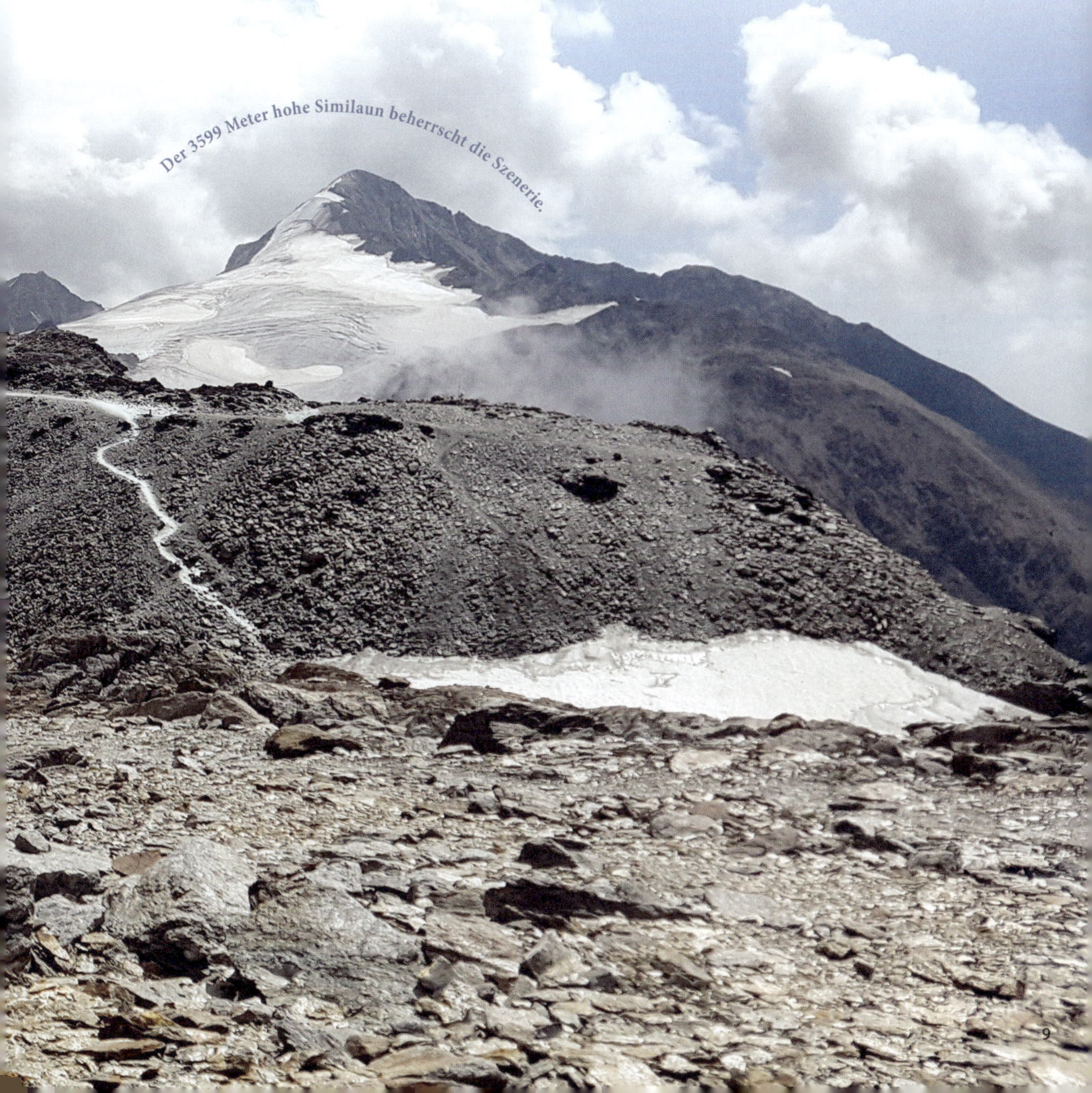

Der 3599 Meter hohe Similaun beherrscht die Szenerie.

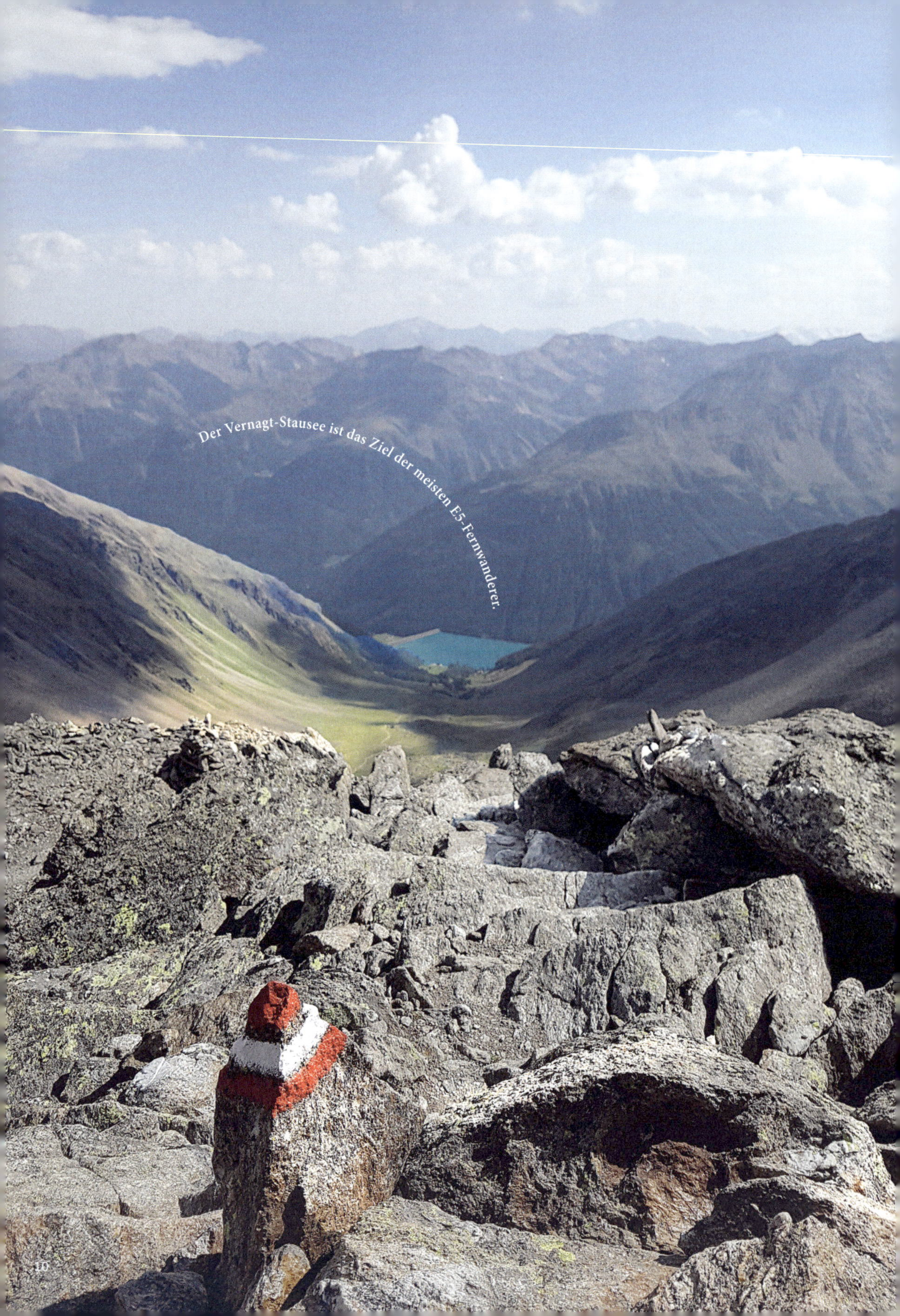
Der Vernagt-Stausee ist das Ziel der meisten E5-Fernwanderer.

Er kennzeichnet für die meisten Alpenüberquerer, die die populäre E5-Route von Oberstdorf nach Meran gehen, den Endpunkt ihrer Fernwanderung. Für mich markiert er jedoch nur eine Zwischenetappe. Ich will vollends und real weiter bis nach Meran wandern. Noch 60 Kilometer bis zum Ziel. Sechs Tagesetappen in Folge bin ich nun schon unterwegs, von meinem Wohnort Garmisch-Partenkirchen nach Meran in Südtirol, auf selbst ausgearbeiteter Route. Gut 160 Kilometer und über 5000 bewältigte Höhenmeter liegen hinter mir. Von jetzt an würde es nur noch bergab gehen. Ich spüre, dass sich in den letzten Tagen etwas verändert hat. Es ist ein Gefühl irgendwo zwischen **»Endlich hat die Schinderei ein Ende!«** und **»Hoffentlich hört dieses Erlebnis nie auf!«**, das sich am Tisenjoch, der Ötzi-Fundstelle, meiner bemächtigt – Karussell im Kopf.

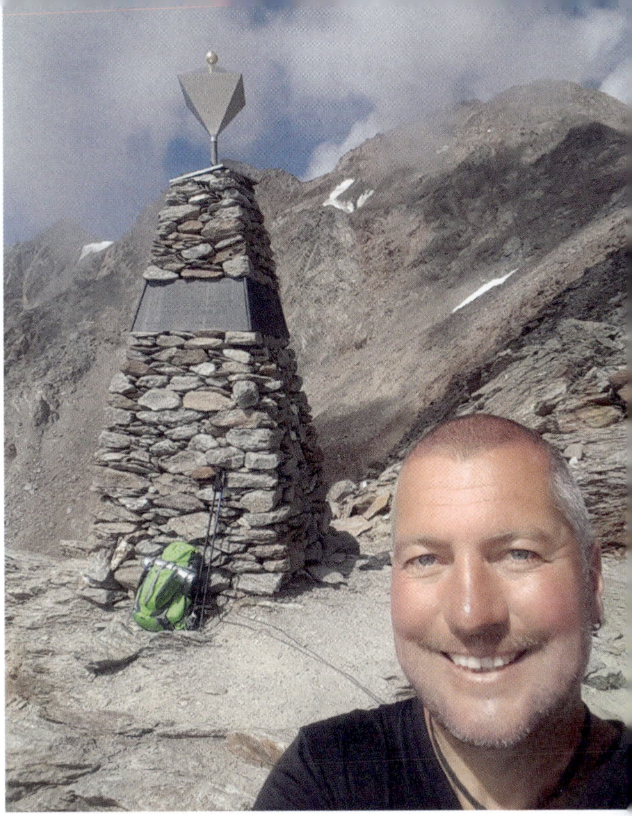

Die Ankunft an der Ötzi-Fundstelle ist mehr als nur der geographische Höhepunkt meiner Alpenüberquerung.

Ich frage mich, was mich eigentlich überhaupt dazu gebracht hat, quer über die Alpen zu laufen? Eine Strecke zu Fuß zurückzulegen, die man in wenigen Stunden bequem mit dem Auto bewältigen könnte? Warum habe ich mich überhaupt auf dieses Abenteuer eingelassen und was hat es in mir bewirkt? Hat sich für mich wirklich etwas verändert oder bilde ich mir das bloß ein? Und wenn ja, was genau? Wiegt das Glücksgefühl, das mich gerade durchflutet, die Mühen und Plagen auf? Eine klare Antwort darauf finde ich an der Ötzi-Fundstelle nicht wirklich. Ich betrachte das Denkmal am archäologischen Fundort in der Nähe meines Rastplatzes – es besteht aus vielen einzelnen aufeinandergeschichteten Natursteinen, die eine pyramidale Form ergeben. Zumindest wird mir spätestens jetzt und hier am Tisenjoch an der Ötzi-Fundstelle klar, dass ich zum begeisterten Fernwanderer geworden bin! Was nun genau dazu beigetragen hat, muss ich allerdings noch entschlüsseln.

Ich war schon immer viel draußen unterwegs. 1969 im Olympiaort Garmisch-Partenkirchen geboren, wuchs ich im gleichnamigen Landkreis auf. Zu wandern und auf Berge zu steigen wurde mir quasi von der Geographie mit in die Wiege gelegt. Eine mehrtägige Fernwanderung über mehrere Tage kam mir jedoch nur sporadisch in den Sinn. Am 22. Mai 2006 erschien das Buch »Ich bin dann mal weg« des deutschen Entertainers Hape Kerkeling. Sagenhafte 103 Wochen führte es zwischen 2006 und 2008 die Spiegel-Bestsellerliste an und verkaufte sich bis heute 4 Millionen Mal. Der Komiker beschreibt darin seine Erlebnisse auf dem Jakobsweg nach Santiago de Compostela im Jahr 2001. Die Auslöser für seine Pilgerreise waren ein Hörsturz und auch seine Auseinandersetzung mit Shirley MacLaines Buch **»Der Jakobsweg: eine spirituelle Reise«** hatte eine Rolle gespielt. Er fasste somit den Entschluss, einfach »mal weg zu sein« – was inzwischen schon zu einem geflügelten Wort geworden ist. Viele behaupten, sein Buch habe den Startschuss zu einem Fernwanderboom gegeben.

Fakt ist, dass das Fernwandern und Pilgern durch **»Ich bin dann mal weg«** bei vielen Menschen in den Fokus geriet und heute »in« ist. Auf mich traf das nicht zu, ich las das Buch erst sehr viel später.

Ich weiß aber noch, dass ich mich im Frühjahr 2017 dabei ertappte, die beiden Filme **»Wunderschön«** (WDR, Tamina Kallert, 2015) und **»Im Rausch der Höhe«** (ZDF-Doku, Barbara Lueg, 2016), bei denen es ums Thema Alpenüberquerung ging, zum x-ten Mal in YouTube anzusehen. Die Zeit für meine erste Fernwanderung schien reif zu sein. Der Wunsch nach einer Alpenüberquerung wurde mir plötzlich bewusst.

Während ich ein Jahr zuvor noch meine fiktiven Romanfiguren **Mia und Paul Bergmueller** über die Alpen geschickt hatte – zu meinen Hobbys zählt auch das Romaneschreiben – ließ ich Mia und Paul an meiner statt über die Berge wandern ... meine Gedanken forderten einen Entschluss. Wandere über die Alpen! Suche die Orte auf, an denen die von dir erfundene Romanhandlung spielt! Wandere auf den Spuren von Mia und Paul über die Alpen! Dass diese Unternehmung für mich zum prägenden Wandererlebnis werden sollte, konnte ich zum damaligen Zeitpunkt noch nicht ahnen.

Ideen hat man naturgemäß spontan und plötzlich, zumindest empfindet man es oft so. Ich erinnere mich noch genau an den Tag, als ich mir die Alpenüberquerung konkret vornahm: Es war der 11. Februar 2017. Ein Samstag. Dafür gab es einen konkreten Auslöser. Eine Kollegin um die 50 hatte mir erzählt, dass sie in den kommenden Sommerferien in Peru den Inka-Trail gehen wolle. **»Wann, wenn nicht jetzt?«** war ihre Begründung, die sie mit **»jünger werde ich nicht mehr«** bekräftigte. **»Wann, wenn nicht jetzt?«** hämmerte es die Tage danach zwischen meinen Schläfen. Auch ich ging damals auf die 50 zu. Sollte ich wirklich noch länger mit der Alpenüberquerung warten, die mir bereits seit Jahrzehnten als Idee durch den Kopf geisterte? **»Wann, wenn nicht jetzt? Wann denn bitte, wenn nicht jetzt? Wann, ja verdammt nochmal, wenn nicht jetzt!?«**

So konkretisierte sich am 11.02.2017 meine Idee. Ich will im Sommer über die Alpen wandern. Von meinem Heimatort Garmisch-Partenkirchen nach Meran. Doch zwischen **»ich will«** und **»ich kann«** liegen bekanntlich Welten.

Also zog ich mich einige Tage lang zurück, um die Eckdaten wie die mögliche etwaige Wegstrecke und die zu überwindenden Höhenmeter des geplanten Unternehmens grob abzustecken und mit meinem physischen und psychischen Potential zu vergleichen.

Etwa 160 Kilometer, je nach Streckenwahl, und um die 5000 Höhenmeter würden zusammenkommen. Würde ich diesen Ultra-Marathon in einer guten Woche bewältigen können?
Wenn ich mir etwas vornehme, ziehe ich es durch. Egal, welche Mühen es mir abverlangt. Dass im Verlauf meiner Alpenüberquerung jedoch besonders der Kopf und nicht der Körper Fürsorge und ständiges Pampern verlangen würde – so viel sei schon einmal vorweg genommen – das war mir zu jenem Zeitpunkt noch nicht klar.

Wie sah es mit meiner Physis aus? An die Form, die ich Ende der 90er Jahre durch meine damaligen Bergaktivitäten hatte, würde ich nicht wieder anknüpfen können. Zumindest nicht in Sachen Kraft und Geschwindigkeit. Ich fragte mich, wie ich wieder besser in Form kommen könnte.
»Die Grundkondition bleibt«, motivierte mich ein Bekannter. **»Das ist wie mit dem Schwimmen oder Radfahren. Wenn du es einmal gelernt hast, dann kannst du es dein Leben lang und verlernst es nie wieder.«**

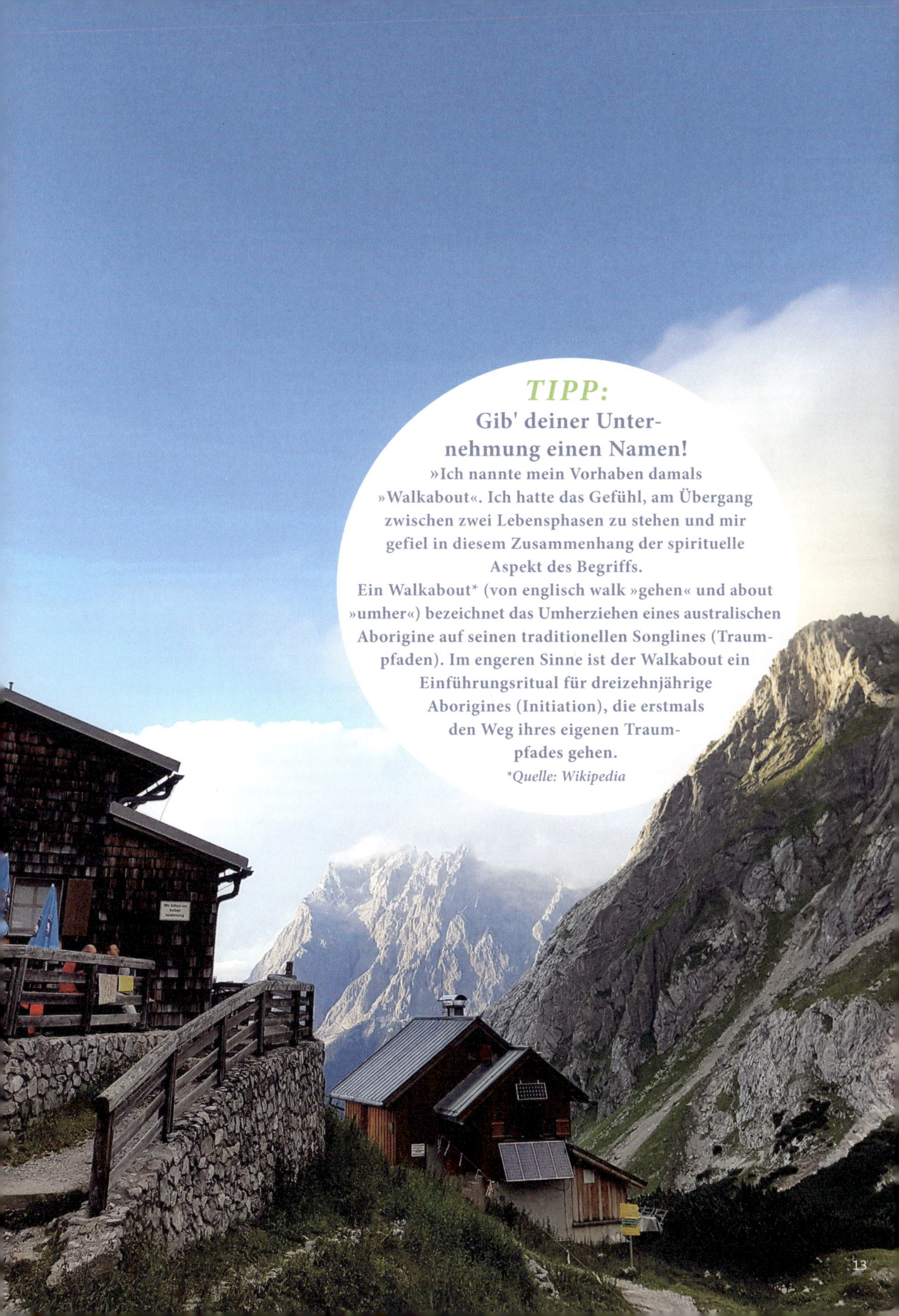

TIPP:

Gib' deiner Unternehmung einen Namen!

»Ich nannte mein Vorhaben damals »Walkabout«. Ich hatte das Gefühl, am Übergang zwischen zwei Lebensphasen zu stehen und mir gefiel in diesem Zusammenhang der spirituelle Aspekt des Begriffs.

Ein Walkabout* (von englisch walk »gehen« und about »umher«) bezeichnet das Umherziehen eines australischen Aborigine auf seinen traditionellen Songlines (Traumpfaden). Im engeren Sinne ist der Walkabout ein Einführungsritual für dreizehnjährige Aborigines (Initiation), die erstmals den Weg ihres eigenen Traumpfades gehen.

**Quelle: Wikipedia*

TIPP:

Streckenplanung vor der Wanderung

Als Erstes legst du die grobe Streckenführung deiner Fernwanderung mit Hilfe einer kleinmaßstäbigen Karte, das ist eine Karte mit einer großen Maßstabszahl, z. B. 1 : 200.000, fest. Wenn die ungefähre Streckenführung steht, gehst du in die Detailplanung. Dafür benötigst du eine großmaßstäbige Karte, also ein Blatt mit kleiner Maßstabszahl. Für Wanderer ideal sind zu diesem Zweck Karten im Maßstab 1 : 25.000. Die großmaßstäbige Karte bietet den für deine Planung notwendigen Detailreichtum, verliert jedoch im Vergleich zu einer kleinmaßstäbigen Karte in Sachen Übersichtlichkeit. Zeitgemäß ist eine digitale Routenplanung. Du benötigst dafür eine digitale, im Idealfall routingfähige Karte und erstellst, indem du mit der Maus den Weg abklickst, den du später gehen möchtest, sogenannte Tracks. Für jede geplante Tagesetappe einen. Diese Tracks gilt es anschließend auf das GPS-Gerät oder das Smartphone mit entsprechender Navigations-App zu übertragen. Auf Tour musst du dem auf dem Display in der Karte dargestellten Track nur folgen, um auf dem richtigen Pfad zu bleiben. Navigation – Kindersache.

Neben den Tracks lege ich stets eine kleine aber wichtige Zusammenstellung von Wegpunkten an. In erster Linie sind das die Koordinaten der Häuser, in denen ich zu übernachten vorhabe, aber auch solcher, die auf oder in der Nähe meiner Route liegen. Man weiß ja nie. Vielleicht muss man aus irgendwelchen Gründen meteorologischer oder konditioneller/medizinischer Art von seiner Planung abweichen und auf Alternativen zurückgreifen. Zu den Standortkoordinaten

GPS-Handempfänger und Smartphones sind heute gleichwertige Navigationstools.

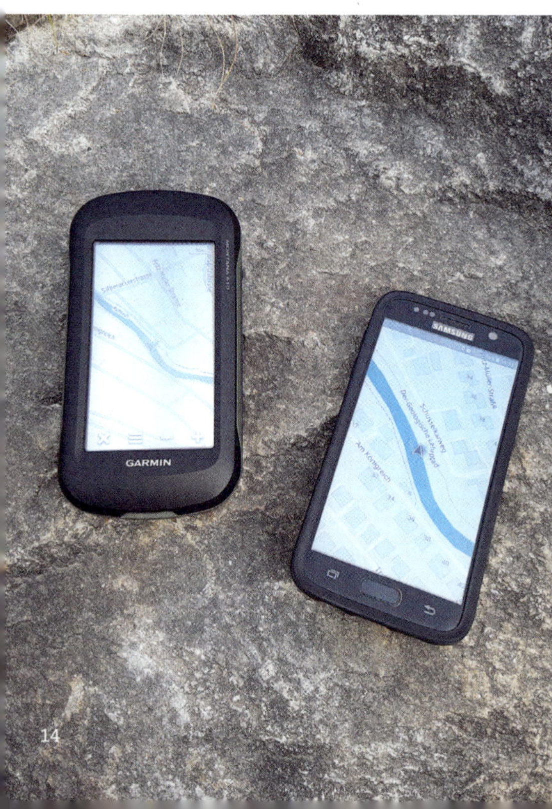

Willst du intensiv mit dem Handy navigieren, nimm' auch einen Akkupack mit!

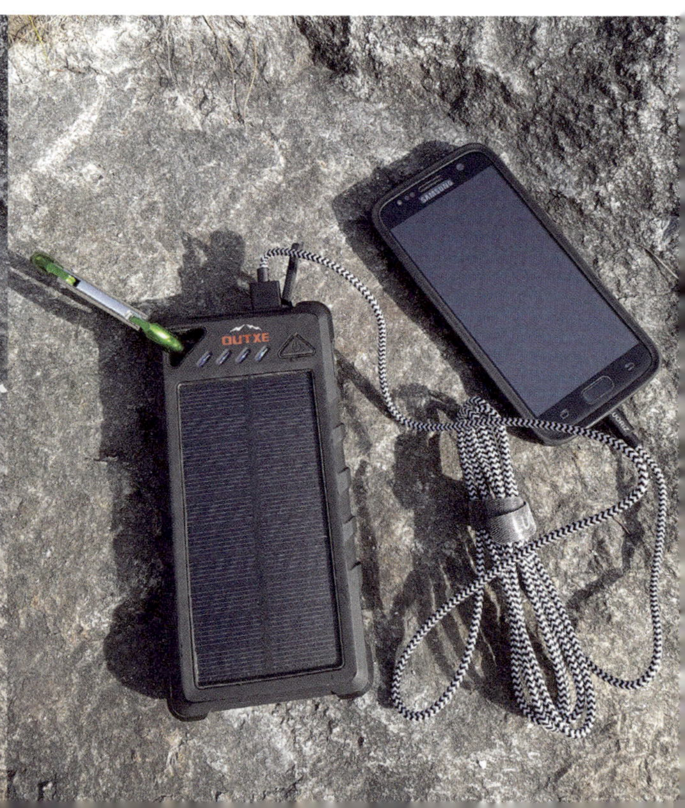

der Übernachtungsstätten speichere ich unter »Wegpunkteigenschaften« auch gleich deren Telefonnummern und eMail-Adressen, sofern verfügbar. Paperless Office, auch im Rucksack!

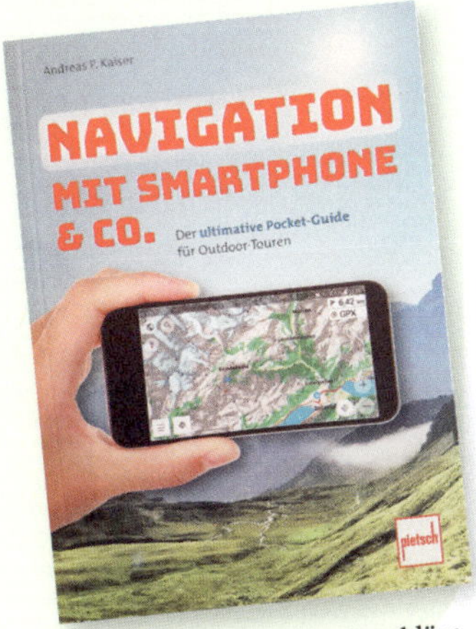

In meinem Pocket-Guide erkläre ich, wie du dein Smartphone in ein vollwertiges GPS-Navigationsgerät verwandelst.

TIPP:

GPSR und Smartphone – vielseitige Navigationstools

Unterwegs im Gelände verlasse ich mich in erster Linie auf meine navigationstechnische Erfahrung und auf die Wegweiser. Erst dann – wenn überhaupt noch notwendig – greife ich zur GPS-Technik, entweder mittels GPSR (GPS Receiver-Handgerät) oder navigationsfähigem Smartphone. Moderne Smartphones stehen inzwischen auch ausgewachsenen GPSRs in nichts nach.

GPS-Technik ist bei mir zunächst ein wichtiges Notfall-Backup. Ich erlebte in den Bergen z. B. schon Nebel, der nur wenige Meter Sicht zuließ. Da war es unumgänglich mit Hilfe der digitalen Welt auf dem Display des GPSR zu navigieren.

Als schönen Nebeneffekt nutze ich die GPS-Technik als Aufzeichnungswerkzeug für meine zurückgelegte Wegstrecke. Das GPS-Gerät führt nämlich jede Sekunde eine Ortsbestimmung durch und speichert diese Wegpunkte als sogenanntes Tracklog. Dieses kann man später zu Hause am PC auslesen, archivieren und sich z. B. in Google Earth anzeigen lassen. Ein schönes Feature.

Auch die Kopplung geschossener Fotos mit dem Tracklog, das sogenannte Geotagging, ist mit entsprechender Software möglich. Smartphones verfügen oft schon vom Werk aus über dieses praktische Feature.

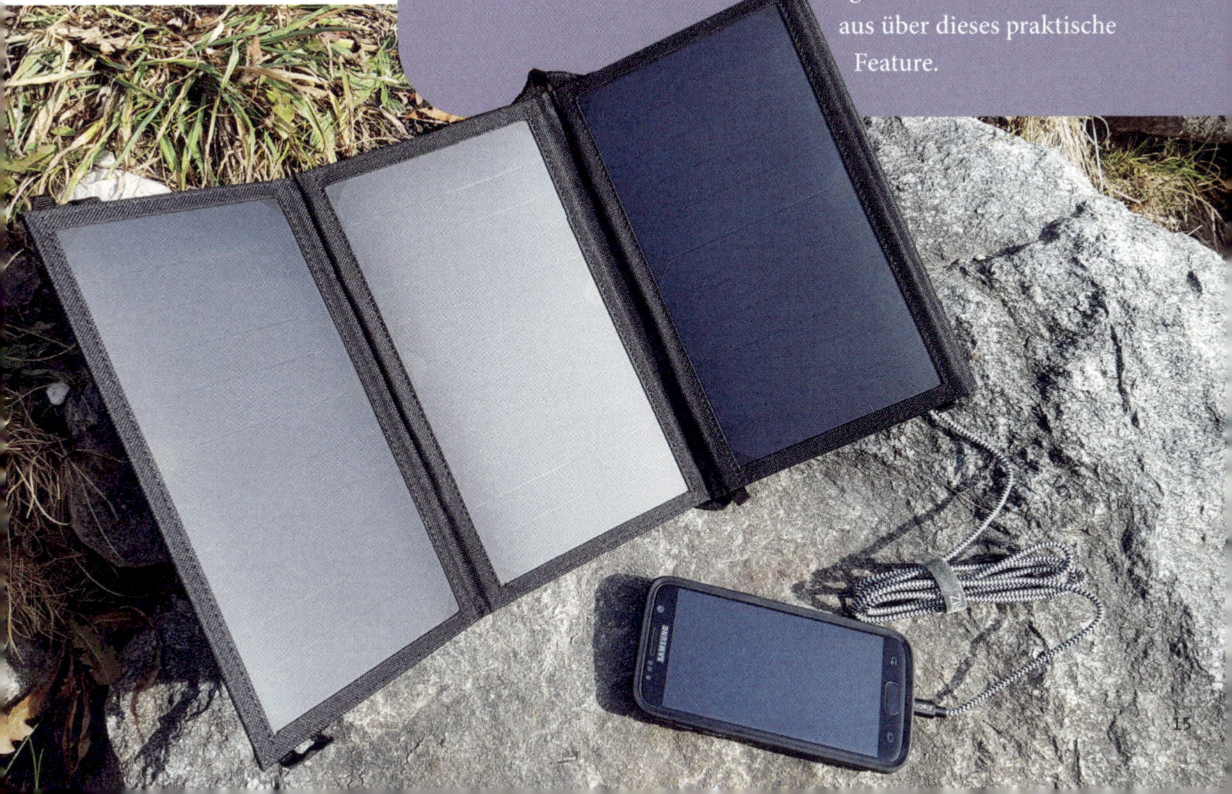

Er sollte Recht behalten. Aus dem Stand machte ich im Frühling 2017 Touren am Nachmittag nach Dienstschluss, die für andere Berggeher Tagesunternehmungen darstellen würden. 1000 Höhenmeter am Stück taten mir nicht weh, genauso wenig wie 20 Kilometer Fußmarsch oder Dauerlauf. Mein Halbmarathon-Training von 2009 wirkte scheinbar immer noch nach. Also müsste die Alpenüberquerung doch zu meistern sein, wenn die Tagesetappen die 1000 Höhenmeterdifferenz sowie die 20 Kilometer-Marke nicht wesentlich überschreiten würden? Außerdem – und das ist das Gute am Älterwerden – auch wenn Kraft und Schnelligkeit schwinden, nehmen Ausdauer und Zähigkeit zu.
Aus der ursprünglichen Idee einer Alpenüberquerung wurde der immer intensivere Wunsch, diese konkret zu planen und anzugehen. »Wann, wenn nicht jetzt?«, meldete sich im Geiste erneut die Kollegin zu Wort, und inzwischen traute ich mir sicher zu, das Vorhaben in die Tat umzusetzen. Ich stand am Anfang von etwas Neuem. Im März, fünf Monate vor der Unternehmung, begann ich mit der Vorbereitungsphase, die das Konditionstraining, die Ausrüstungsbeschaffung und die Routenplanung einschloss.

Damit ist die Triebfeder für meine erste Fernwanderung geklärt. Die Antwort darauf, wie mich meine Alpenüberquerung veränderte, hat viele Facetten und basiert auf einem Mosaik verschiedenster Erkenntnisse.
Auf den folgenden Seiten werde ich aus diesem Grund das »Wandern« aus vielen unterschiedlichen Blickwinkeln heraus beleuchten.
Im Mittelpunkt steht dabei die Frage, was das Wandern in uns auslöst, wie es unser Leben bereichert und uns für den Alltag stark macht.

Mich selbst machte meine erste Alpenüberquerung und die erste Fernwanderung von inzwischen vielen zu einem anderen Menschen. Ich wurde gelassener und duldsamer, verlor Ängste, schlafe seither entspannter, lache häufiger und habe insgesamt mehr Freude am Leben als je zuvor.
Natürlich kann ich dir nicht versprechen, dass das Wandern auf dich die gleiche Wirkung haben wird wie auf mich. Dafür sind wir Menschen mit unseren Wahrnehmungen zu verschieden und unsere Erkenntnisse zu individuell. Doch ich möchte dich durch dieses Buch zum Wandern inspirieren und mit meinen Erfahrungen und Tipps dazu beitragen, dass du deine (Fern-)Wanderungen bewusster und damit intensiver erlebst und die Unternehmung somit nachhaltiger auf dich wirkt. Im psychischen wie auch im physischen Sinne.

Ich wünsche dir ein spannendes Lese- und Wanderabenteuer!

Ich danke an erster Stelle meiner Ehefrau Michaela für die Begleitung auf mehreren Touren, ihre professionellen Fotos und ihre stets konstruktive Kritik. Mein Dank gilt zudem Ulrike Ruh, der Initiatorin und Begleiterin dieses Buchprojekts bis zu dessen Fertigstellung und der Grafikerin Kornelia Erlewein für das schöne Layout.

Andreas Paul Kaiser im Januar 2021

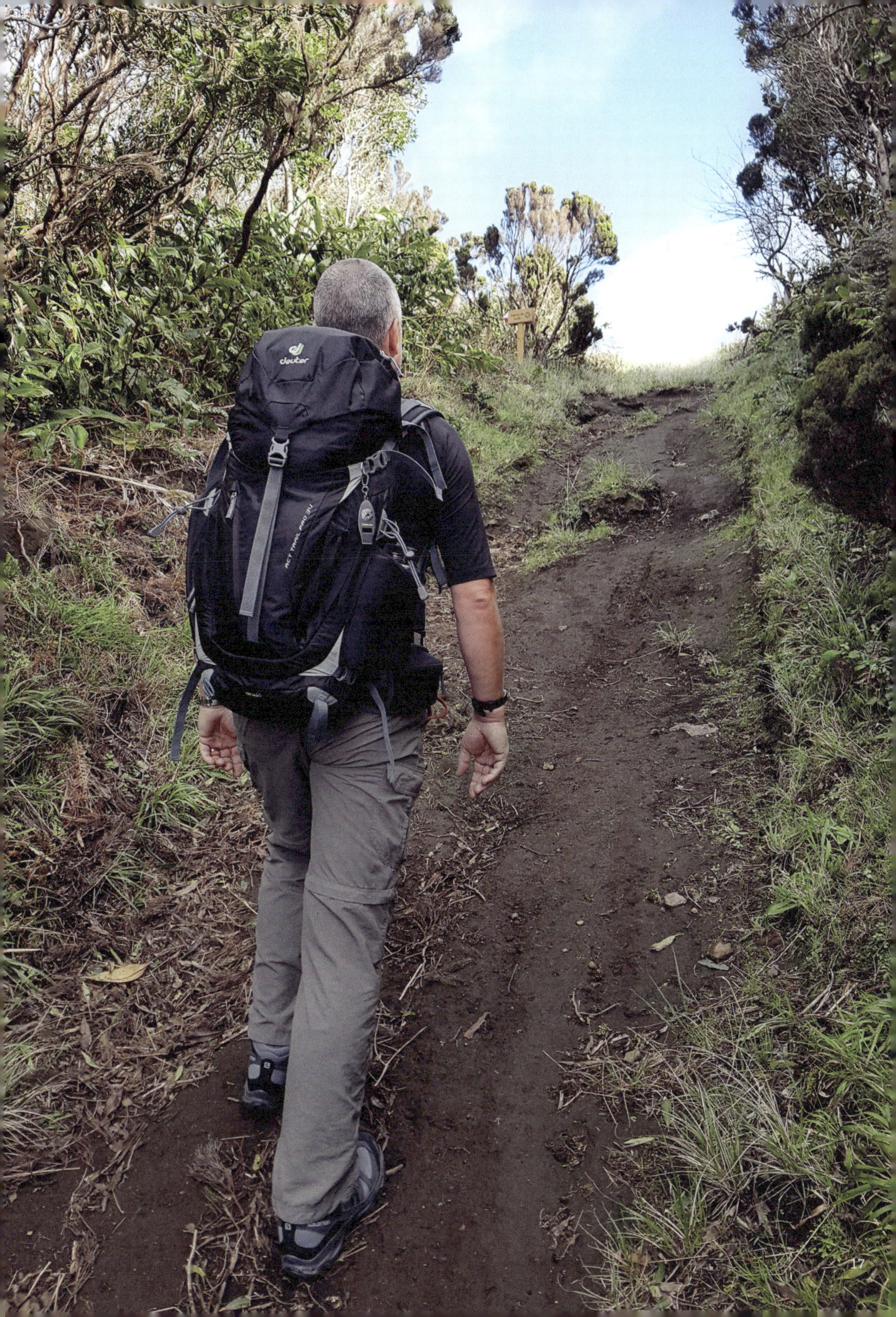

02 Vom Spaziergang zur Wanderung

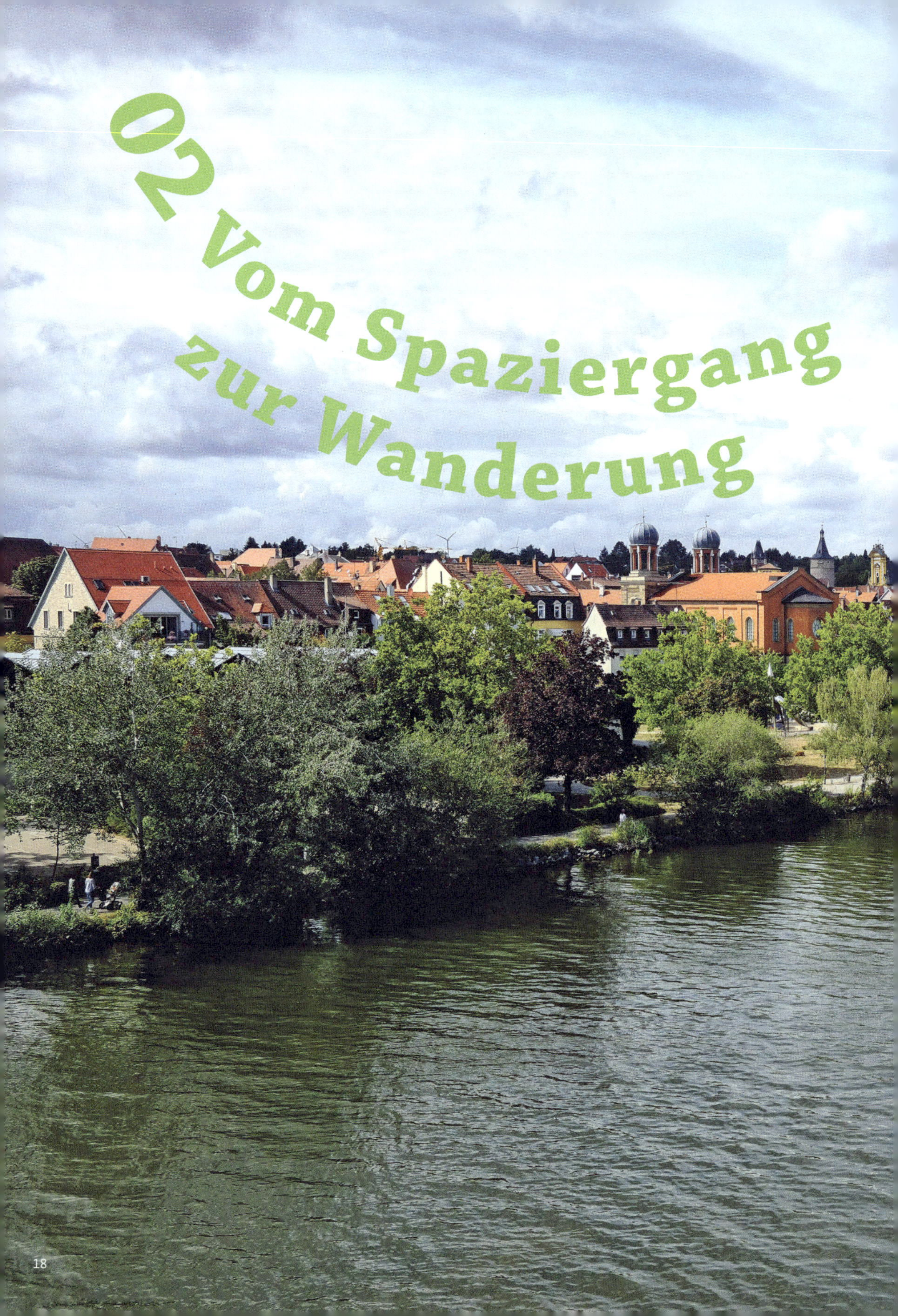

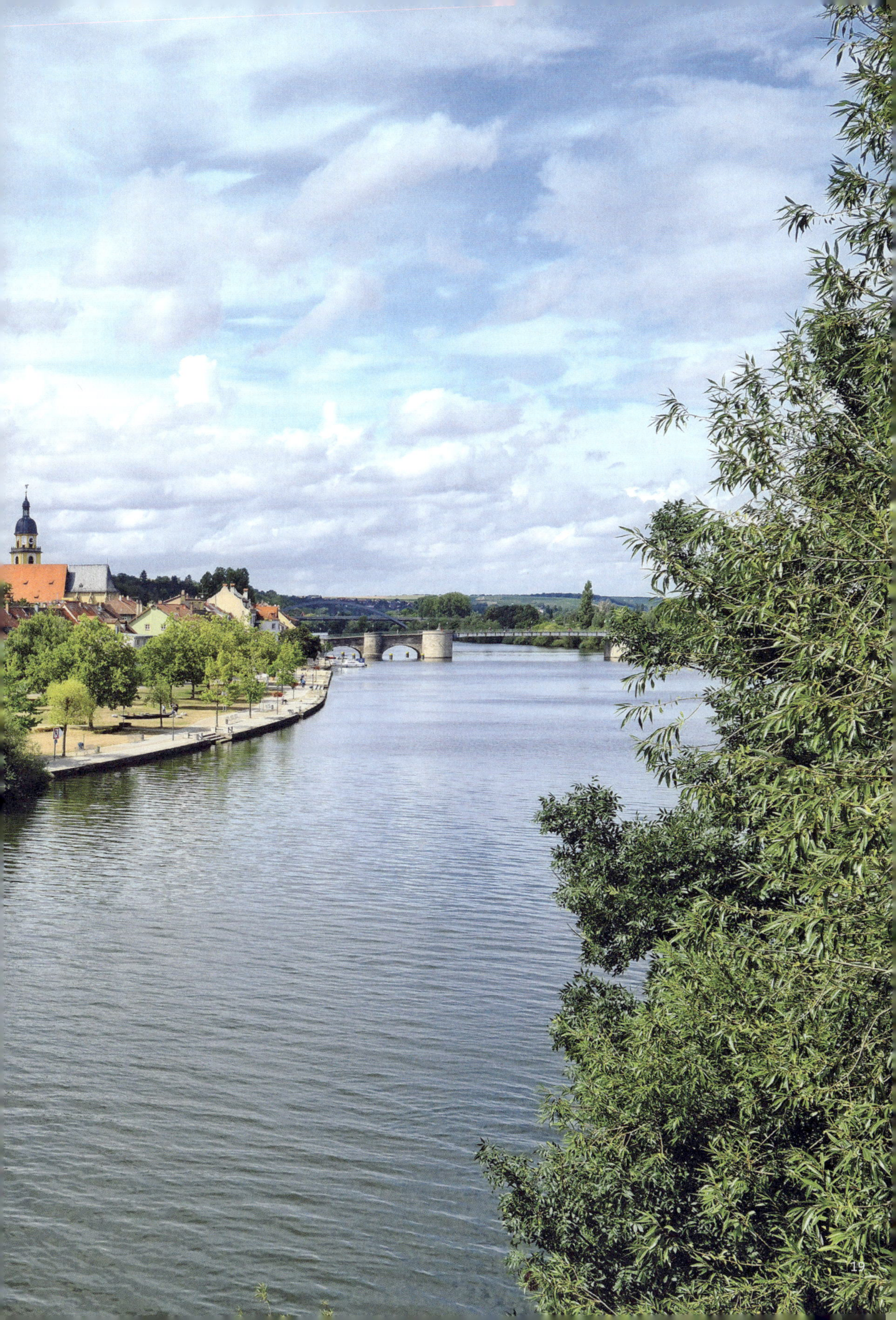

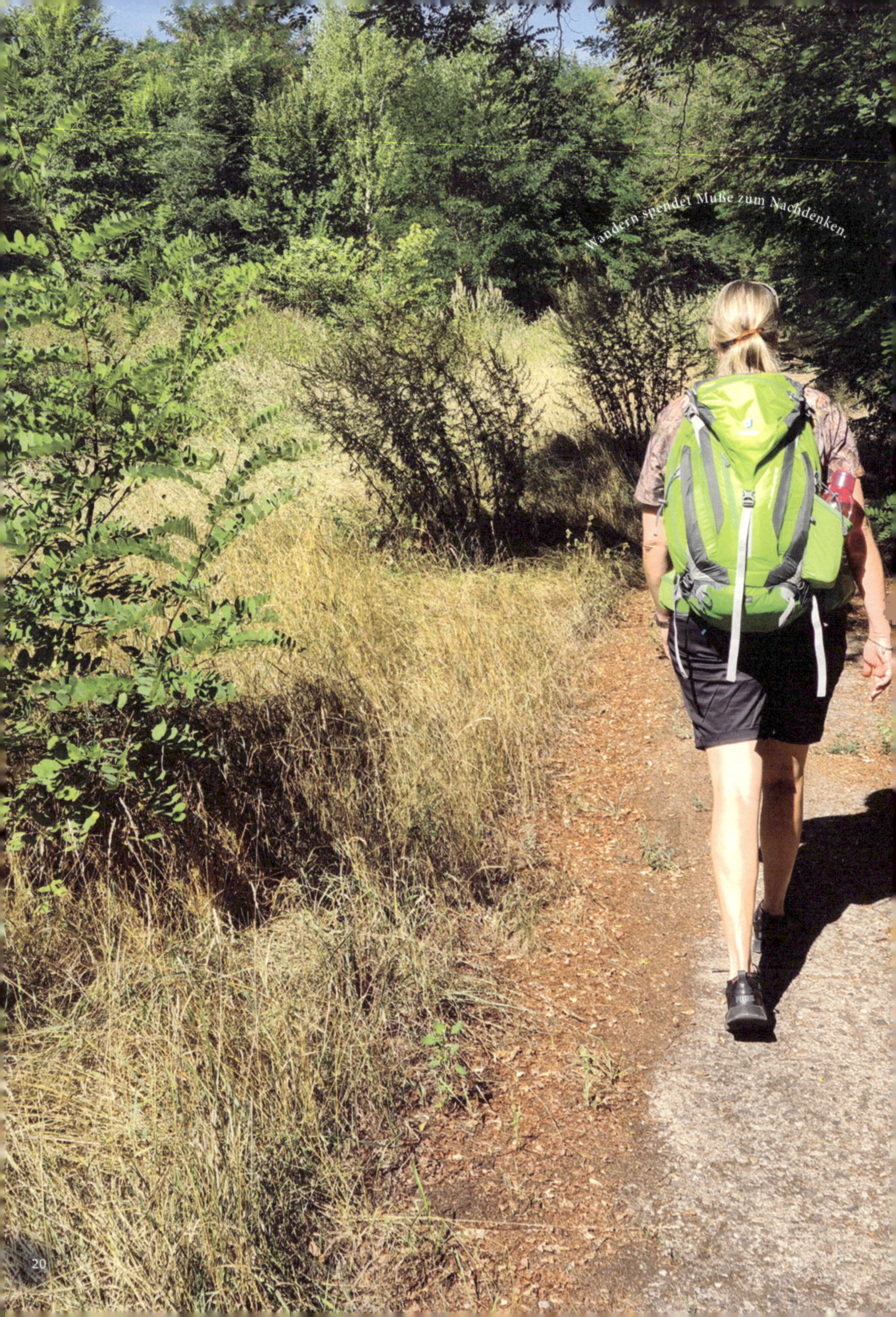

Wandern spendet Muße zum Nachdenken.

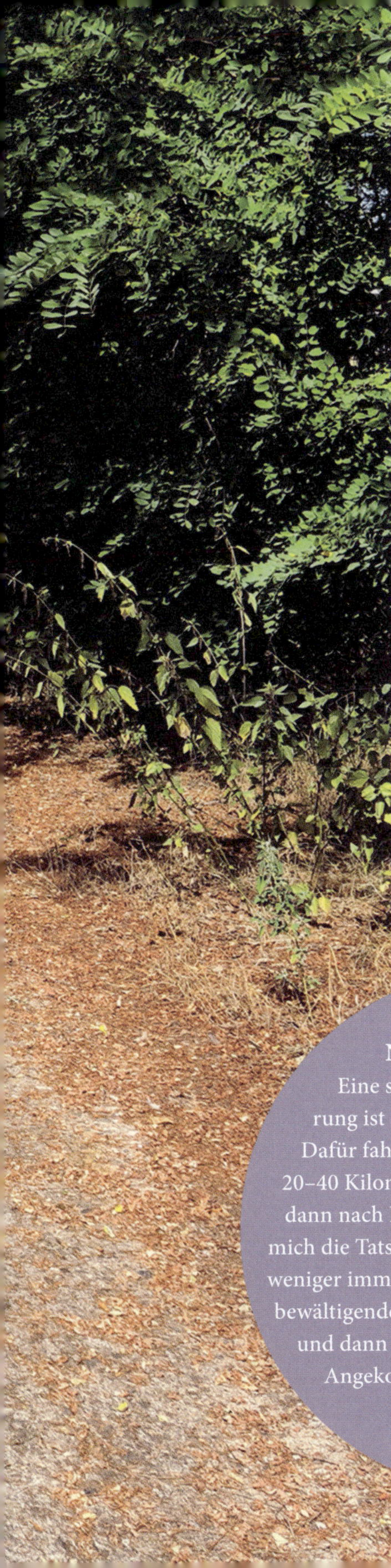

Zunächst einige Worte zur Nomenklatur: Während sich **»Gehen«, »Laufen«** und **»Rennen«** hinsichtlich der Fortbewegungsgeschwindigkeit unterscheiden, differieren **»Spazierengehen«**, **»Wandern«** und **»Fern- oder Weitwandern«** im Hinblick auf Ausübungsdauer und zurückgelegte Strecke. Meine persönliche Maxime lautet: **je weiter, desto besser, denn für das Wohlbefinden sind viele Schritte immer besser als wenige!** Eine Fernwanderung wirkt folglich nachhaltiger als ein einfacher Sonntagnachmittagsspaziergang. Klar ist aber auch, dass sich die kurzzeitigen Fortbewegungsarten besser in den Alltag integrieren lassen und in ihrer Wirkung nicht unterschätzt werden dürfen.

Während meiner Zeit als Lehrer in der lokalen Schule ging ich meinen zwei Kilometer langen »Schulweg« jahrelang zu Fuß. Zweimal täglich 25 Minuten Auszeit beim Gehen. Morgens entstand dabei die Tagesplanung, mittags nutzte ich den Heimweg für eine Reflexion des Schulvormittags. Wenn ich dann zuhause ankam, hatte ich so in der Regel auch den Schulalltag hinter mir gelassen. Die Wortschöpfung **»Spazierendenken«** umschreibt diese Form des Kurzzeitwanderns sehr treffend. Für mich eine Art des Brainstormings, eine während des Gehens vollzogene Suche nach Ideen und Lösungen auf der einen Seite, sowie die Reflexion von Geschehenem auf der anderen. Mir persönlich fällt das Denken beim Gehen leichter als beim Sitzen im Büro. Gehen löst nicht nur körperliche Verspannungen, sondern auch Denkblockaden. Probiere es aus uns setze dich allein, mit deiner Familie oder

TIPP:

Nach Hause wandern

Eine sehr intensive Wandererfahrung ist für mich das »Heimwandern«. Dafür fahre ich mit dem ÖPNV zu einem 20–40 Kilometer entfernten Ort und wandere dann nach Hause. Das Reizvolle daran ist für mich die Tatsache, das Ziel (daheim!) mehr oder weniger immer vor Augen zu haben, die noch zu bewältigenden Kilometer schrumpfen zu sehen und dann das unnachahmliche Gefühl des Angekommenseins beim Öffnen der Haustüre.

deinem Team am Arbeitsplatz nächstes Mal nicht zum Brainstorming zusammen, sondern begebt euch dazu auf einen gemeinsamen Spaziergang! Regelmäßige Spaziergänge haben noch viele weitere Aspekte: Sie ermöglichen die Beobachtung der Natur und ihrer Veränderungen im Jahreslauf. Das Sprießen der Knospen der Kastanienbäume im Frühjahr, das erste, zarte Grün, die Blütenexplosion wenige Tage später und das Reifen der Früchte im Herbst. Die Wahrnehmung der verschiedenartigen Düfte und Gerüche der Vegetation und das unmittelbare Erleben des Wetters und nicht zuletzt der Menschen, die man auf dem Weg trifft wie beispielsweise die betagte Frau, die täglich zur gleichen Zeit ihren ebenso in die Jahre gekommenen, kleinen Hund Gassi führt. Das Schritttempo erlaubt die Wahrnehmung einer Vielzahl kleiner und großer Dinge, die man als Autofahrer kaum oder weniger intensiv wahrnehmen kann, jedoch das Potential haben, täglich auf das eigene Wohlfühlkonto einzuzahlen, uns im Hier und Jetzt zu verankern und ein **Gefühl des »Aufgeräumtseins«** zu erzeugen.

Was für das Spazierengehen gilt, findet natürlich auch beim Wandern seinen Niederschlag. Allerdings sind die Erlebnisse oft noch intensiver und länger nachwirkend. Denken wir auch an den sportlichen Aspekt! Ein Spaziergang stellt uns in der Regel nicht vor körperliche Herausforderungen. Eine mehrstündige Wanderung schon, insbesondere in reliefreichen Regionen. Insofern werden durch den Anspruch ans physische Durchhaltevermögen auch stärkere Emotionen geweckt. Diese verstärken sich nach erfolgreicher Durchführung der Wanderung durch das Glücksgefühl, es geschafft zu haben. Besonders intensiv ist dieses Phänomen bei anstrengenden Bergtouren. Die positiven Emotionen beim Erreichen des Gipfels wären ohne die Anstrengungen beim Aufstieg gefühlt weniger wert.
Wenn du dich neben eine Bergstation setzt und in die Gesichter der Menschen blickst, die mit der Aufstiegshilfe den Gipfel erklommen haben und sie mit denjenigen der Wanderer vergleichst, die zu Fuß aufgestiegen sind, ist leicht zu erahnen, wer sich am Abend zuhause zufriedener fühlen wird. **Matthias Bargel, Autor von »Alpenüberquerung live!«**, schildert im Buch über seine Fernwanderung eine solche Situation auf dem Monte Baldo am Gardasee. Er kommt dabei zu der Erkenntnis, dass der Mainstream, in diesem Fall die Bergbahnbenutzer, »nie über den Durchschnitt hinauskomme«. **Ich interpretiere seine Aussage so, dass er das Erklimmen eines Gipfels mit der Bergbahn für nichts Außergewöhnliches hält, dessen Besteigung aus eigener Kraft jedoch durchaus.** Bargel bezieht seine Erkenntnis wie ein mathematisches Grundgesetz auf alle Lebensbereiche und betrachtet die Weglinien um die Seilbahn-Bergstation als Sinnbild.

Die Weit- oder Fernwanderung schließlich ist zweifellos die Königsdisziplin des Wanderns und ermöglicht sehr intensive Erfahrungen. Dafür muss deine Physis und Psyche erst einmal in einen wohltuenden Rhythmus kommen, wofür mehrere Tage nötig sind. Auf einer Tageswanderung wird sich dieser Zustand nicht einstellen. Wanderst du jedoch mehrere Tage am Stück, dann kommst du in einen **»Flow«** und entwickelst neue Routinen. Dein Körper und Geist stellen sich auf das Unterwegssein ein. Du löst dich auf diese Weise viel weiter von deinem Alltag, als dies bei einer Tageswanderung möglich ist. Lässt sich eine Kurzwanderung mit dem stundenweisen Besuch einer Wellness-Oase vergleichen, ist die Fernwanderung einer mehrwöchigen Kur gleichzusetzen.

Lassen wir **Matthias Bargel** noch einmal zu Wort kommen. Er schreibt zu seiner 34-Etappen-in-fünf-Wochen-Wanderung, dass er dabei die eigene Lebendigkeit spürte. Und er hat unbestritten Recht mit der Aussage, dass sich im Alltag fünf Wochen in der Bedeutungslosigkeit verlieren, doch denselben Zeitraum unterwegs zu sein, das Leben nachhaltig bereichern kann. Er vergleicht das Weitwandern mit einer Droge, die uns ähnlich dem Motorradfahren einen Kick beschert.

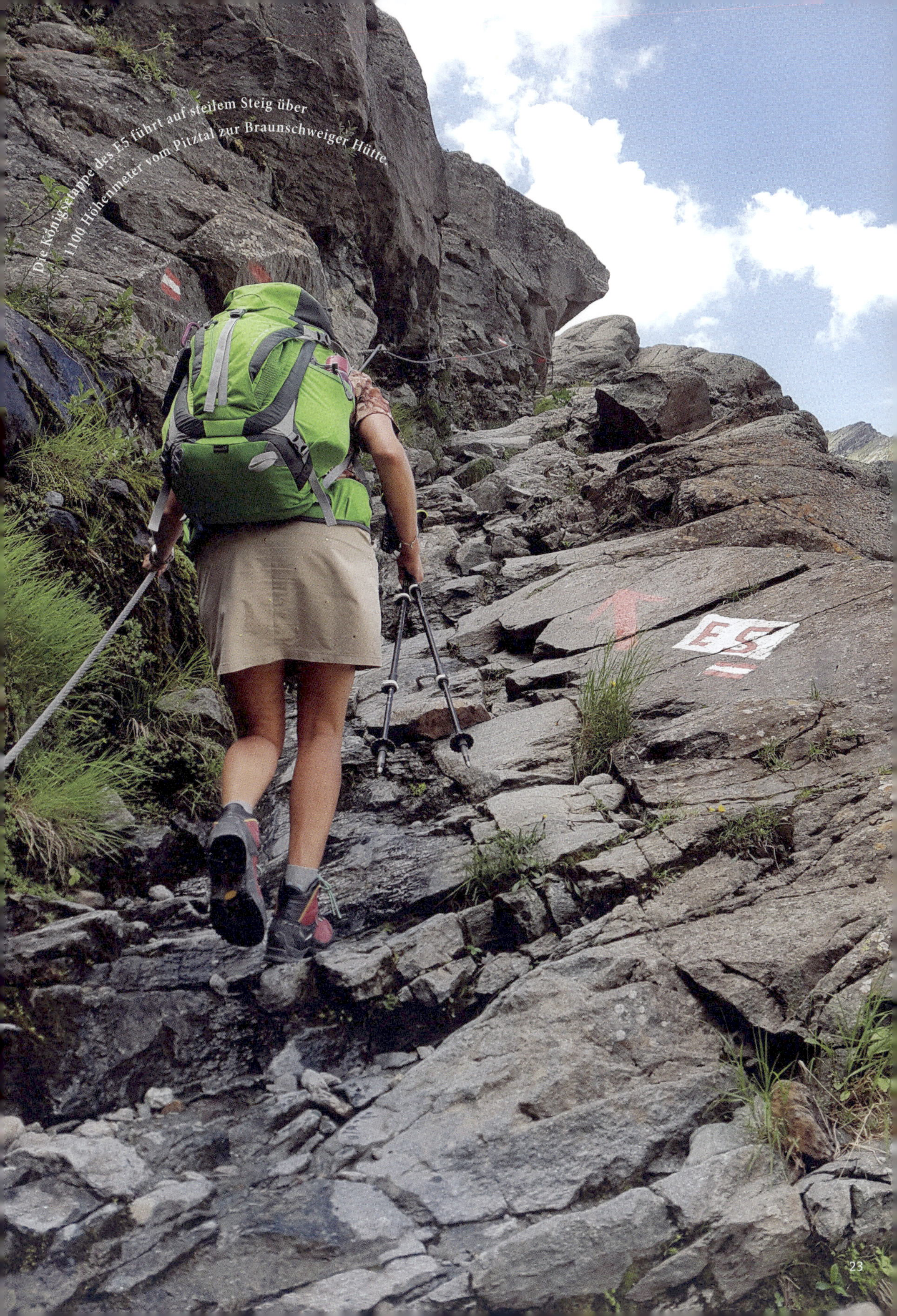

Die Königsetappe des E5 führt auf steilem Steig über 1100 Höhenmeter vom Pitztal zur Braunschweiger Hütte.

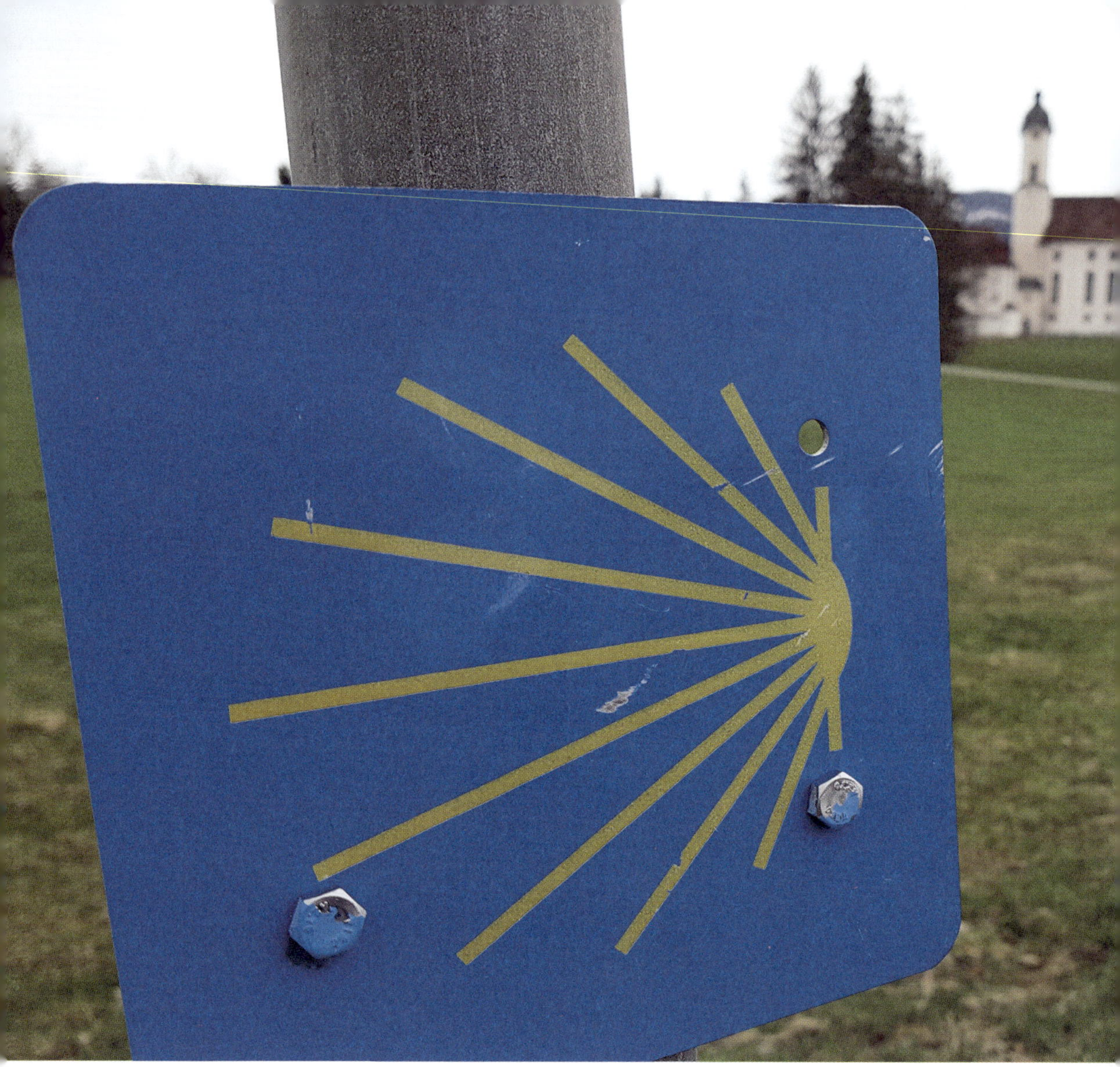

Das Netz des Jakobswegs zieht sich durch ganz Mitteleuropa.

Droge – Rauschmittel – Sucht? Der Gedanke ist vielleicht gar nicht so abwegig. Hape Kerkeling schreibt, dass er auf dem Jakobsweg Menschen kennenlernte, die dem Camino verfallen waren und ihn Jahr für Jahr erneut gingen, manche sogar ihr bürgerliches Leben zugunsten eines nicht enden wollenden Hin und Hers, eines Landstreichertums auf dem Fernwanderwegenetz der iberischen Halbinsel aufgegeben hatten. Fakt ist, dass das Wandern, insbesondere das Fernwandern, zunehmend mehr Menschen glücklich macht. Wandersüchtig? Wie könnte man sich, wenn dies nicht der Fall wäre, Pressemeldungen über aus allen Nähten platzende Berghütten entlang der **»Wanderautobahn« E5** über die Alpen oder überfüllte Pilgerherbergen auf dem Jakobsweg sonst erklären? Betrachten wir das Phänomen aus diesem Grund auch einmal aus einem zahlenmäßigen Blickwinkel. Auf namhaften Fernwanderrouten fallen die Fernwanderer seit Jahren ein wie die

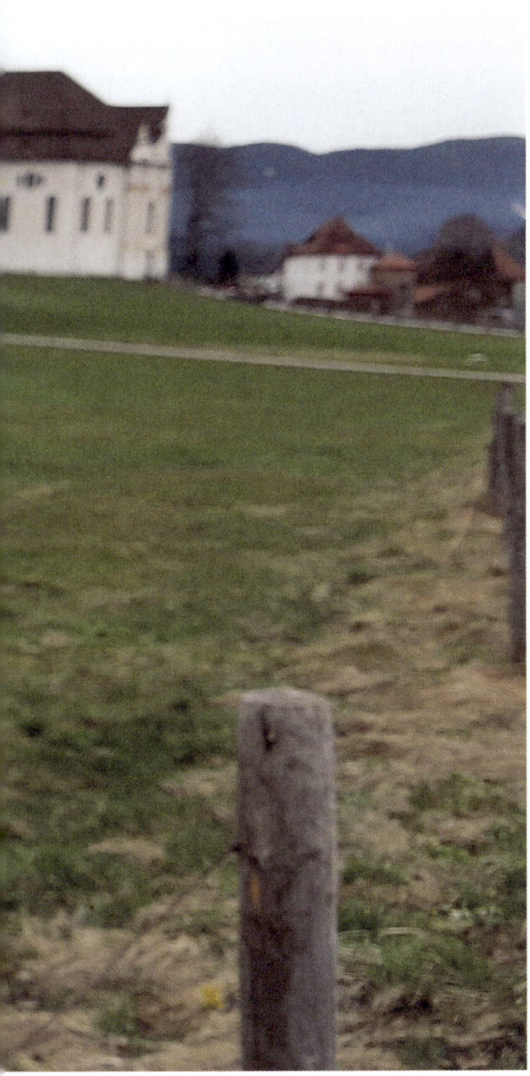

Heuschrecken in ein saftig-grünes Feld! Das kann doch nicht nur auf die Sucht, auf eine Gier nach Glücksgefühlen zurückzuführen sein?

Anders gefragt: **Lässt Massenandrang auf populären Fernwanderwegen überhaupt die guten Gefühle aufkommen, um die es uns beim Wandern geht?**
Erneut zitiere ich Bargel, der berichtet, wie er ein paar Tage in der Gesellschaft anderer wandert, anschließend wieder alleine. Er erkennt, dass durch den Verlust seiner Weggefährten ein Wandel im Denken stattfindet. **»Themen, die in Anwesenheit anderer nicht aufkeimten, beginnen zu wachsen.«** Der Autor und Fernwanderer spielt dabei in erster Linie auf Ängste an, die in der Gruppe leichter zu kompensieren gewesen seien, als Alleinwanderer jedoch ein anderes, teilweise beklemmendes Maß an Bedeutung annehmen können.

Halten wir fest: Mit einer Anzahl oder sogar Vielzahl Gleichgesinnter unterwegs zu sein, mag ein Gefühl der Sicherheit geben. Auch der Unterhaltungsfaktor spielt eine Rolle, schließlich sind wir Menschen von Natur aus soziale Wesen und keine Einzelgänger. Bei einigen Fernwanderern mag deshalb vielleicht auch so etwas wie Partylaune aufkommen wie bei **Michael Sohmen in »Der Jakobsweg am Meer«**: Er berichtet in seinem Buch von Menschen, die auf dem Camino auf der Suche nach drei Dingen waren: dem nächsten Bier, dem nächsten Joint und dem nächsten Sex. Nun, jedem das Seine.
Aber auch wenn du dir vornimmst, auf populären Routen wie dem E5 von Oberstdorf nach Meran über die Alpen oder den letzten 100 Kilometern des Jakobswegs alleine unterwegs zu sein, selbst dann trifft man sich abends wieder auf denselben vollen Hütten und tagsüber auf denselben Gipfeln, Übergängen und an denselben Versorgungsstationen. Wo bleibt hier noch die so sehr gesuchte Stille der Wanderung?

Das ist übrigens der Grund dafür, warum ich die Route meiner Alpenüberquerung selbst festlegte und nur auf einem 8 km langen Teilstück, der Überschreitung vom Pitztal ins Ötztal, auf dem berühmten E5 unterwegs war. Die Menschenmassen dort im August 2017 waren unbeschreiblich!
Doch eine Umgehung wäre nur mit Gletscherüberquerungen und luftigen Klettereien machbar gewesen – Disziplinen, für die ich körperlich und alpintechnisch nicht tauge.

ERFAHRUNGSBERICHT

Unterwegs auf dem E5

Alpenüberquerungen sind seit einigen Jahren hip. Klassiker wie der E5 (Oberstdorf – Meran) oder der weitaus anspruchsvollere, weil längere Hike Marienplatz (München) – Markusplatz (Venedig) erfreuen sich steigender Beliebtheit. Entsprechend intensiv wird vor allem erstere Route beworben und vermarktet. Schließlich verdienen viele Anwohner des Fernwanderwegs an den Wandertouristen. Da die Kapazität der Berghütten auf der Strecke begrenzt ist, kommt es unweigerlich zu manchmal haarsträubenden Engpässen. Teilweise wurden von Hüttenwirten schon Großraumzelte aufgestellt, um die Besuchermassen einigermaßen beherbergen zu können. Wer nicht im Voraus bucht, hat (fast) schon verloren. »Im Voraus« bedeutet dabei gut und gerne »ein Jahr vorher«! Gerade in der Haupt-Bergsaison Juli bis September platzen die Hütten aus allen Nähten.

Ich erinnere mich an eine der schlimmsten Nächte meines Lebens auf der Braunschweiger Hütte. Eigentlich hatte ich vor, im Freien in meinem Zelt zu campieren. Da dies offiziell nicht erlaubt ist, suchte ich nach einem »versteckten« Ort, um keinen Ärger zu provozieren. Doch in der gletscherumrahmten Hochgebirgswelt war ein solcher nicht zu finden. Also biss ich in den sauren Apfel und bat in der Hütte um Unterkunft. Bei der Frage des Hüttenwirts, ob ich denn reserviert hätte, blickte ich verschämt zu Boden auf meine Füße und verneinte. Ich rechnete damit, irgendwo auf dem Boden oder einem Tisch im Gastraum schlafen zu müssen. Doch der Wirt konnte mir noch eine Matratze im Winterlager anbieten. Bis ich die Schlafstatt sah, war ich einigermaßen glücklich. Dann musste ich allerdings feststel-

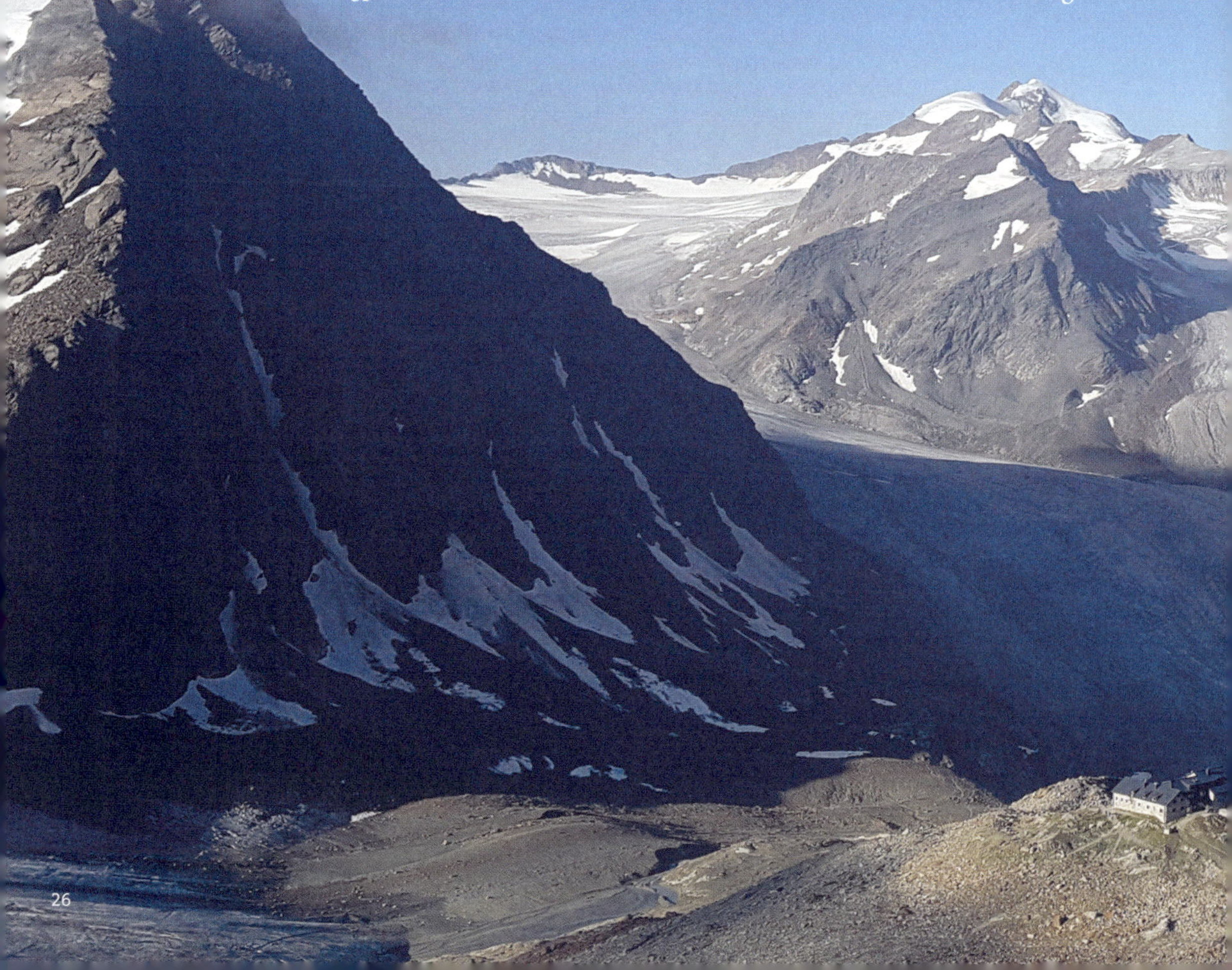

len, dass hier drei Matratzen in eine Koje gepresst waren, die für zwei Leute passte, sich für drei aber als sehr »kuschelig« erweisen würde. Ich hoffte deshalb auf Bettnachbarn mit möglichst schmalen Schultern. Dieser Wunsch ging nicht in Erfüllung. Ich lag eingezwängt zwischen der Seitenwand links und einem wahren Berg von Mann rechts, der zwischen mir und seiner ebenfalls nicht gerade zierlich gebauten Frau lag. Auf dem Rücken liegend berührte jeder seinen Nebenmann/-frau an Schulter und Oberkörper. Unangenehm. Die Steigerung war, als der Herr neben mir mit tiefem Bass zu schnarchen begann. Das Geräusch war nur das eine Übel. Schlimmer war, dass er dabei mit seinem ganzen Oberkörper vibrierte und diese Schwingungen direkt an mich weitergab. Ich brachte kein Auge zu. Die Hütte verließ ich schlaftrunken noch in der Dunkelheit gegen vier Uhr morgens.

Am nächsten Mittag, am Weißkarsee beim Abstieg ins Bergsteigerdorf Vent, kochte ich mir Nudeln. Da ich vor allen anderen aufgebrochen war, hatte ich die Bergidylle für mich. Für eine gewisse Zeit zumindest. Dann konnte ich beobachten, wie zahlreiche Bergschulen, das sind meistens zehn bis zwölf Wanderer mit einem Bergführer an der Spitze, wie kleine Raupen vom Tiefenbachferner herab zu meinem Rastplatz krabbelten. Und dabei befand ich mich zu diesem Zeitpunkt nicht einmal mehr auf der Hauptroute des E5, die ihrerseits über das Timmelsjoch nach Meran führt, sondern auf deren westlicher Ausweichroute ins Schnalstal. Bevor die Bergschulen zu nah kamen, setzte ich meine Flucht vor den Massen fort und war froh, am Abend des Tages in der Abgeschiedenheit und Idylle meines kleinen Zeltes den versäumten Schlaf der vorherigen Nacht nachholen zu können.

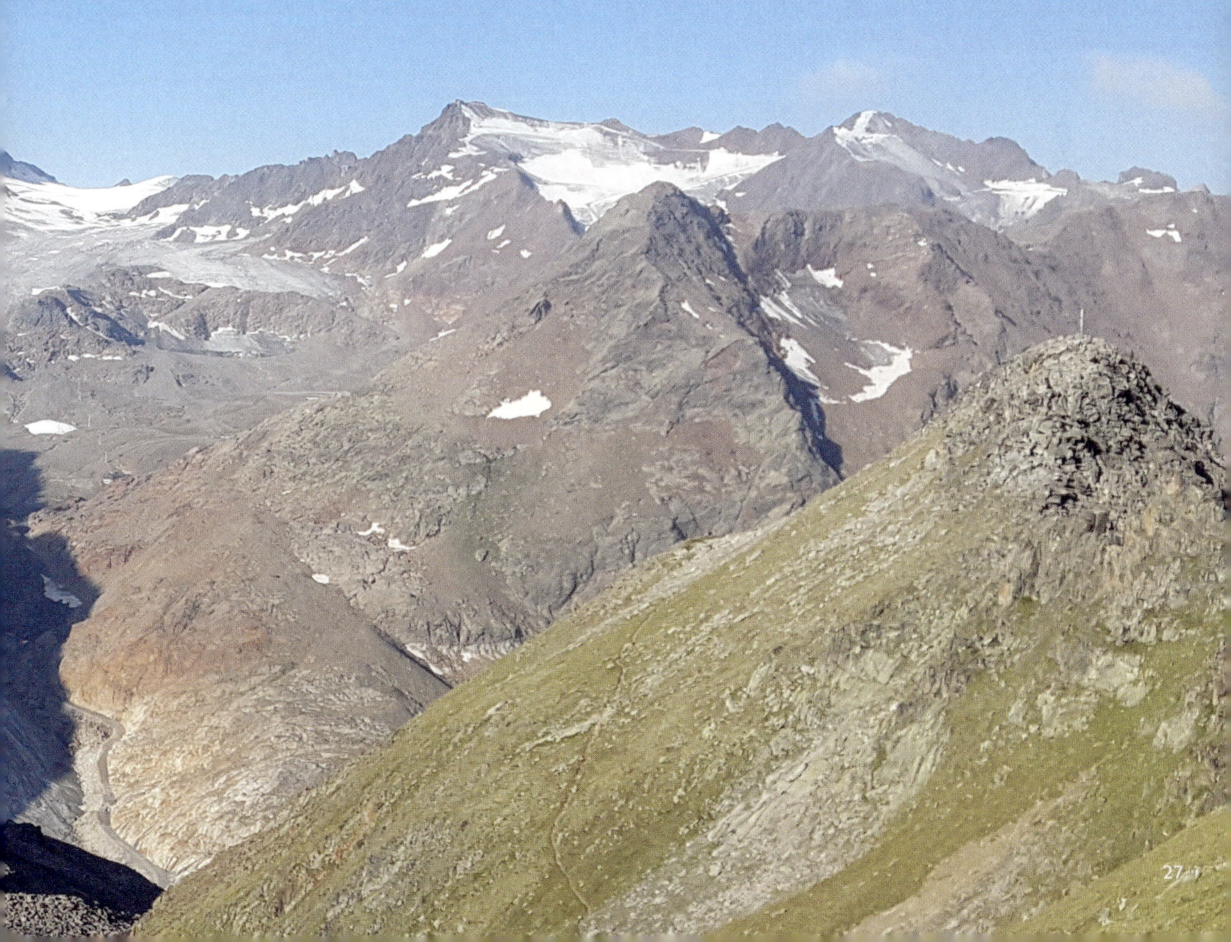

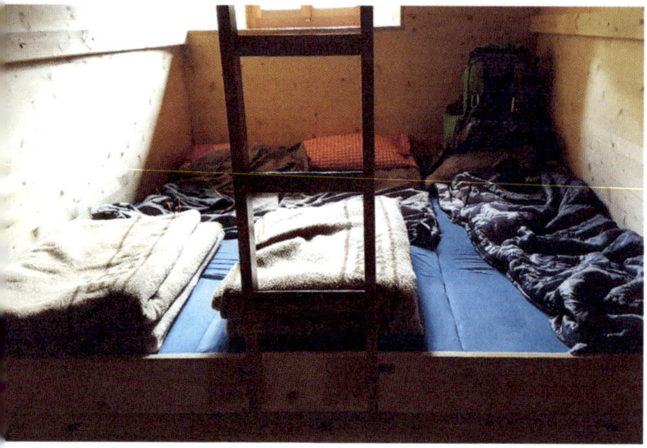

Eine Nacht im Matratzenlager stellt den Wanderer vor Herausforderungen: Enge, Schnarcher und menschliche Ausdünstungen.

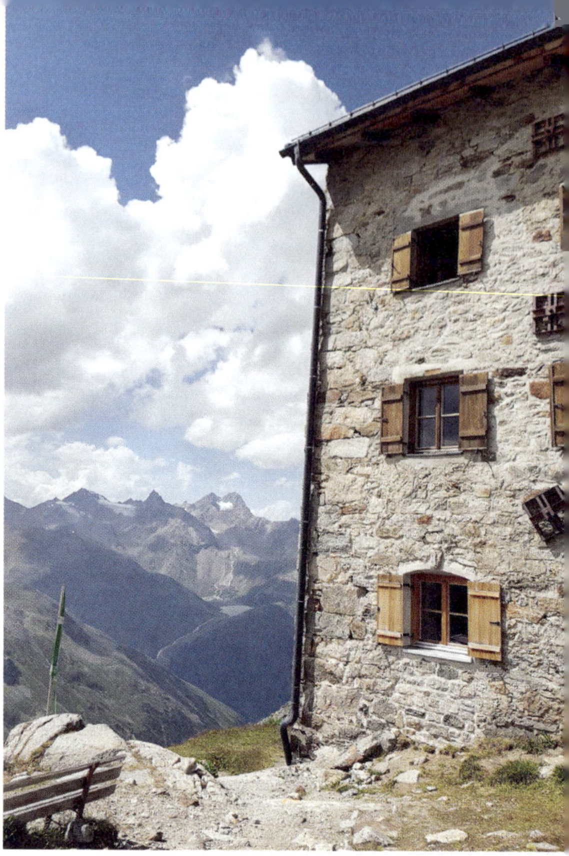

Berghütten kanalisieren den Strom der Wanderer und erfüllen so auch eine gewisse Naturschutzfunktion.

Bleiben wir bei meiner Alpenüberquerung. Ich hatte dafür ein 5000 Jahre altes Vorbild – den Ötzi. Seine Motivation den Alpenhauptkamm zu überqueren, lag vermutlich darin überleben zu wollen, was ihm offensichtlich nicht gelang... die heutigen Alpenüberquerer, mich eingeschlossen, treiben andere Motive über das felsige Bollwerk. Ich recherchierte ein wenig und kam zum erstaunlichen Ergebnis, dass häufig bei Frauen Beziehungsprobleme die Auslöser sind, eine Fernwanderung zu unternehmen. Ein Reboot mit Kummerbewältigung und Neuorientierung nach einer gescheiterten Beziehung sind dabei genauso Gründe wie die Suche nach der eigenen Stärke und Unabhängigkeit von einem Partner. Distanziert vom hektischen Alltag während stundenlanger Wanderungen fällt es leichter, über die Beziehung nachzudenken und ihre Mechanismen zu begreifen.

Ein weiterer Grund für Männer als auch Frauen sich auf Wanderschaft zu begeben, sind Lebensprobleme und das daraus erwachsende Bedürfnis **»einfach mal weg zu sein«**, wie Kerkeling es formuliert.

Auch traf ich auf meiner eigenen Alpenüberquerung viele sehr junge Menschen, auch hier in erster Linie junge Frauen, die an einer Zäsur in ihrem Leben standen: zwischen Abitur und Studium, zwischen Studium und Einstieg ins Berufsleben oder im Rahmen ihres Junggesellinnenabschieds begleitet von Freundinnen. Männer meiner Altersgruppe waren dagegen meist als »einsamer Wolf« unterwegs. Als eine schöne Ausnahme davon empfand ich die große Anzahl an Vater-Sohn-Gespannen, die Söhne meist im unteren Teenageralter, die ihr ganz persönliches Abenteuer suchten. Vereinzelt traf ich auf ältere Neuverliebte. Pärchen fortgeschrittenen Alters aus gescheiterten, teilweise langjährigen Ehen und Beziehungen, die mit der gemeinsamen Alpenüberquerung ihren hoffnungsvollen Einstieg in die neue Beziehung im wahrsten Sinne des Wortes begingen.

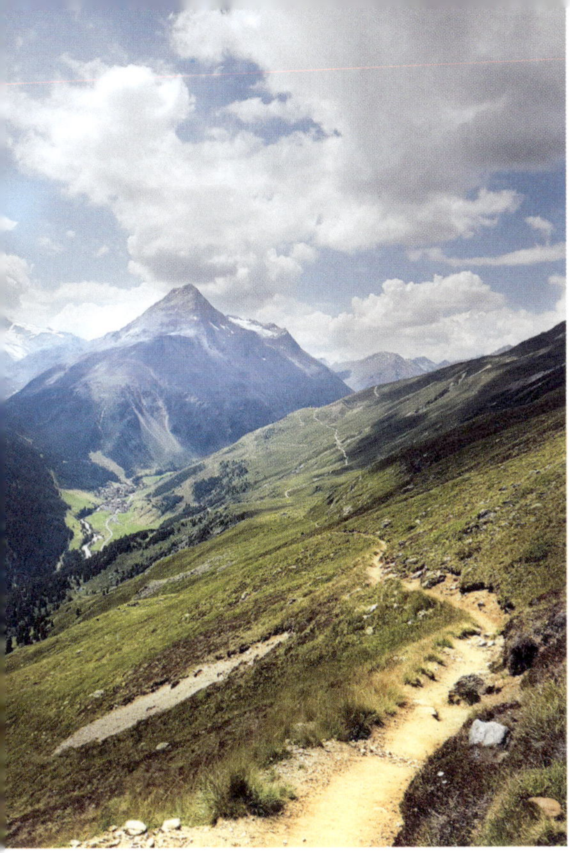

Der Venter Panoramaweg macht seinem Namen alle Ehre.
Der Weißkarsee auf halber Strecke lädt zur Rast.

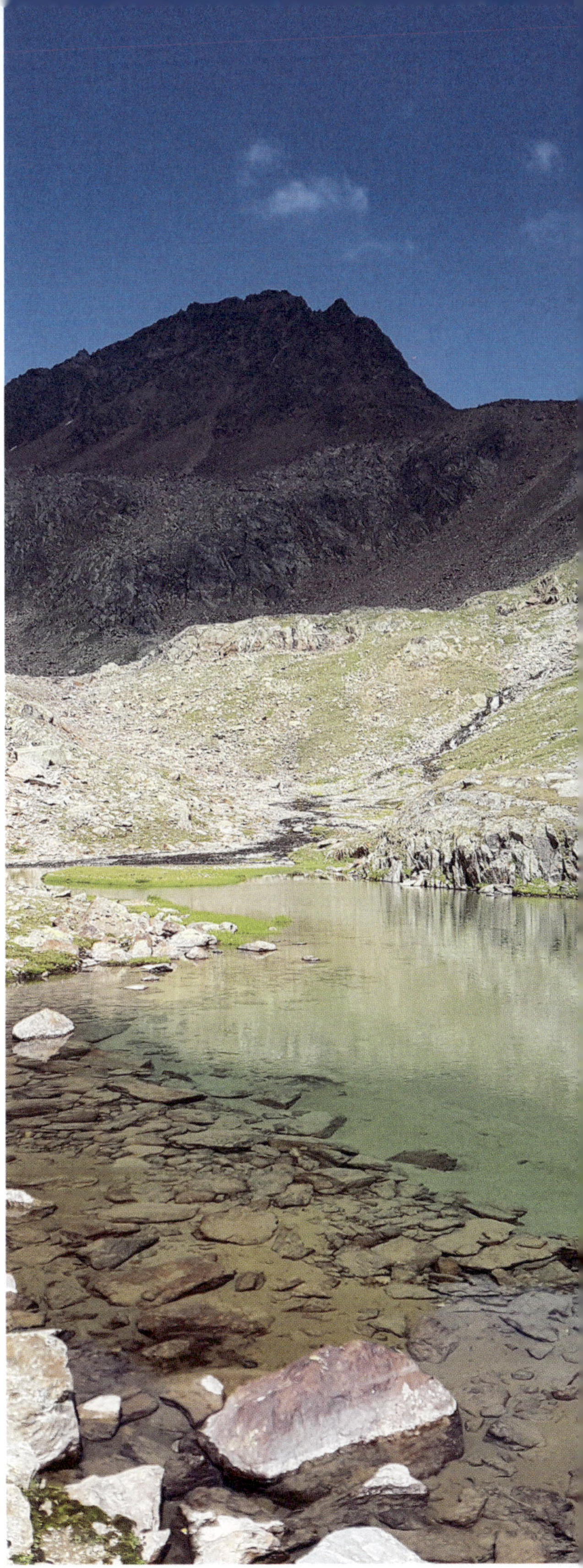

Meine persönlichen Erfahrungen und Beobachtungen unterwegs zeigen einen deutlichen Trend auf, der uns eine Antwort darauf gibt, warum sich Menschen auf Fernwanderungen begeben: **Sie stehen allesamt an einem Wendepunkt ihres Lebens.**

Auch ich stand vor meiner ersten Fernwanderung an einem besonderen Punkt. Ich ging auf die 50 zu, hatte alles erreicht und mir stellte sich die Frage, wohin führt mich das letzte aktive Drittel meines Lebens? Meine auf die Alpenüberquerung folgenden Fernwanderungen habe ich dann aus ganz anderen Gründen unternommen. Es ging mir dabei in erster Linie um Ausgleich, Entschleunigung und ums Abschalten. Fazit: Eine Fernwanderung kann einen konkreten Auslöser haben, muss aber nicht. Die Suche nach Lebensglück und Wohlgefühl reicht als Motivation vollkommen aus.

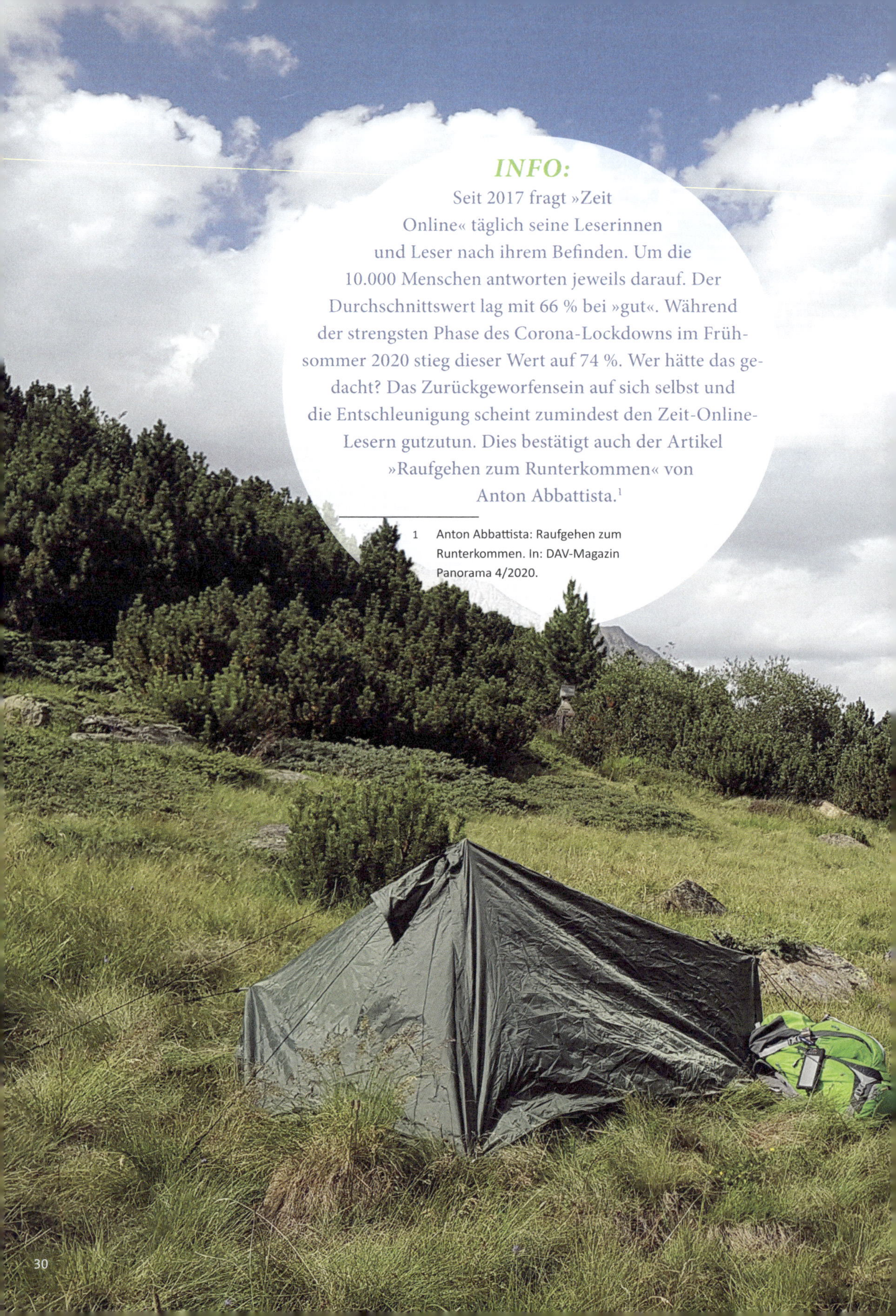

INFO:

Seit 2017 fragt »Zeit Online« täglich seine Leserinnen und Leser nach ihrem Befinden. Um die 10.000 Menschen antworten jeweils darauf. Der Durchschnittswert lag mit 66 % bei »gut«. Während der strengsten Phase des Corona-Lockdowns im Frühsommer 2020 stieg dieser Wert auf 74 %. Wer hätte das gedacht? Das Zurückgeworfensein auf sich selbst und die Entschleunigung scheint zumindest den Zeit-Online-Lesern gutzutun. Dies bestätigt auch der Artikel »Raufgehen zum Runterkommen« von Anton Abbattista.[1]

1 Anton Abbattista: Raufgehen zum Runterkommen. In: DAV-Magazin Panorama 4/2020.

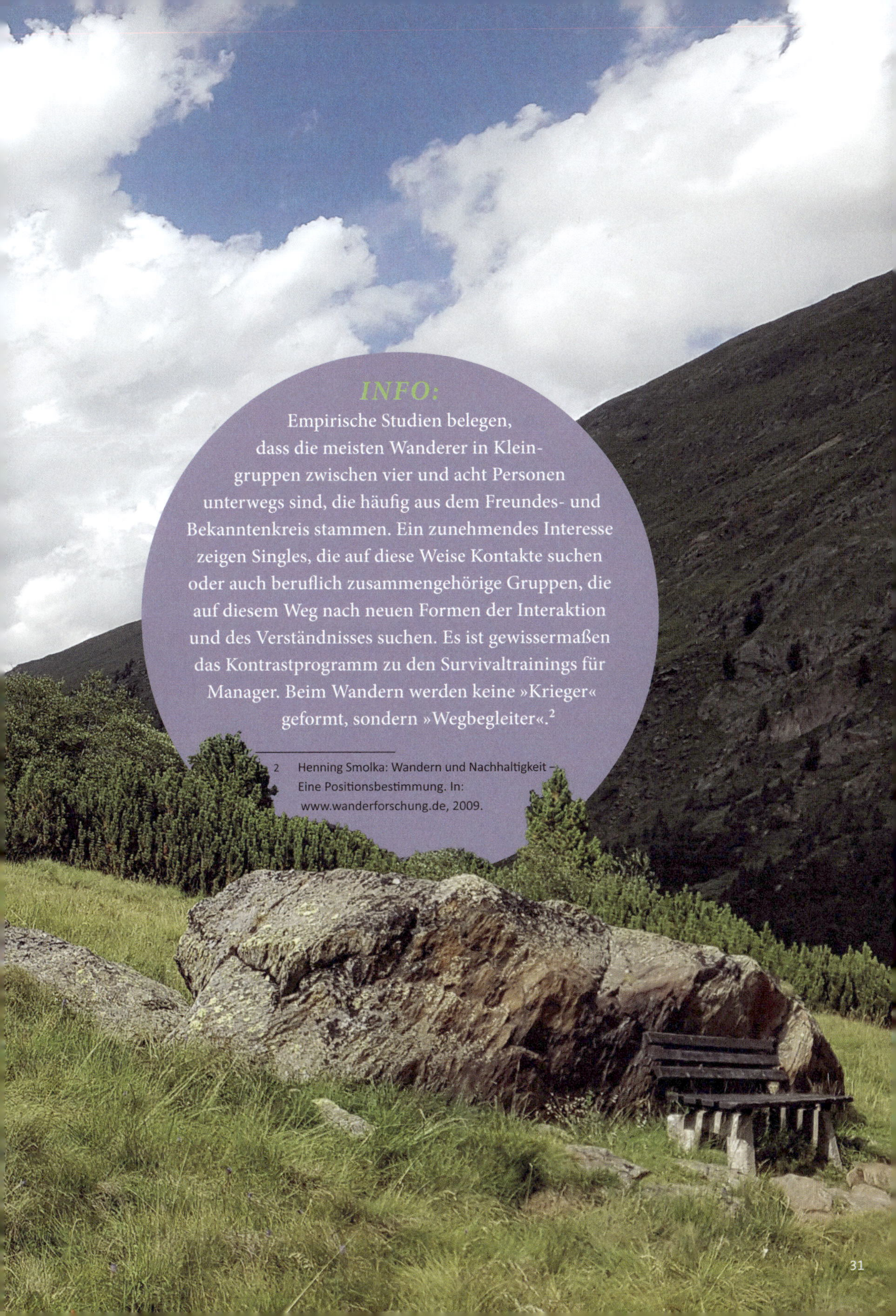

INFO:

Empirische Studien belegen, dass die meisten Wanderer in Kleingruppen zwischen vier und acht Personen unterwegs sind, die häufig aus dem Freundes- und Bekanntenkreis stammen. Ein zunehmendes Interesse zeigen Singles, die auf diese Weise Kontakte suchen oder auch beruflich zusammengehörige Gruppen, die auf diesem Weg nach neuen Formen der Interaktion und des Verständnisses suchen. Es ist gewissermaßen das Kontrastprogramm zu den Survivaltrainings für Manager. Beim Wandern werden keine »Krieger« geformt, sondern »Wegbegleiter«.[2]

2 Henning Smolka: Wandern und Nachhaltigkeit – Eine Positionsbestimmung. In: www.wanderforschung.de, 2009.

03 Wandern – eine Frage der Geschwindigkeit

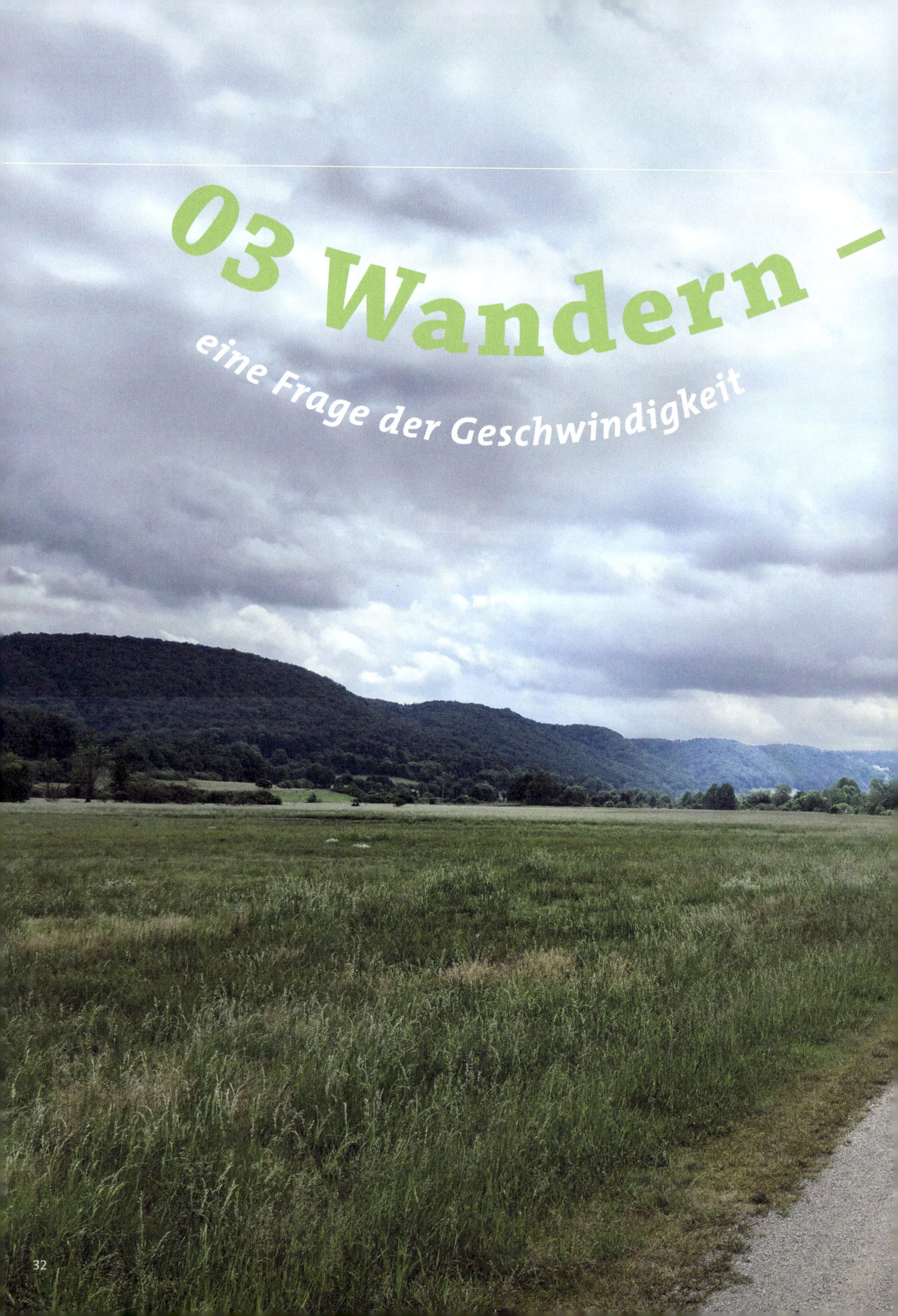

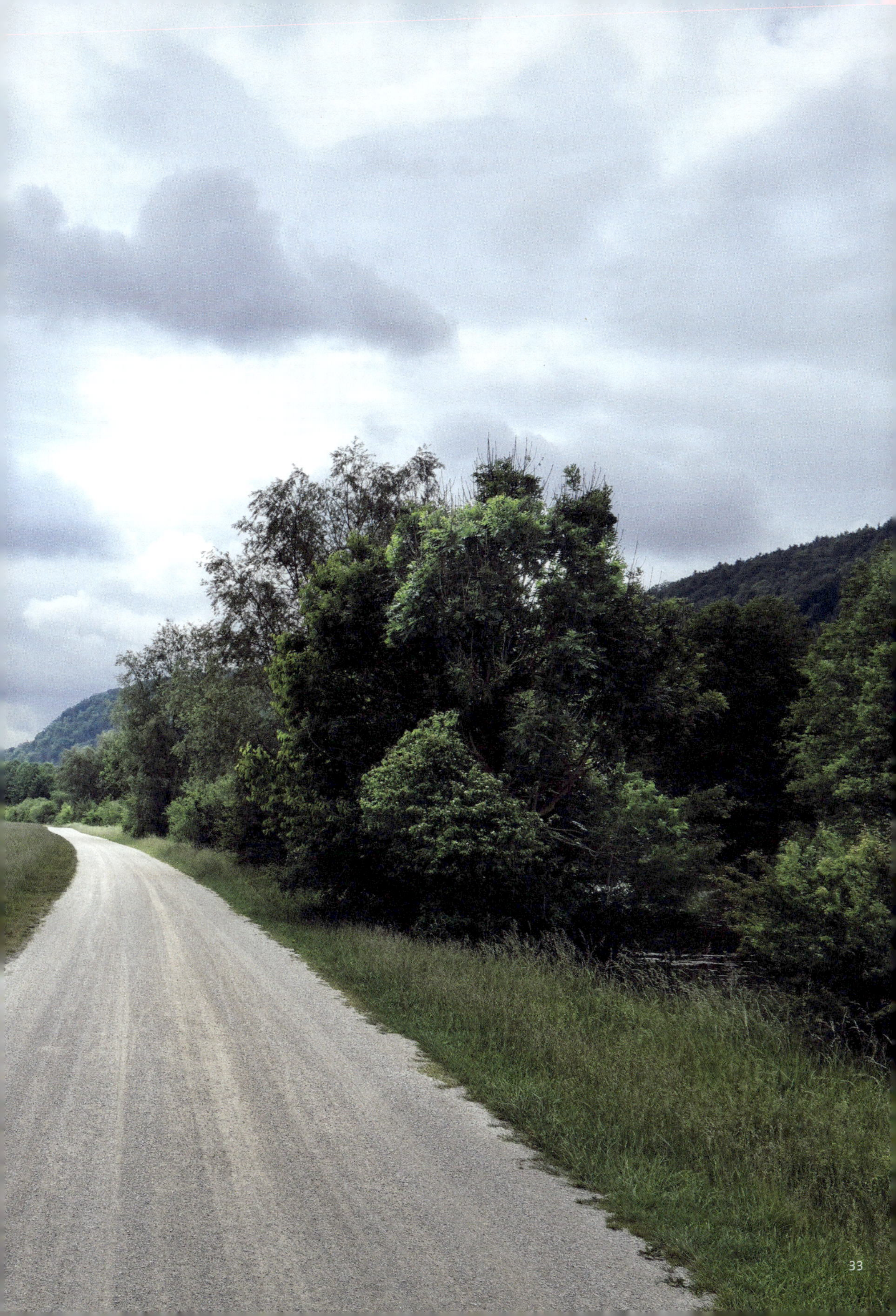

Der wesentlichste Bestandteil des Wanderns ist das Gehen. Wie im vorausgegangenen Kapitel möchte ich auch hier gleich die Nomenklatur klären. Der Mensch kennt drei Fortbewegungsarten: Gehen, Laufen und Rennen, die sich in ihren Geschwindigkeiten unterscheiden. Ein Wanderer geht, ein Jogger läuft, ein Sprinter rennt. In Anbetracht unserer physischen Leistungsfähigkeit bleibt eine einzige dieser drei Fortbewegungsarten übrig, die man über die Dauer eines Tages durchführen kann. Das Gehen. Der Sprinter ist zwar schnell, hält diese Geschwindigkeit jedoch nur Sekunden durch. Der Läufer kann in unwahrscheinlich kurzer Zeit weite Strecken zurücklegen. Der aktuelle Weltrekord im Marathonlauf (Stand August 2020) wird von Eliud Kipchoge aus Kenia gehalten. Er schaffte die 42,195 km beim Berlin Marathon 2018 in sagenhaften 02:01:39. Doch um solche Leistungen erbringen zu können, ist jahrelanges, intensives Training ist notwendig. Anders sieht es mit dem Gehen aus. Das kann fast jeder, auch einen ganzen Arbeitstag lang, ohne dies vorher besonders trainiert zu haben. So wie der Vogel fürs Fliegen, der Fisch fürs Schwimmen, so ist der Homo Sapiens fürs Gehen geschaffen. Somit ist Gehen für uns Menschen die ursprünglichste Art, um von A nach B zu gelangen – ohne athletische Begabung oder technische Hilfsmittel. Gehen ist die typisch menschliche Fortbewegungsart.

Dass der Mensch ein Geh-Wesen ist, möchte ich noch etwas genauer ausführen. Viele behaupten, dass wir Menschen im Vergleich zu Tieren von der Natur her schlecht ausgestattet seien. Bezogen auf die Sprintstärke eines Gepards, der Kraft eines Bären, die Wendigkeit einer Katze usw. mag dies stimmen. Doch neben unserem Gehirn, das uns zum Herrscher der Welt macht, hat uns die Natur als ausgezeichnete Geher geschaffen! Unsere Anatomie ist für das Laufen optimiert. Skelett, Muskeln und Sehnen sind für den aufrechten Gang und die zweibeinige Fortbewegung ausgelegt. Im Vergleich zu unseren nächsten Verwandten im Tierreich, den Menschenaffen, gehen wir sehr effektiv. Affen würden für den aufrechten Gang viel mehr Muskelmasse benötigen. Der Mensch braucht dafür nur etwa ein Viertel der aktiven Muskelmasse eines Schimpansen.[3]

Homo sapiens kann zwar weder eine Antilope noch ein Zebra einholen und erlegen. Jedoch kann er spielend über viele Stunden laufen und damit seine Beutetiere ermüden.

Kurz zusammengefasst: Die Evolution erschuf den Menschen als Geher und Läufer.
Ein wesentliches Charakteristikum des Wanderns ist das dem Gehen geschuldete spezifische Tempo oder auch die »Langsamkeit«. Wie Goethe schon sagte: »Nur wo du zu Fuß warst, bist du auch wirklich gewesen«. Und es ist bekannt dass er, obwohl er sich Pferd und Kutsche leisten konnte, bevorzugt auf Schusters Rappen unterwegs war. Der Dichter wanderte gerne in der Umgebung seiner Geburtsstadt Frankfurt am Main, um Limburg und Wetzlar, woher seine Vorfahren stammten. Auch der Harz und Weimars Umland gehörten zu seinen Wanderrevieren. Er ließ sich von der Landschaft inspirieren. Auch Wälder und Dörfer regten seine Fantasie an. Für Goethe schien also der Weg das Ziel zu sein und er suchte als überzeugter Wanderer durch den Verzicht auf die Kutsche bewusst nach Entschleunigung. In der heutigen Zeit jedoch wird genauso bewusst auf Geschwindigkeit gesetzt. Bei Reisen mit Auto, Bahn und Flugzeug steht, anders als bei Goethe, das Ziel im Vordergrund, nicht der Weg. Es geht darum, möglichst schnell anzukommen. Je schneller, desto besser. Die Intensität, mit der ein Fußgänger seine Umgebung wahrnimmt, tritt in den Hintergrund. Für Goethe dagegen war das Wandern das Reisen in Reinform. Heute würden wir Goethes Einstellung als »nachhaltig« bezeichnen.

---

3 Simon Perikles, Sportmediziner an der Universität Mainz.

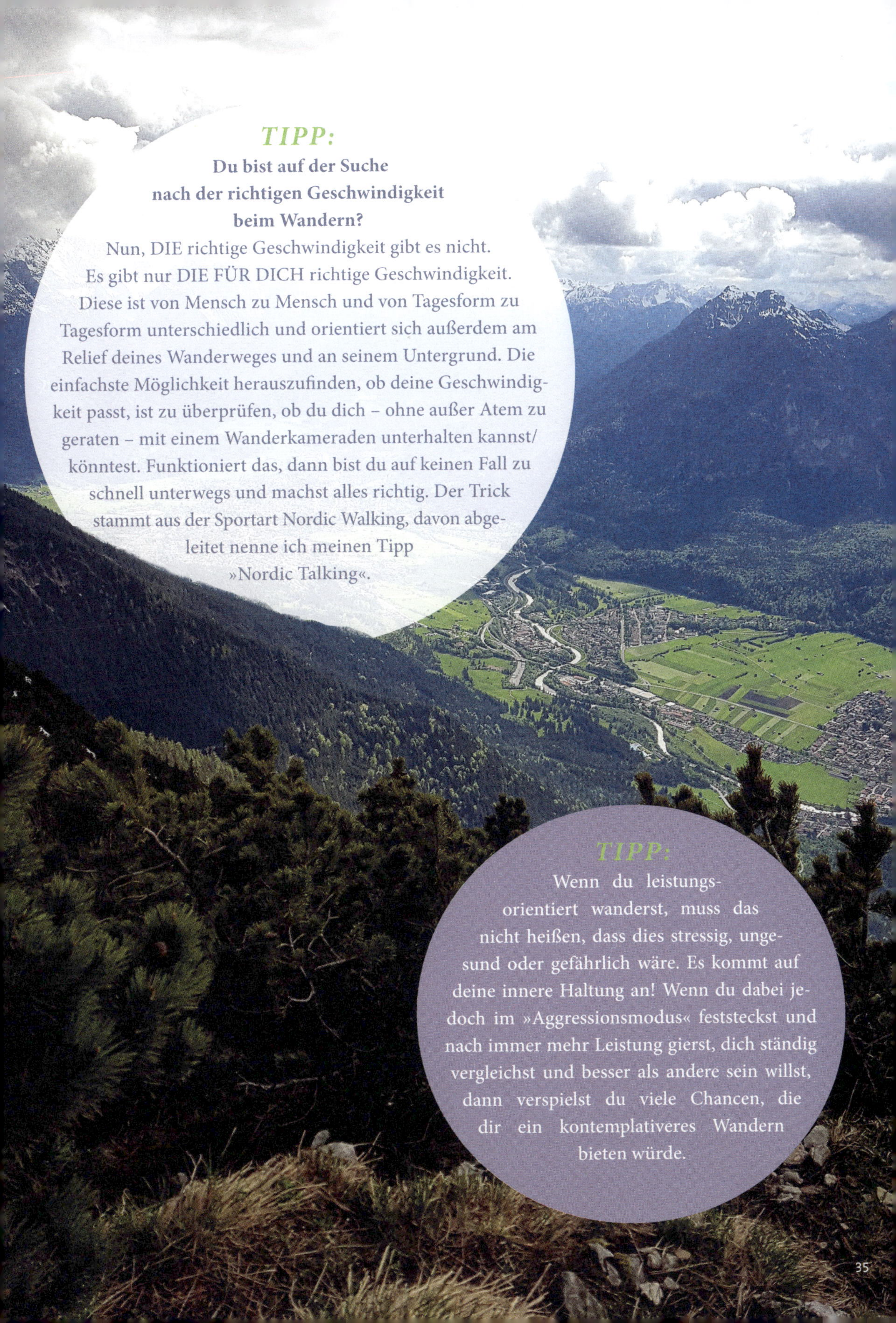

TIPP:

Du bist auf der Suche nach der richtigen Geschwindigkeit beim Wandern?

Nun, DIE richtige Geschwindigkeit gibt es nicht. Es gibt nur DIE FÜR DICH richtige Geschwindigkeit. Diese ist von Mensch zu Mensch und von Tagesform zu Tagesform unterschiedlich und orientiert sich außerdem am Relief deines Wanderweges und an seinem Untergrund. Die einfachste Möglichkeit herauszufinden, ob deine Geschwindigkeit passt, ist zu überprüfen, ob du dich – ohne außer Atem zu geraten – mit einem Wanderkameraden unterhalten kannst/könntest. Funktioniert das, dann bist du auf keinen Fall zu schnell unterwegs und machst alles richtig. Der Trick stammt aus der Sportart Nordic Walking, davon abgeleitet nenne ich meinen Tipp »Nordic Talking«.

TIPP:

Wenn du leistungsorientiert wanderst, muss das nicht heißen, dass dies stressig, ungesund oder gefährlich wäre. Es kommt auf deine innere Haltung an! Wenn du dabei jedoch im »Aggressionsmodus« feststeckst und nach immer mehr Leistung gierst, dich ständig vergleichst und besser als andere sein willst, dann verspielst du viele Chancen, die dir ein kontemplativeres Wandern bieten würde.

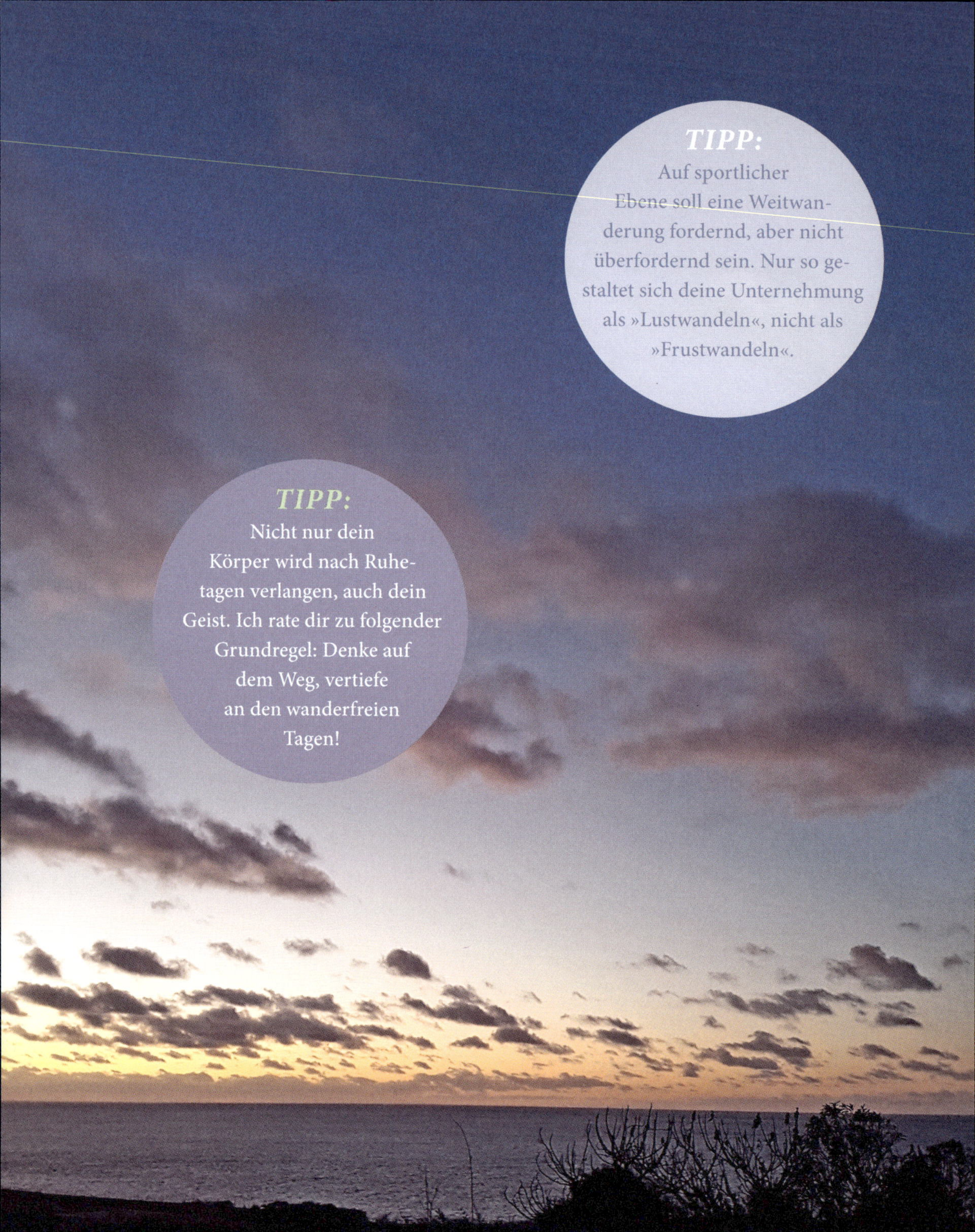

TIPP:
Auf sportlicher Ebene soll eine Weitwanderung fordernd, aber nicht überfordernd sein. Nur so gestaltet sich deine Unternehmung als »Lustwandeln«, nicht als »Frustwandeln«.

TIPP:
Nicht nur dein Körper wird nach Ruhetagen verlangen, auch dein Geist. Ich rate dir zu folgender Grundregel: Denke auf dem Weg, vertiefe an den wanderfreien Tagen!

Denn ein zentraler Begriff in der Nachhaltigkeitsdiskussion ist die Entschleunigung. Wandern schafft automatisch ein Bewusstsein für die von der Natur aus dem Menschen zugedachte Geschwindigkeit. Die natürliche Wandergeschwindigkeit wird auf diese Weise zum Richtwert, der auch im Alltag der Entschleunigung dient.
Wir halten fest, der Mensch ist ursprünglich für eine langsame Art der Fortbewegung geschaffen, die ohne technische Hilfsmittel auskommt. Demnach ist schon das Radfahren zu schnell. Der biologische Hintergrund ist, dass der Körper des Menschen nach wie vor auf die Existenz als Jäger und Sammler ausgerichtet ist. Das heißt, er beobachtet alles, was um ihn herum vorgeht. Unsere steinzeitlichen Vorfahren taten dies aus Gründen der Nahrungsbeschaffung und Gefahrenerkennung, der moderne Mensch, um sein seelisches Glückskonto auf Vordermann zu bringen. Der Wanderer lässt sich von der Kapelle am Wegesrand zu einem Stopp verlocken, betritt vielleicht den kleinen Sakralbau, riecht das Wachs brennender Kerzen und einen Hauch Weihrauch, lässt sich vielleicht zu einer Meditation inspirieren, der Durstige füllt am Brunnen neben dem heiligen Gebäude seine Wasserflasche oder lässt sich zu einer kurzen Rast auf der Bank neben der Kapelle nieder. Kurz: **Der Wanderer hält inne, der Radfahrer dagegen hätte ihn vielleicht übersehen: den kleinen, grün-golden schillernden Käfer, der im Gras neben der Kapelle energisch vorbeikrabbelt mit einem Ziel, das nur der Käfer selbst kennt.**

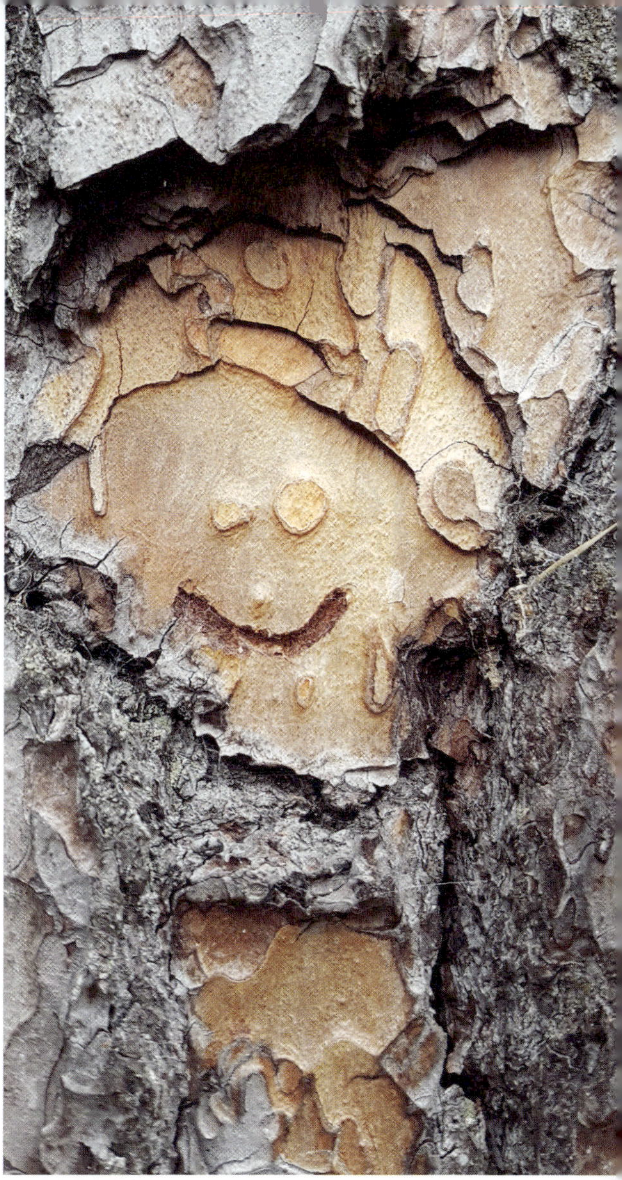

Nur der langsame Wanderer entdeckt die »guten Geister« am Wegesrand.

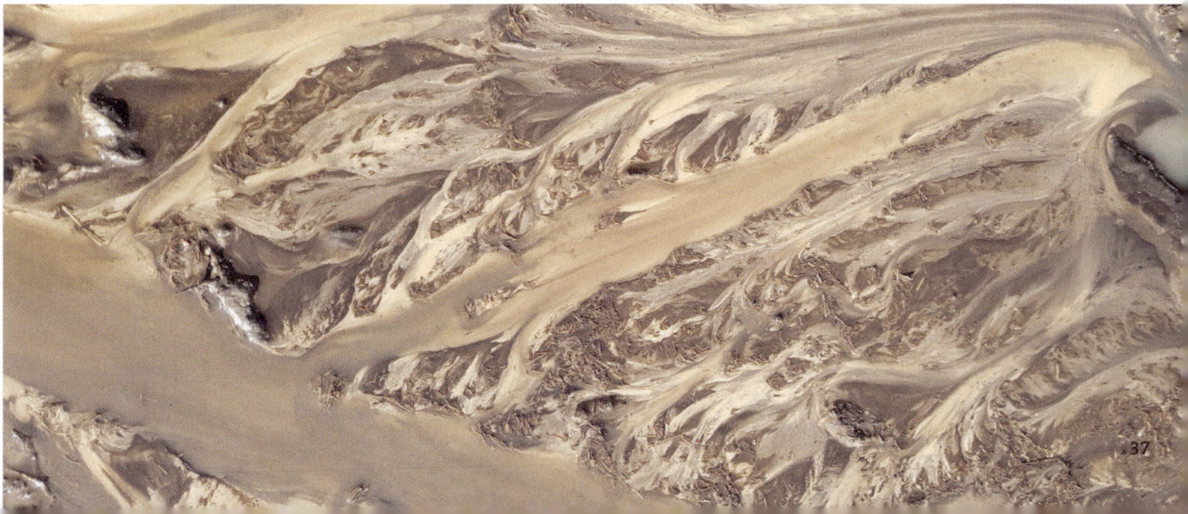

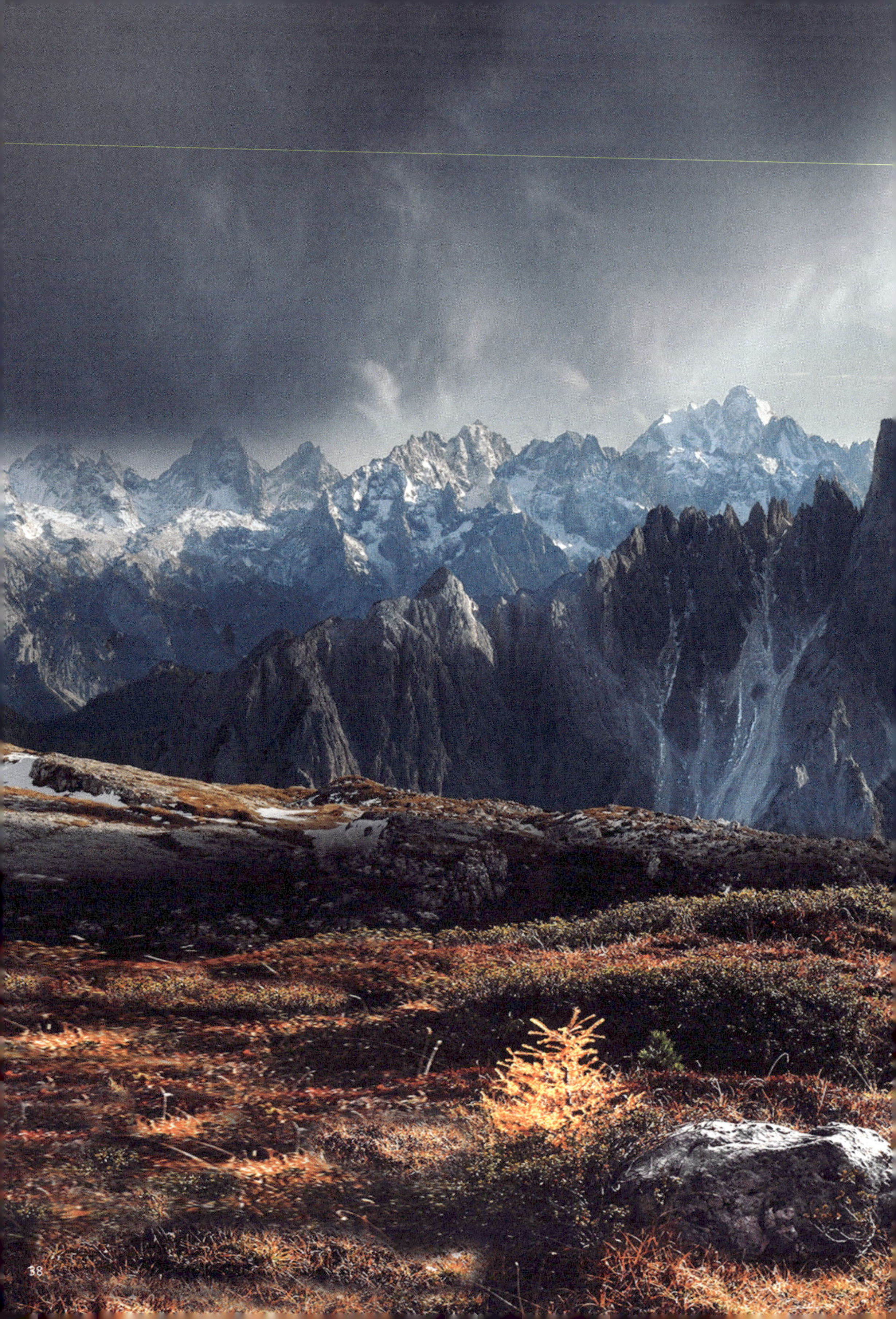

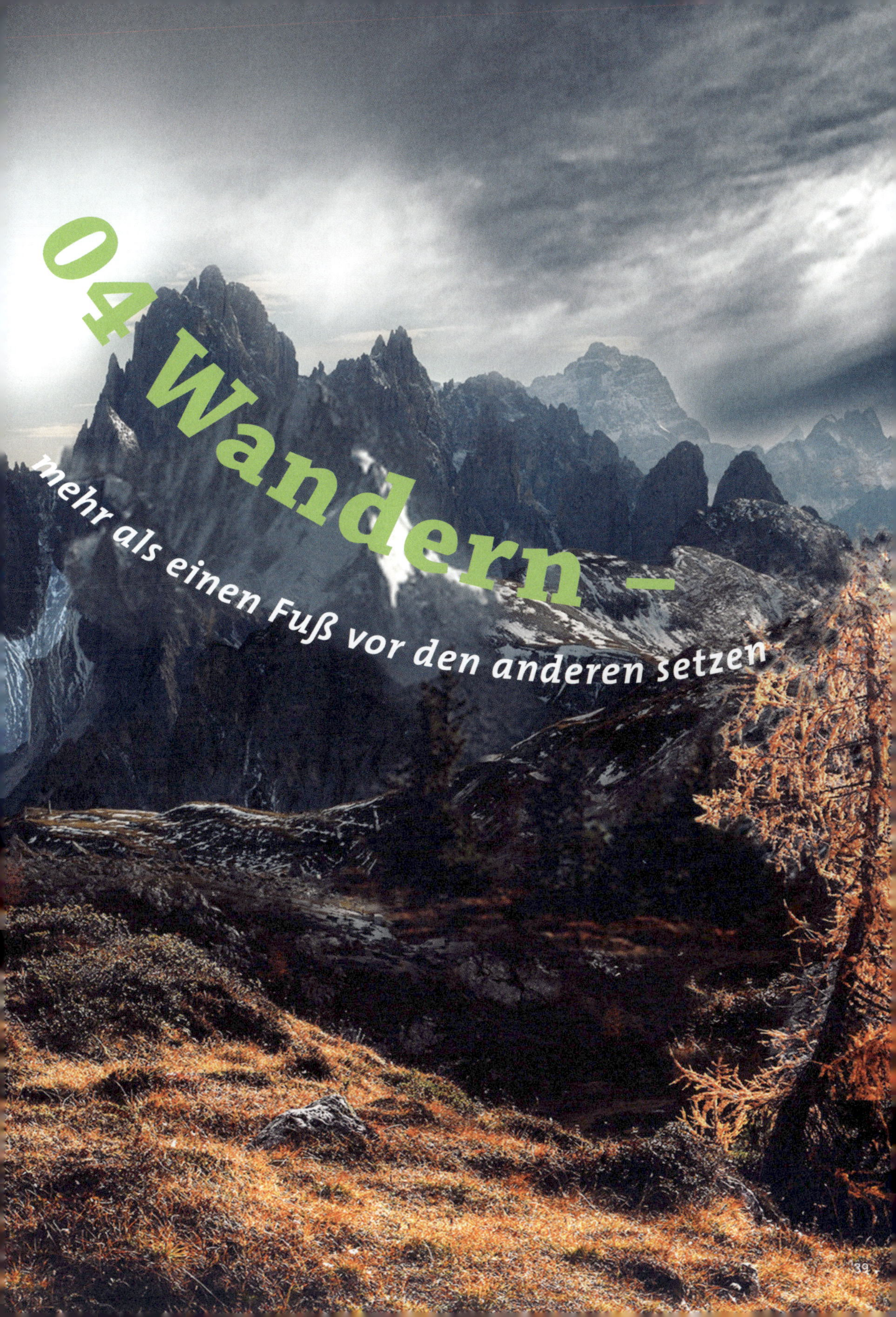

04 Wandern – mehr als einen Fuß vor den anderen setzen

Macht uns Gehen deshalb glücklich, weil wir dafür geschaffen sind?

Lassen wir **Erling Kagge,** einen Norweger, zu Wort kommen. Der müsste es eigentlich wissen, denn er schrieb das Buch »Gehen. Weiter gehen: Eine Anleitung«. Den Autor qualifiziert, dass er zu Fuß am Nordpol, am Südpol und auf dem Mount Everest war. Man könnte also sagen, der Mann hat eine Ahnung davon, was es mit dem Fernwandern auf sich hat. Kagge stellt in seinem Buch eine interessante Überlegung an, die uns vielleicht der Antwort auf die Frage näherbringt, was uns beim Wandern so glücklich macht. **»Und glücklich war ich oben am Tisenjoch. Kaputt, aber glücklich!«**

In einfachen Worten wiedergegeben sagt Kagge Folgendes: Gehen funktioniert, indem man ein Bein nach vorne setzt und gleichzeitig den Körperschwerpunkt nach vorne verlagert. Irgendwann kommt dann zwangsläufig der Moment, in dem der Schwerpunkt uns aus dem Gleichgewicht zieht und wir fallen vornüber auf die Nase.

Wir alle haben diese Erfahrung gemacht, als wir das Laufen lernten. Bis wir irgendwann nach viel Trial and Error lernten, das Nachziehen des hinteren Beins zeitlich richtig zu koordinieren, uns auf diese Weise nach vorne zu stabilisieren, so das Gleichgewicht aufrechtzuerhalten und nicht umzukippen. Dieser Vorgang, sofern er erfolgreich verlief, stimulierte laut Kagge das Glückszentrum in unserem Gehirn positiv. Wieder und immer wieder. Er schließt daraus, dass uns Gehen – wenn wir dabei nicht hinfallen – glücklich macht. Der Anfang war zwar schwer, aber je besser es mit der Fortbewegung auf zwei Beinen klappte, desto »glücklicher« machte uns dieser Erfolg. Und das bei jedem einzelnen Schritt. Kagge behauptet, dass dieses Glücksgefühl so tief in unserem Hirn verankert sei, dass auch im Erwachsenenalter, viele Jahre nach dem Laufenlernen, immer noch jeder einzelne, gelungene Schritt, bei dem wir nicht auf die Nase fallen, einen kleinen positiven Impuls in uns setzt. Je weiter wir gehen, desto mehr positive Impulse sammeln wir. Anders ausgedrückt, je weiter wir gehen, desto glücklicher werden wir.

Auch der Quantenphysiker **Hans-Peter Dürr** denkt in diese Richtung und meint: **»Wir stehen auf einem Bein und sind – statisch betrachtet – instabil. Wir stehen auf dem anderen Bein und sind in der gleichen wackligen Lage. Sobald wir aber gehen, wechseln wir von der Instabilität in eine andere und erreichen dadurch einen dynamischen, stabilen Gang, ohne dabei hinzufallen. Das ist das Wesen des Lebendigseins.«**[4]

4 Hans-Peter Dürr: Warum es ums Ganze geht: Neues Denken für eine Welt im Umbruch. oekom Verlag. München 2009.

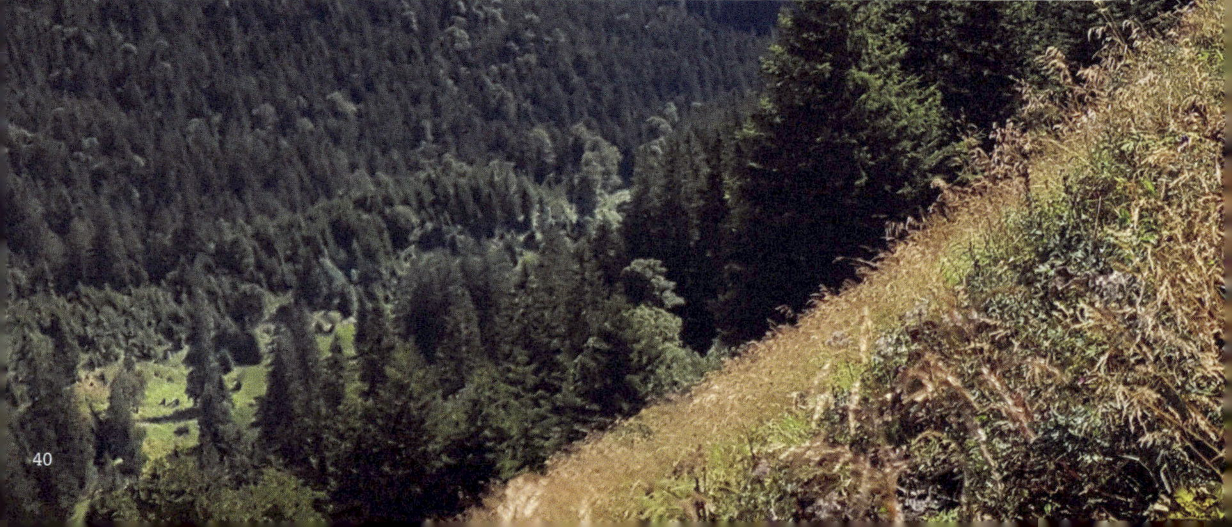

Was hältst Du von diesen Aussagen?

Ich für meinen Teil unterschreibe auf jeden Fall den Schluss: je weiter, desto glücklicher. Denn diesen kann ich aus eigener Erfahrung bestätigen. **Ein kleiner Spaziergang macht Laune. Ein langer Spaziergang noch mehr.**

Eine Halbtageswanderung ist wunderschön, eine Tageswanderung kann ein lebensprägendes Erlebnis sein und eine Mehrtageswanderung womöglich eine der intensivsten Erfahrungen, die man als Mensch überhaupt machen kann. Weiter ist also besser! Die Vorgeschichte von Kagge sehe ich aber eher als nette Umrahmung. Ob das mit dem »Glücksimpuls bei jedem erfolgreichen Schritt« wissenschaftlich so haltbar ist, bezweifle ich ein wenig. Unbestritten, weil offensichtlich und beobachtbar, ist sicher die Freude eines Kleinkindes, das gerade Gehen lernte und Dank dieser im Gegensatz zum Kriechen und Krabbeln effektiven Fortbewegungsart nun seine Umwelt entdecken und erforschen kann. Eltern wissen ein Lied davon zu singen, wenn auf einmal vor dem Kind »nichts mehr sicher ist«.

Mit zunehmendem Alter dürfte diese anfängliche Freude verblassen und zur Gewohnheit werden. Jedoch halten **Aaron Sussman** und **Ruth Goode in »The Magic Of Walking«** (1967) dem entgegen, dass Laufen nicht nur eines der ersten Dinge ist, die ein Kind tun möchte, sondern auch eines der Dinge, die dem Mensch am schwersten fallen, wenn er sie aufgeben muss.

Eine wissenschaftliche Erklärung für das Glücksgefühl beim Wandern könnte sein, **dass das menschliche Gehirn biophil ist,** was so viel wie »das Lebendige liebend« bedeutet. Prof. Dr. med. Andreas Meyer-Lindenberg, Direktor des Zentralinstituts für Seelische Gesundheit in Mannheim, spricht in diesem Zusammenhang von einem »visuellen Kanal«, der auf Grün gepolt ist. Meyer-Lindberg führt aus, dass der Mensch Grün sehen muss. Das sei ein »Überbleibsel der Evolution in der afrikanischen Savanne: Grün bedeutet Wasser und Nahrung, ein Platz, der unser Überleben sichert, den wir daher immer wieder aufsuchen.«[5] **Und Grün begegnet uns beim Wandern.**

5 Interview in: Aktuelle Medizin Magazin, 23.09.2019.

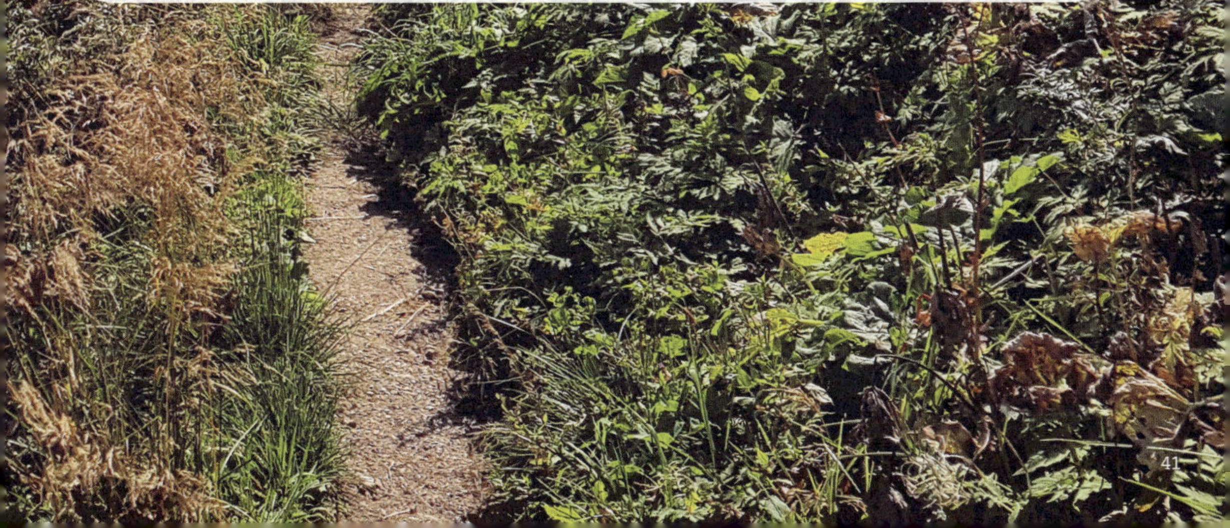

INFO:

Hast Du gewusst, dass der Aktionsradius eines gesunden, ausgewachsenen Menschen 20 km pro Tag beträgt? Auf diese Distanz sind unsere Gene programmiert und unser Körper ausgelegt. Für unsere Vorfahren, die sich noch mit Fellen bekleideten und mit Pfeil und Bogen jagten, war diese Voraussetzung überlebensnotwendig. Von der Wohnhöhle bei Sonnenaufgang losziehen, 20 km weit ein Mammut bepirschen, zur Strecke bringen und abends wieder zurück zur Höhle mit der Beute. Lassen wir uns diesen Zahlenwert nochmal auf der Zunge zergehen! Ein Aktionsradius von 20 km bedeutet eine in uns von der Natur angelegte Fähigkeit, jeden Tag insgesamt 40 km weit gehen zu können! Ohne dabei bleibenden Schaden zu nehmen. Wir moderne Menschen rechnen auf unseren Fernwanderungen mit Tagesetappen von etwa 20–25 km. Spürst du die Luft nach oben?

BEACHTLICH:

Es ist keine 100 Jahre her. Frau Götschel war in den 1980er Jahren eine ältere Dame in der Straße, in der ich aufwuchs. Sie versorgte das Haus und den Garten meiner Familie, während wir im Urlaub waren. Frau Götschel, um 1910 in Unterammergau geboren, erzählte einmal, dass sie ihr Vater als Mädchen und junge Frau oft ins 22 km entfernte Murnau am Staffelsee geschickt habe, um dort für ihn Besorgungen zu erledigen. Es war für sie damals ganz normal, bei Sonnenaufgang in Unterammergau zu starten, nach Murnau zu laufen, die Aufträge abzuarbeiten und danach wieder nach Hause zu gehen. Über 44 km an einem Tag!

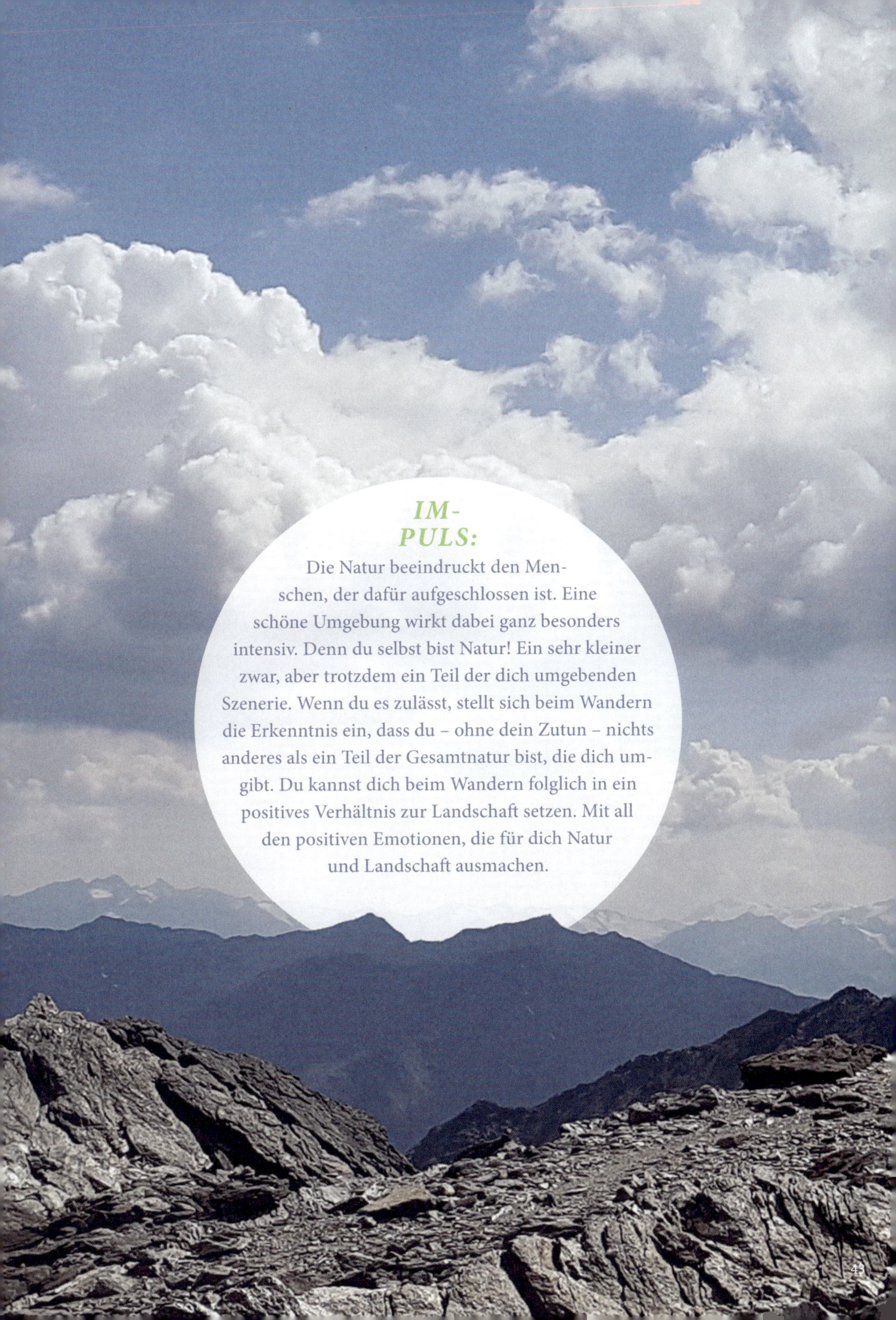

IM-PULS:

Die Natur beeindruckt den Menschen, der dafür aufgeschlossen ist. Eine schöne Umgebung wirkt dabei ganz besonders intensiv. Denn du selbst bist Natur! Ein sehr kleiner zwar, aber trotzdem ein Teil der dich umgebenden Szenerie. Wenn du es zulässt, stellt sich beim Wandern die Erkenntnis ein, dass du – ohne dein Zutun – nichts anderes als ein Teil der Gesamtnatur bist, die dich umgibt. Du kannst dich beim Wandern folglich in ein positives Verhältnis zur Landschaft setzen. Mit all den positiven Emotionen, die für dich Natur und Landschaft ausmachen.

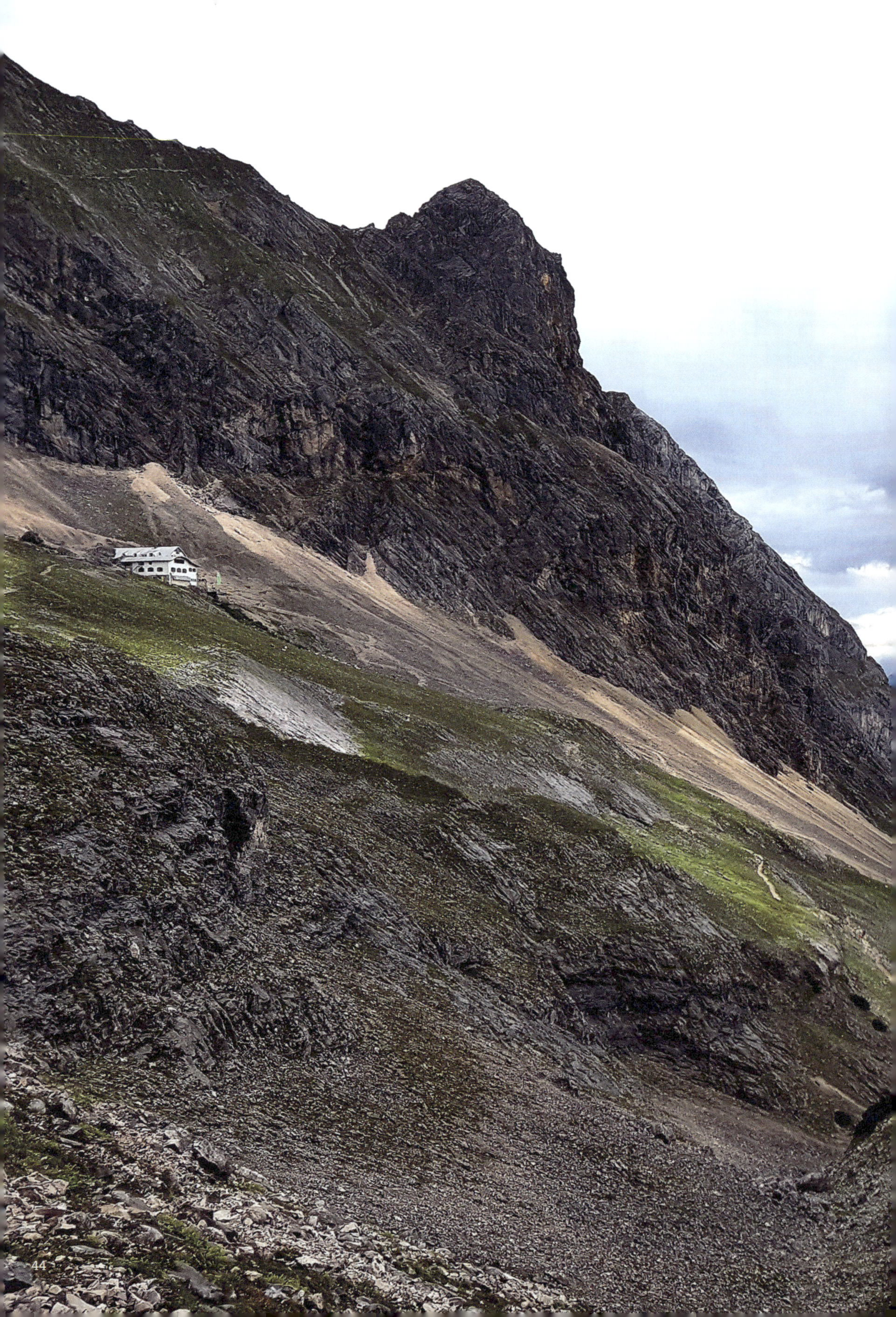

05 Wandern –

Bewegung, Endorphine, O_2 and You

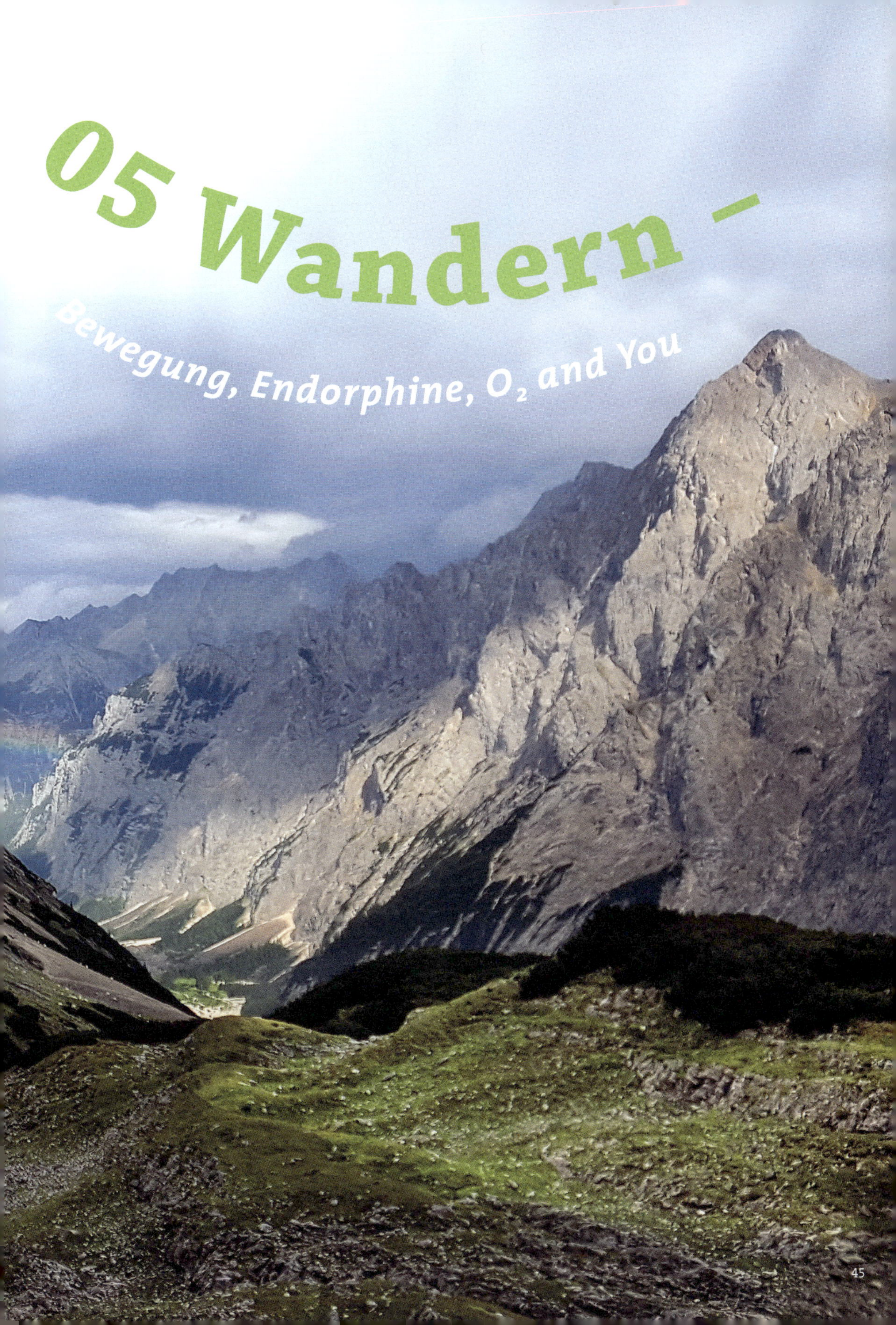

Wandern ist weit mehr als nur das Voranschreiten auf zwei Beinen an der frischen Luft. Denn ginge es lediglich um den Aspekt der Geh- oder Laufbewegung, könntest du dich auch einfach regelmäßig auf ein Laufband begeben. Aber würde dich das auch nachhaltig glücklich machen? Beim Menschen kann ein erfolgreiches Workout auf dem Laufband im Fitnessstudio zwar zur Ausschüttung von Glückshormonen führen, allerdings mit zeitlich begrenzter Wirkung. So schön der »Runner's High« ist, mit dem Glücksgefühl während und nach einer mit allen Sinnen durchlebten Fernwanderung kann er es nach meiner Erfahrung nicht aufnehmen.

Früher war ich begeisterter Läufer und trainierte mehrmals wöchentlich auf der Halbmarathondistanz. Ich kenne das Glücksgefühl des Runner's High, das sich auf eine körpereigene Endorphin-Ausschüttung zurückführen lässt gut. Neben Endorphinen werden auch Enkephaline und Dynorphine produziert, die alle chemisch dem Opium sehr ähnlich sind. Kurz: **Der Körper stellt seinen eigenen Drogencocktail her, der die eigene Wahrnehmung während und nach dem Sport positiv verändert und temporär das Schmerzempfinden herabsetzt.**
Bei normaler Wandergeschwindigkeit und dementsprechend mäßiger physischer Belastung setzt die körpereigene Drogenproduktion noch nicht ein. Das Glücksgefühl beim Wandern muss also andere Ursachen haben. Welche Rolle spielt beispielsweise die **»frische Luft«**?

Wissenschaftliche Experimente zeigten, dass neben unserer Nahrung, unserem Trinkwasser, Vitaminen und Mineralstoffen in erster Linie die eingeatmete Luft, genauer gesagt, der darin enthaltene Sauerstoff der Bereitstellung elektrischer Ströme in unserem Körper dient. Der **»Dynamo«** dabei ist unser Gehirn. Fließende Hirnströme bedeuten Leben. Erhöhte Sauerstoffzufuhr führt zu einer optimalen elektrischen Durchströmung und damit zu einem besseren Gedächtnis und zu einer Steigerung der geistigen Beweglichkeit. So setzt man beispielsweise Sauerstoff ein, um senile Patienten zu behandeln, was ihre geistigen Funktionen deutlich verbessert. Die Patienten werden aktiver und interessierter am Leben. Sie schlafen besser und beginnen Verantwortung zu übernehmen. Senilität geht mit einer Verhärtung der Hirnarterien einher, die ihrerseits dazu führt, dass weniger Sauerstoff ins Gehirn transportiert werden kann. Eine Sauerstoffanreicherung in der Atemluft kann dies kompensieren.

Ähnlich können auch gesunde Menschen eine Verbesserung ihres Allgemeinzustandes erwarten, wenn sie auf die Zufuhr von frischer Luft achten. Sauerstoffmangel hingegen führt zu Müdigkeit, Erschöpfung, Blutarmut und Depressionen. Das Urteilsvermögen, die Vernunft und die Willenskraft werden herabgesetzt. Deshalb ist es z. B. gesetzlich vorgeschrieben, dass alle Piloten ab einer bestimmten Flughöhe Sauerstoff einatmen müssen.[6]

6 Was Sauerstoff im Gehirn kann. In: www.newstartcenter.de, 16.06.2015.

TIPP:
Durch die Gänge schalten

Wandern ist keine komplizierte Sportart, bei der du schwierige Bewegungsabläufe zunächst trainieren musst wie etwa beim Hochsprung, Bodenturnen oder bei asiatischen Kampfsportarten. An einer Sache solltest du jedoch stets arbeiten und sie immer im Blick haben, auch wenn es zunächst banal klingen mag: an deiner Atmung.
Die Frequenz deiner Atmung muss mit deinen Schritten korrelieren. Geh nicht davon aus, dass sich dieser Rhythmus automatisch von selbst einstellen wird. Deinen Rhythmus zu finden braucht Zeit und Aufmerksamkeit. Bis deine Atmung und dein Gang ideal aufeinander abgestimmt sind, wird dir unerwartet viel Konzentration und Fokussierung abverlangt.
Sauerstoff ist in Verbindung mit Zucker der Brennstoff für deine Muskeln. Je mehr du körperlich aktiv bist, desto mehr davon verlangt dein Organismus. Bei Anstrengung beschleunigt sich dein Atem oder du kommst sogar außer Atem. Mit der richtigen Atemtechnik stellst du allzeit die optimale Sauerstoffversorgung sicher. Ich bediene mich dabei der Metapher einer Gangschaltung wie beim Auto oder Fahrrad. Dabei setze ich die Anzahl meiner Schritte mit der meiner Atemzüge in Relation. Meine persönliche »Gangschaltung« verfügt über 6 Gänge:
In der Ebene, ohne schweres Gepäck, auf planierten Wegen gehe ich im 6. Gang. Das bedeutet das Einatmen dauert 3 Schritte, das Ausatmen ebenso, insgesamt 6 Schritte. Bei dieser geringen Belastung läuft meine Atmung quasi von selbst, bewusstes Atmen ist nur selten notwendig.
Wird die Belastung höher, z. B. aufgrund einer leichten Steigung, schalte ich in den 5. Gang: 2 Schritte einatmen, 3 Schritte ausatmen.

Beachte: Die Phase des Ausatmens sollte wenn möglich länger als die des Einatmens sein! Konzentriere dich beim Ausatmen darauf, deine Lunge vollständig zu leeren!
Im 4. Gang (2 Schritte einatmen, 2 ausatmen) bin ich auf Bergwanderungen mit normalem Gepäck und mittlerer Steigung unterwegs. In diesem Modus muss die Atmung genau unter Kontrolle und auf das Gelände abgestimmt sein, denn »in einem zu hohen Gang zu fahren« würde jetzt Atemnot nach sich ziehen.
Wenn es steil wird, dann folgt das Herunterschalten in den 3. Gang. Ein Schritt einatmen, 2 Schritte ausatmen. Im 3. Gang gehe ich, wenn die Steigung über längere Zeit etwa der Belastung wie beim Treppensteigen gleichkommt. Da sich im Gelände oft hohe »Treppenstufen« mit niedrigen abwechseln ist es wichtig, trotz des ungleichförmigen Steiges den Geh- und Atemrhythmus beizubehalten. Das sichert deinem Körper die ausreichende Sauerstoffversorgung.
Den 2. Gang halte ich sehr steilen Steigabschnitten vor. Einatmen – ein Schritt, ausatmen – ein Schritt. Hier ist es richtig steil. So steil, dass man teilweise die Hände zur Unterstützung nehmen muss, um die Steigung zu erklimmen. Einfache Kletterstellen gehören durchaus mit in dieses Segment.

Die Notwendigkeit in den 1. Gang – ein Schritt für Ein- und Ausatmen– zu schalten, tritt bei mir selten auf. In diesen Bewegungsmodus verfalle ich nur bei sehr steilem, schwierigem, hochalpinem Gelände, wenn zusätzlich die »dünne Luft« der großen Höhe die Versorgung mit Sauerstoff erschwert und mich zudem ein schwerer Rucksack plagt. Richtigem Atmen kommt hier eine noch größere Bedeutung zu, als in tiefer gelegenen Regionen.

06 Wandern – ein Philosophieren von den Füßen in den Kopf

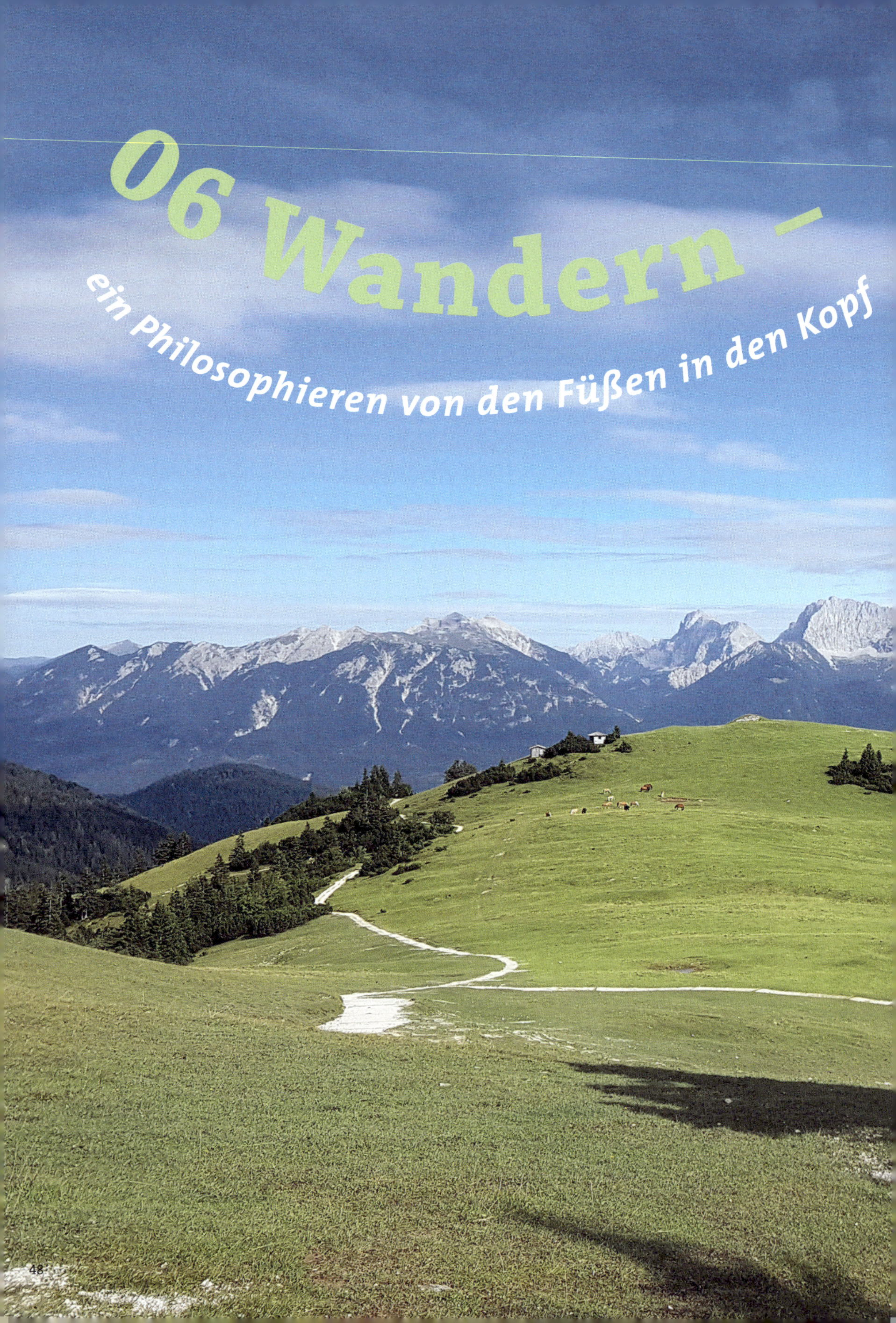

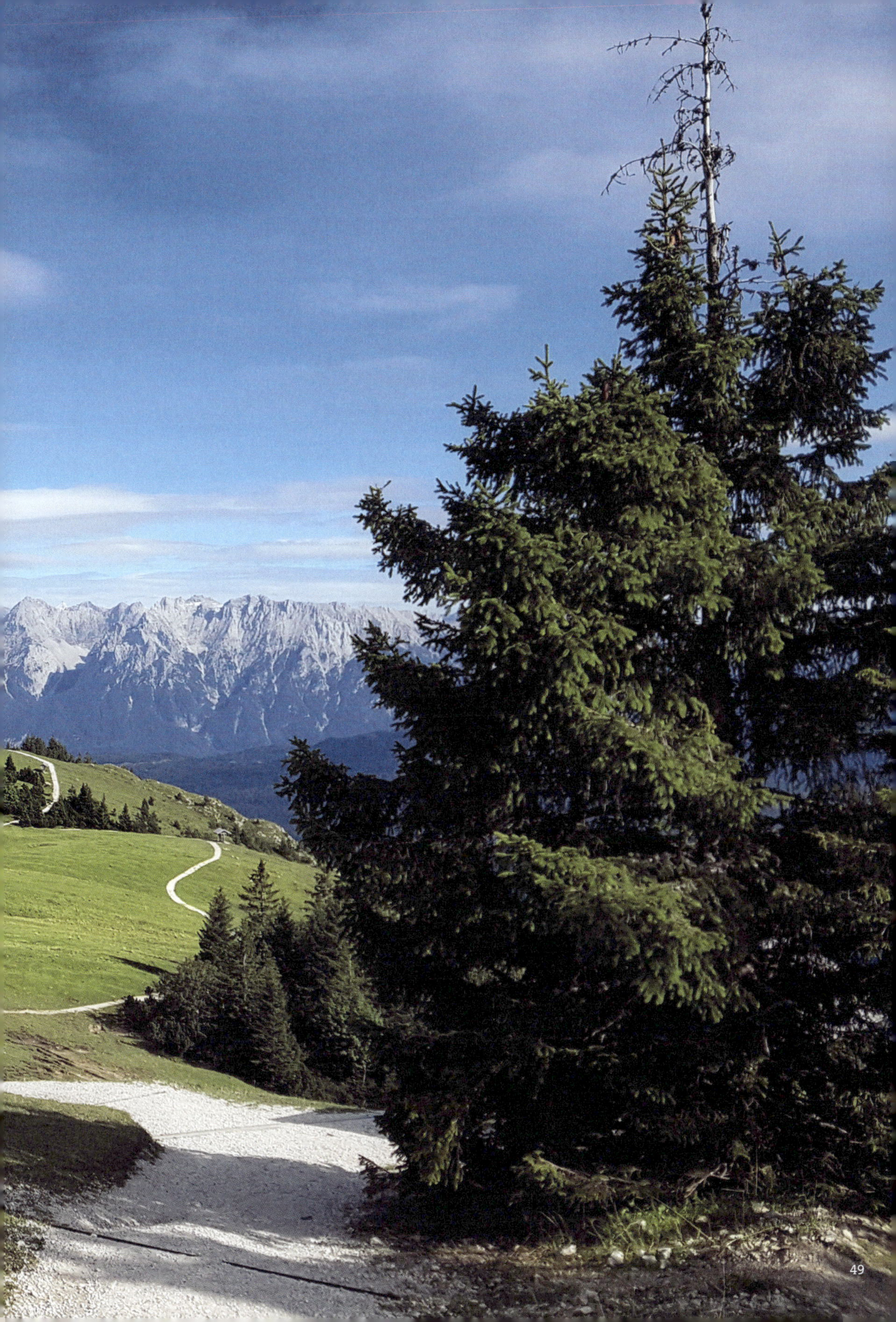

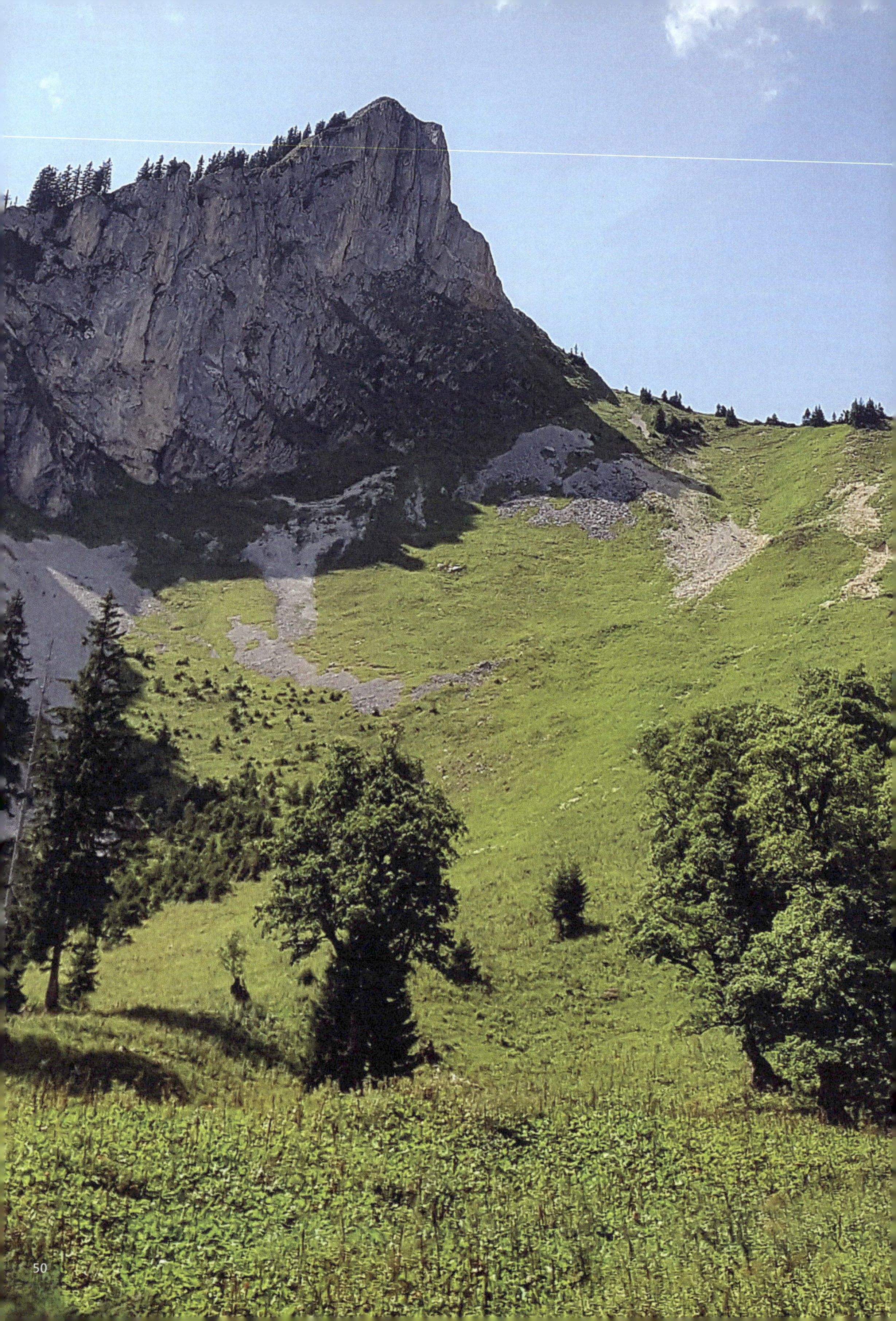

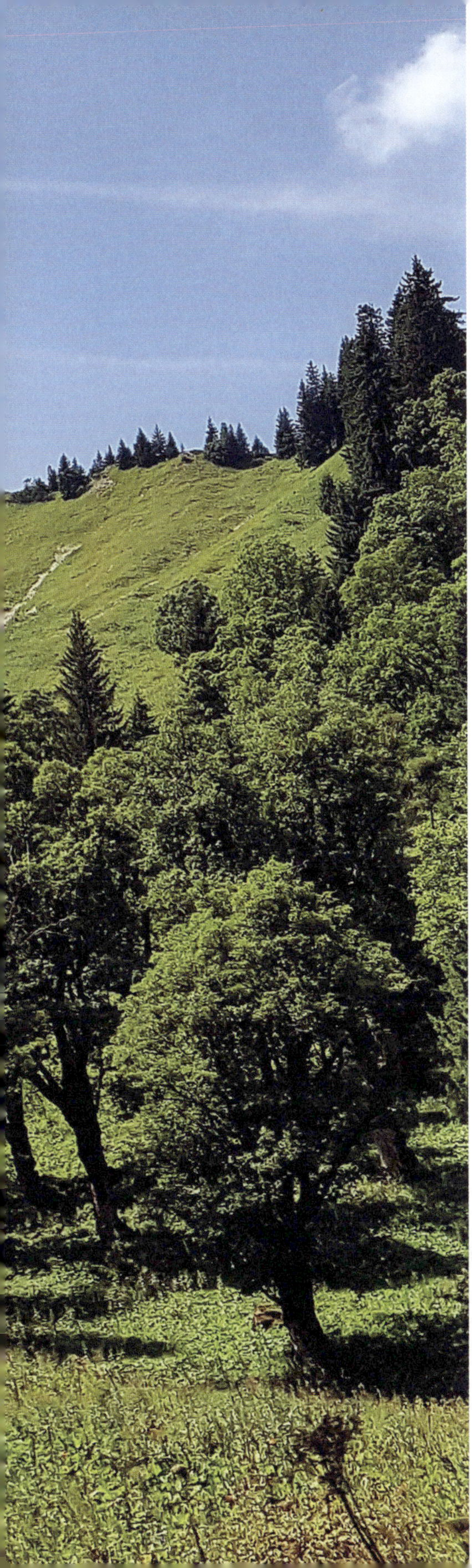

In unserem Sprachgebrauch versteht man unter »Wandern« das »gemächliche Gehen eines Weges«. Der Duden gibt darüber Auskunft, dass sich das Verb »wandern« vom Mittelhochdeutschen »wanderen« und dem Althochdeutschen »wantōn« herleiten lässt. Im ursprünglichen Sinne bedeuten diese beiden Worte so viel wie »wandeln«, was das »wiederholte Wenden«, sowie das »Hin- und Hergehen« zum Ausdruck bringen soll. In der deutschen Sprache deuten heute viele Wortkombinationen und Sprichwörter zum Wortfeld Gehen und Wandern auf eine Wandlung und Weiterentwicklung der Persönlichkeit hin.
So verkündet Johann Wolfgang von Goethe **»Was ich nicht erlernt habe, das habe ich erwandert«** und erkennt **»Berge sind stille Meister und machen schweigsame Schüler«.**
Auch Søren Kierkegaard[7] berichtet: **»Ich habe mir meine besten Gedanken ergangen.«**
Thomas Bernhard[8] (1931–1989) stellt fest: **»[...] Gehen und Denken [sind] zwei durchaus gleiche Begriffe und wir können ohne weiteres sagen (und behaupten), dass der, welcher geht und also der, welcher beispielsweise vorzüglich geht, auch vorzüglich denkt, wie der, der denkt und also auch vorzüglich denkt, auch vorzüglich geht. Wenn wir einen Gehenden genau beobachten, wissen wir auch, wie er denkt. Wenn wir einen Denkenden genau beobachten, wissen wir auch, wie er geht.«**

Wandern ist folglich ein Werkzeug zur inneren Umkehr, zu einer inneren Wende. Stellvertretend dafür sei hier das Wort »Fortschritt« genannt, das nicht nur das Voranschreiten der Füße, sondern auch das Voranschreiten einer Entwicklung ausdrückt. Bleiben wir sprachwissenschaftlich und führen uns vor Augen, dass das Nomen »Weg« in vielen Kulturen doppeldeutig benutzt wird und sowohl den räumlichen Weg bezeichnet, der von Ort A nach

7 Dänischer Philosoph, Theologe und Schriftsteller, 1813–1855.
8 Österreichischer Schriftsteller, 1931–1989.

Ort B führt, als auch den Weg im übertragenen Sinn, wie er beispielsweise in Worten wie »Lebensweg« zum Ausdruck kommt und das Leben nichts anderes als eine Wanderung zwischen Geburt und Tod darstellt. Folglich ist dem Lebensweg und dem Wandern das Element des **»Unterwegsseins«** gemeinsam. Neben der körperlichen Fortbewegung findet auch eine geistige Vorwärtsbewegung statt. Optisch betrachtet ergeben sich beim Wandern Schritt für Schritt neue Perspektiven. Im übertragenen Sinn bringt jeder Schritt, neben dem Ortswechsel, auch eine Bewegung auf etwas Neues hin mit sich. Die Vergangenheit bleibt dabei zurück.

In der Tat scheint das langsame Voranschreiten den Geist anzuregen. Einer der ältesten schriftlich festgehaltenen Spaziergänge der Menschheitsgeschichte steht bekanntlich in der Genesis (1. Buch Mose 3,8): **»Und sie hörten Gott den Herrn, wie er im Garten ging, als der Tag kühl geworden war.«** Wobei der Erholungseffekt hier ja dadurch gestört wurde, dass er bei seinem Abendspaziergang durch den Garten Eden Evas Apfelklau bemerkte ... doch diese Überlieferung zeigt, dass ein abendlicher Spaziergang auf jahrtausendealten Gewohnheiten basiert.

Jean-Jaques Rousseau behauptete im 18. Jahrhundert von sich, er könne nur beim Gehen nachdenken. Bliebe er stehen, täten dies auch seine Gedanken; sein Kopf bewege sich nur beim Gehen im Einklang mit seinen Beinen.[9] Auch von Albert Einstein ist überliefert, dass er zum Nachdenken gerne spazieren ging.

Unter Physikern und Mathematikern sind die Spaziergänge des fast 70-jährigen Albert Einstein mit dem 25 Jahre jüngeren Ausnahme-Mathematiker Kurt Gödel über den Campus von Princeton legendär geworden.
Die zwei Spaziergänger, die jeweils ihr Fach revolutioniert haben, verband das Überschreiten von Grenzen und das Aufzeigen von neuen. Auch Steve Jobs, das Genie hinter der Computerfirma Apple, soll sich in Begleitung seines Entwicklerteams zu Spaziergängen aufgemacht haben. So schreibt der Wall Street Journal-Journalist Brent Schlender in seiner Steve Jobs-Biographie »Becoming Steve Jobs« (2017), dass dieser etwa mit dem Apple-Chef-Designer John Ive immer wieder über den Campus spaziert sei, um Ideen zu finden. Auch mit allen anderen möglichen Menschen wurde Jobs immer wieder beim Spaziergang gesehen.[10]

Die Autoren Olivia Fox Cabane und Judah Pollack erklären sehr anschaulich, was in unserem Gehirn passiert, wenn wir eine bahnbrechende Idee haben. Sie gehen dabei von zwei Funktionen des Gehirns aus: dem ausführenden Modus und dem Default Modus. Der erste Modus ist aufgaben- und zielorientiert, während der zweite grübelt und überlegt. Die Kreativität, um ein Problem zu lösen ist also im zweiten Modus beheimatet.
Um beide Funktionen zu aktivieren und zum Zusammenspiel zu animieren, geht man am besten herum![11] Auch eine Studie der Universität Stanford aus dem Jahr 2014 bestätigt, dass Gehen unsere Kreativität fördert, der kreative Output soll sogar bis zu 60 Prozent höher sein.

Der Entwicklungsbiologe John Medina (University of Washington) begründet diesen Sachverhalt damit, dass sich unsere Gehirne entwickelten, während wir uns bewegten, denn unsere Vorfahren gingen viele Kilometer pro Tag (vgl. Aktionsradius 20 km!). Laut Medina sehnt sich unser Gehirn auch heute noch nach diesem Erlebnis.[12]

---

9 Jean-Jacques Rousseau: Die Bekenntnisse. 1765–1770 verfasst, posthum publiziert.

10 »Eine Angewohnheit hat Steve Jobs erfolgreich gemacht — Neurowissenschaftler empfehlen sie auch euch«. In: www.businessinsider.de, 15.04.2017.

11 Olivia Fox Cabane, Judah Pollack: The Net and the Butterfly: The Art and Practice of Breakthrough Thinking. Penguin Publishing Group 2017.

12 In: www.businessinsider.de, 15.04.2017, ebd.

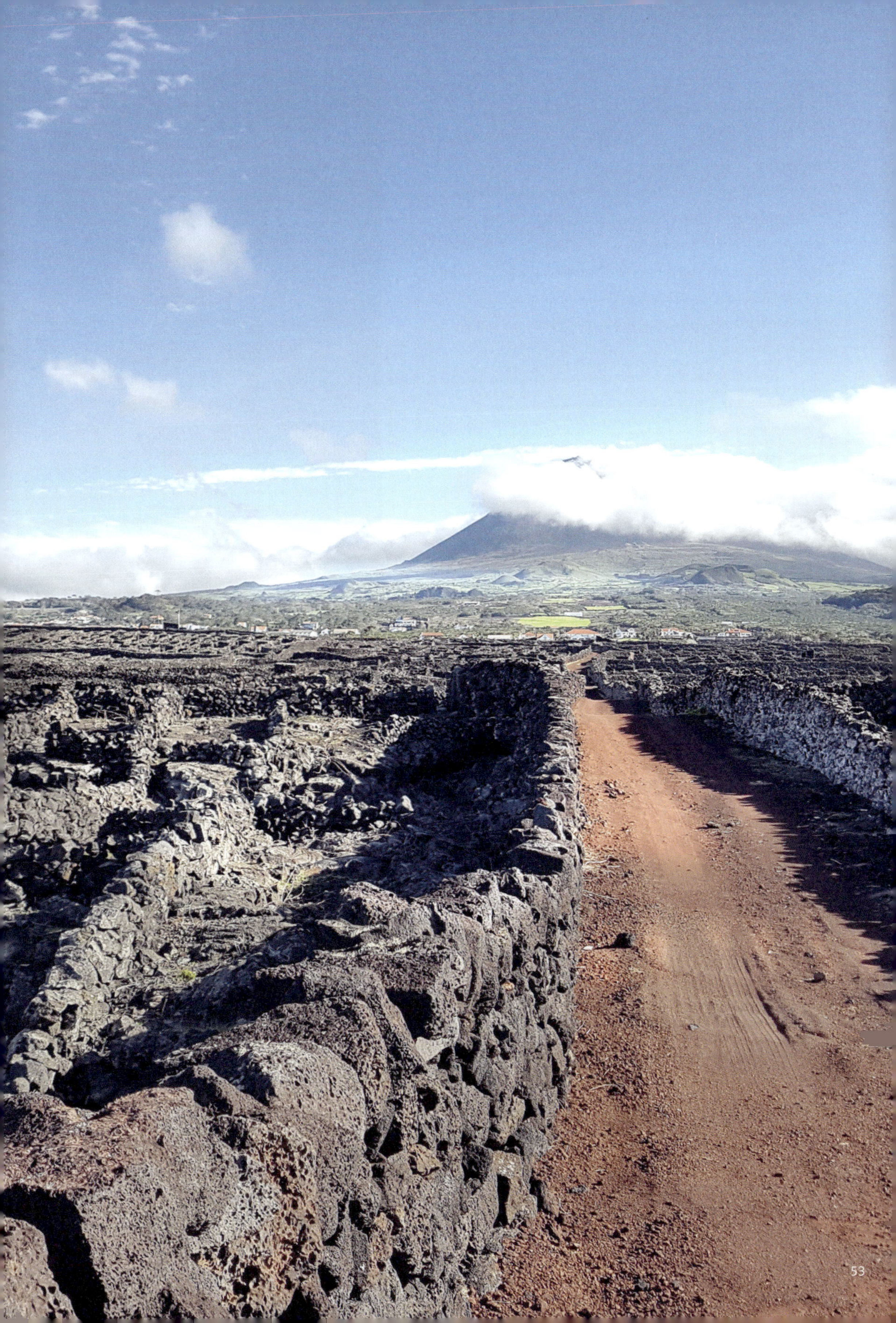

Wandern bietet also in anregender Art und Weise die Möglichkeit zum Nachdenken und zur Kommunikation. Es ermöglicht ohne den sonst in der Arbeitswelt oft typischen Leistungszwang ein gemeinsames Erleben. So mausert sich Wandern in dieser Betrachtungsweise zum »Walk & Talk« und macht eine Wanderunternehmung zu einer Tagung. Es ist bekannt, dass der dänische Philosoph Søren Kierkegaard täglich wanderte. Im »Brief an Jette« (1847) schrieb er:

»[...] und ich kenne keinen [Gedanken], der so schwer wäre, dass man ihn nicht beim Gehen loswürde ... beim Stillsitzen aber und je mehr man stillsitzt, kommt einem das Übelbefinden nur umso näher ... bleibt man so am Gehen, so geht es schon.«

Es muss also ein besonderer Zusammenhang zwischen Gehen und Denken bestehen. Was genau passiert dabei in unseren Köpfen und Körpern? Wie wird die gefühlt magische Wirkung des Wanderns erzeugt?

Albert Kitzler weist in diesem Zusammenhang auf einen sehr interessanten Aspekt hin, der die enge Verknüpfung zwischen Gehen und Denken gut zum Ausdruck bringt. In der traditionellen chinesischen Philosophie gibt es das Wort **»Dao«**, das mit **»der rechte Weg«** übersetzt werden kann. Interessant ist dabei, dass sich das Schriftzeichen für Tao aus den Schriftzeichen für **»Kopf«** und **»Fuß«** zusammensetzt. Es bezeichnet laut Kitzler »den Weg des offenen Lebens«, das **»Sich-Entfalten-des Weges«**. Nur durch Dao – man könnte auch sagen durch eine **»geistige Wanderung«** – reife der Mensch zu einem **»wahren Menschen«**.

Wie war das bei meiner ersten Fernwanderung, der Alpenüberquerung 2017? Hatte sich mir ein Dao offenbart? Nun, wenn ich davon ausgehe, dass Wandern auch Wandlung bedeutet, bestand meine Unternehmung zunächst im Heraustreten aus meiner gewohnten Umgebung. **Also nicht nur ein »Draußen-an-der-frischen-Luft-Herumlaufen«**.

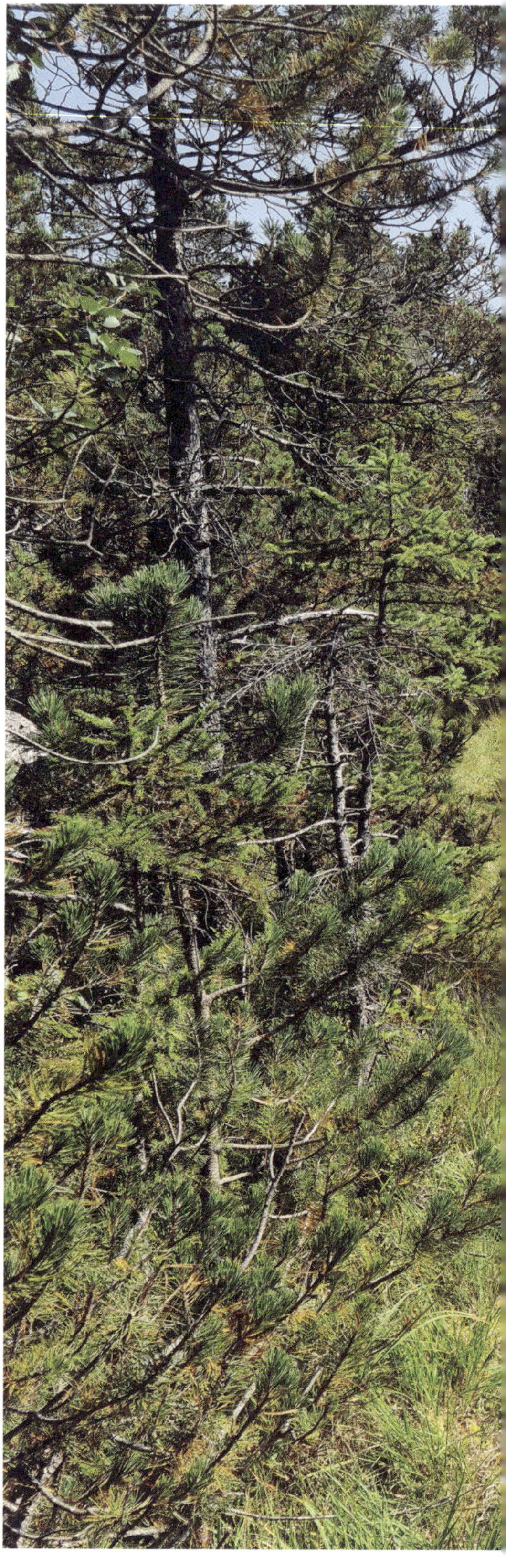

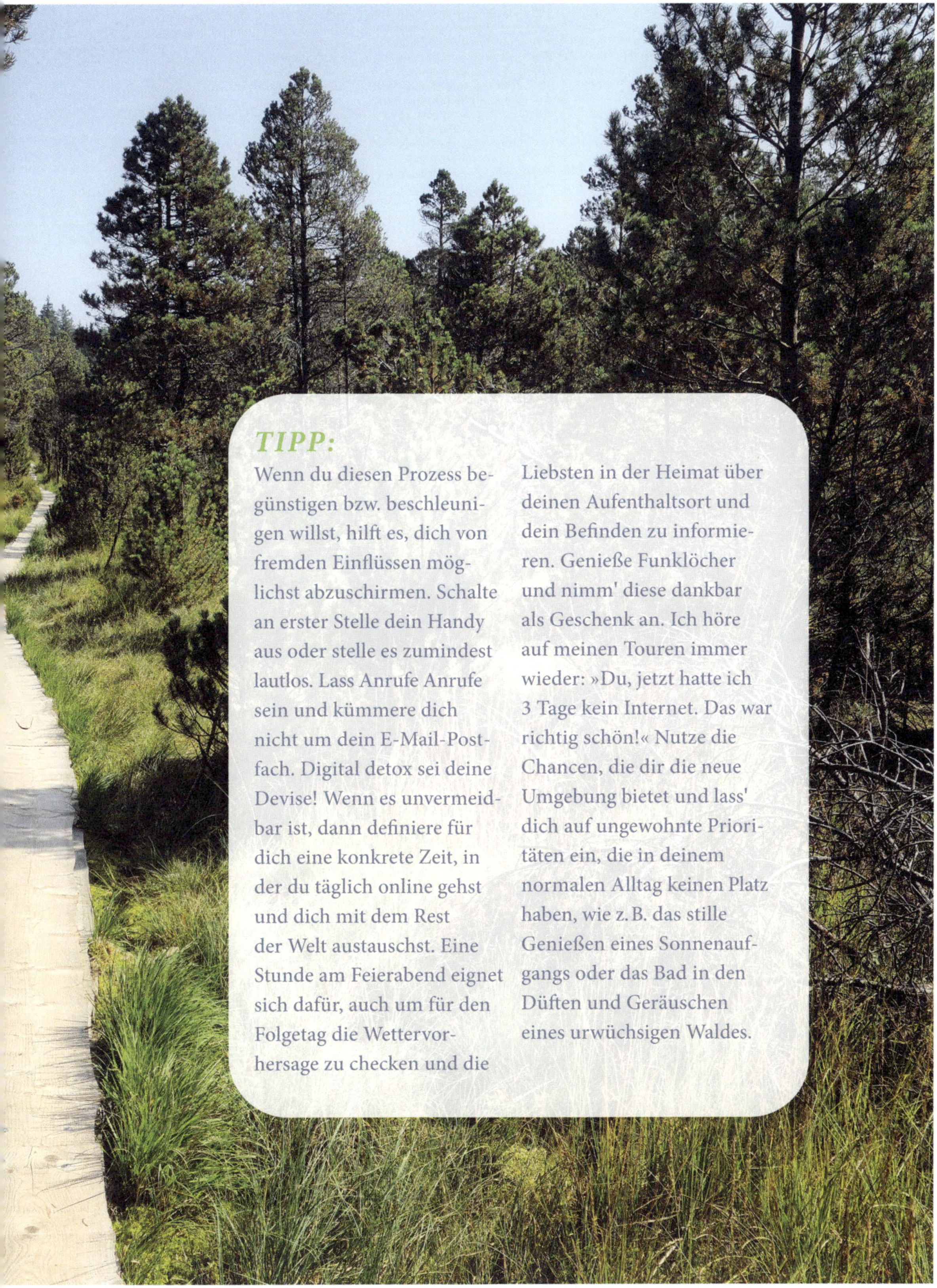

TIPP:

Wenn du diesen Prozess begünstigen bzw. beschleunigen willst, hilft es, dich von fremden Einflüssen möglichst abzuschirmen. Schalte an erster Stelle dein Handy aus oder stelle es zumindest lautlos. Lass Anrufe Anrufe sein und kümmere dich nicht um dein E-Mail-Postfach. Digital detox sei deine Devise! Wenn es unvermeidbar ist, dann definiere für dich eine konkrete Zeit, in der du täglich online gehst und dich mit dem Rest der Welt austauschst. Eine Stunde am Feierabend eignet sich dafür, auch um für den Folgetag die Wettervorhersage zu checken und die Liebsten in der Heimat über deinen Aufenthaltsort und dein Befinden zu informieren. Genieße Funklöcher und nimm' diese dankbar als Geschenk an. Ich höre auf meinen Touren immer wieder: »Du, jetzt hatte ich 3 Tage kein Internet. Das war richtig schön!« Nutze die Chancen, die dir die neue Umgebung bietet und lass' dich auf ungewohnte Prioritäten ein, die in deinem normalen Alltag keinen Platz haben, wie z.B. das stille Genießen eines Sonnenaufgangs oder das Bad in den Düften und Geräuschen eines urwüchsigen Waldes.

Es war viel mehr als das. Ich hatte mich dafür entschieden, zumindest für eine gewisse Zeit den gewohnten Alltag loszulassen. Dies kam einem Aufbruch gleich. Einer Loslösung und Trennung einerseits und dem Beginn von etwas Nichtalltäglichem andererseits. Für dieses Wagnis musste ich zuerst den Mut aufbringen und eine mentale Hürde überwinden. Eine Hemmschwelle,die sich immer dann aufbaut, bevor ein Mensch etwas Ungewohntes unternimmt. Ich hatte meiner Wohnung und meiner Heimat den Rücken gekehrt. Ich hatte den gewohnten Alltag und die Gesellschaft vertrauter Menschen gegen eine mir unbekannte Umgebung eingetauscht, gegen einen neuen Tagesablauf, Gespräche mit unbekannten Menschen und war mit neuen Gedanken konfrontiert. Gedanken, die zwar teils vermutlich schon in mir geschlummert hatten, jedoch erst durch meine Fernwanderung aus dem Verborgenen ans Licht kamen und mich auf diese Weise **»voranbrachten«**, womit wir wieder bei den Wortspielereien wären. Je schneller du dich bei deiner Wanderung von deinem Alltag lösen kannst, indem du ihn möglichst komplett ausblendest, desto schneller beschreitest du deinen Weg nicht nur mit den Füßen, sondern auch mit dem Kopf und fokussierst dich auf das Gehen und die Umgebung. **Dabei helfen dir sowohl die Ratio [lat. Vernunft] als auch dein Herz.** Geist und Seele werden dir früher oder später deine Mitte aufzeigen. Als ich von der einwöchigen Alpenüberquerung zurückkam, hatte ich mich verändert: Ich habe mich freier gefühlt, auch angstfreier, entspannter, gelassener und voller Tatendrang.

Der aus Bulgarien stammende, deutsche Autor Ilija Trojanow schildert ein interessantes Phänomen, das auch ich bei meinen Weitwanderungen feststelle. Er schreibt, dass bei extrem langen Gehunternehmungen der Kopf irgendwann alle Gedanken bewältigt habe, die sich dort angesammelt hätten. Dann entstünde eine Art meditativer Trance, die der

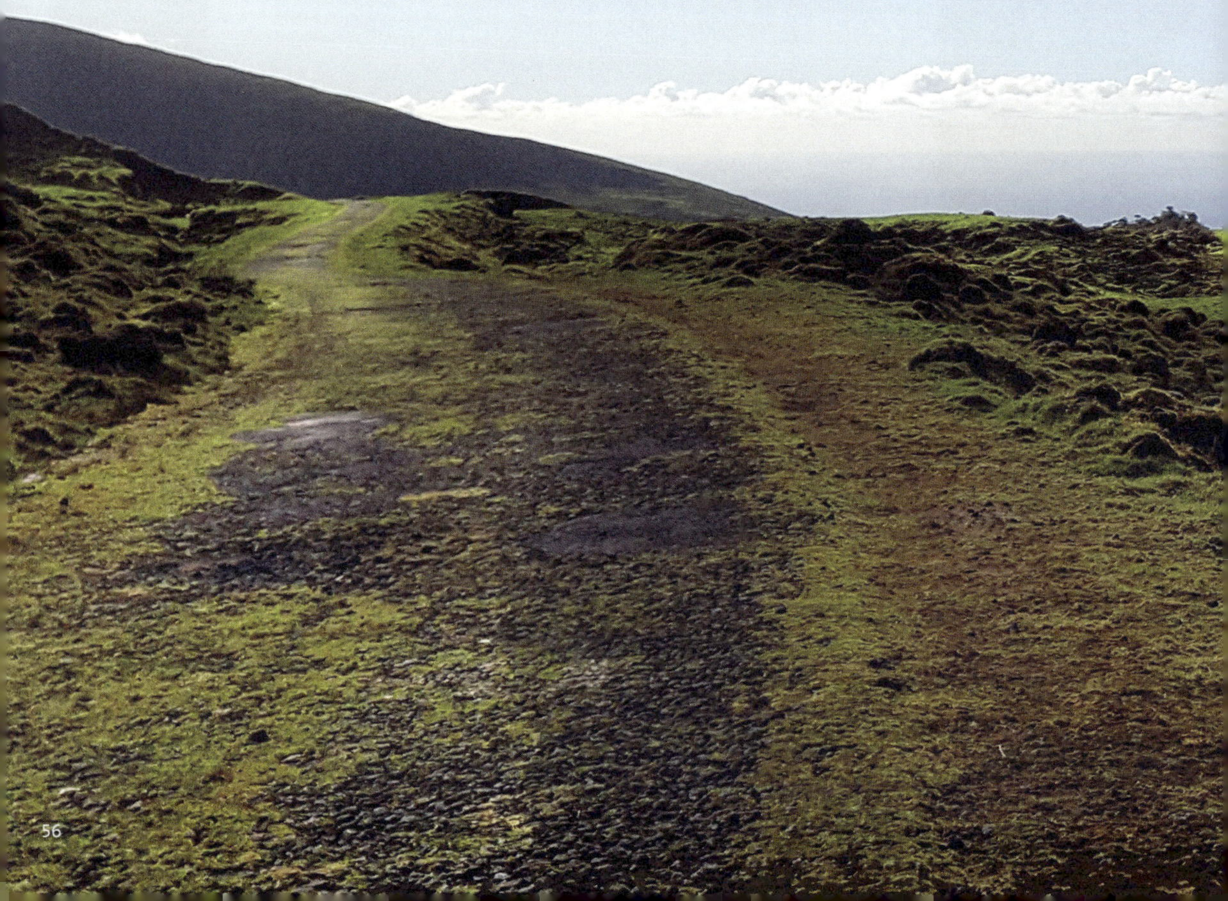

Schriftsteller mit einer **»Leere«** vergleicht.[13] Das Nachdenken und Grübeln hörten dann auf und man käme in den Zustand des **»Seins«.**

Während meiner Alpenüberquerung und bei allen anderen Fernwanderungen gingen mir anfangs immer unzählige, ungeordnete Gedanken durch den Sinn, ohne dass ich Einfluss darauf hatte, auch wenn ich mir oft gewünscht hätte, diese Gedanken einfach abzuschalten. Einen »Gedanken-AUS-Schalter« gibt es nicht. Erst nachdem ich meinen Rhythmus gefunden hatte, kehrten Ruhe und Klarheit im Kopf ein – zumindest für eine gewisse Zeit. Es dauerte auf manchen Wanderungen länger, diesen Zustand zu erreichen, auf anderen ging es schneller.
In beiden Fällen war es dann nötig, die »Gedankenleere« bewusst aufrechtzuerhalten. Bis heute gelingt es mir immer nur für kurze Zeit, diesen Zustand auszukosten.

Ein meditationsgeübter, fernöstlicher Mönch täte sich damit wohl leichter.
Albert Kitzler schreibt in seinem Buch über einen Schüler, der seinen spirituellen Meister darum bittet, ihm das Geheimnis des Glücks zu verraten. Der Meister antwortete: **»Wenn ich liege, dann liege ich. Wenn ich aufstehe, dann stehe ich auf. Wenn ich gehe, dann gehe ich. Wenn ich esse, dann esse ich.«** Der Schüler war verdutzt und meinte, er würde doch das Gleiche tun, sei aber trotzdem nicht glücklich. Da erklärte ihm der Weise: **»Sicher liegst du auch, stehst auf, gehst und isst. Aber während du liegst, denkst du schon ans Aufstehen. Während du aufstehst, überlegst du, wohin du gehst, und während du gehst, fragst du dich schon, was du essen wirst. Solange du nicht vollkommen gegenwärtig bist, liegen deine überflüssigen Gedanken wie eine schwere Last auf deinen Schultern.«**

13 Ilija Trojanow, Susann Urban: Durch Welt und Wiese. Die Andere Bibliothek. Berlin 2015.

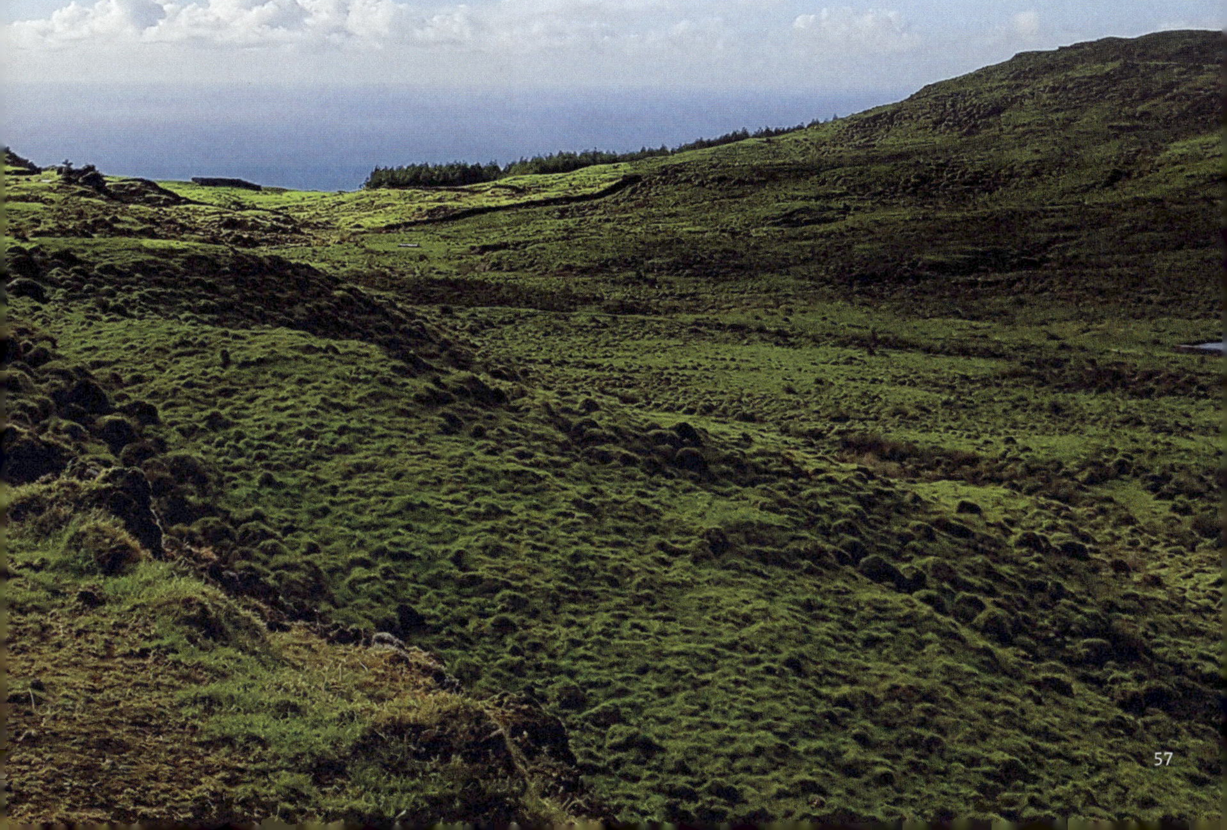

Der Schüler lernte daraus, dass das Leben an sich **»leicht wie eine Feder sei«** und er es in Wahrheit selber sei, der sich immer wieder belaste.
Bei Kitzler geht die Geschichte dann so weiter, dass auf die Ausführungen des Meisters hin der Schüler zu einer Frage ansetzt, die mit dem Wort »Aber« beginnt, worauf der Meister abwinkt und bemerkt, dass alleine dieses »Aber« eine Tonne wiege.
Das Wanderglück liegt demnach darin, sich während des Wanderns auf das Hier und Jetzt einzulassen. Hilfreich dabei ist der Zustand der **»Gedankenleere«**. Mir gefällt der **»Reboot-Charakter«** dieser Metapher und ich möchte diesen mit einer kurzen Geschichte eines unbekannten Verfasser illustrieren:
Eine Schülerin kam zum Meister. Unbedingt wollte sie bei dem weisen Mann studieren, der hoch auf einem Berg lebte. Als die junge Frau nach zwei Tagen Fußmarsch oben ankam, saß dieser im Lotussitz auf dem Boden und trank Tee. Sie erzählte ihm überschwänglich, was sie schon alles gelernt hatte und bat bei ihm weiterlernen zu dürfen. Der Meister schickte sie weg und sagte: **»Komm in einem Monat wieder.«**
Einen Monat später erklomm sie den Berg erneut und kam zum Meister, der wieder Tee trinkend auf dem Boden saß. Diesmal erzählte sie ihm von all den Hypothesen und Vermutungen, die sie darüber aufgestellt habe, warum er sie bei ihrem ersten Besuch wohl fortgeschickt hatte. Der Meister schickte sie mit den Worten, **»Komm in einem Monat wieder«**, erneut zu Tal.
Dieses Spiel wiederholte sich einige Male. Als die junge Frau nach vielen vergeblichen Versuchen erneut beim Meister ankam und ihn wieder Tee trinkend vorfand, setzte sie sich ihm gegenüber, lächelte und sagte nichts.
Nach einer Weile ging der Meister in seine Behausung und kam mit einer Tasse zurück. Er schenkte ihr Tee ein und meinte dabei: **»Jetzt kannst du hier bleiben, damit ich dich lehren kann. In ein volles Gefäß kann ich nichts füllen.«**[14]

14 www.lebensweg-beratung.com

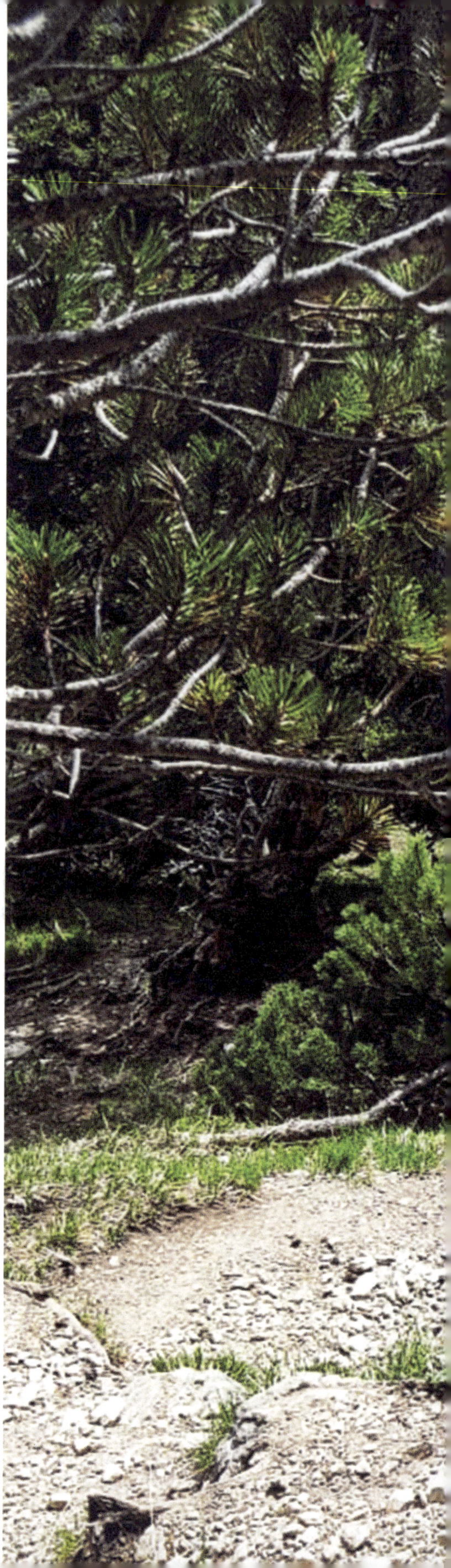

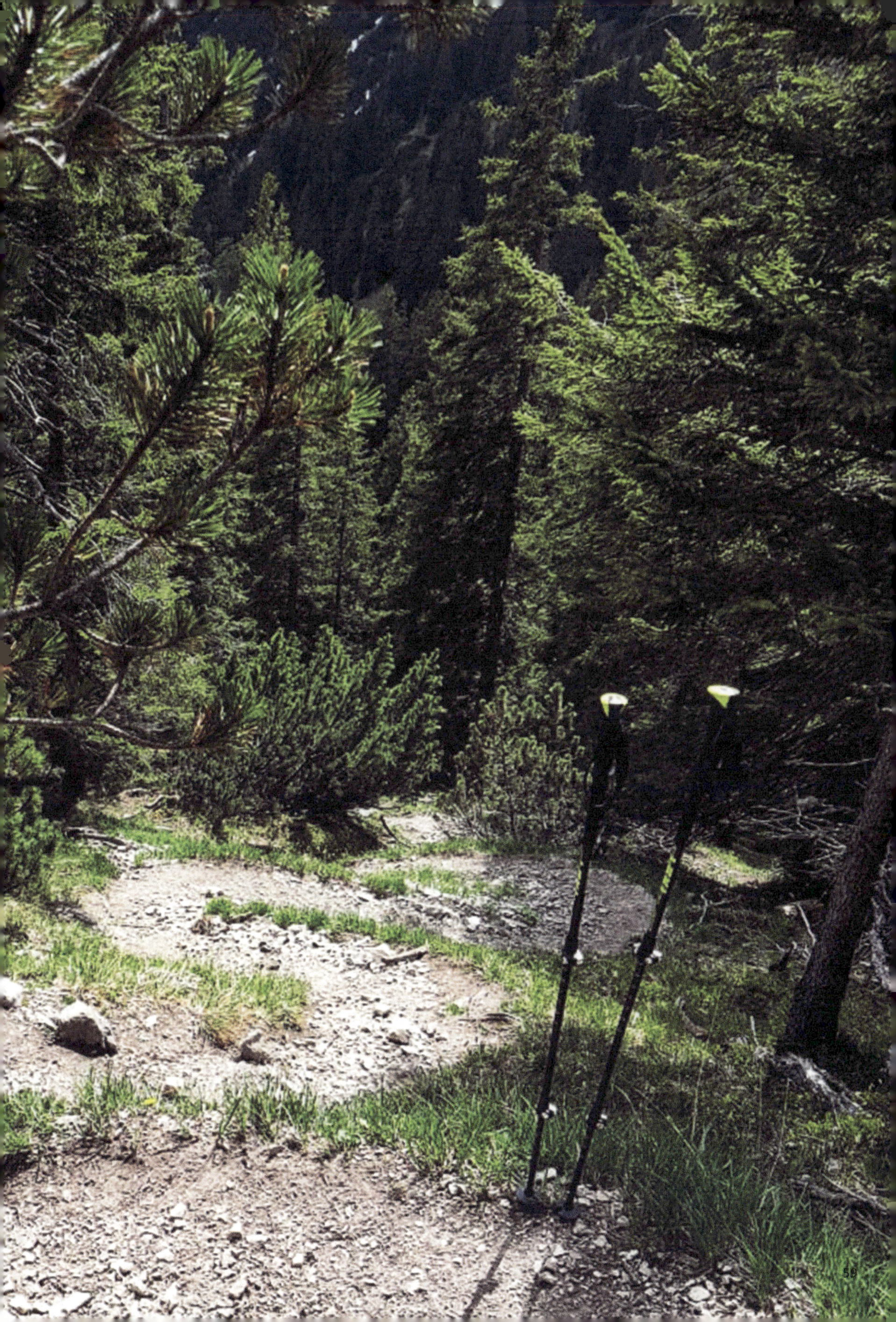

07 Wandern – gelebte Seelenreinigung

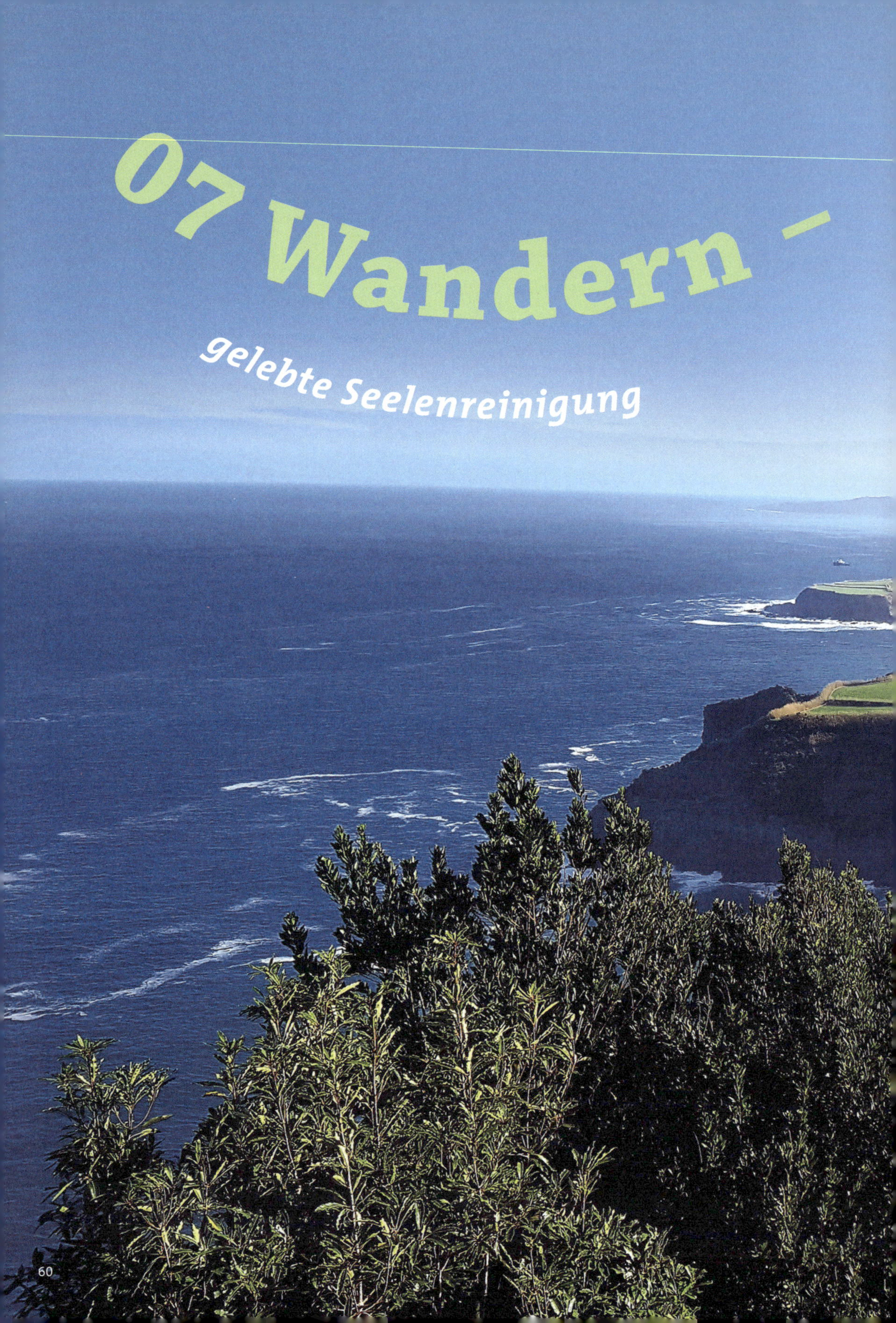

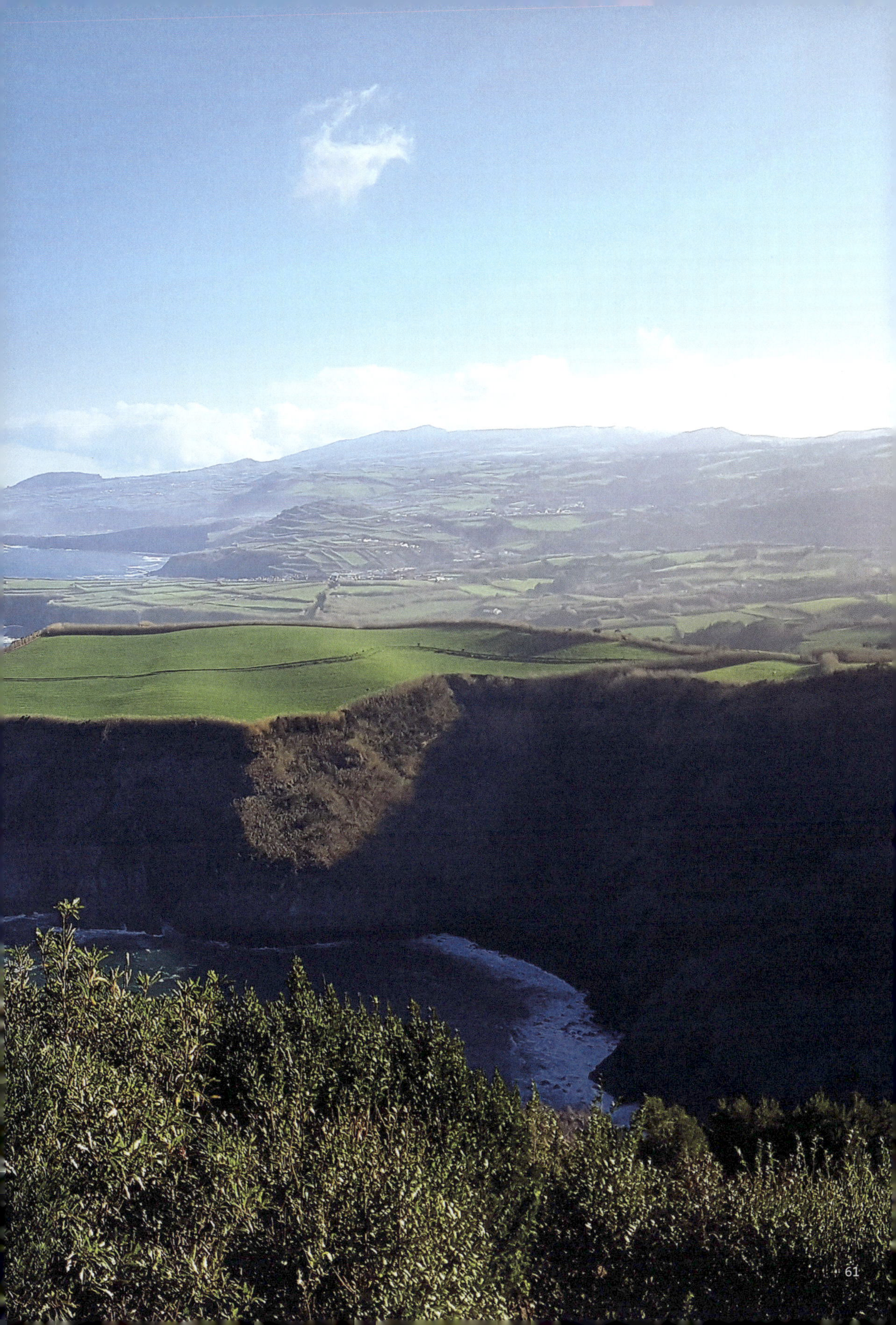

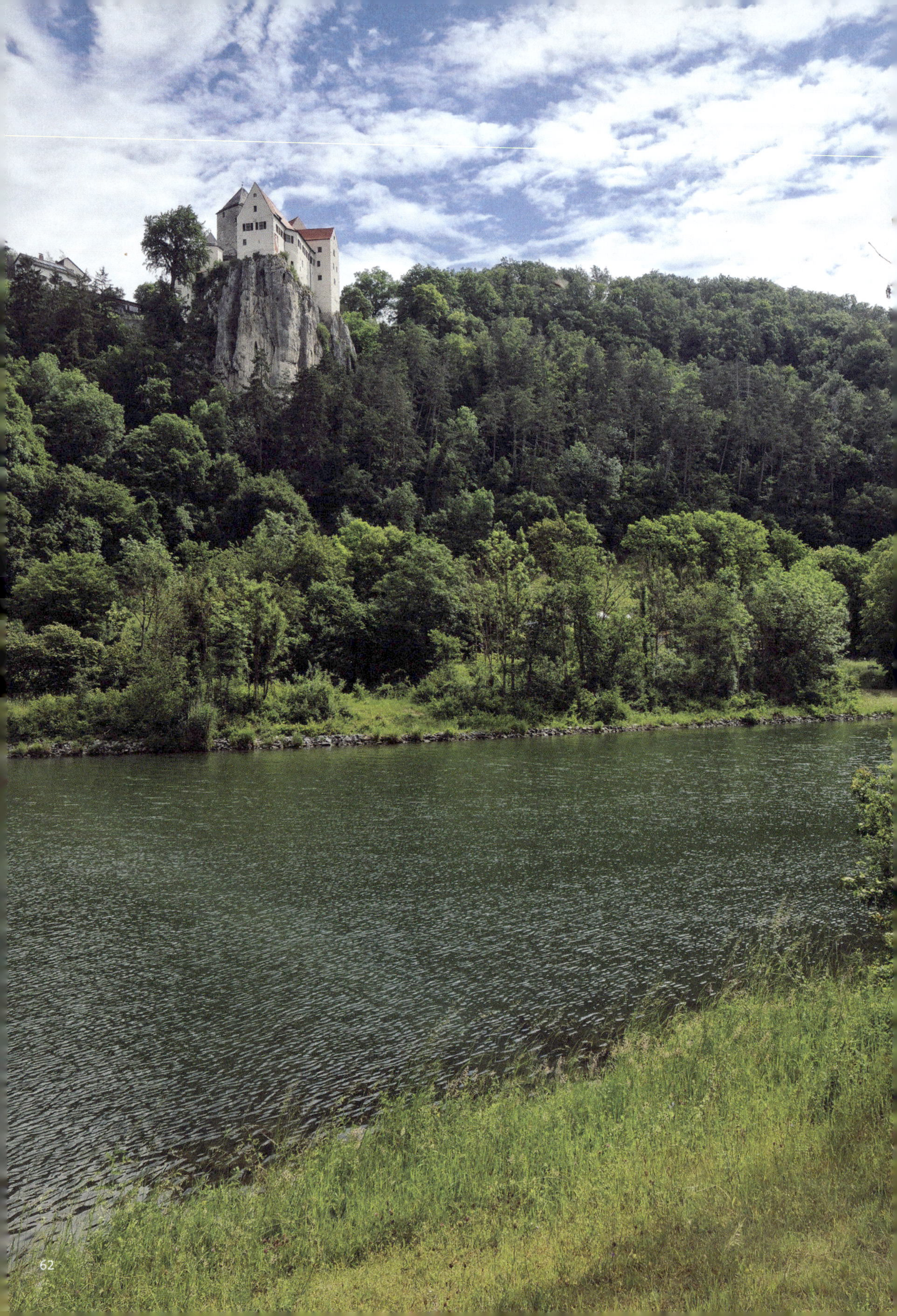

»Der Weg ist wie ein läuterndes Feuer. Legst du deine Seele bloß, wird sie veredelt, aber verbrennt nicht.«

Rainer Ehritt

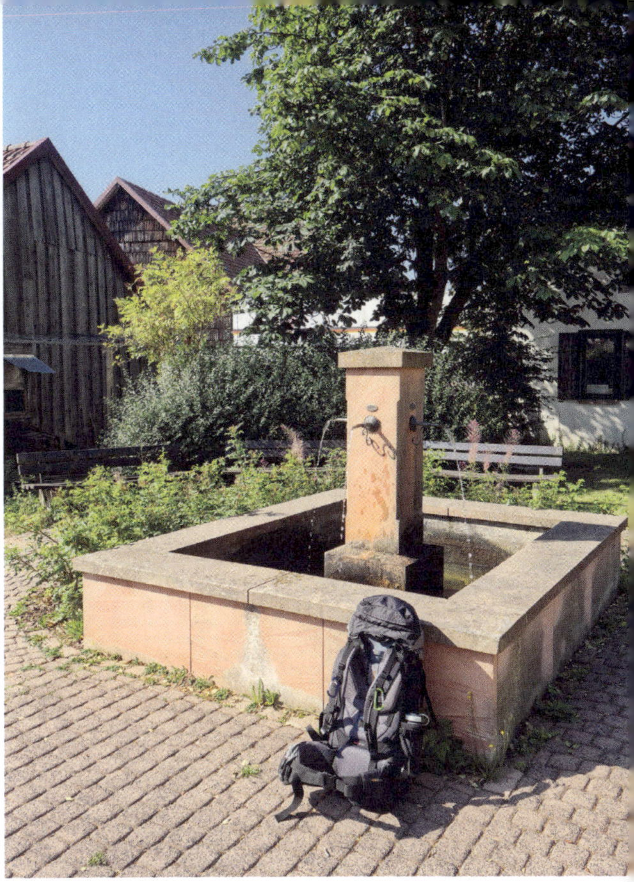

Wandern reinigt die Seele, so wie das Wasser den Staub der Landstraße vom Wanderer wäscht.

Aus den vorausgegangenen Überlegungen heraus wird deutlich, dass Wandern auf besondere Weise der Psychohygiene dient und den Kopf freimacht, indem wir dabei unseren Alltag ausblenden.
Gleichzeitig scheint es uns zu inspirieren und die Selbstreflexion zu fördern. **»Das Wandern in der Natur wird auf diese Weise zu einem Ausflug zu uns selbst«**, schreibt Albert Kitzler und meint damit, dass du beim Wandern das Wesen deines Lebens konkretisierst. Worin liegt das Geheimnis des Wanderglücks? Eine philosophische Betrachtungsweise alleine wäre zu abstrakt, eine sportlich-physische Erklärung nicht ausreichend, weil auch die psychische Dimension eine wichtige Rolle spielt. Hier soll es deshalb um den Aspekt der **»Psychohygiene«** gehen.

Mir kommt dabei der Begriff der **»Katharsis«** in den Sinn. In der Literaturwissenschaft versteht man darunter die Stärkung der Seele, ausgelöst durch die Wirkung einer (ursprünglich antiken) Theater-Tragödie. In der Psychologie bedeutet Katharsis eine Befreiung von mentalen Konflikten und Spannungen durch emotionales Abreagieren. Beide Definitionen treffen auch auf die Wirkung des Wanderns zu.

Aristoteles (384–322 v. Chr.) maß der Dichtung in der Antike hinsichtlich der Katharsis eine wichtige Bedeutung bei. Sie sollte den Zuschauer dabei zu einer stoischen Haltung anleiten und damit zu einem unerschütterlichem Gleichmut.

Ab dem 17. Jahrhundert folgt die Katharsis sowohl aus dem ästhetischen Grundsatz des zeitgleichen Ergötzens und Belehrens, als auch der Reinigung der Seele durch Furcht und Mitleid. Goethe vereint im 18. Jahrhundert die beiden Strömungen zu einer Katharsis im Sinne der Harmonie und Humanität, die Vernunft und Gefühl in sich vereint. Allen Katharsis-Konzepten ist gemeinsam, dass diese eine Stärkung und Verbesserung der psychischen Konstitution bewirken soll.

Begib dich im Sinne des Katharsis-Aspektes hinaus in die Natur und darin auf Wanderschaft. Lass' dich auf eine mehrtägige Wanderung ein. Ich verspreche dir, dass dich dies aus dem Alltag katapultieren und gleichsam den ersten Schritt der seelischen Reinigung einleiten wird.

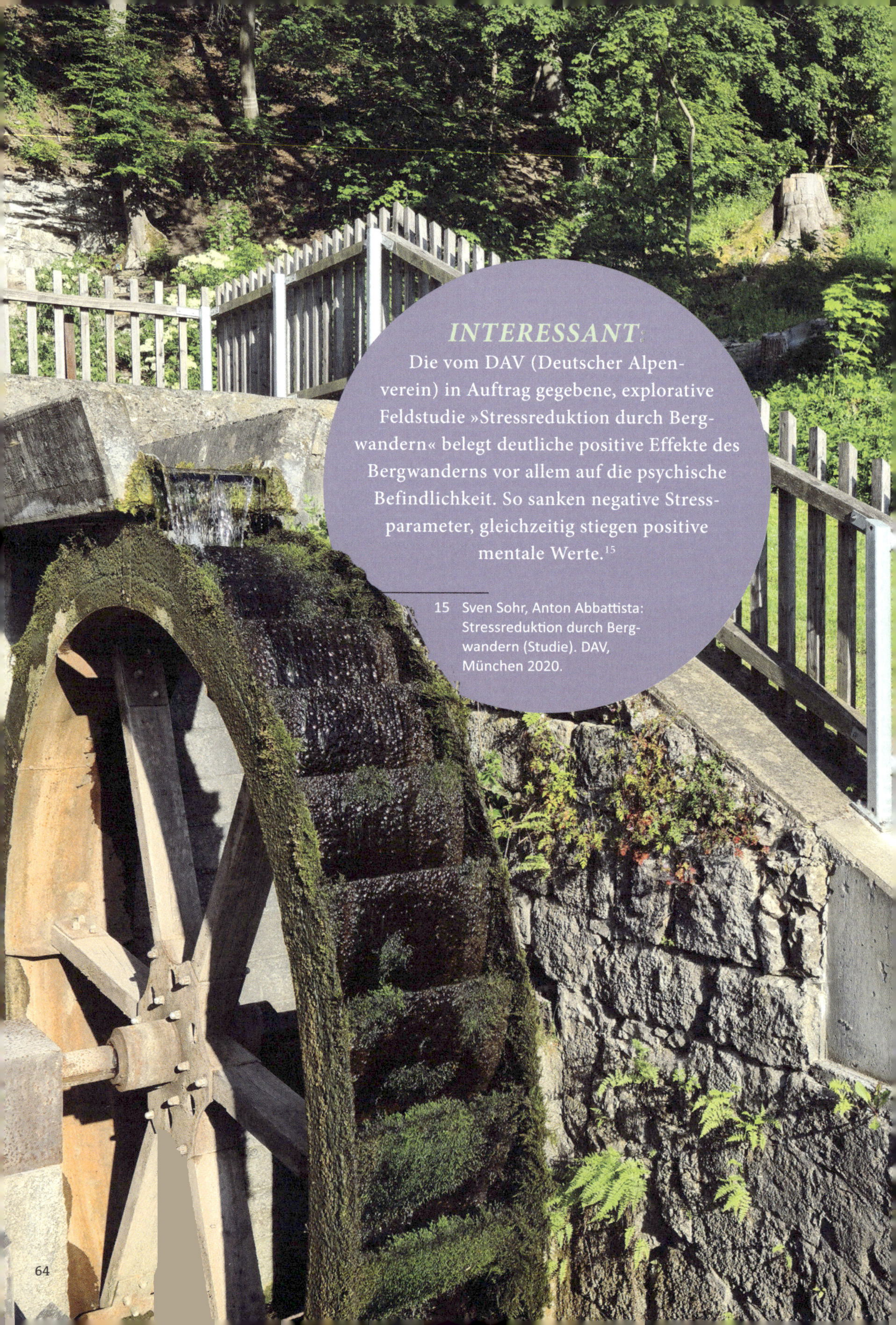

INTERESSANT:

Die vom DAV (Deutscher Alpenverein) in Auftrag gegebene, explorative Feldstudie »Stressreduktion durch Bergwandern« belegt deutliche positive Effekte des Bergwanderns vor allem auf die psychische Befindlichkeit. So sanken negative Stressparameter, gleichzeitig stiegen positive mentale Werte.[15]

---

15 Sven Sohr, Anton Abbattista: Stressreduktion durch Bergwandern (Studie). DAV, München 2020.

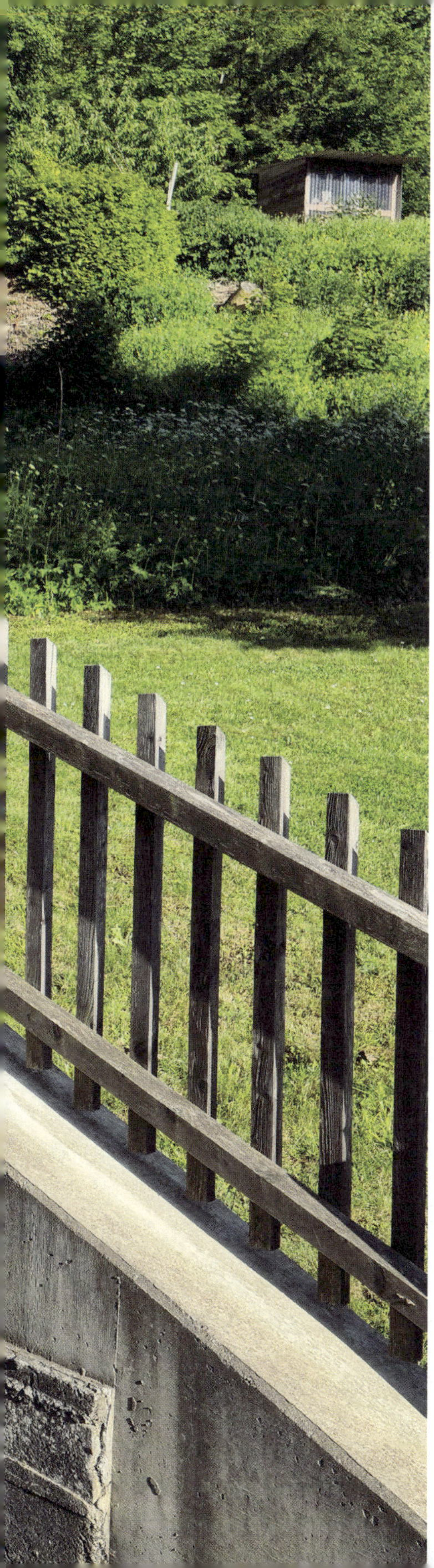

Gleichzeitig stimuliert dich deine Unternehmung körperlich und geistig. Konkret verspreche ich dir eine Anregung deiner Denktätigkeit. Du wirst auf Gedanken kommen, für die dir in deinem gewohnten Alltag kein Raum bleibt. Beim stunden- und tagelangen Wandern wirst du jedoch die Muße zum Nachdenken über dich selbst und über Dinge finden, die dein Leben ausmachen.

Neue Ideen werden dich durchfluten. Egal ob diese persönlicher, familiärer oder beruflicher Natur sind ...vorausgesetzt, du lässt dich auch darauf ein! Dies ist nämlich der nächste Schritt der seelischen Reinigung. Ähnlich wie der Zuschauer eines antiken Trauerspiels von der Handlung berührt und zum Nachdenken angeregt wird, um innerlich »gereinigt« und gestärkt in sein Alltagsleben außerhalb des Theaterrunds zurückzukehren, so bin ich fest davon überzeugt, dass dir die Reflexion deines eigenen Alltags beim Wandern helfen wird, deine Gedanken zu ordnen und in deinem Kopf und deiner Seele wieder für Klarheit zu sorgen.

Für Ana Zirner, die Autorin von »Alpensolo«, sieht der Reinigungsaspekt folgendermaßen aus: **»Das Gehen in den Bergen [...] lässt mich die Rastlosigkeit ablegen, die im Tal mein Leben prägt. Denn dort muss alles, was ich tue, einem Sinn folgen, den ich vor allem in der Produktivität zu finden glaube. Aber irgendwie scheitere ich regelmäßig daran, denn immer, wenn ich etwas »Sinnvolles« getan habe, muss ich mir sofort das nächste Ziel suchen. Überall halte ich Ausschau nach einem Sinn. Aber in der Zwischenzeit habe ich gelernt, dass es vielleicht gar nicht so viel Sinn braucht, sondern manchmal auch einfach das Sein genügt. Im Gehen wird der Sinn ganz ruhig, und das Sein gewinnt die Oberhand. [...] Und diese Erfahrung ist unglaublich bereichernd.«**
Konkret bedeutet dies aus meiner Sicht, dass Seelenreinigung erst durch die Loslösung von der Sinnfrage möglich wird.

08 Wandern –

ein Abbild des Alltags?

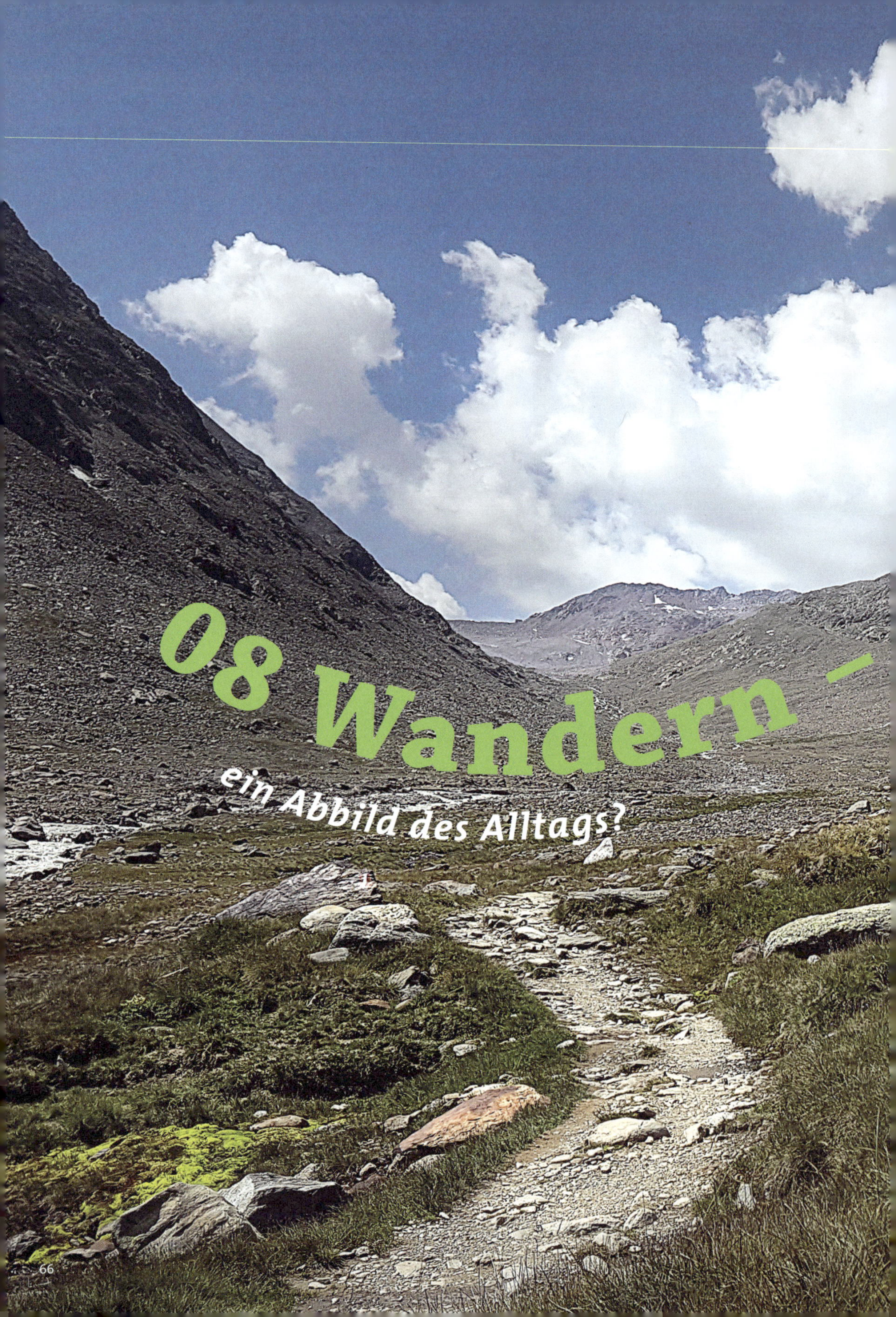

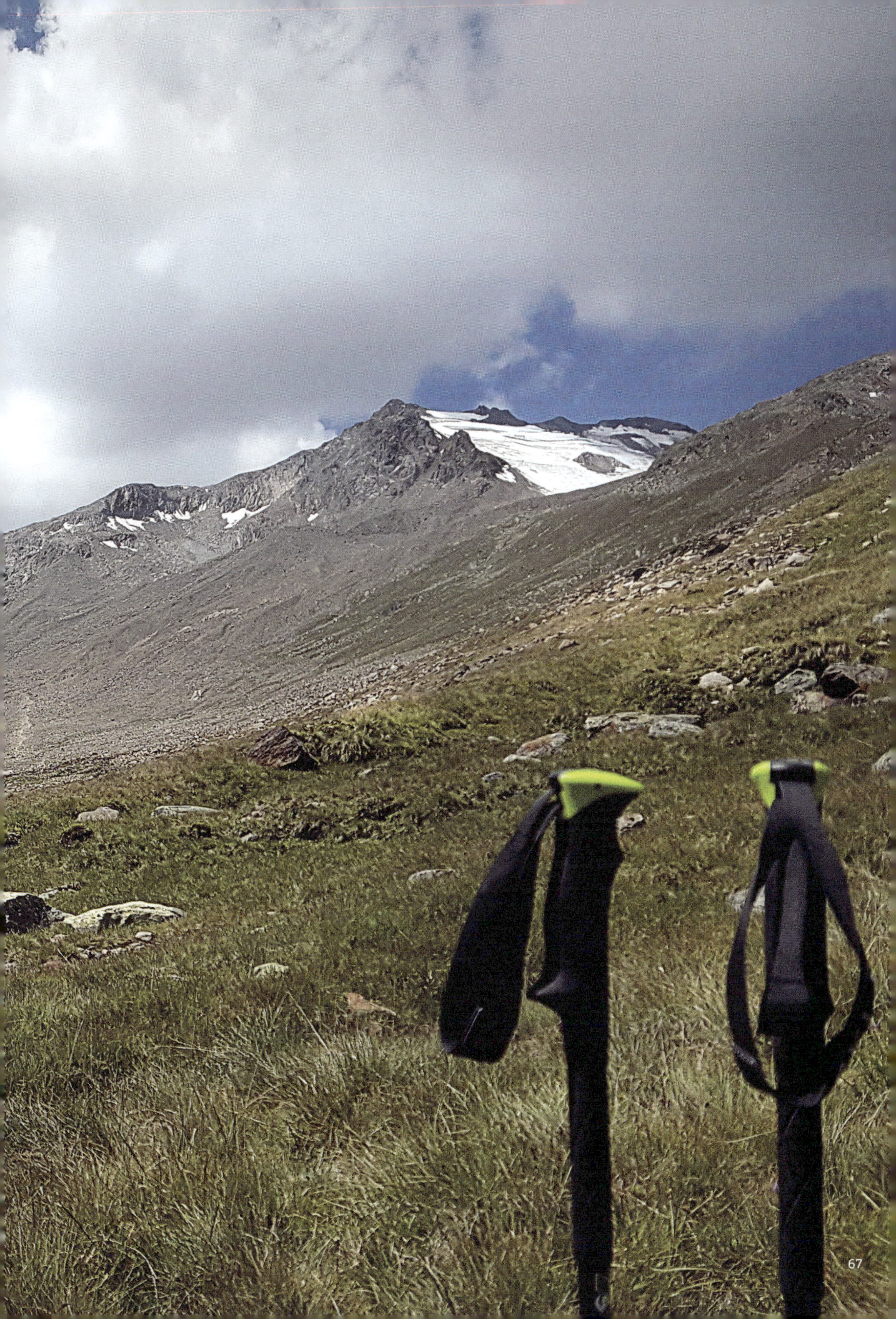

Während beim Wandern die Seele gereinigt wird, weil wir uns dabei vom Alltag lösen, stellt sich unterwegs ein neues »Alltagsleben« ein. Unterwegs finden wir viele Elemente wieder, die im übertragenen Sinne auch für einen funktionierenden und erfolgreichen Alltag nötig sind: in erster Linie Energie und Ausdauer.

Ein Wanderer setzt sich ein Ziel. Er möchte aus eigener Kraft an einem Ort ankommen. Auf dem Weg dorthin wird er in vielfacher Hinsicht Erfahrungen machen und etwas »erleben«. Im geografischen Sinne Berge und Täler, Hügel und Ebenen mit ihrer jeweiligen Flora und Fauna. Im psychischen Sinne Etappen der Euphorie und Wegabschnitte, die ihn an seine Grenzen bringen und ans Aufgeben denken lassen. Im physischen Sinn spürt er seine Kraft, Stärke und Kondition, aber auch Blasen an den Füßen, Muskelkater und Gelenkschmerzen. Es liegt nahe, darin ein Spiegelbild unseres Alltags zu sehen. Mal läuft alles wie am Schnürchen, oft sind aber auch Energie und Durchhaltevermögen gefordert.

Aus diesem Grund möchte ich in dieser Betrachtungsweise noch einen »Wanderschritt« weitergehen. Beim Wandern lassen wir den gewöhnlichen Alltag hinter uns und begeben uns in die Natur, die mit unserem sonstigen Leben wenig zu tun hat und dennoch viele Parallelen aufweist, weil wir uns in beiden Fällen immer wieder neuen Situationen stellen müssen und dabei mit unseren Stärken und Schwächen konfrontiert werden. Dies gelingt sowohl im Alltag als auch auf einer Wanderung unterschiedlich gut.

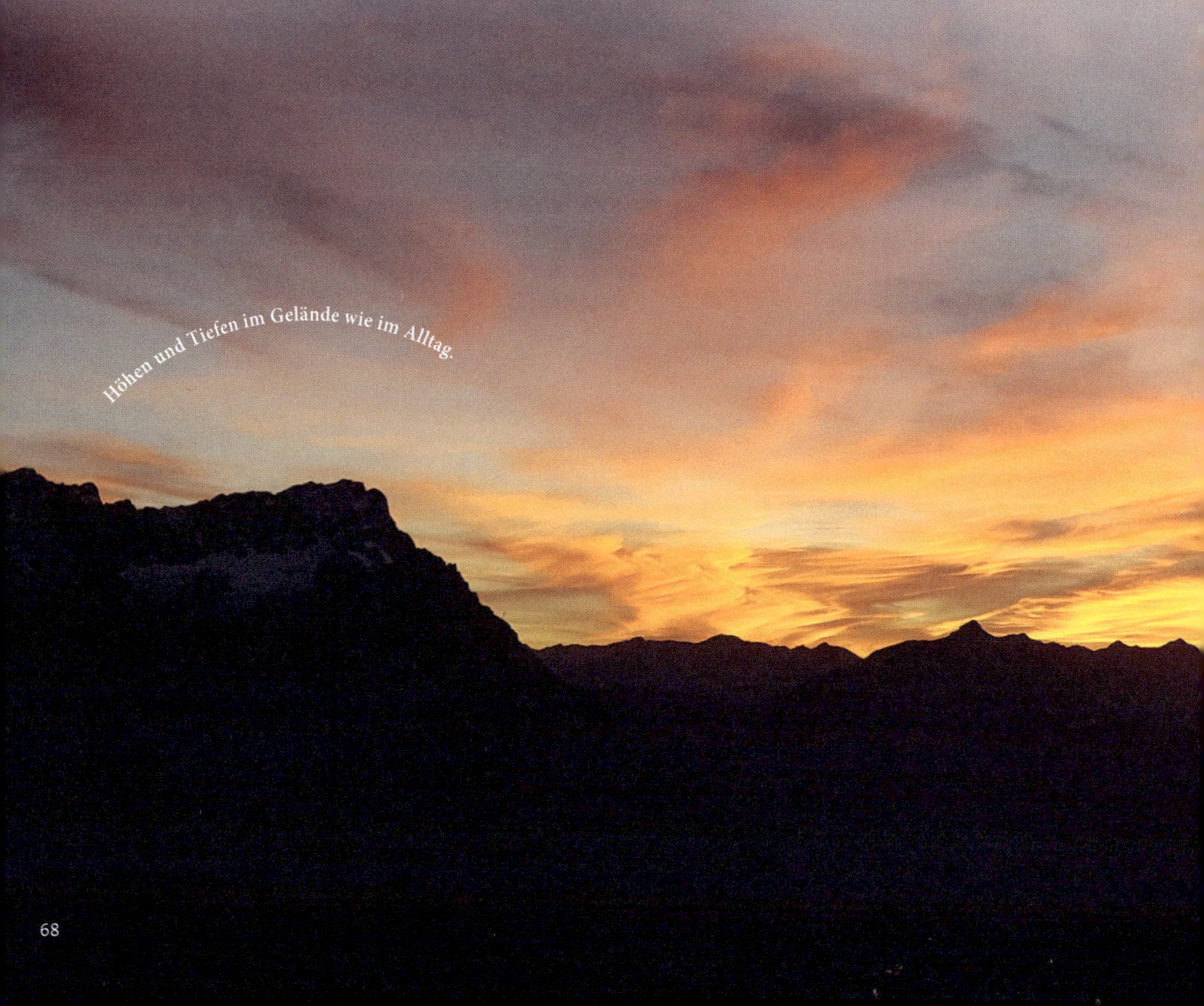

An manchen Tagen fühlen wir uns fit wie ein Turnschuh, an anderen Tagen kraftlos und erschöpft. Der Wanderer findet unterwegs in der Natur somit all das wieder, was er auch aus seinem Alltag bereits kennt.

Wandern stärkt unser Durchhaltevermögen. Wenn die Füße wehtun, die Schultern unter der Last des Rucksacks schmerzen, die Sonne sticht oder der Regen die Kleider durchnässt hat und wir hoffen, dass die Tortur schnellstmöglich aufhört, kommen wir an unsere Grenzen oder sogar darüber hinaus. Doch genau in solchen Situationen liegt die Chance! Wer jetzt durchhält und sich nicht vom Weg abbringen und sich entmutigen lässt, lernt auch im Lebensalltag mit schwer zu ertragenden Herausforderungen umzugehen.

Diese Erkenntnis ist nicht neu. Beispielsweise ist aus dem fernöstlichen Ehrenkodex der Samurai überliefert, dass zur Charakterstärkung der Geist zunächst durch Leid und Mühsal geschult werden müsse.[16]

Wandern verändert uns positiv. Mich macht es z. B. ruhiger und gelassener, weil ich weiß, dass ich Grenzen überwinden und Ziele erreichen kann, weil mich das »Leiden« auf dem Weg nicht abschreckt. Das gibt mir die Zuversicht, dass ich mein Leben gestalten kann, wenn ich auch hier Durchhaltevermögen und manchmal einen langen Atem habe.

---

16 Yamamoto Tsunetomo: Hagakure (dt. »Hinter den Blättern«, vulgo: »Ehrenkodex der Samurai«).

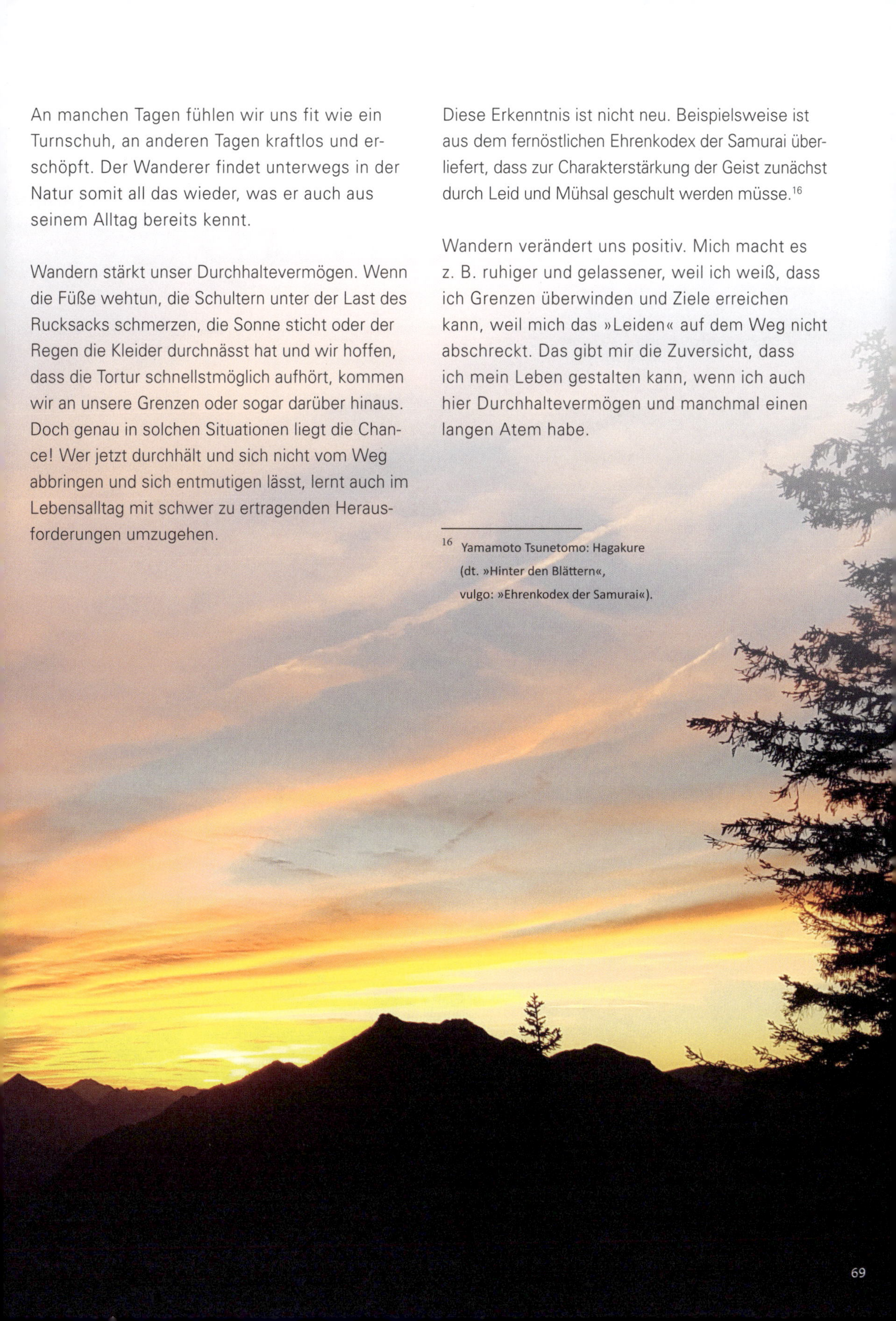

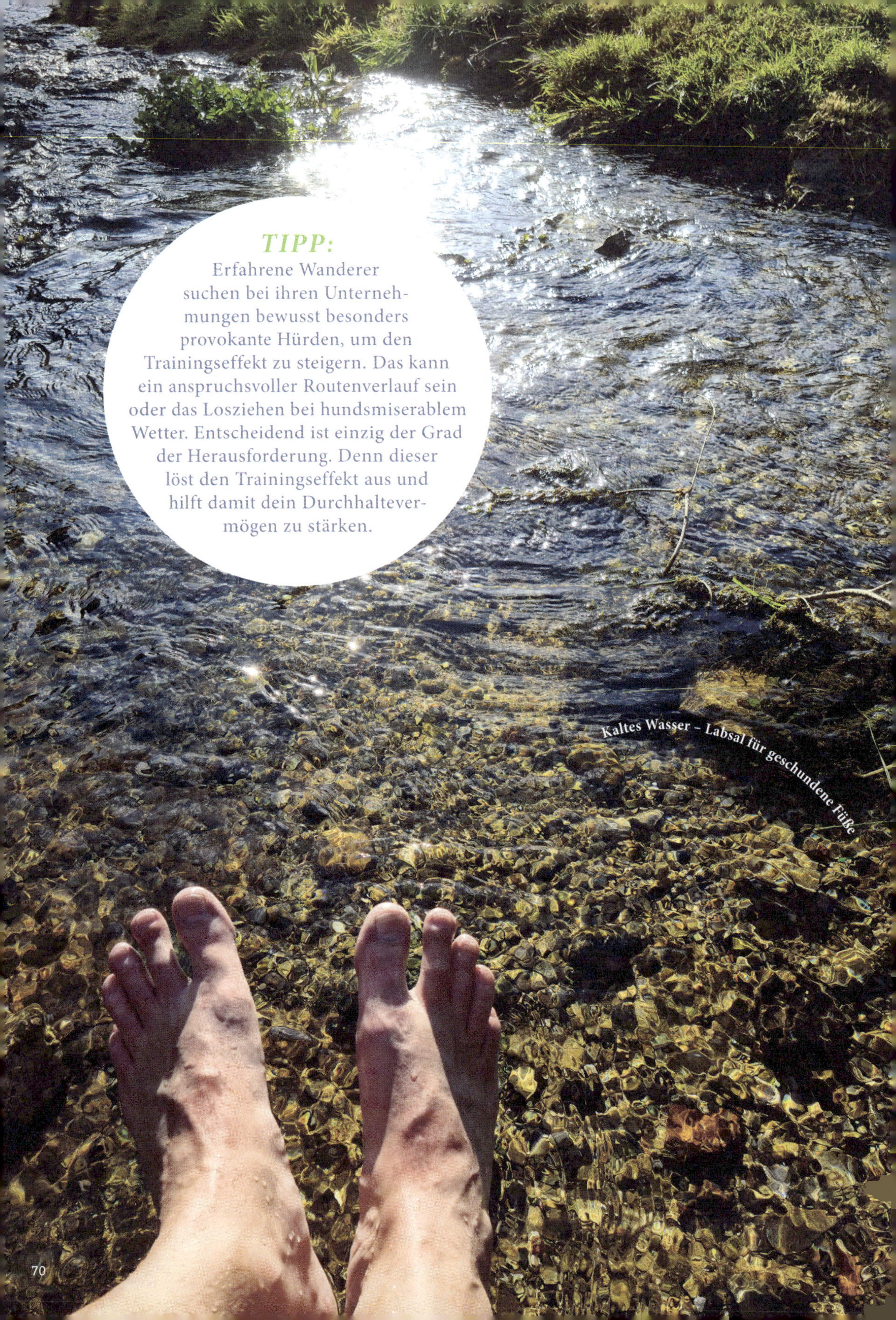

TIPP:

Erfahrene Wanderer suchen bei ihren Unternehmungen bewusst besonders provokante Hürden, um den Trainingseffekt zu steigern. Das kann ein anspruchsvoller Routenverlauf sein oder das Losziehen bei hundsmiserablem Wetter. Entscheidend ist einzig der Grad der Herausforderung. Denn dieser löst den Trainingseffekt aus und hilft damit dein Durchhaltevermögen zu stärken.

Kaltes Wasser – Labsal für geschundene Füße

Diese Wechselbeziehung zwischen Wandern und Alltag habe ich auch im Kontext meiner Alpenüberquerung erlebt. Auf dem Tisenjoch spürte ich trotz Erschöpfung und Schmerzen die euphorisierende und seelenreinigende Wirkung des Fernwanderns, nachdem ich vorher in meinem Alltag anderen Herausforderungen ausgesetzt war. Doch diese wurden für mich nun durch das schöne Gefühl, ein mir selbstgestecktes Ziel erreicht zu haben, erträglich.

Diese Erfahrung vollzog sich in vier Etappen:

1. **Die tagelange Wanderung durch die grandiose Landschaft katapultierte mich geradezu aus dem Alltag heraus.**
2. **So wie sich im Alltag Hochs und Tiefs unaufhörlich ablösen, hatte ich auf meinem Weg über die Alpen geographische, körperliche und seelische Hochs und Tiefs durchlebt.**
3. **Diese Erfahrungen hatten in mir neue Gedanken ausgelöst, die mir dabei halfen, meine Gedanken zu ordnen, das Wichtige vom Unwichtigen zu unterscheiden und auch manches loszulassen (Seelenreinigung!), wobei ich auch auf neue Ideen und Lösungsansätze kam.**
4. **Das Erleben dieser »Katharsis« führte trotz aller Mühen zu einer gewissen Euphorie beim Erreichen meines Ziels, durch die ich gestärkt in den realen Alltag zurückkehrte.**

Kurz: **Das Wandern versetzt dich in eine dem Alltag ähnliche Welt, ein »Alltagsmodell«, in dem physische und psychische Impulse als symbolische Stellvertreter des Alltags Erfahrungen provozieren und zur Reflexion anregen. Das Wandern nimmt auf diese Weise die Rolle eines »Schlüssels zur Daseinserkenntnis« ein. Du assoziierst deinen Wanderweg mit deinem realen Lebensweg. Das Ergebnis dieser gedanklichen Verknüpfungen lässt dich gestärkt in die Alltagswirklichkeit zurückkehren.**

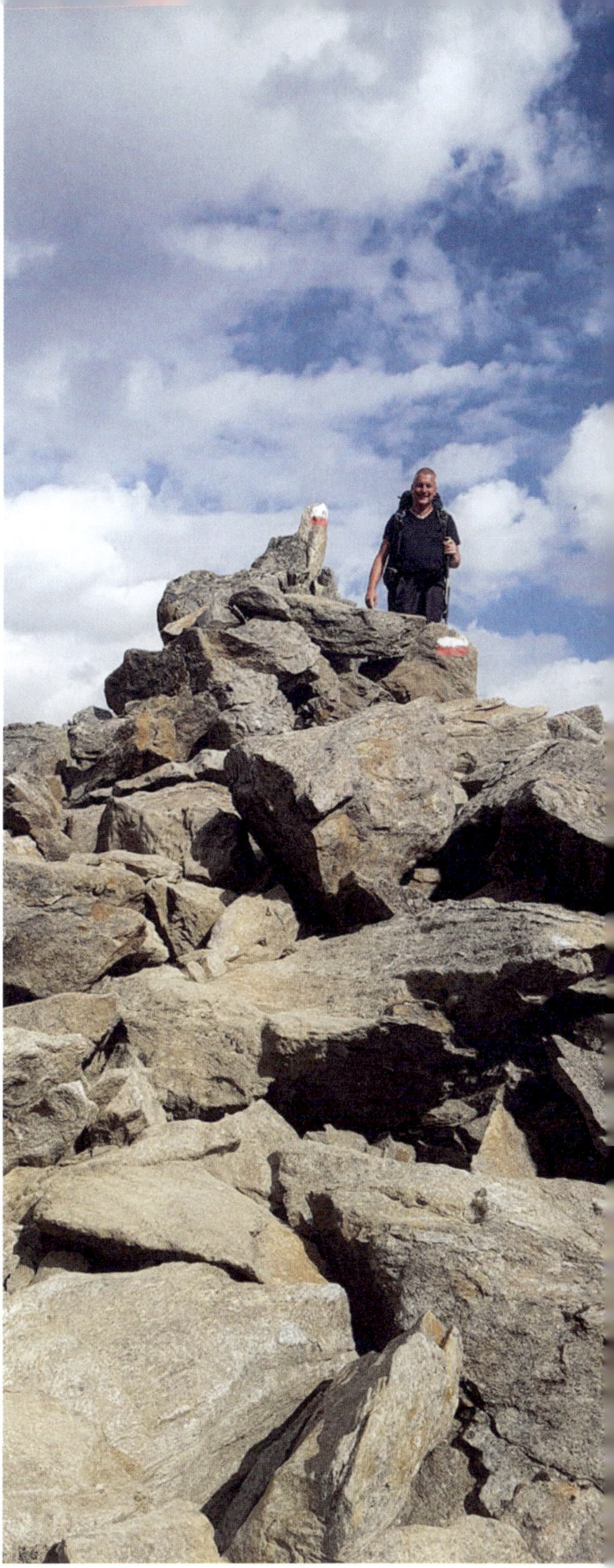

Hürden gilt es zu meistern – auf Wanderschaft wie im Alltag.

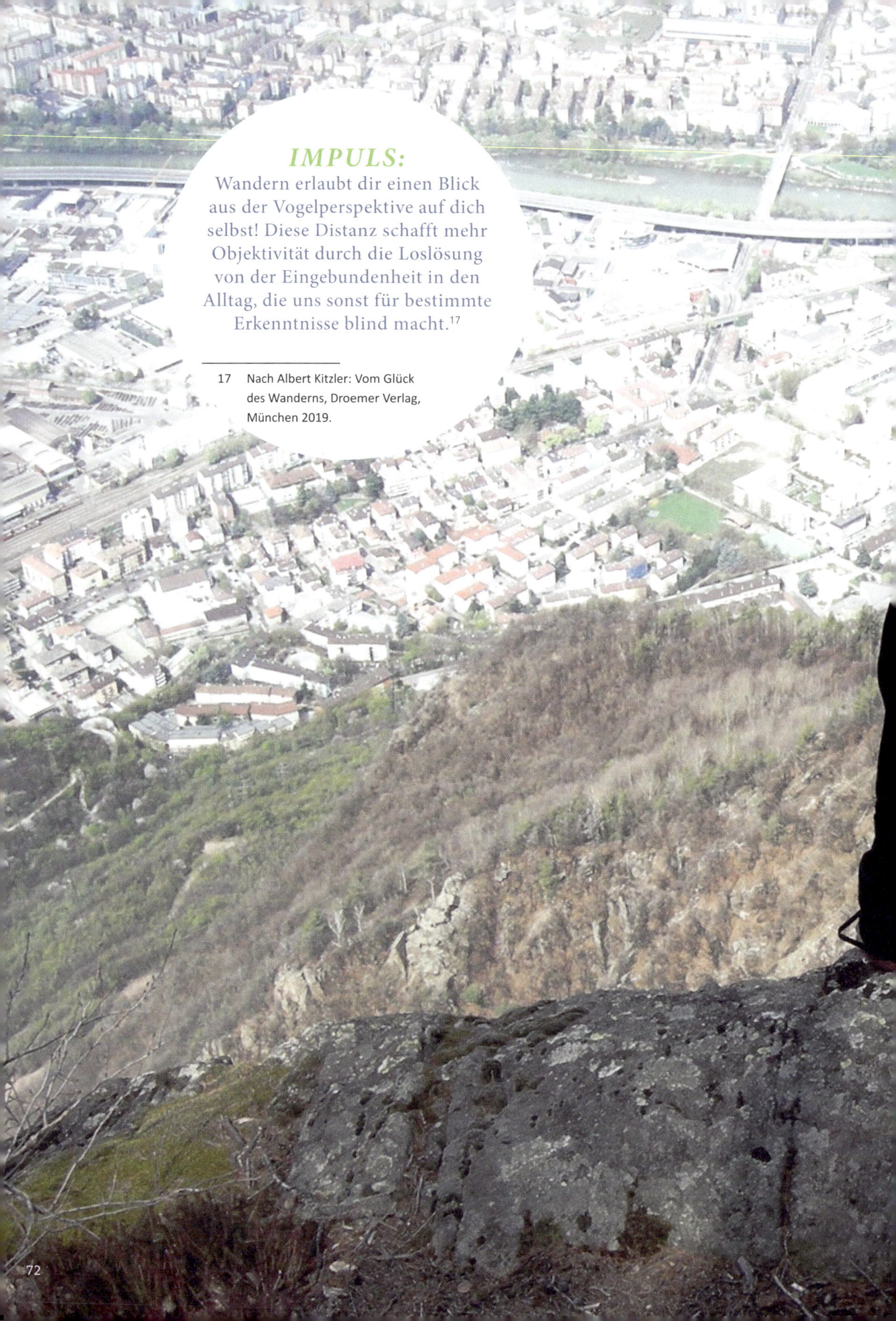

IMPULS:

Wandern erlaubt dir einen Blick aus der Vogelperspektive auf dich selbst! Diese Distanz schafft mehr Objektivität durch die Loslösung von der Eingebundenheit in den Alltag, die uns sonst für bestimmte Erkenntnisse blind macht.[17]

17 Nach Albert Kitzler: Vom Glück des Wanderns, Droemer Verlag, München 2019.

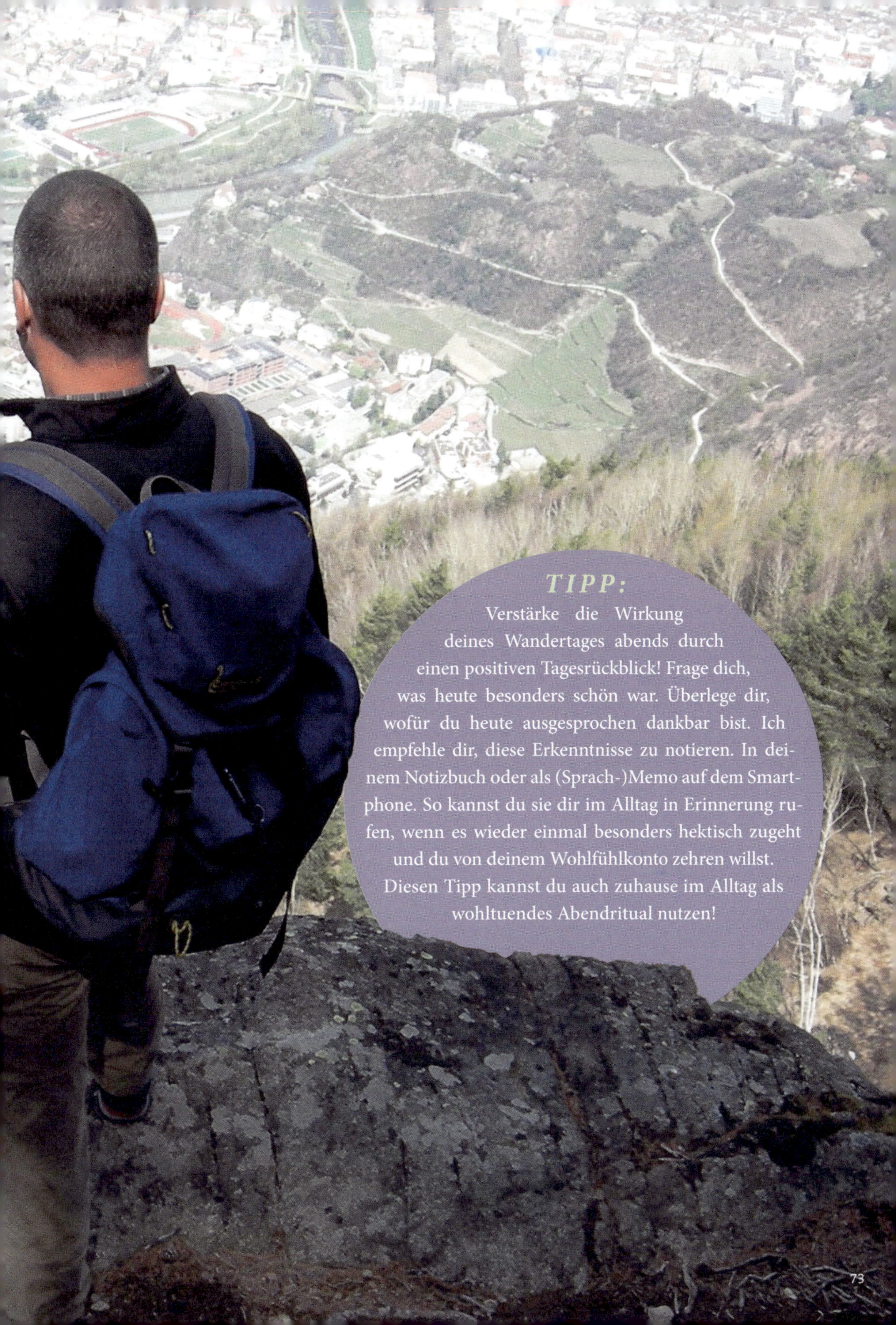

TIPP:

Verstärke die Wirkung deines Wandertages abends durch einen positiven Tagesrückblick! Frage dich, was heute besonders schön war. Überlege dir, wofür du heute ausgesprochen dankbar bist. Ich empfehle dir, diese Erkenntnisse zu notieren. In deinem Notizbuch oder als (Sprach-)Memo auf dem Smartphone. So kannst du sie dir im Alltag in Erinnerung rufen, wenn es wieder einmal besonders hektisch zugeht und du von deinem Wohlfühlkonto zehren willst. Diesen Tipp kannst du auch zuhause im Alltag als wohltuendes Abendritual nutzen!

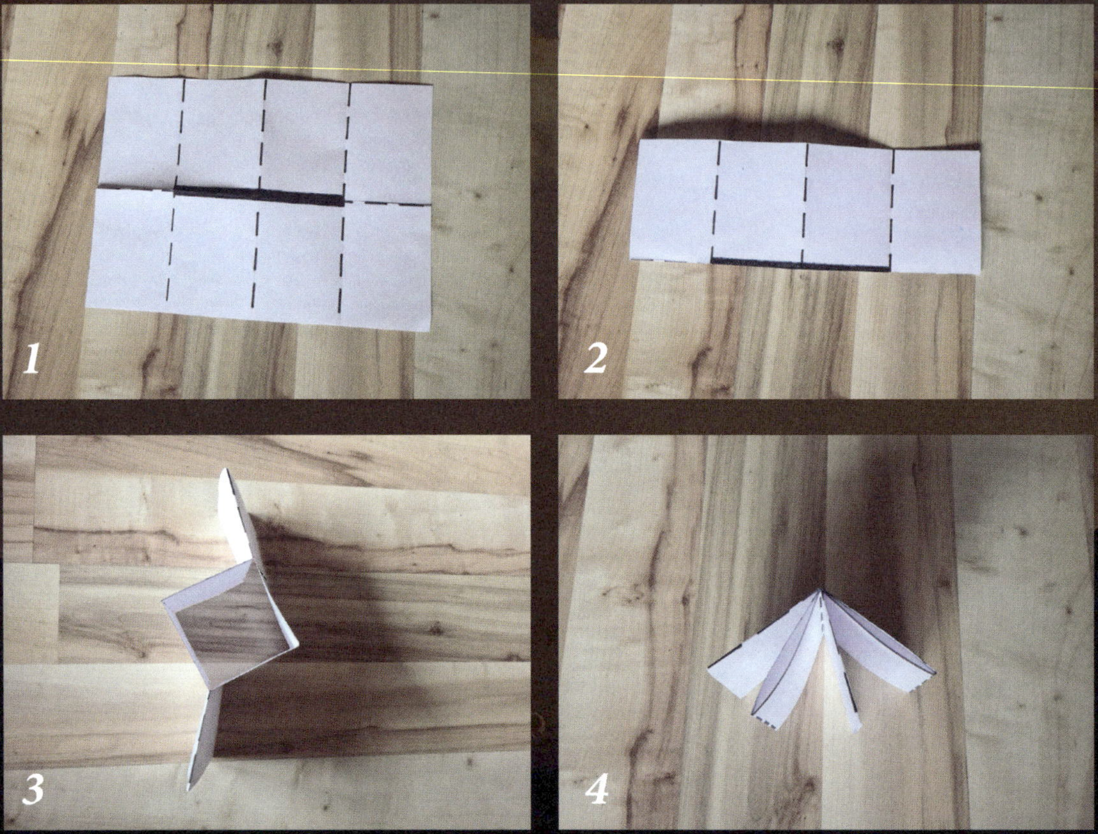

Faltanleitung Buddy-Book

TIPP:

Buddy-Book basteln

Das Buddy-Book ist eine Merkhilfe. Es wird aus einem einzigen DIN-A4-Blatt erstellt. Dieses wird dreimal »Kante auf Kante« gefaltet. So wird aus DIN A4 nach dem ersten Falten DIN A5, dann DIN A6 und abschließend DIN A7. Danach wird es wieder zweimal auseinandergefaltet auf das Format DIN A5 und mit der Öffnung nach oben hingelegt. Nun wird unten in der Mitte vom geschlossenen Falz nach oben bis zum Blattmittelpunkt, wo sich die beiden Faltlinien kreuzen, mit der Schere eingeschnitten.

Nun wird das Blatt komplett auseinandergefaltet. Danach wird es mittig so über die Längsachse zusammengefaltet, dass in der Mitte die inneren 4 der insgesamt 8 Faltflächen eine Raute formen. Diese Raute wird zusammengedrückt und das Gesamtwerk zu einem Buddy-Book in Größe DIN A7 gefaltet. Dieses »Hosentaschenbüchlein« mit 8 Seiten ist klein, leicht und passt perfekt in jede Tasche. Auf YouTube finden sich zahlreiche Faltanleitungen.

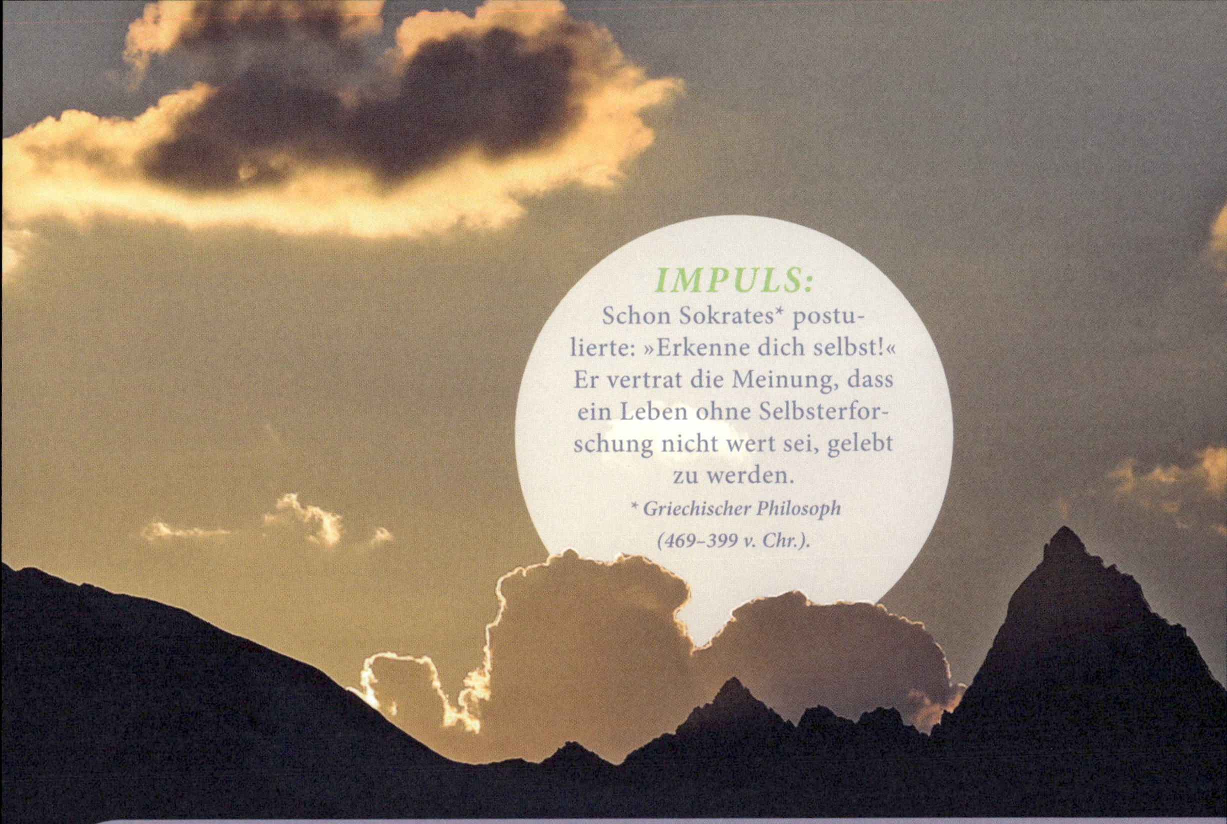

IMPULS:

Schon Sokrates* postulierte: »Erkenne dich selbst!« Er vertrat die Meinung, dass ein Leben ohne Selbsterforschung nicht wert sei, gelebt zu werden.

** Griechischer Philosoph (469–399 v. Chr.).*

TIPP:

Wenn du künftige Wanderungen für deine persönliche Weiterentwicklung noch besser nutzen möchtest, ist es wichtig, Erkenntnisse nicht zu erzwingen! Auch wenn du an gar nichts denkst, wird das Wandern seine wohltuende Wirkung auf deinen Körper und Geist entfalten. Manchmal sind es nur fragmentarische Ideen oder Assoziationen, ohne dass sie einen Zusammenhang ergeben. Gönn' dir dann Zeit! Halte die Ideenfragmente fest! Vielleicht als Sprachmemo mit Hilfe der Diktierfunktion auf deinem Smartphone oder als Bemerkung in deinem Notizbuch.

Irgendwann werden sie zusammen einen eigenen Sinn ergeben.
Albert Kitzler bezeichnet diese Gedankenbruchstücke als »assoziativen Gedankenstrom«, der zwar keine konkreten Ideen und Pläne generiert, jedoch ähnlich reinigend auf das Gehirn wirkt, wie das Träumen während des Schlafens. Wir kennen das Phänomen: Träume bestehen meist aus unzusammenhängenden, sprunghaften Szenen, die nicht der Wachlogik entsprechen. Doch durch den Traum werden genau diese Gedankenbruchstücke geordnet. Nach einem guten Schlaf fühlt sich unser Gehirn deshalb, genau wie nach einer Wanderung, »aufgeräumt« an. Unser Seelenhaushalt ist ausbalanciert. Du wirst beim Wandern feststellen, dass deine Gedanken mit den Füßen voranschreiten. Alltagssorgen und -konflikte werden geordnet und relativiert. Albert Kitzler bringt es auf den Punkt: »So wie der Schweiß die Poren reinigt, wird die Seele von überflüssigem Ballast befreit.«

09 Wandern – Vereinigung von Körper und Geist

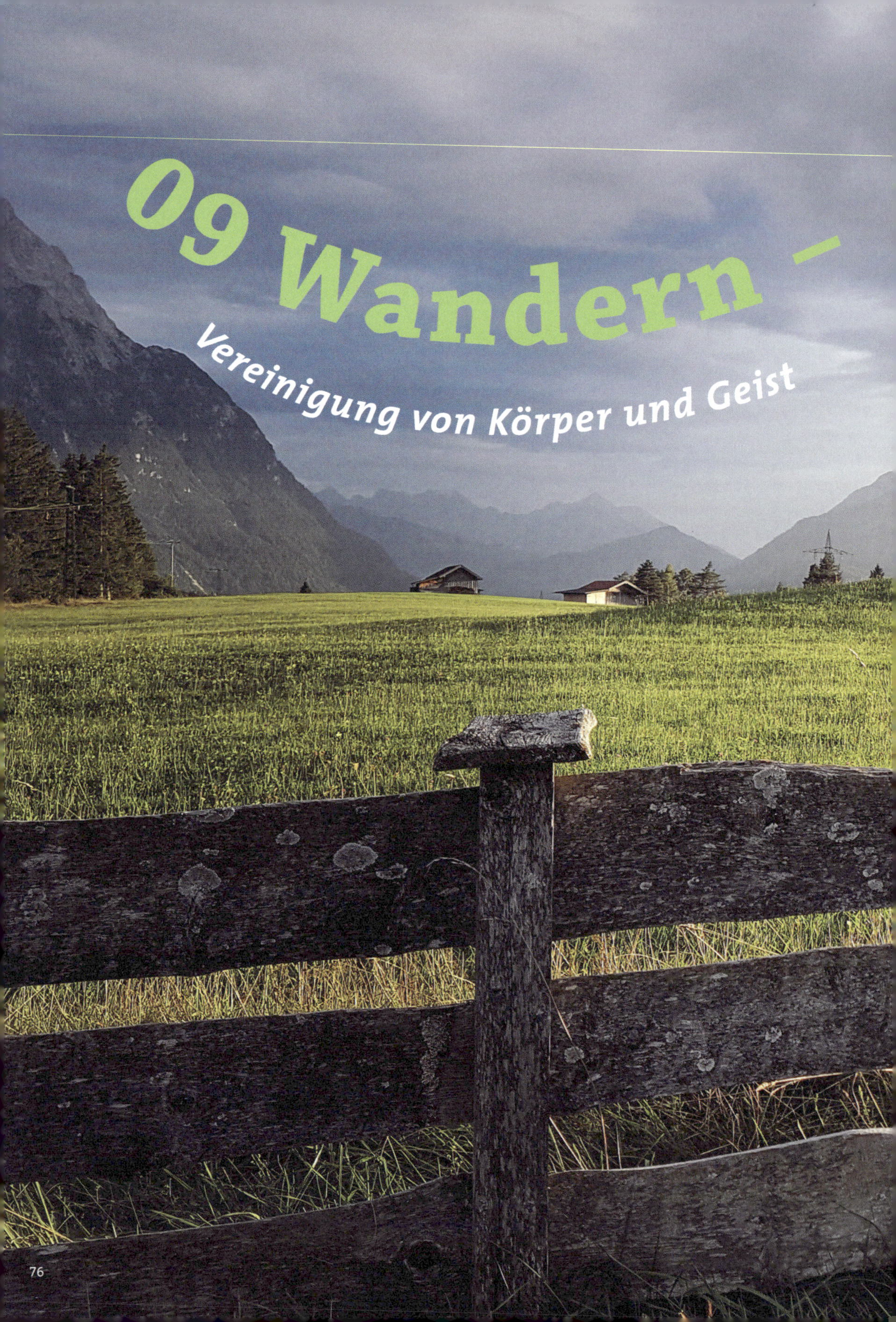

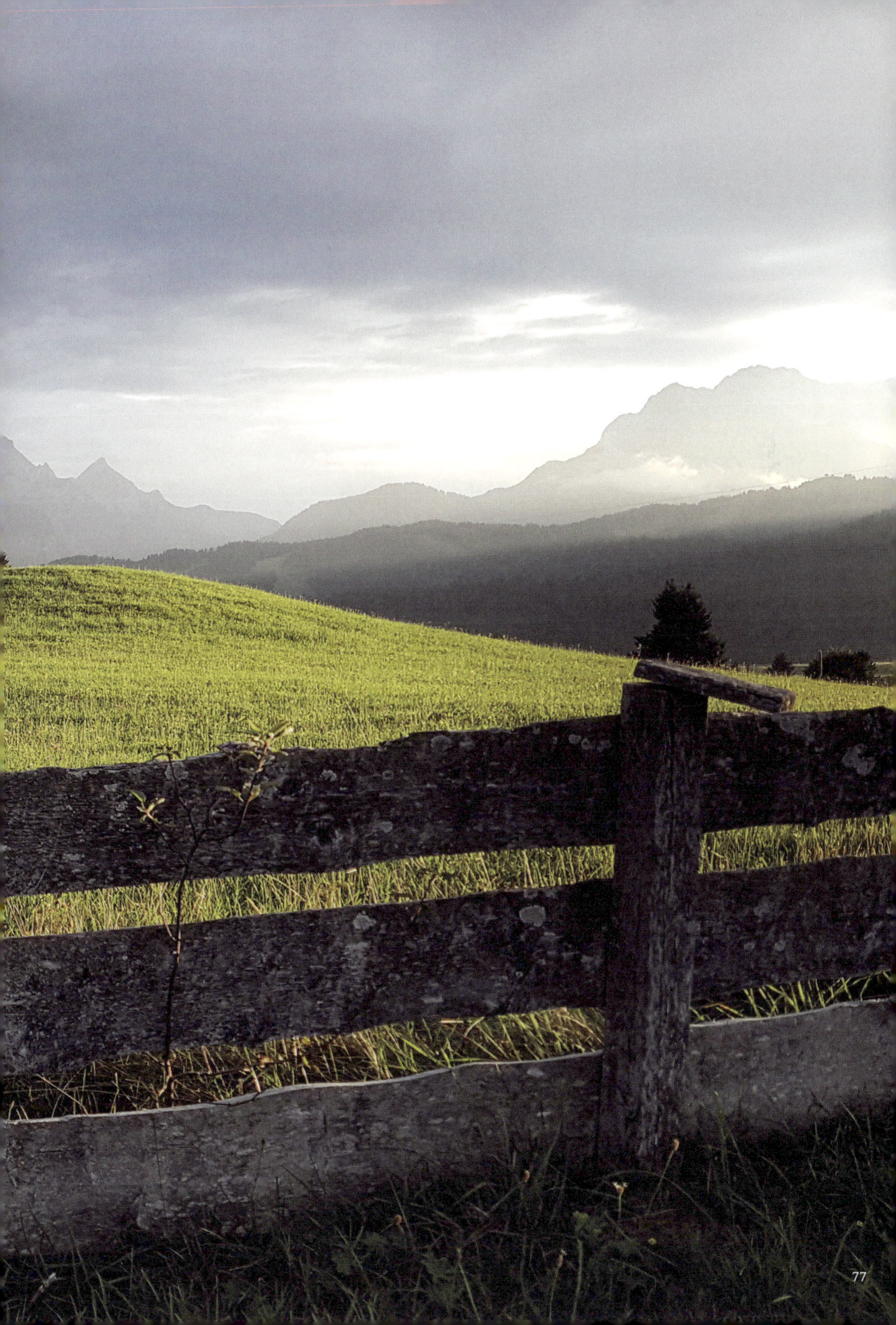

Hast du dir schon einmal über die Etymologie des Wortes **»Methode«** Gedanken gemacht? Falls nicht: Das deutsche Fremdwort entstammt dem lateinischen Wort »methodus«, welches auf das Griechische »méthodos« zurückgeht. Méthodos steht für den **»Weg oder Gang einer Untersuchung«**. Im ursprünglichsten Sinne für den Weg zu etwas hin; von »meta« = »hinter, nach« und »hodos« = »Weg«. Auf das Wandern bezogen schafft das Beschreiten eines Weges damit gute Voraussetzungen, um zu Erkenntnissen zu gelangen. Der Grund dafür ist, dass beim Wandern Körper und Geist wieder in Einklang zu kommen scheinen.

Auf einer Parkinson-Selbsthilfe-Seite im Internet[18] fand ich eine interessante Ausführung über den engen Zusammenhang zwischen Bewegung und Depressionen im weitesten Sinne. Laut einer Studie[19] kann ein Ausdauersport wie das Wandern antidepressiv wirken. Er verbessert die **Serotoninaufnahmefähigkeit des Gehirns** und fördert dessen Zellwachstum. Die Autoren der Studie gehen soweit zu sagen, dass im fortgeschrittenen Krankheitsstadium von Parkinson einige Symptome wie gebückte Haltung und Stürze, die mit Medikamenten nicht oder nur schlecht behandelbar sind, durch Ausdauersport und Bewegungstherapien oft erfolgreich behandelt werden können. Nicht nur körperliche Krankheitsanzeichen, sondern auch die Stimmung der Patienten würde zudem positiv beeinflusst werden.

Desweiteren ist medizinisch erwiesen, dass viele Ausdauersportarten durch die Gleichförmigkeit der Bewegung den **Abbau von Verspannungen** fördern. Auf das Wandern übertragen synchronisiert und harmonisiert der Schrittrhythmus Körper und Geist und erzeugt so in einen ruhigen, wohltuenden **»Fluss«**.

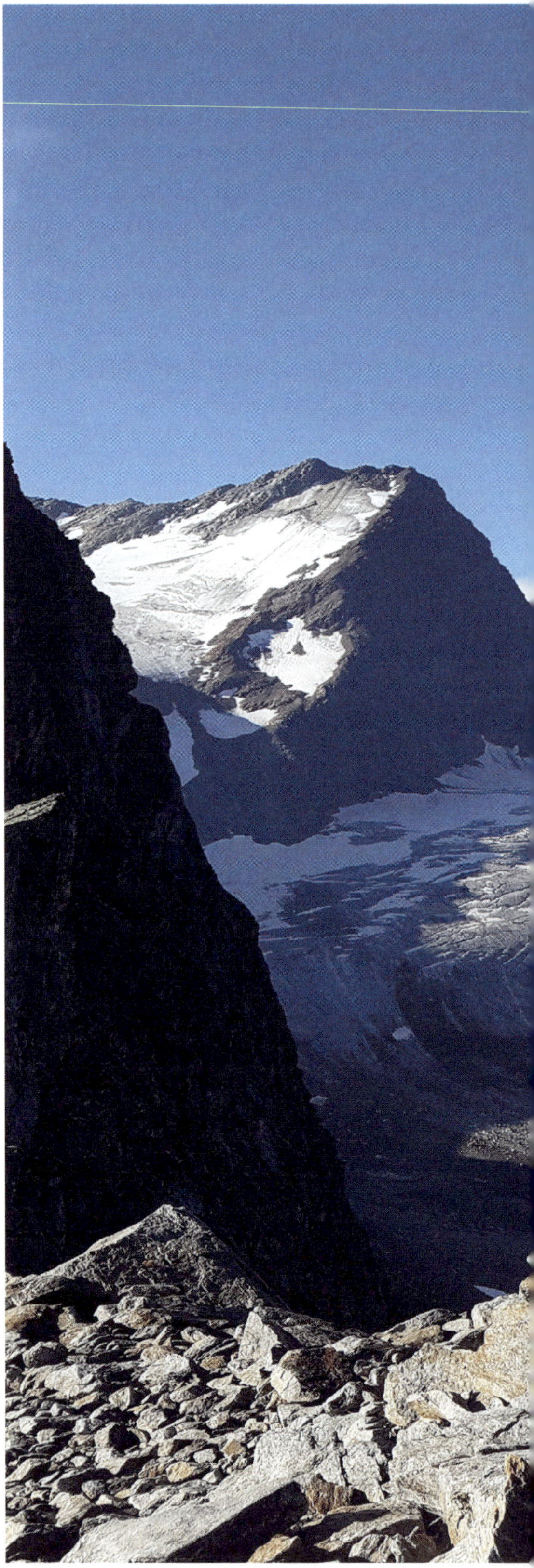

18 http://www.parkinson-selbsthilfe.at

19 Petzinger et al.: Exercise-enhanced neuroplasticity targeting motor and cognitive circuitry in Parkinson's disease. 2013

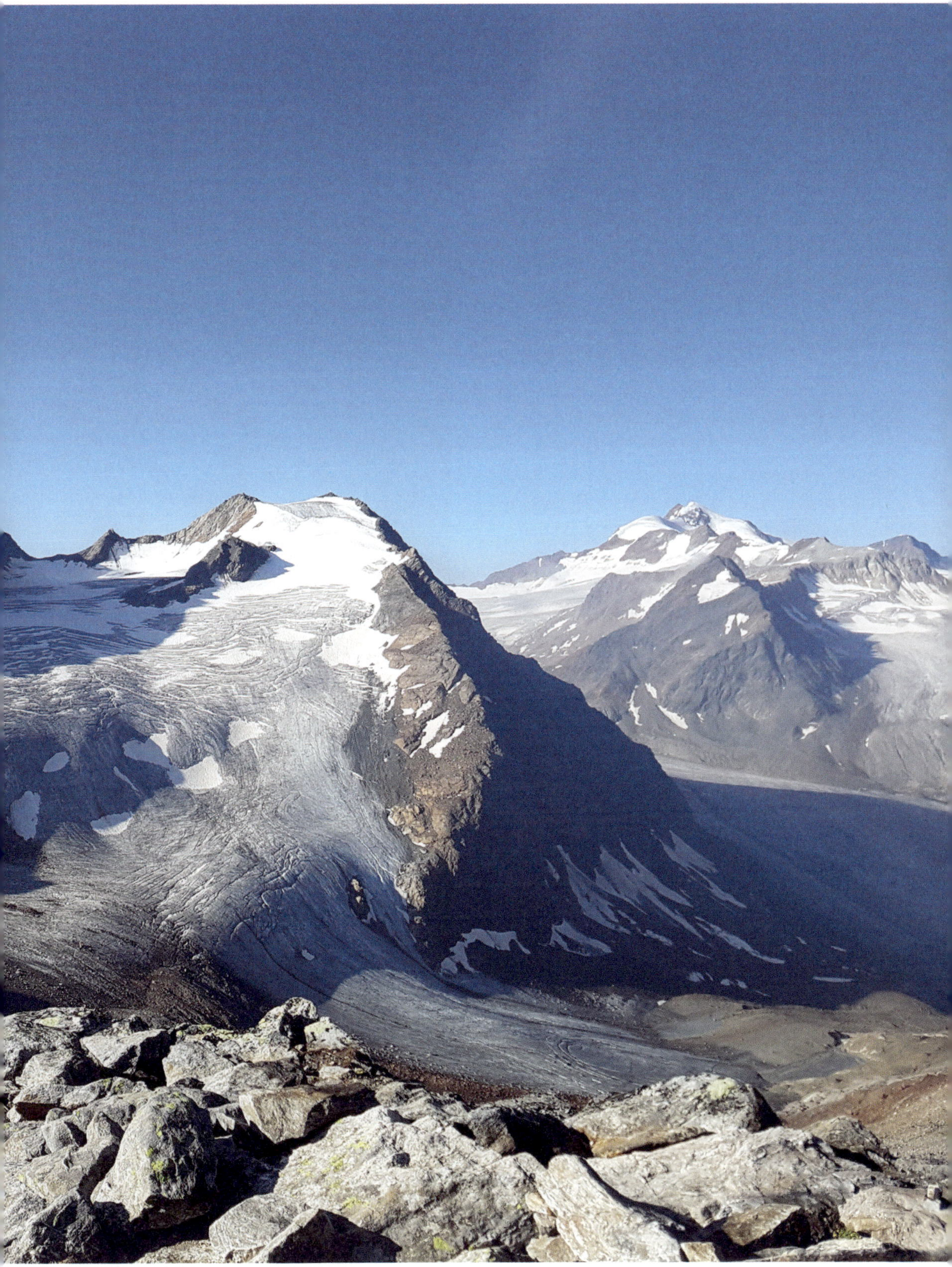

Ich kann bestätigen, dass sich besonders beim Weitwandern irgendwann das Gefühl einstellt, Körper und Geist seien wie von einer Fruchtblase umschlossen, die uns vor Negativem schützt. Dieser Schutzraum fördert zudem geistige Erkenntnisse und damit eine persönliche Entwicklung.

Passend dazu möchte ich mit der E-Kette nach dem Pädagogen Werner Michl das Thema vertiefen, deren ursprüngliche Form ich etwas anpasste. Die E-Kette ist ein erlebnispädagogisches Lernmodell, so genannt, weil deren Schlüsselwörter alle mit ›E‹ beginnen.

Am Anfang steht das Ereignis. Das kann das sprichwörtliche Fahrrad sein, das irgendwo in China umfällt. Ein simples Ereignis juckt uns nicht, um es flapsig auszudrücken. Kommen bei einem Ereignis allerdings Emotionen mit ins Spiel, dann wird aus dem Ereignis ein Erlebnis. Das Fahrrad fällt Dir auf den Fuß – Aua!

Die E-Kette setzt sich dahingehend fort, dass sie Eigenreflektion einfordert, die das Erlebnis analysiert. Hättest du nicht besser aufpassen sollen und deinen Fuß rechtzeitig wegziehen? Auf diese Weise erwächst aus dem Erlebnis eine Erkenntnis. In Zukunft wirst du besser aufpassen! Mit Hilfe dieser Erkenntnis ist schlussendlich eine Entwicklung möglich, die hoffentlich in Fleisch und Blut übergeht und zum inneren Navigator wird, der dir im Leben Halt und Orientierung spendet.

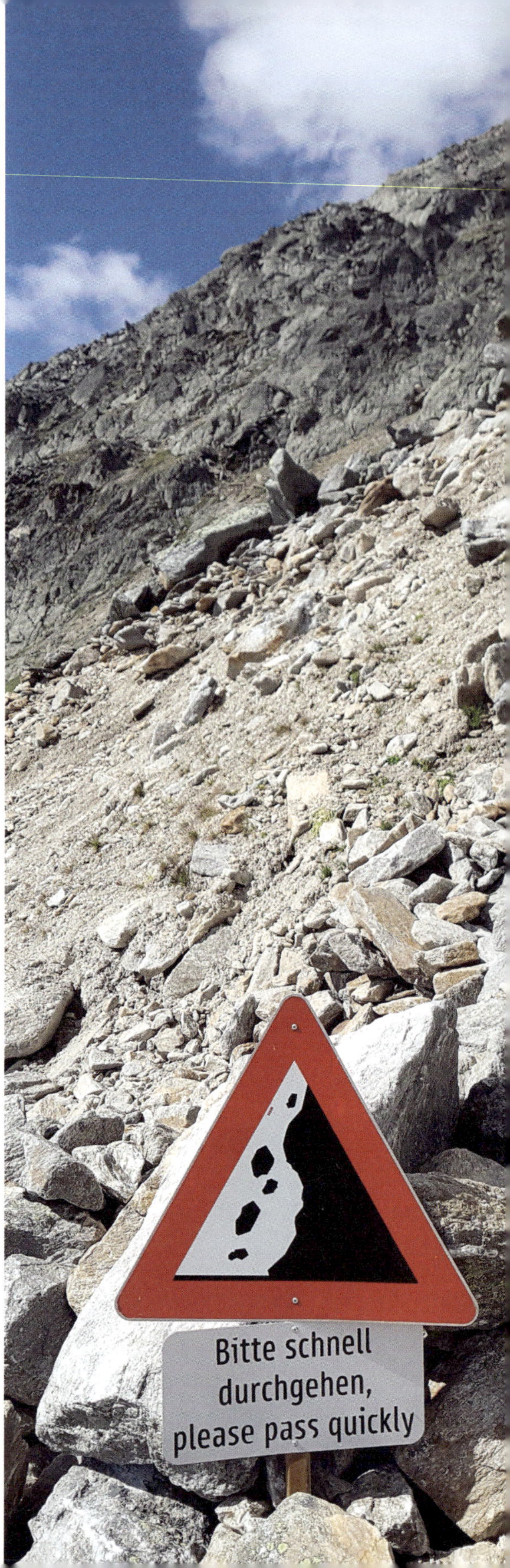

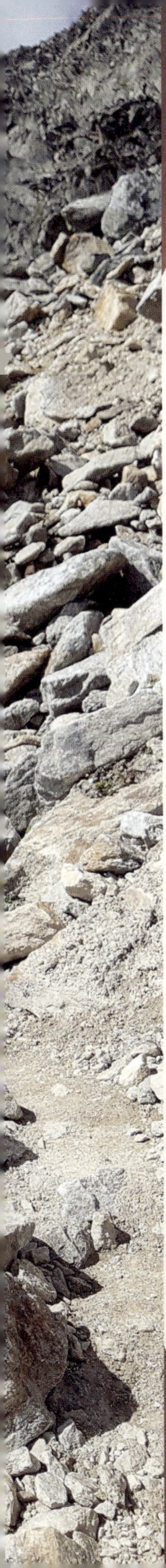

INFO:
Die E-Kette

Ereignis – Emotionen – Erlebnis – Eigenreflektion – Erkenntnis – Entwicklung

Ich möchte die E-Kette mit einem Beispiel von meiner Fernwanderung über die Alpen veranschaulichen und erinnere mich in diesem Zusammenhang an die Übersteigung des Pitztaler Jöchls. Dies ist der luftig-ausgesetzte, hochalpine Übergang zwischen dem Pitztal im Westen und dem Ötztaler Skigebiet Sölden östlich davon. Die bloße Überschreitung des Jöchls von A nach B stellt lediglich ein Ereignis dar. Da ich allerdings unter Höhenangst leide und nicht schwindelfrei bin, rief die Etappe heftigste Emotionen in mir hervor. Dies waren in erster Linie Angstgefühle. Diese Tatsache alleine machte aus dem Ereignis für mich schon ein Erlebnis. Als ich die schwierige Wegstrecke trotz meiner psychischen Einschränkungen gemeistert hatte, waren die aus mir herausbrechenden Emotionen höchst positiver Natur. Im weiteren Wegverlauf dachte ich immer wieder über das Erlebte nach, es fand auf diese Weise eine Eigenreflektion statt. Die mündete in der Erkenntnis, dass ich sehr wohl in der Lage sei, auch solche schwierigen Wegpassagen zu meistern, weil ich es geschafft hatte, meine Angst in den Griff zu bekommen. Ich hatte gelernt, die Angst anzunehmen, sie jedoch in die Schublade »Warnung!« zu legen, nicht in die Schublade »Hemmung!«. Viel Aufregung und Angst vor der schwierigen Stelle hätte ich mir im Vorfeld sparen können. Nur ein Bruchteil meiner im Nachhinein unsinnig investierten Geistesenergie wäre notwendig gewesen, um das Jöchl zu meistern. Diese Erkenntnis ermöglichte mir eine Entwicklung dahingehend, ähnlich schwierige Steige in Zukunft selbstsicherer angehen zu können.

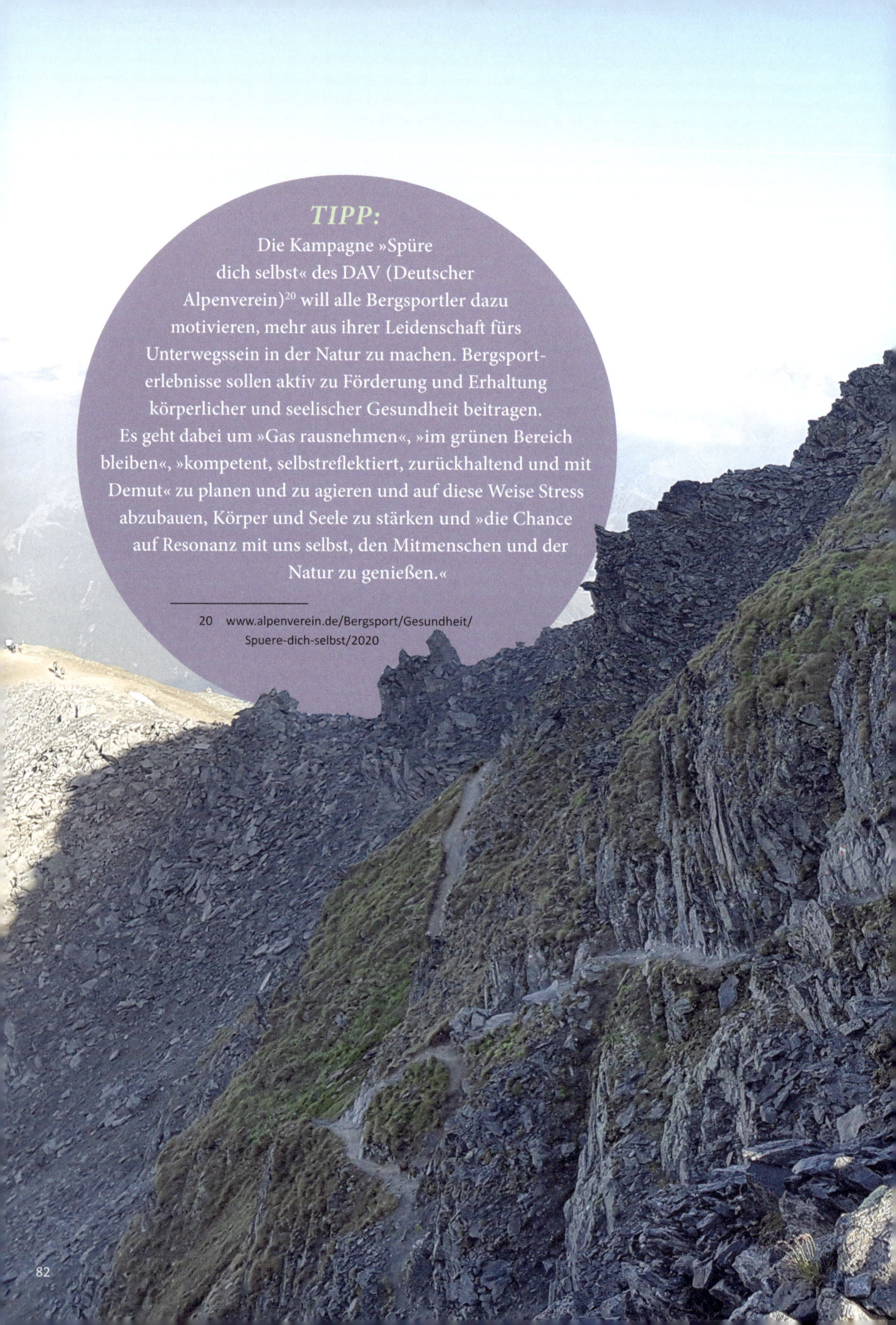

TIPP:

Die Kampagne »Spüre dich selbst« des DAV (Deutscher Alpenverein)[20] will alle Bergsportler dazu motivieren, mehr aus ihrer Leidenschaft fürs Unterwegssein in der Natur zu machen. Bergsporterlebnisse sollen aktiv zu Förderung und Erhaltung körperlicher und seelischer Gesundheit beitragen. Es geht dabei um »Gas rausnehmen«, »im grünen Bereich bleiben«, »kompetent, selbstreflektiert, zurückhaltend und mit Demut« zu planen und zu agieren und auf diese Weise Stress abzubauen, Körper und Seele zu stärken und »die Chance auf Resonanz mit uns selbst, den Mitmenschen und der Natur zu genießen.«

20 www.alpenverein.de/Bergsport/Gesundheit/Spuere-dich-selbst/2020

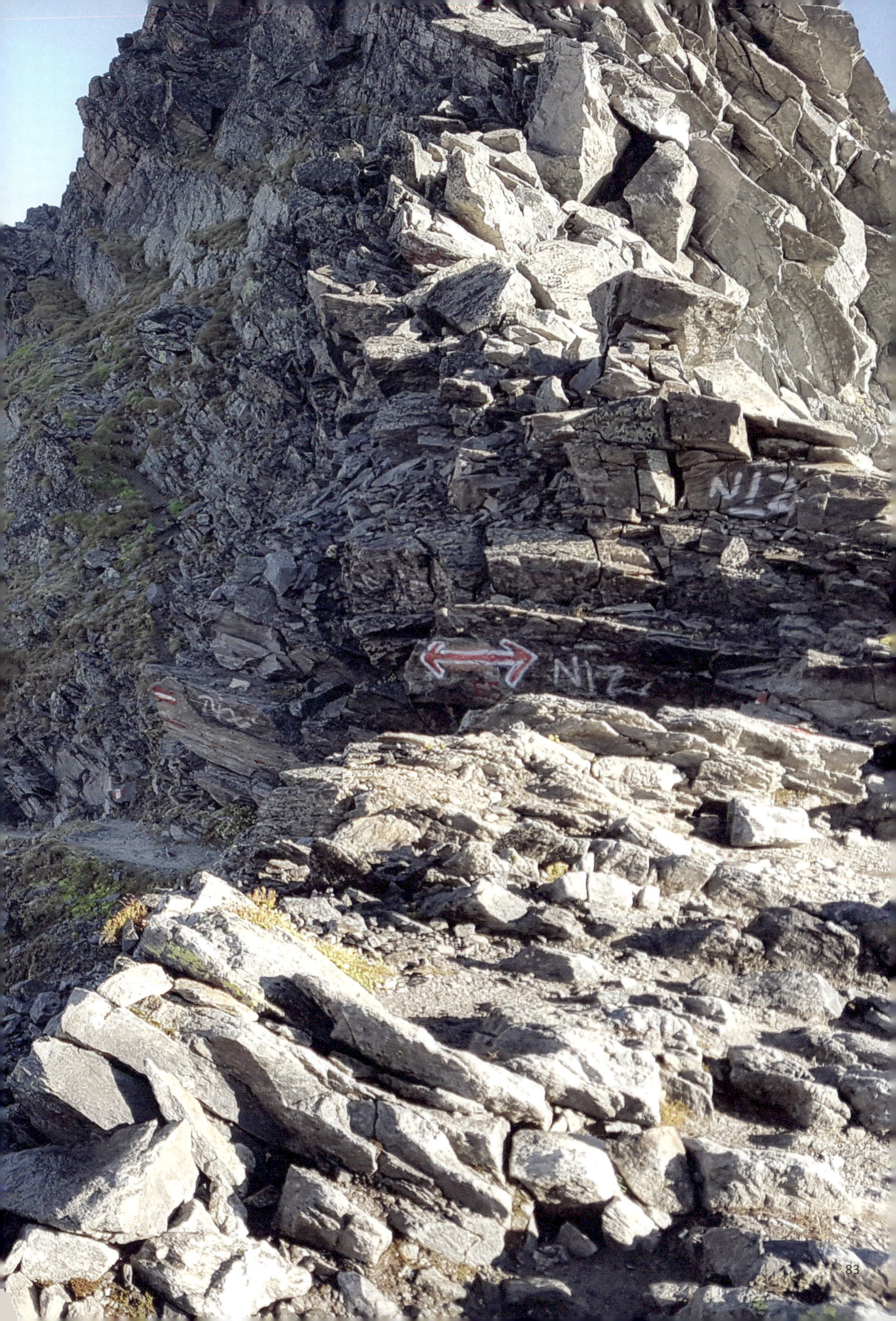
N12
N12

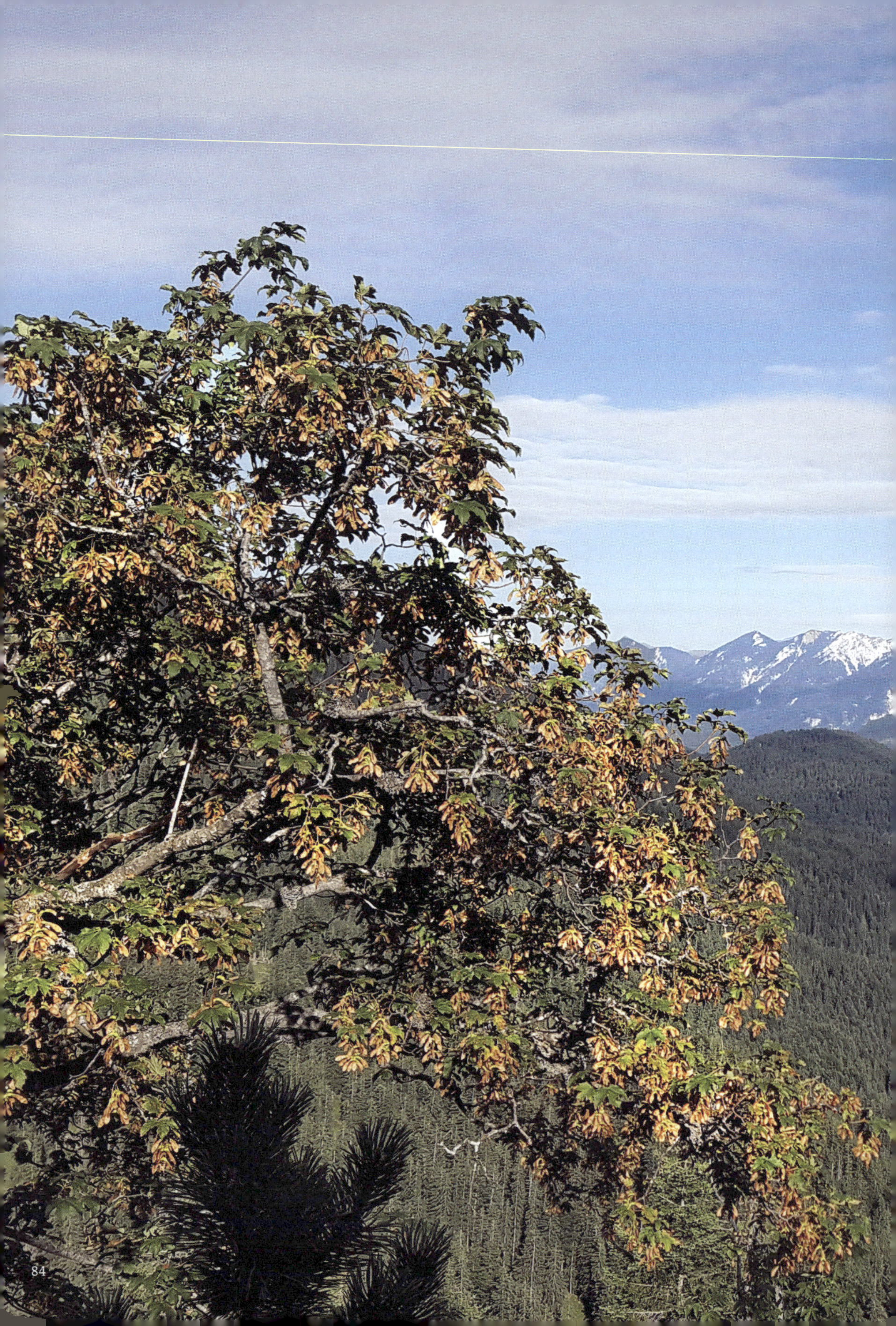

10 Pilgern – Religion meets Wandern

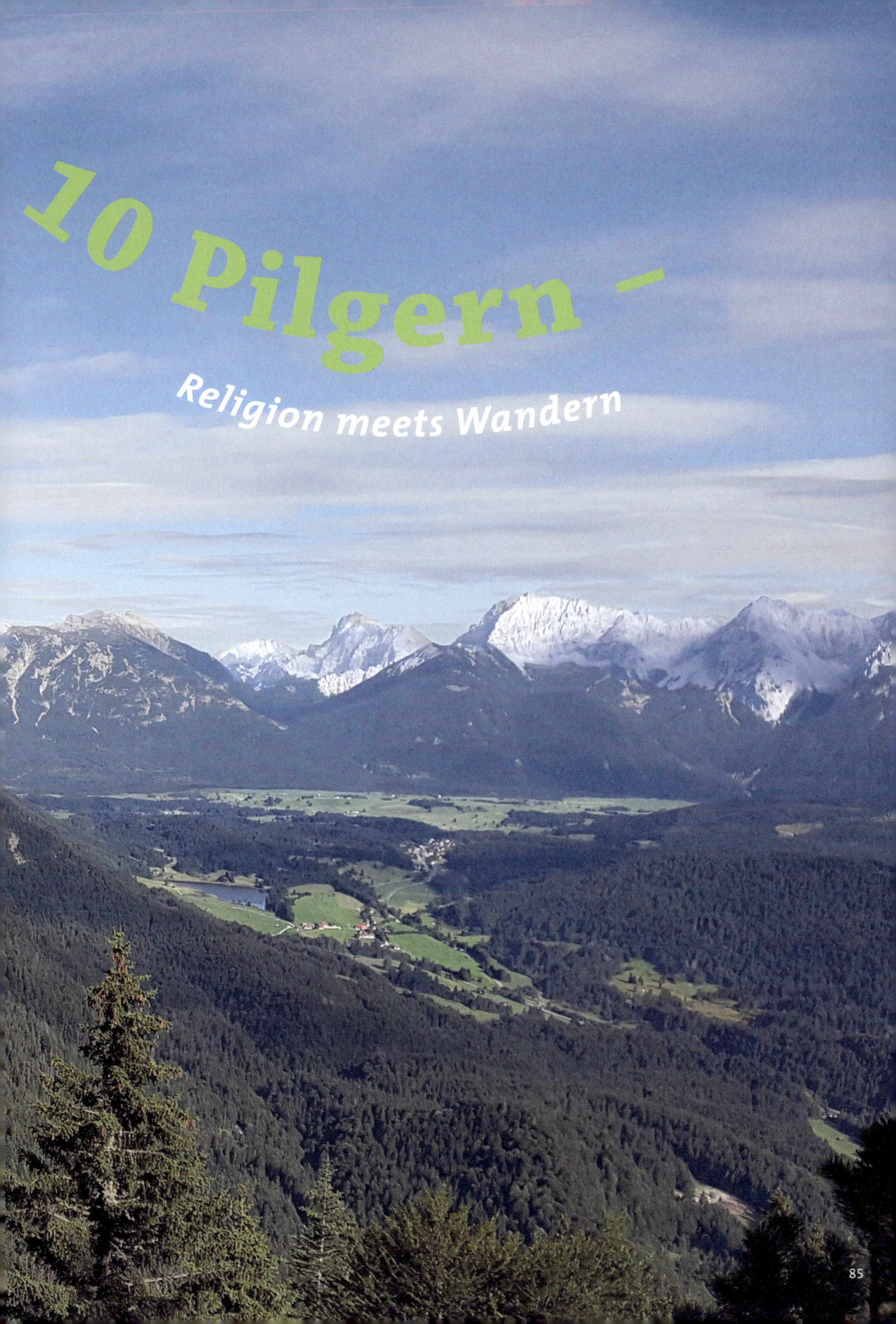

Ich bin kein religiöser Mensch. Trotzdem fasziniert es mich, dass sich jährlich Zigtausende zu einer Pilgerwanderung aufmachen. Der Jakobsweg, der aus einem großen Netz von Weitwanderwegen besteht, verzeichnet stetig Besucherzahlenrekorde. Wanderten 2009 »nur« 145.877 registrierte Pilger den Camino, waren es 2019 beachtliche 347.538![21] Hape Kerkeling wählte für seine Pilgerwanderung und innere Einkehr den Camino Francés. Dabei musste er sich, wie alle anderen Pilger, mit den physischen und psychischen Anforderungen einer solchen Reise auseinandersetzen. Für Kerkeling spielten auf seiner Pilgerschaft Religion und Spiritualität durchaus eine wichtige Rolle und er lernte nach eigener Aussage sich selbst und seinen Glauben besser kennen. Er bezeichnet sich demnach als **»Buddhist mit christlichem Überbau«**. Trotz des legeren **»Plauderstils«** seines Buches reflektiert er darin über den Sinn des Lebens. Den »klassischen«, christlichen Pilger meidet er, denn er schätzt ihn als »nicht lernfähig« ein und schreibt, »Die werden als die gleichen Menschen die Reise beenden, als die sie sie begonnen haben…«. Damit hat er meiner Meinung nach Unrecht. Sowohl auf dem Camino in diesem konkreten Fall als auch jedem anderen Fernwanderweg passiert IMMER etwas mit dem Menschen, der ihn geht.

Auch ich als Agnostiker erkenne durchaus das spirituelle Potential einer Fernwanderung. Unweit meines Heimatortes gibt es einen Meditationsweg. Auf diesem stehen in unregelmäßigen Abständen Tafeln, die Texte zum Nachdenken anbieten. Dass diese auf christlichem Gedankengut basieren, tut dabei nichts zur Sache. Sie motivieren den Wanderer innezuhalten und nachzudenken.

21 https://jakobsweg-lebensweg.de/pilgerstatistik/

Wenn sich dabei die eine oder andere Erkenntnis einstellt, ist das immer gut. Es muss sich dabei ja nicht um eine religiös-spirituelle Erleuchtung handeln. Unterstützen möchte ich diese Annahme mit japanischen Zen-Meistern des 14. Jahrhunderts. Diese erkannten, dass Wandern und damit verbundene Naturerfahrungen, die zu innerer Ruhe und zu Glücksgefühlen führen, mit einer **»religiösen Übung«** gleichzusetzen seien.

Müsste ich **»Pilgern«** definieren, würde ich es mit **»religiösem Meditieren beim Wandern«** umschreiben. Das impliziert für mich eine spirituelle Erfahrung, die der Pilger auf seiner Fernwanderung machen möchte. Rein (psycho-) biologisch betrachtet ist Pilgern nichts anderes als eine durch die Füße unterstützte Meditation, die den Kopf aufräumt, hilft, mit Themen abzuschließen und gleichzeitig für Neues öffnet. Pilgern ist also nicht nur eine Wanderung von A nach B, sondern auch eine Wanderung in unser Innerstes zwischen Loslassen, Akzeptieren, Verzeihen und Neubeginn. Während der Sport-Fernwanderer seine Energie aus dem Vertrauen in die eigene Kraft und Kondition zieht, mag es für gläubige Pilger Gott sein, der ihnen Energie spendet. Energie – weit über die Unternehmung der eigentlichen Pilgerschaft hinaus.

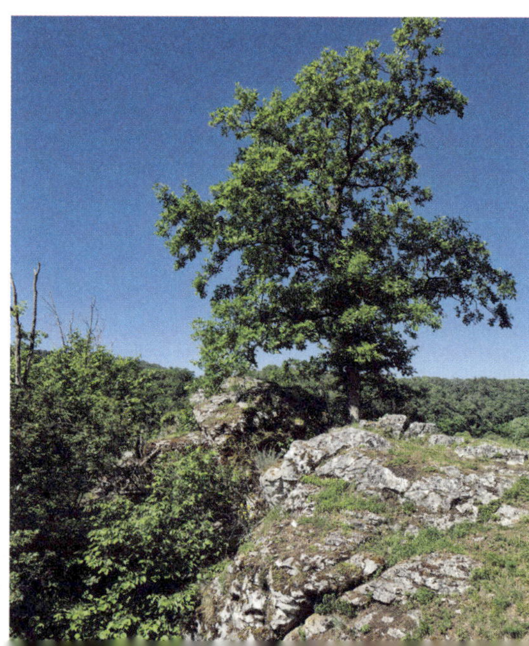

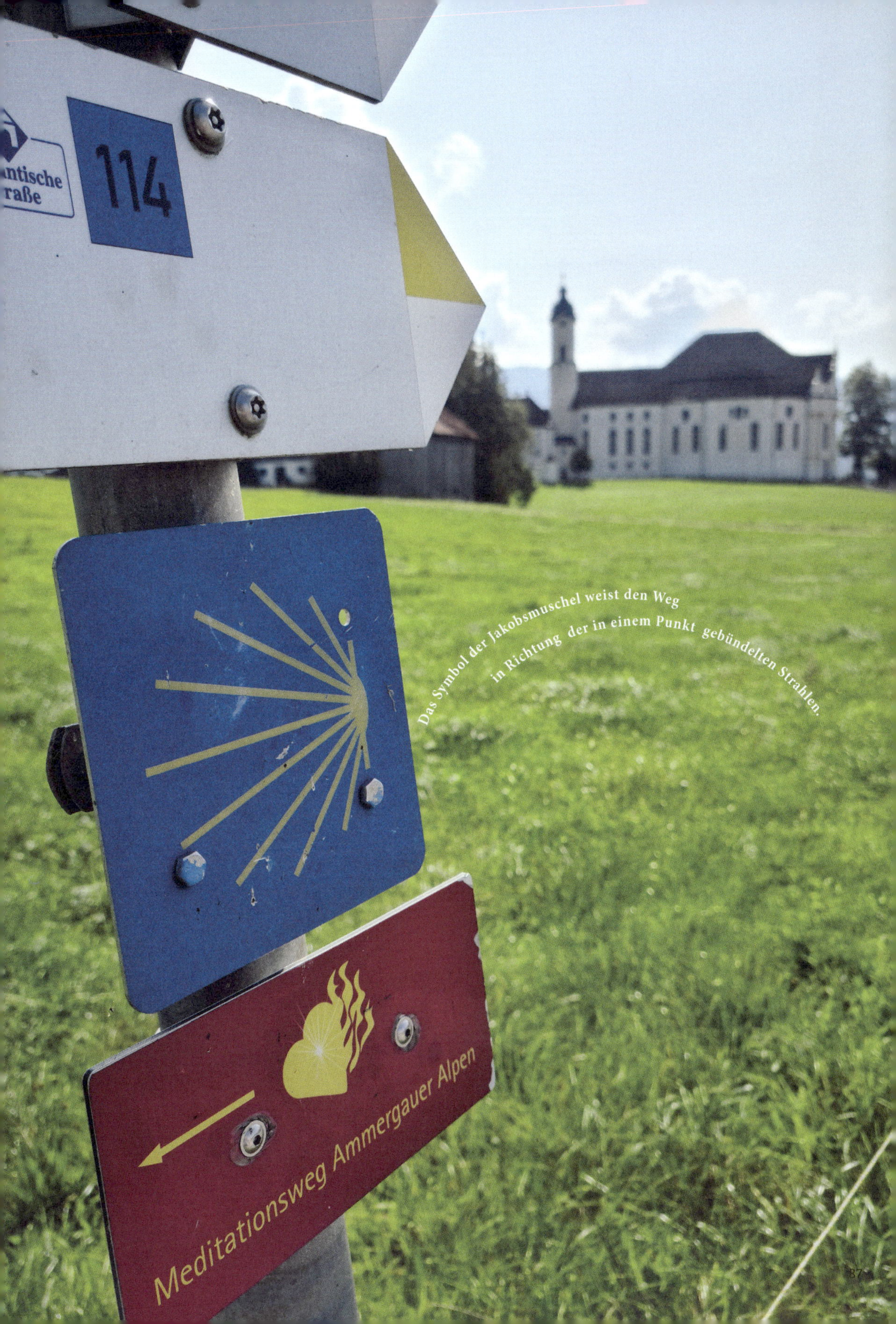

Das Symbol der Jakobsmuschel weist den Weg in Richtung der in einem Punkt gebündelten Strahlen.

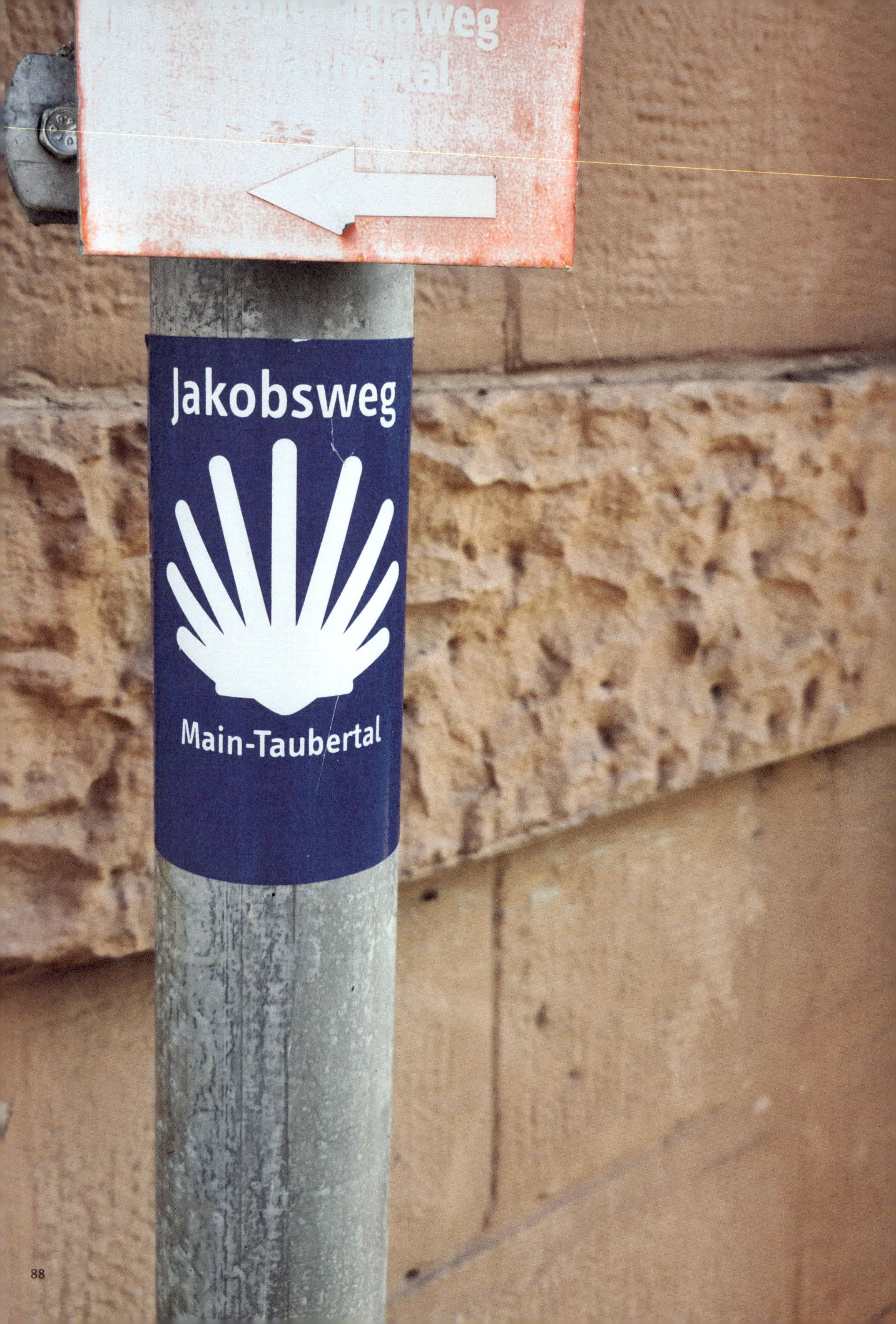
Jakobsweg
Main-Taubertal

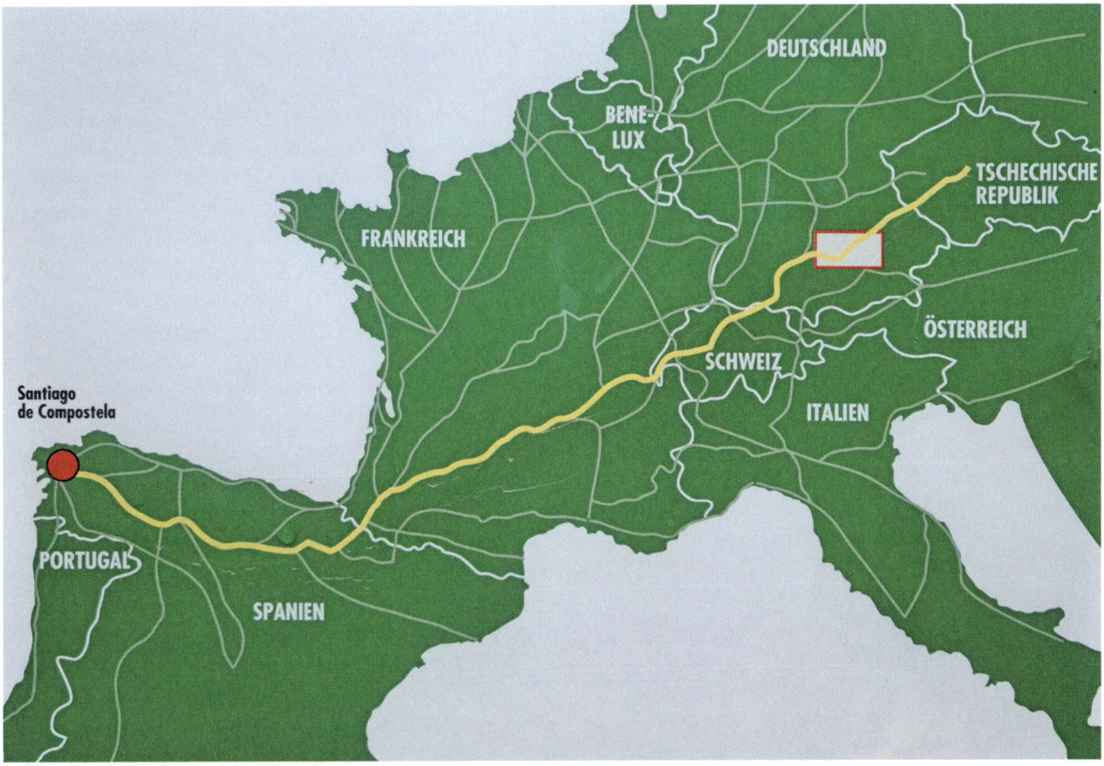

Es gibt nicht DEN Jakobsweg. Der Jakobsweg ist ein Wegebündel, das sich durch ganz Europa erstreckt. Gemeinsam ist allen Jakobswegen der Zielort Santiago di Compostela mit dem Grab des Apostels Jakobus in Galicien (Spanien). Die populärste Streckenführung ist der Camino Francés, eine mittelalterliche Hauptverkehrsachse aus dem 11. Jhdt. in Nordspanien von den Pyrenäen zum Jakobsgrab.

»Ich ließ Meinen Ruf nach dir nie verstummen,
doch ließ Ich nur noch ein Flüstern zu,
Ich nahm in der Nacht dir deine Ruhe.
Ich stellte dich vor manche Wahl, entscheiden musstest immer du.«[22]

22 Aus dem Gedicht »Die Stimme des Weges«. In: Rainer Ehritt: Vom Weg zur Quelle meines Sieges. Ein Pilgerabenteuer. tredition. Hamburg 2019. [Ich = Gott; Anm. d. Autors].

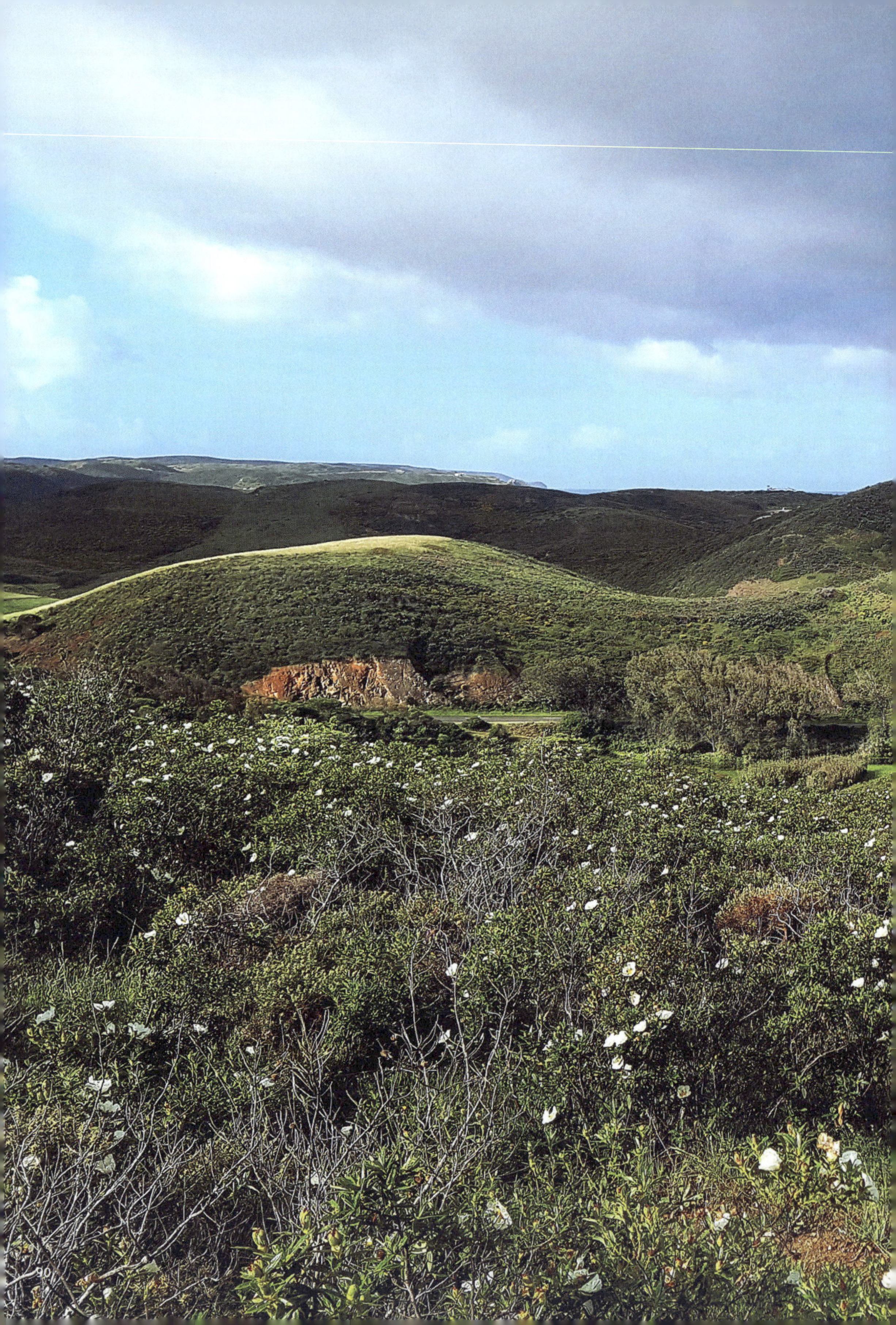

11 Wandern – aus medizinischer Sicht

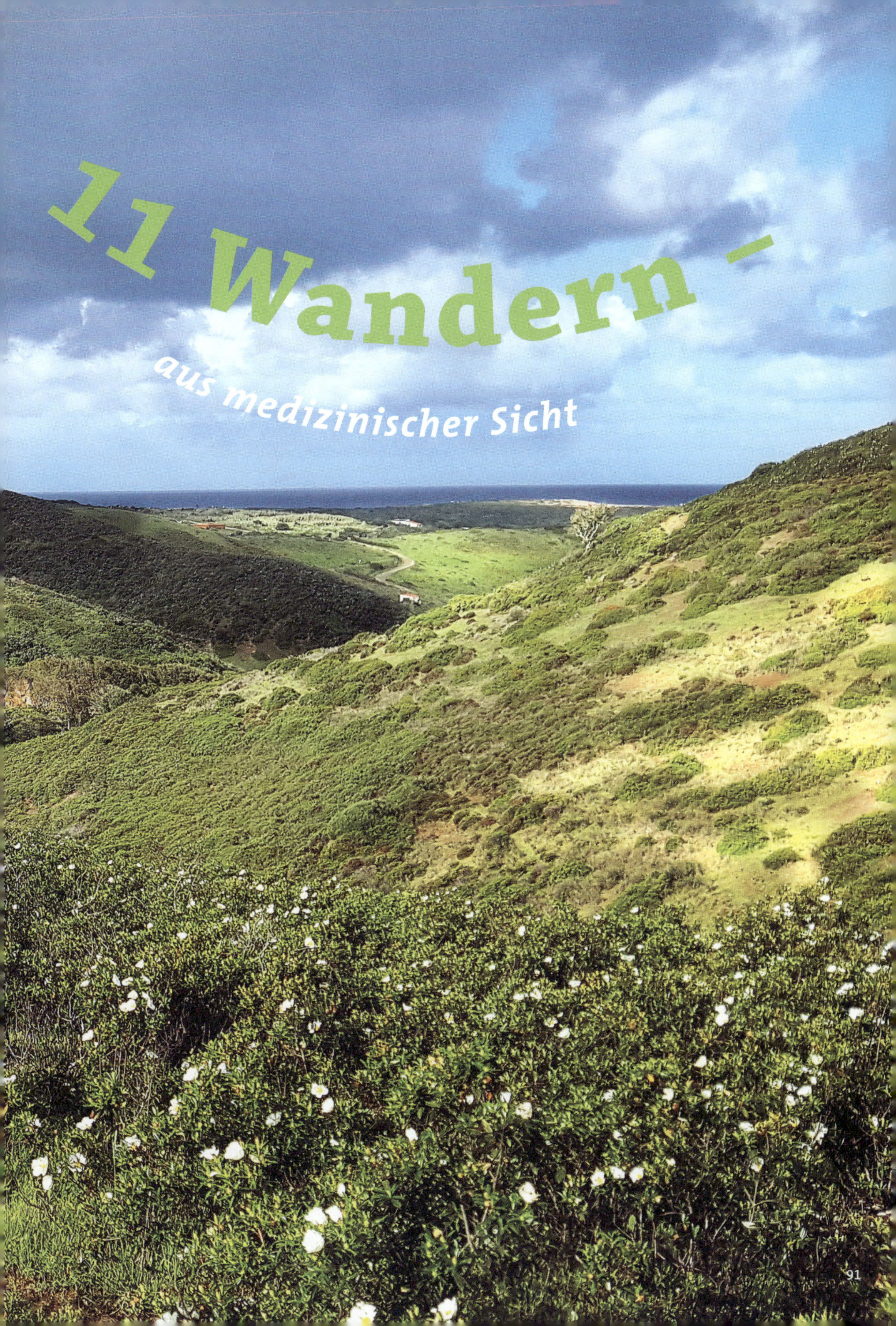

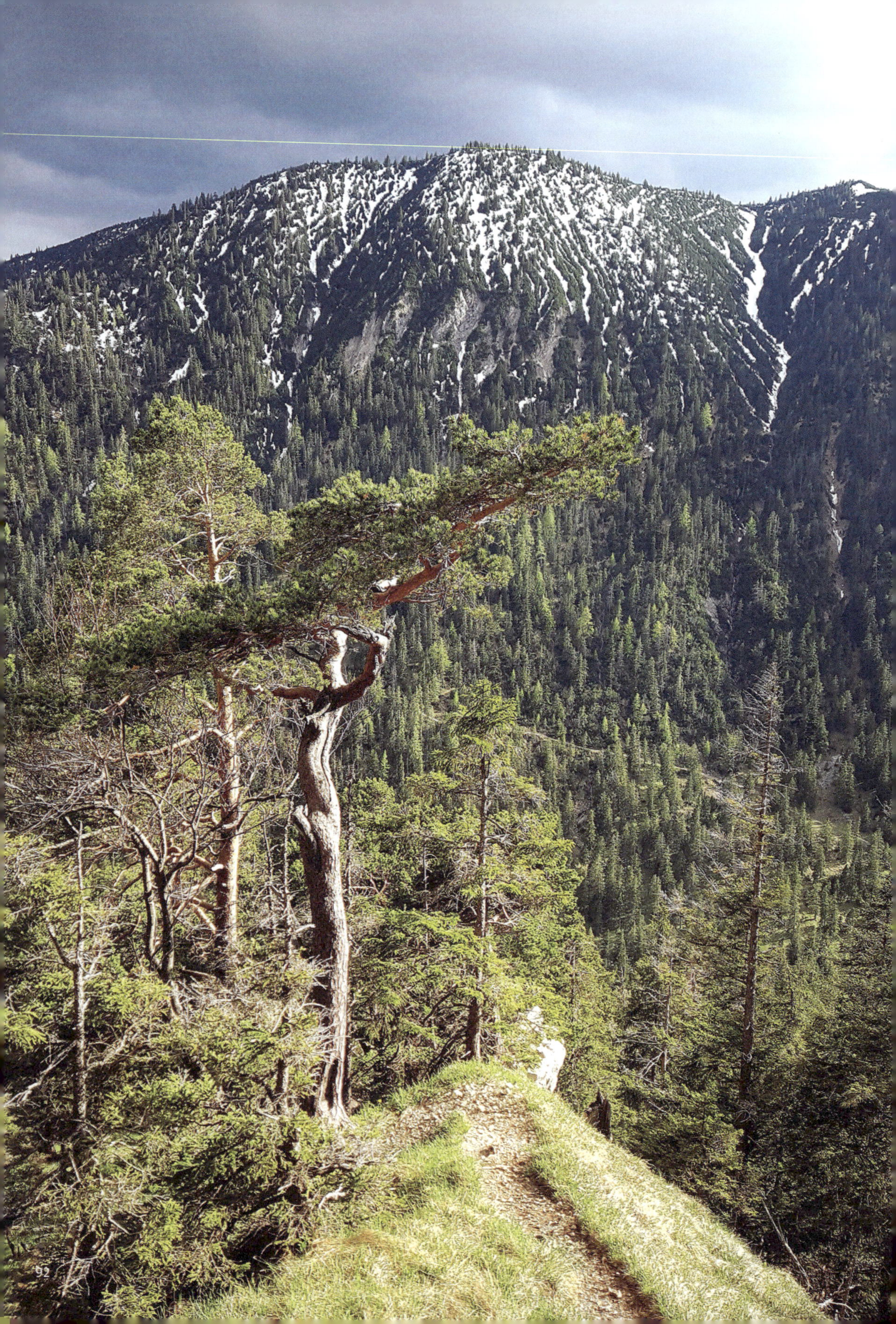

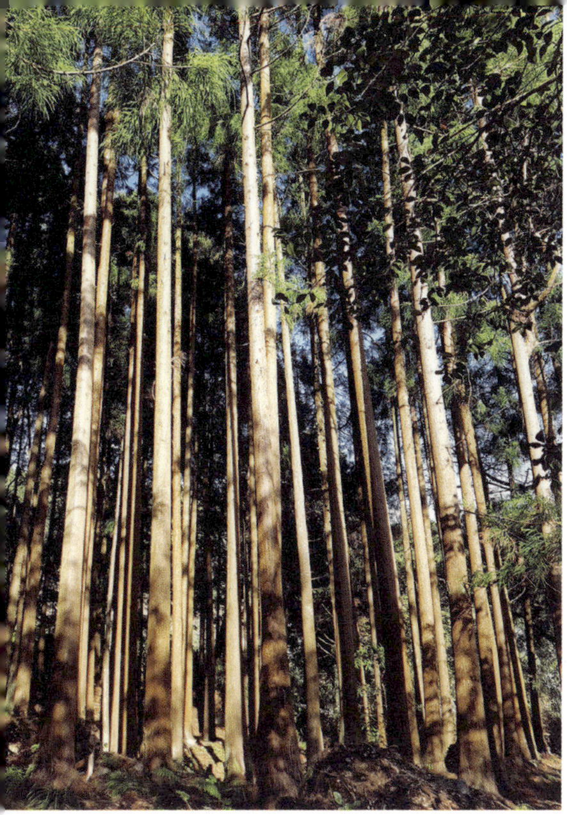 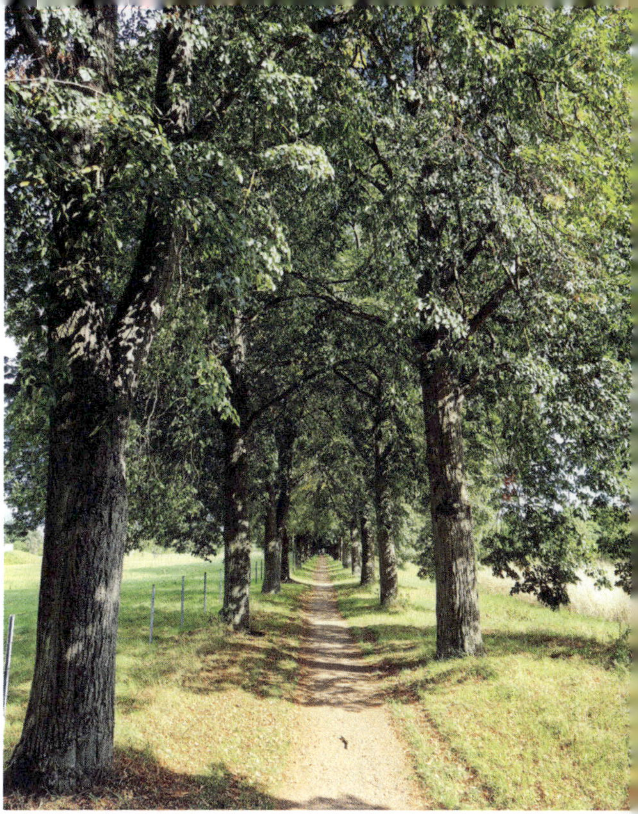

»Die Gesundheit des Leibes und die Beruhigtheit der Seele sind die Erfüllung des seligen Lebens.« Damit benennt Epikur[23] die Grundzutaten eines glücklichen Lebens. Körperliche Gesundheit und seelisches Heil hängen eng zusammen und bedingen sich wechselseitig. Dass ein gesunder Geist nur in einem gesunden Körper wohnen kann (lat. »mens sana in corpore sano«) wissen wir spätestens seit Juvenal, dem römischen Dichter des 1. Jahrhunderts. Umgekehrt beeinflusst ein gesunder Geist den Körper positiv, was die moderne Forschung der Psychoneuroimmunologie wissenschaftlich belegt.

Dr. Christian Schubert, Leiter des Labors für Psychoneuroimmunologie (PNI) an der Universitäts-Klinik für Medizinische Psychologie in Innsbruck behauptet, dass bei jeder körperlichen Erkrankung ausnahmslos auch die Psyche eine Rolle spiele.[24]

Im Umkehrschluss bedeutet dies, dass ein Mensch, der sich glücklich und zufrieden fühlt, körperlichen Krankheiten gegenüber weniger anfällig ist. Im Fall einer Erkrankung wird er schneller wieder gesund. Wandern stärkt sowohl unsere körperliche als auch die geistige Disposition und wirkt auf uns wie ein Gesundbrunnen, der Körper und Geist in Schwung bringt. Positive medizinische Auswirkungen der Bewegung an der frischen Luft sind unumstritten. Das Herz-Kreislaufsystem, die Atemwege, der gesamte Bewegungsapparat und das Immunsystem profitieren. Ganz zu schweigen davon, dass Wandern gegen Fettleibigkeit wirkt. Wandern ist also gesund. Das ist nicht nur gut für die Wanderer selbst, sondern im Sinne der ökonomischen Nachhaltigkeit eine wichtige Präventionsmaßnahme, die unsere Solidargemeinschaft von Krankheitskosten entlastet.

23 Griechischer Philosoph (vermutlich 341–270 v. Chr.).

24 https://www.br.de/radio/bayern2/psychoneuroimmunologie-psychosomatik-stress-100.html.

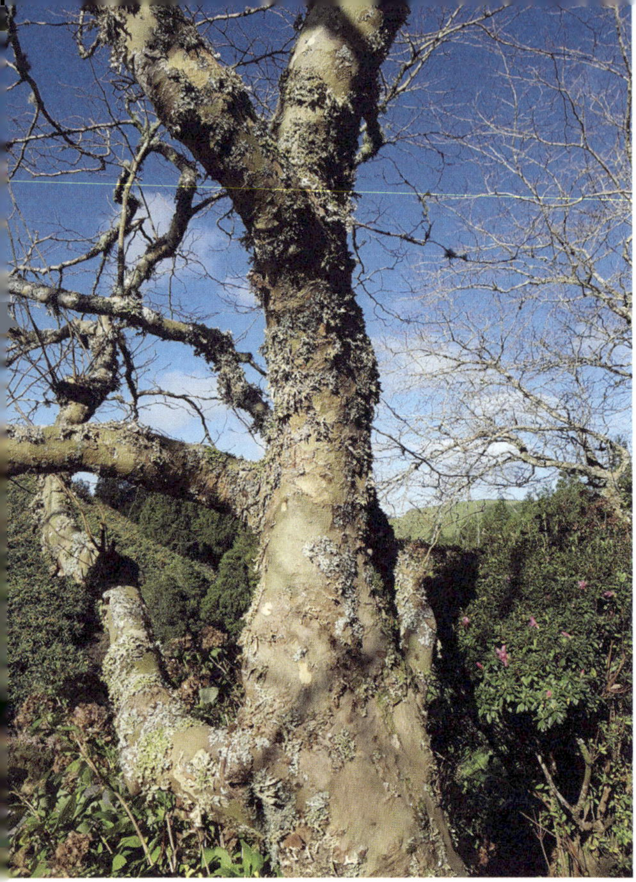

Die gesundheitlichen Effekte beim Wandern erforschte Professor Dr. Kuno Hottenrott[25]. In seiner Studie über das **»Gesundheitswandern«** (2012) wies er nach, dass die präventive Wirkung von durch Atem- und Dehnübungen ergänztem Wandern größer ist als selbst Experten dies vermutet hätten. Nach einem nur 7-wöchigen Testdurchgang mit zwei wöchentlichen **»Afterwork-Wanderungen«** über jeweils eineinhalb Stunden zeigte sich im Vorher-Nachher-Vergleich eine deutliche Verbesserung der Ausdauerleistungsfähigkeit. Die Belastungsherzfrequenz verringerte sich um durchschnittlich zehn Schläge pro Minute, außerdem wurde eine deutliche Abnahme des Blutdrucks von 151/92 auf 142/84 mmHg festgestellt.

Zudem hatten die Teilnehmer nach diesen sieben Wochen ihr Körpergewicht und Körperfett signifikant reduziert. Hottenrott konnte zeigen, dass sich die Bewegungskoordination ebenfalls verbesserte und die Teilnehmer eine erhöhte Vitalität zeigten, sich energiegeladener und weniger müde oder erschöpft fühlten.

Umgekehrt bedeutet dies, dass wenn ein Zusammenhang zwischen seelischer Gesundheit und dem Wandern besteht, Menschen, die sich wenig bis gar nicht in der Natur bewegen, psychisch (und damit auch physisch) leichter erkranken als eingefleischte Wanderer. Wäre ein **»zurück zur Natur«** dann nicht die richtige Vorbeugung? Das aus Japan stammende Shinrin Yoku, welches mit »ein Bad in der Atmosphäre des Waldes nehmen« übersetzt werden kann und unter dem Begriff **»Waldbaden«** bekannt ist, gilt dort als ein fester, in seiner Wirksamkeit auch durch Studien belegter Bestandteil der Gesundheitsvorsorge[26]. Der Effekt des Waldbadens erklärt sich sowohl durch den Aufenthalt an der frischen Luft als auch durch die Wahrnehmung der Natur mit allen Sinnen. Dabei spielen die Farbe Grün eine Rolle, genauso wie Gerüche und ätherische Düfte sowie die Wahrnehmung unterschiedlichster Waldgeräusche, die den Waldwanderer umgeben und ihn zu einem Teil der Natur werden lassen. Das alles wirkt beruhigend, wenn man sich achtsam auf die Atmosphäre des Waldes einlässt und die Sinnesorgane weit öffnet.

Wie das Wandern erfordert das Waldbaden eine langsame Fortbewegungsart. Im Wandertempo ist es möglich, ein Waldbad zu nehmen, der Jogger oder Fahrradfahrer wird sich damit schwertun.

25 Leiter des Arbeitsbereichs Sportmedizin und Trainingswissenschaft sowie Direktor des Instituts für Leistungsdiagnostik und Gesundheitsförderung an der Martin-Luther-Universität Halle-Wittenberg (MLU).

26 Clemens Arvay: Der Biophilia-Effekt: Heilung aus dem Wald. Ullstein. Wien 2016.

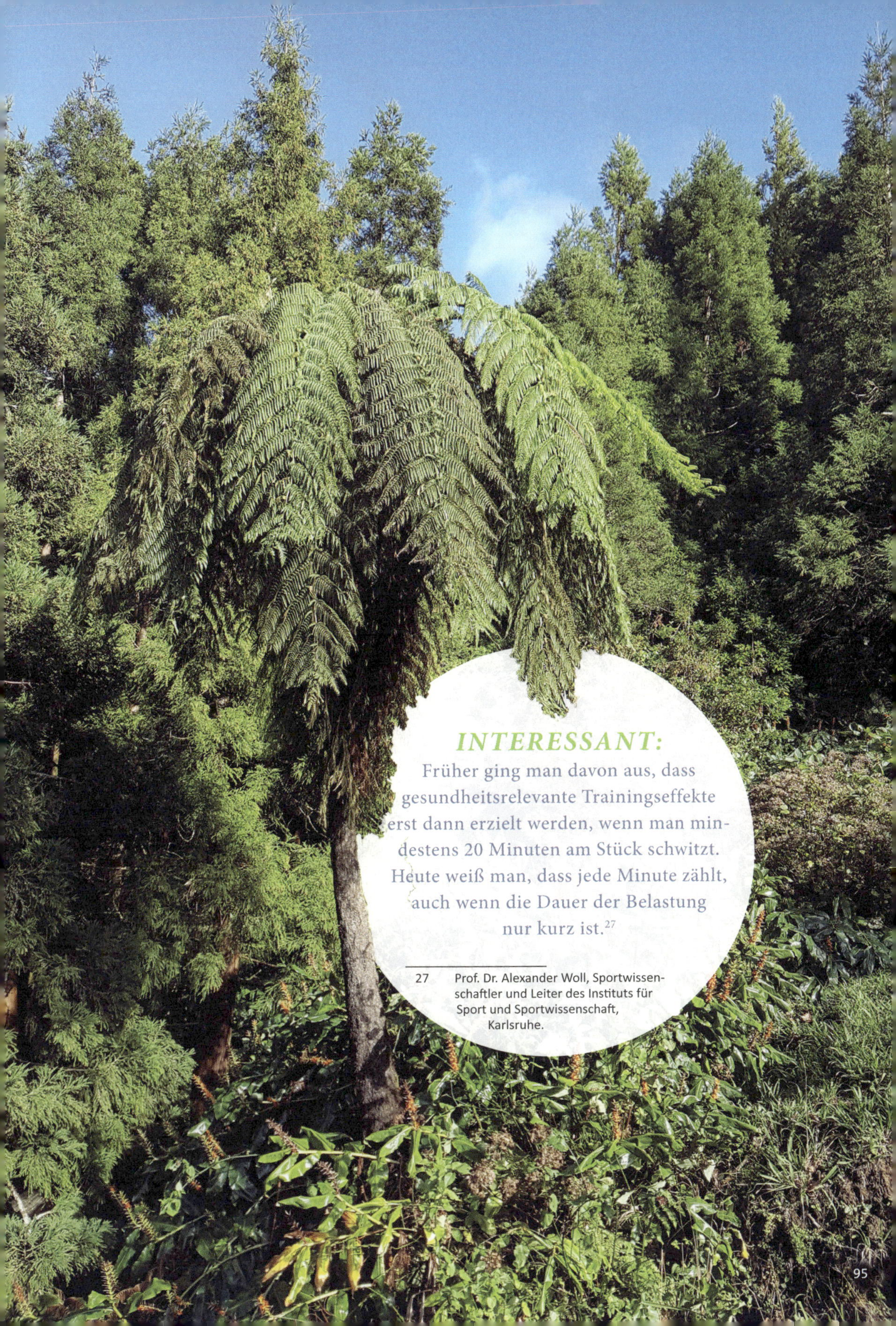

INTERESSANT:

Früher ging man davon aus, dass gesundheitsrelevante Trainingseffekte erst dann erzielt werden, wenn man mindestens 20 Minuten am Stück schwitzt. Heute weiß man, dass jede Minute zählt, auch wenn die Dauer der Belastung nur kurz ist.[27]

---

27 Prof. Dr. Alexander Woll, Sportwissenschaftler und Leiter des Instituts für Sport und Sportwissenschaft, Karlsruhe.

Bewegungsmuffel oder Wander-Skeptiker könnten diesen Ausführungen über die gewinnbringenden, gesundheitlichen Konsequenzen des Wanderns entgegensetzen, dass es doch unmöglich gesund sein kann, seinem Körper die Anstrengungen des Wanderns zuzumuten. Bringt es dich wirklich weiter, wenn du dir Blasen holst und du kaum mehr auftreten kannst? Hilft es deinem Körper und Geist wirklich, wenn der Rücken vom tagelangen Tragen des Rucksacks höllisch schmerzt? Ist es deiner Gesundheit und deiner persönlichen Entwicklung tatsächlich dienlich, wenn sich dein kompletter Körper, von Muskelkater, Gelenkschmerzen und anderem Unbill gebeutelt, wie ein einziger, großer, blauer Fleck anfühlt?

»Ich kann nicht mehr! Ich will nicht mehr!« Jeder Wanderer wird während seiner Touren immer wieder an diesen Punkt kommen. **»Per aspera ad astra – auf rauen Pfaden zu den Sternen«**, würde Lucius Annaeus Seneca, genannt Seneca der Jüngere (ca. 1–65 n. Chr.), antworten. Das römische Multitalent zwischen Philosoph, Schriftsteller, Naturforscher und Politiker wurde vor allem durch seine Reden bekannt. **»Wo kein Schatten, da auch kein Licht!«**, möchte ich in Vorausschau auf das Kapitel 13 **»Ziele des Wanderns – zwischen psychischem Reboot und Resilienz«** Seneca ergänzen.
Ein schmerzfreies Wandern kann und wird es nicht geben. **Wichtig ist, dass du für dich dein ganz individuell passendes Gleichgewicht zwischen Über- und Unterforderung findest.** Dies gilt sowohl für sportliche Maßstäbe, als auch für psychische. Gehe über deine Grenzen hinaus, aber nur so weit, dass du dich nicht überforderst!

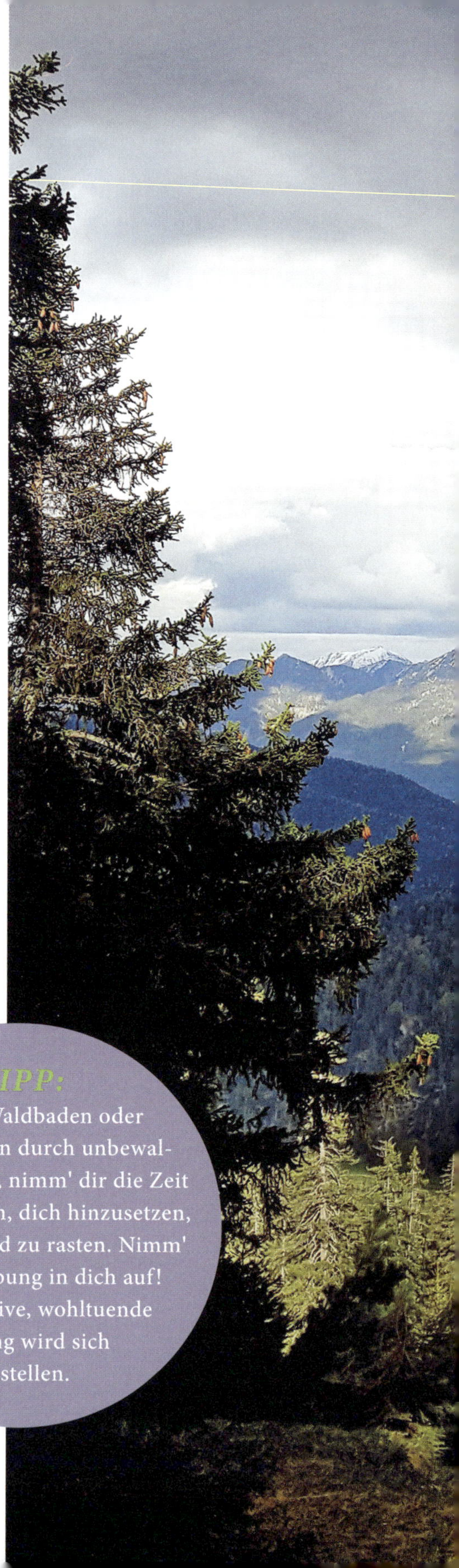

TIPP:
Ob zum Waldbaden oder beim Wandern durch unbewaldete Gegenden, nimm' dir die Zeit stehenzubleiben, dich hinzusetzen, auszuruhen und zu rasten. Nimm' deine Umgebung in dich auf! Eine intensive, wohltuende Wirkung wird sich einstellen.

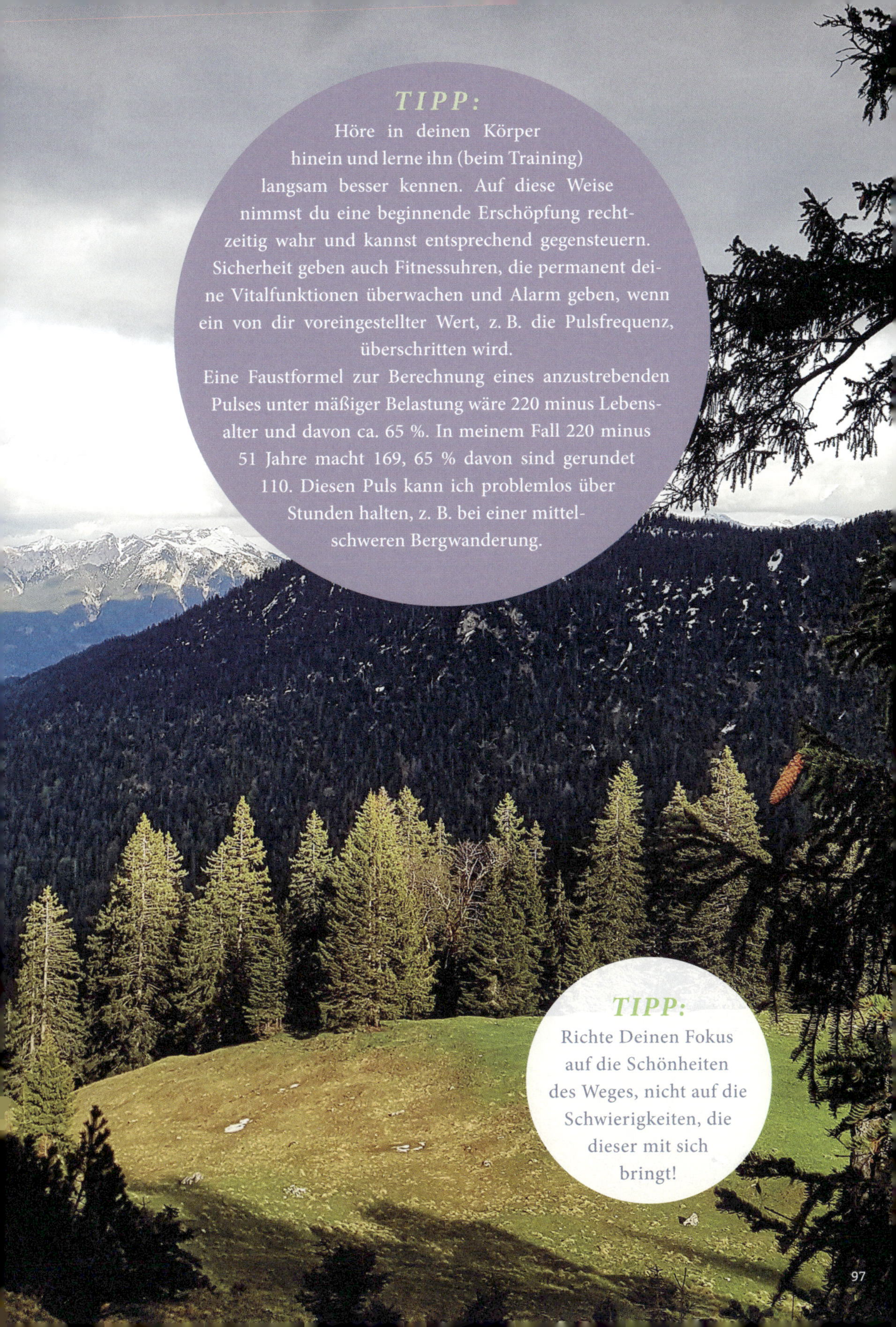

TIPP:

Höre in deinen Körper hinein und lerne ihn (beim Training) langsam besser kennen. Auf diese Weise nimmst du eine beginnende Erschöpfung rechtzeitig wahr und kannst entsprechend gegensteuern. Sicherheit geben auch Fitnessuhren, die permanent deine Vitalfunktionen überwachen und Alarm geben, wenn ein von dir voreingestellter Wert, z. B. die Pulsfrequenz, überschritten wird.

Eine Faustformel zur Berechnung eines anzustrebenden Pulses unter mäßiger Belastung wäre 220 minus Lebensalter und davon ca. 65 %. In meinem Fall 220 minus 51 Jahre macht 169, 65 % davon sind gerundet 110. Diesen Puls kann ich problemlos über Stunden halten, z. B. bei einer mittelschweren Bergwanderung.

TIPP:

Richte Deinen Fokus auf die Schönheiten des Weges, nicht auf die Schwierigkeiten, die dieser mit sich bringt!

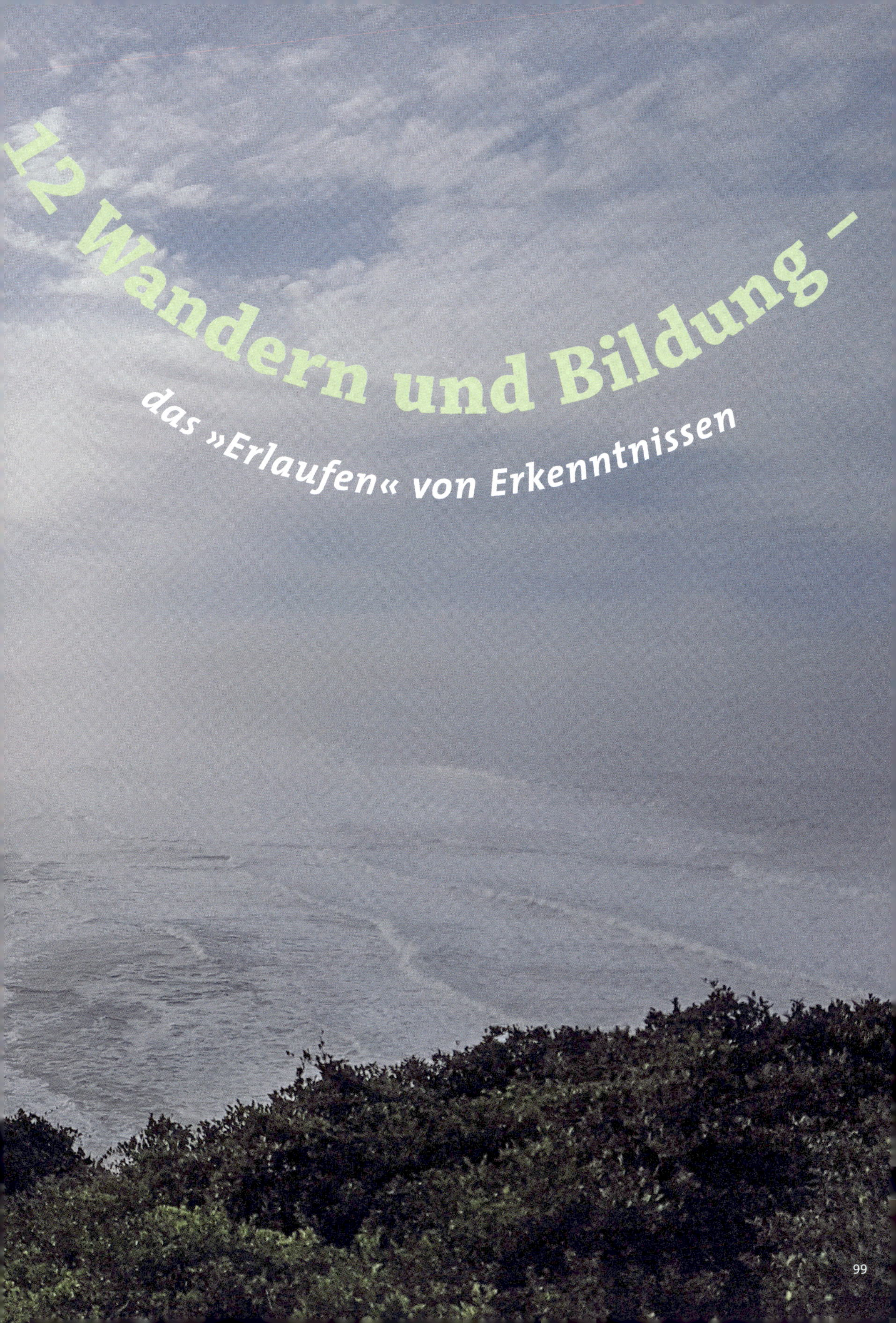

12 Wandern und Bildung – das »Erlaufen« von Erkenntnissen

Wandern hat mit Bildung zu tun, das zeigt sich etwa im Begriff der **»Bildungsreise«**. Die ursprünglichste Form der Bildungsreise war sicher die Gesellenwanderung, die sogenannte Walz, die seit dem Spätmittelalter bis zur beginnenden Industrialisierung eine der Voraussetzungen für **»freigesprochene«** (nach Abschluss der Lehrzeit) und **»zünftige«** Gesellen war, zur Meisterprüfung zugelassen zu werden. Natürlich ging es bei der Walz vorrangig um die berufliche Fort- und Weiterbildung im Sinne des Kennenlernens neuer und anderer Arbeitspraktiken, jedoch auch darum, in fremden Ländern und Regionen Lebenserfahrung zu sammeln. Denn das Wandern verbindet mit Menschen anderer Herkunft, anderen gesellschaftlichen Positionen und anderen Generationen. Es bietet somit mannigfaltige Gelegenheiten zum Austausch und Gespräch. Henning Smolka fasst treffend zusammen: **»Wandern macht Lust auf Kultur am Wegesrand und schafft damit neue Bezüge und Identitäten.«**[28]
Auf Betreiben der deutschen Kultusministerkonferenz wurde die Walz am 16. März 2015 von der UNESCO sogar mit der Auszeichnung **»Immaterielles Kulturerbe«** geadelt.

Im 17. Jahrhundert kamen in Kreisen, die es sich leisten konnten, mehrjährige Bildungsreisen in Mode. Goethes Italienreise 1786–1788 ist dafür ein sehr bekanntes Beispiel. Ähnlich wie bei der Walz dienten sie dazu, Erfahrungen zu sammeln, um **»weltmännisch«** zu werden.

Wandern besitzt durch seine meditative Qualität und die Möglichkeit, dabei Neues aufzusaugen, folglich Bildungspotential. Dabei kommt es auf deine geistige Haltung an und auf deine Bereitschaft, dich auf Neues einzulassen. Von deiner inneren Einstellung hängt es also ab, ob du Wandern als Last oder als Bereicherung empfindest.

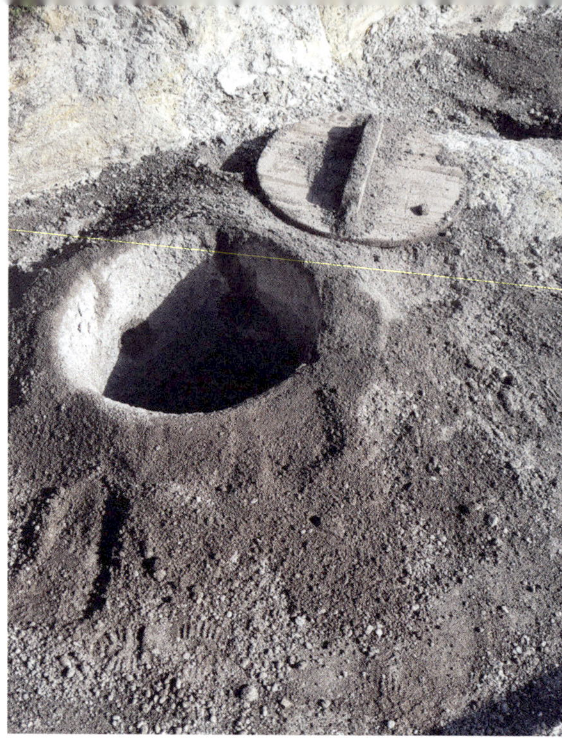

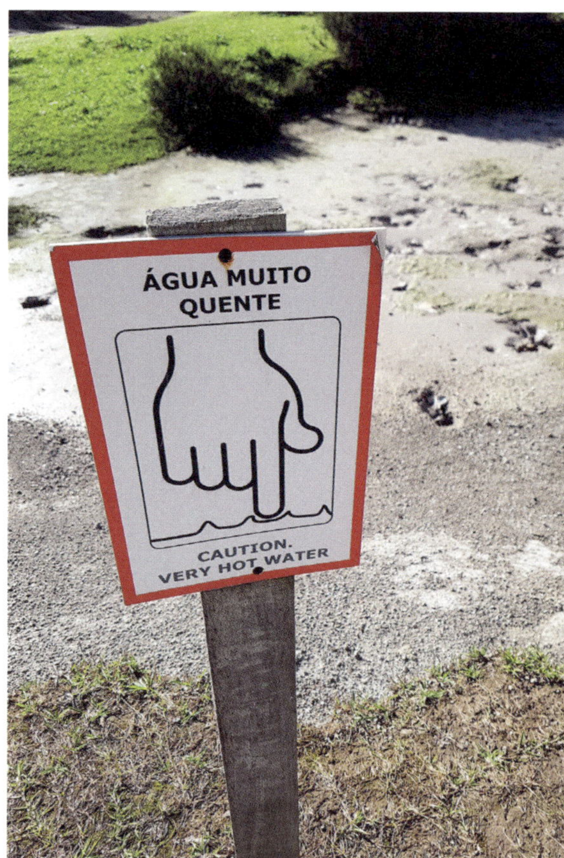

28 Henning Smolka: Wandern und Nachhaltigkeit – Eine Positionsbestimmung. In: www.wanderforschung.de.2009.

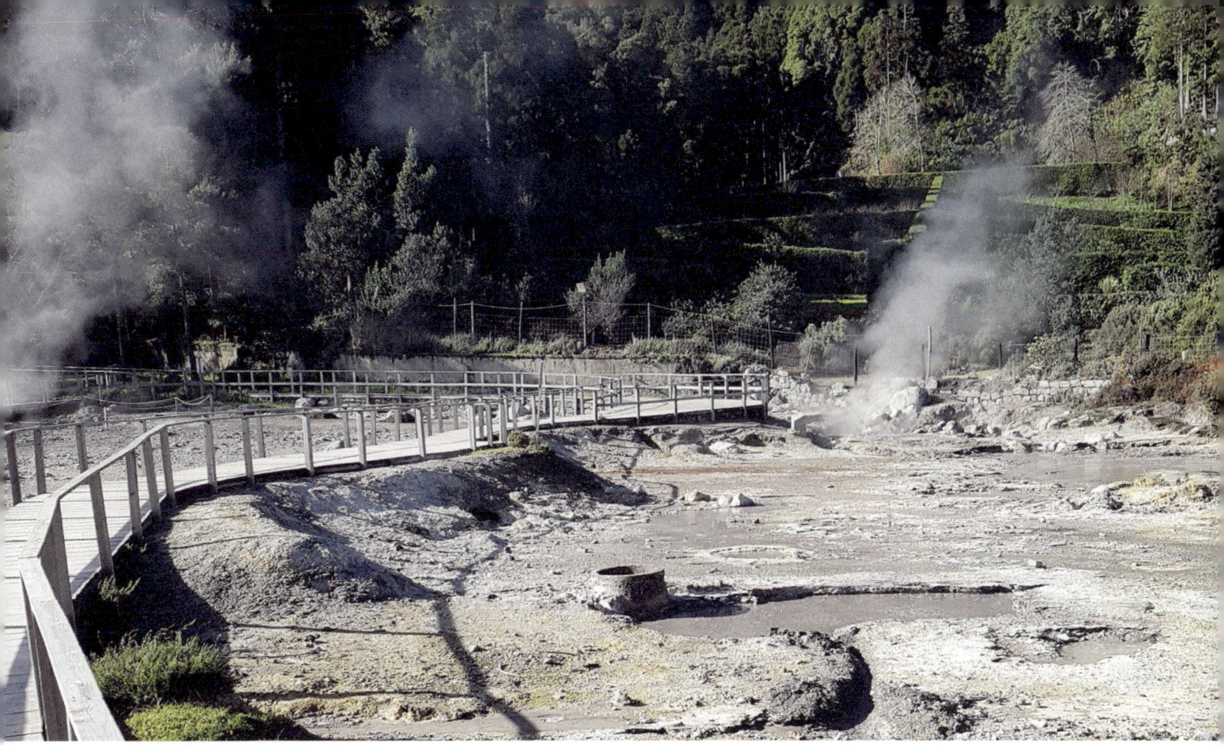

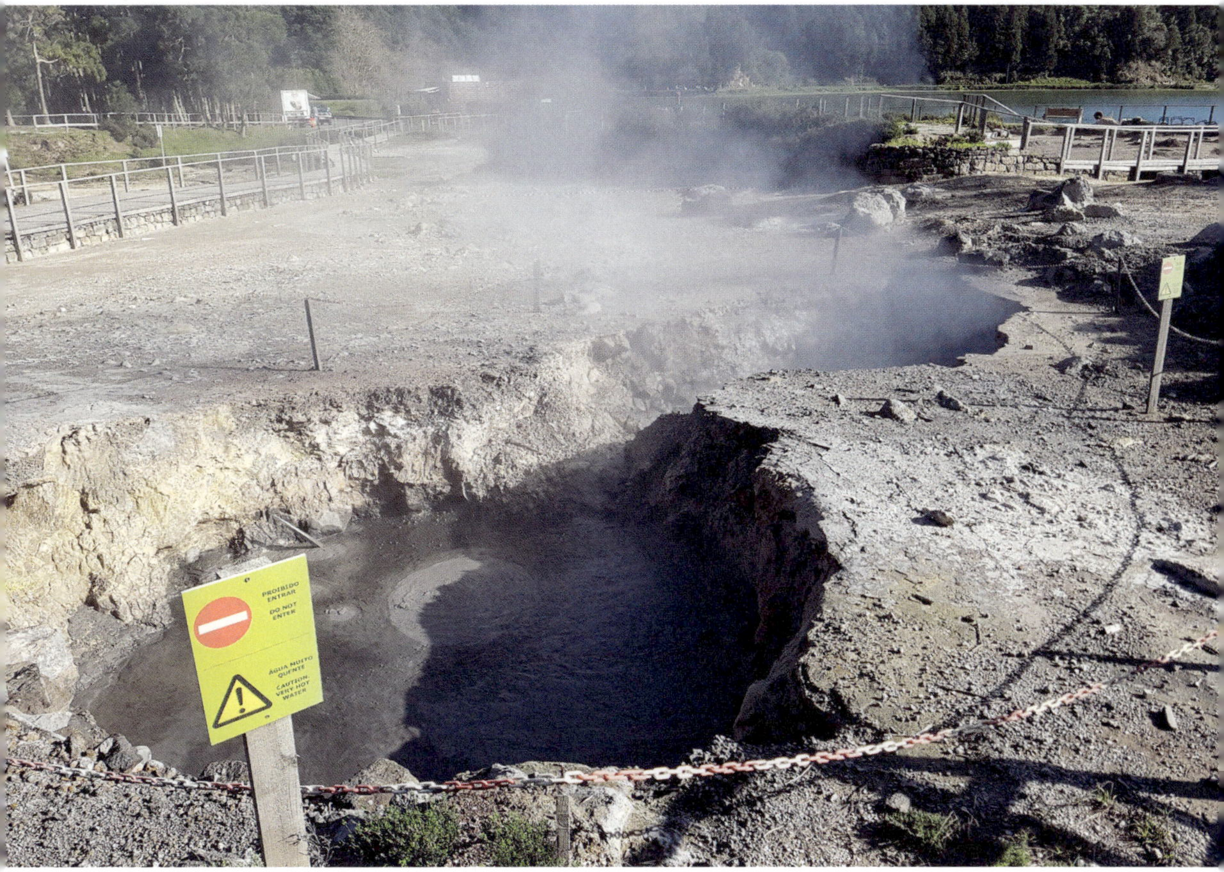

Auf Wanderschaft lernst du viel Neues kennen, z. B. wie mittels Erdwärme ein wohlschmeckender Eintopf (portugiesisch »Cozido«) entsteht, so wie hier nahe der heißen Quellen von Furnas (Azoren, Insel San Miguel).

GRUNDSATZFRAGE:

Alleine oder in Begleitung wandern?

Es gibt eine große Anzahl von (Fern-)Wanderern, die den geselligen Aspekt einer gemeinsamen Tour bewusst suchen und zu schätzen wissen. Spezialisierte Reiseveranstalter verkaufen aus diesem Grund sehr erfolgreich Gruppenwanderungen.
Populäre Strecken wie der E5 (Alpenüberquerung Oberstdorf – Meran) oder der Camino Francés (Hauptweg des Jakobswegenetzes in Spanien) sind oft Monate vorher schon ausgebucht. Neben der sportlichen Betätigung in schöner Natur suchen diese Wanderer in erster Linie Anschluss. Dagegen ist nichts einzuwenden, schließlich ist der Mensch ein soziales Wesen.

Doch wenn du dich mit dir selbst auseinandersetzen möchtest, verzichte auf die Gesellschaft anderer Menschen und wandere alleine! Dazu brauchst du viel Mut:
Erstens, um dein Wanderabenteuer alleine zu bestehen, ohne den Rückhalt und die Unterstützung durch Gleichgesinnte. Zweitens, um dich auf die Auseinandersetzung mit dir selbst einzulassen. Albert Kitzler formuliert es so: »Aufrichtigkeit und Mut, in den dunklen Keller der Seele zu steigen, dort, wo die Leichen liegen.« Wenn du alleine wanderst, konfrontierst du dich mit dir selbst und deinem Leben.

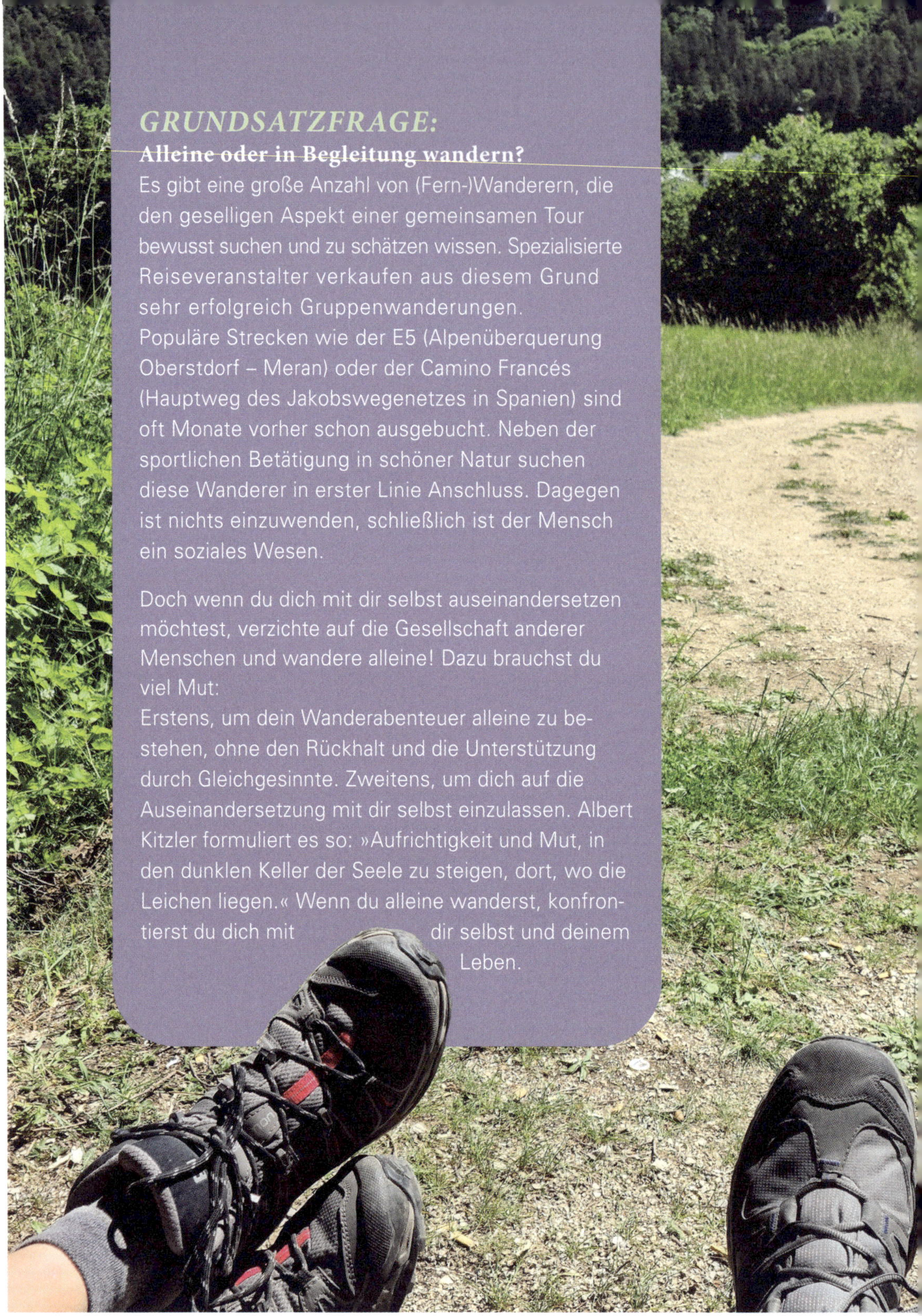

Eine gemeinsame Wanderung kann verbinden.

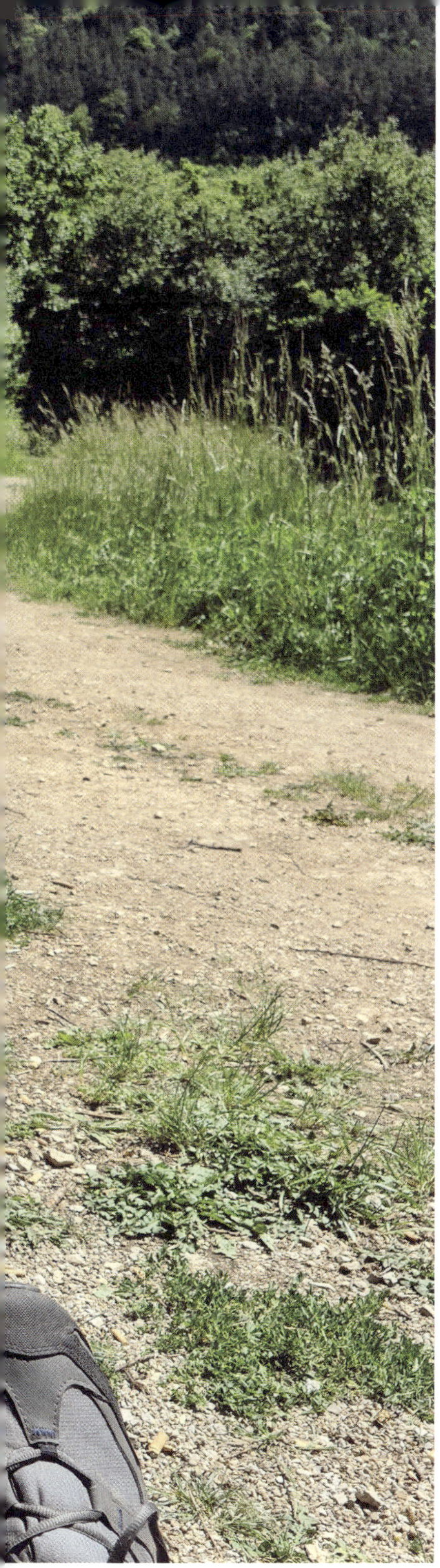

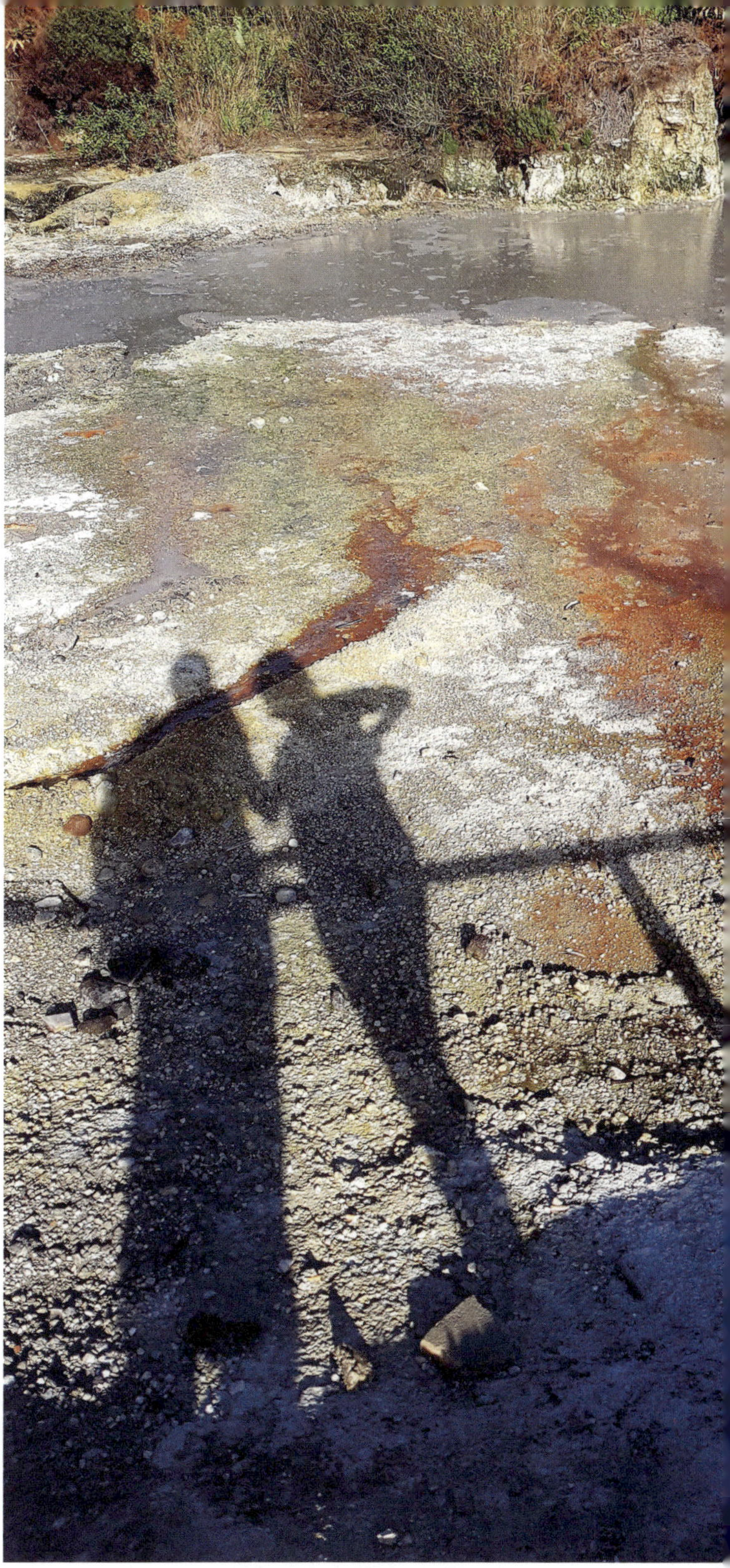

Alleine, zu zweit oder in der Gruppe wandern?

13 Ziele des Wanderns – zwischen psychischem Neustart und Resilienz

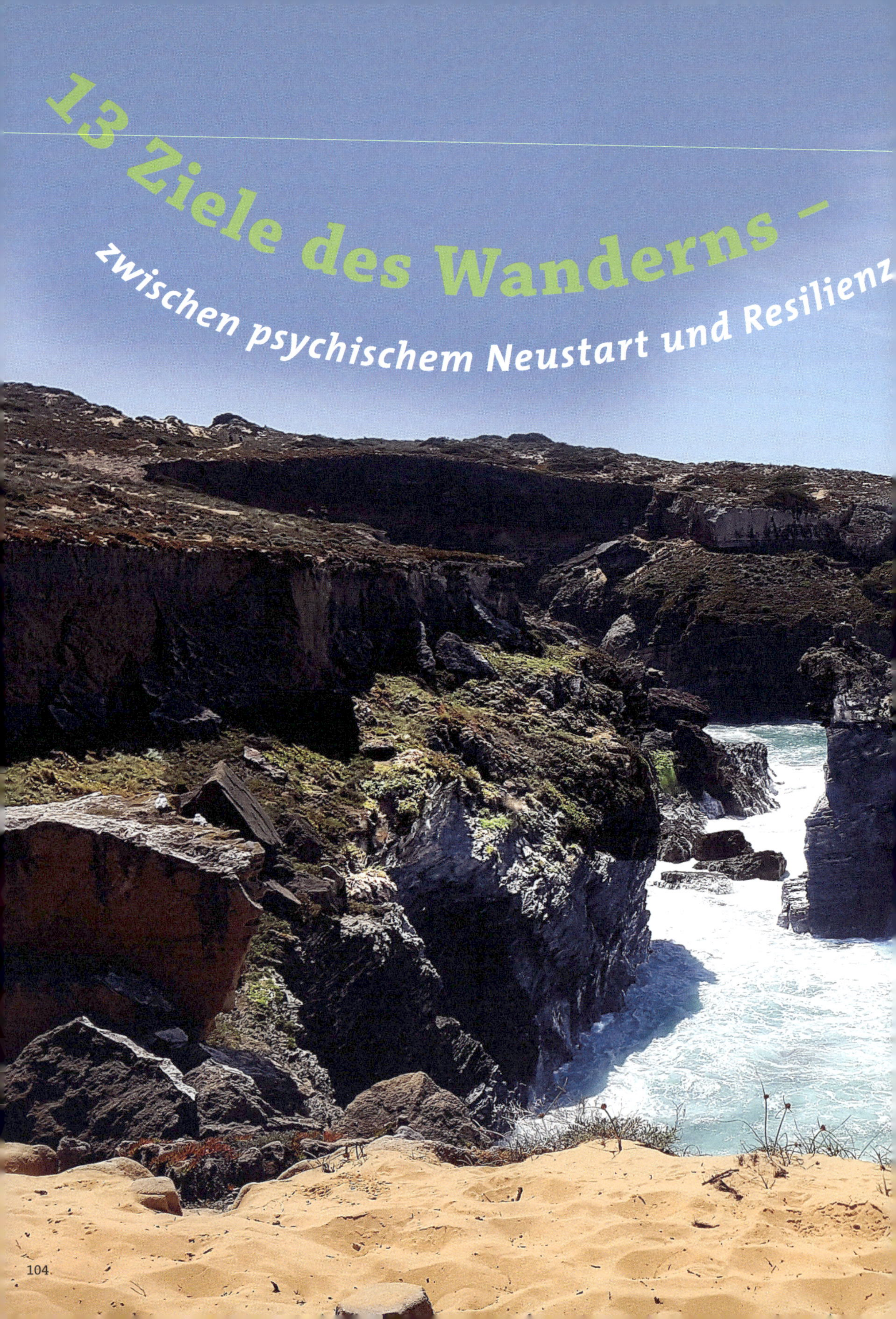

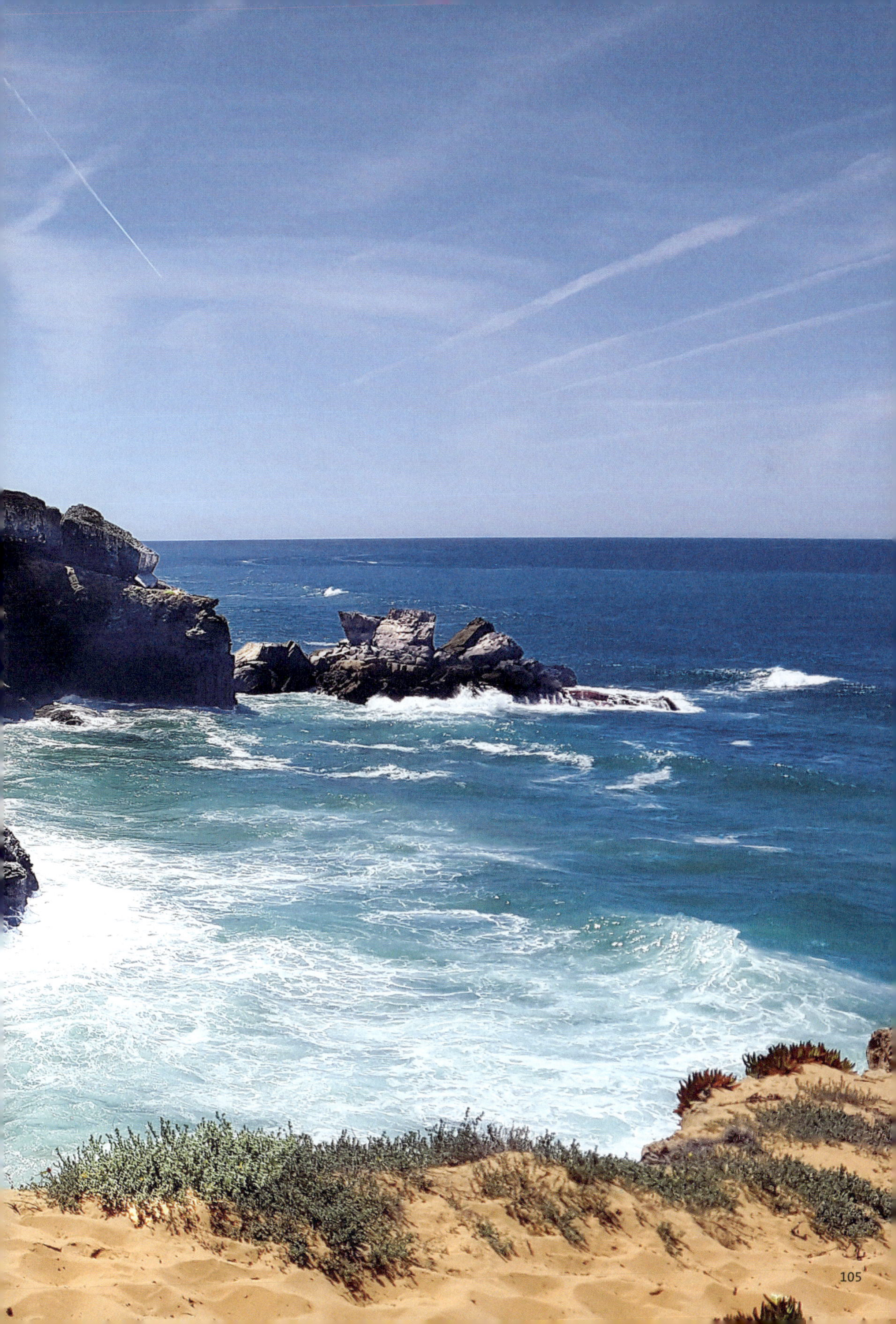

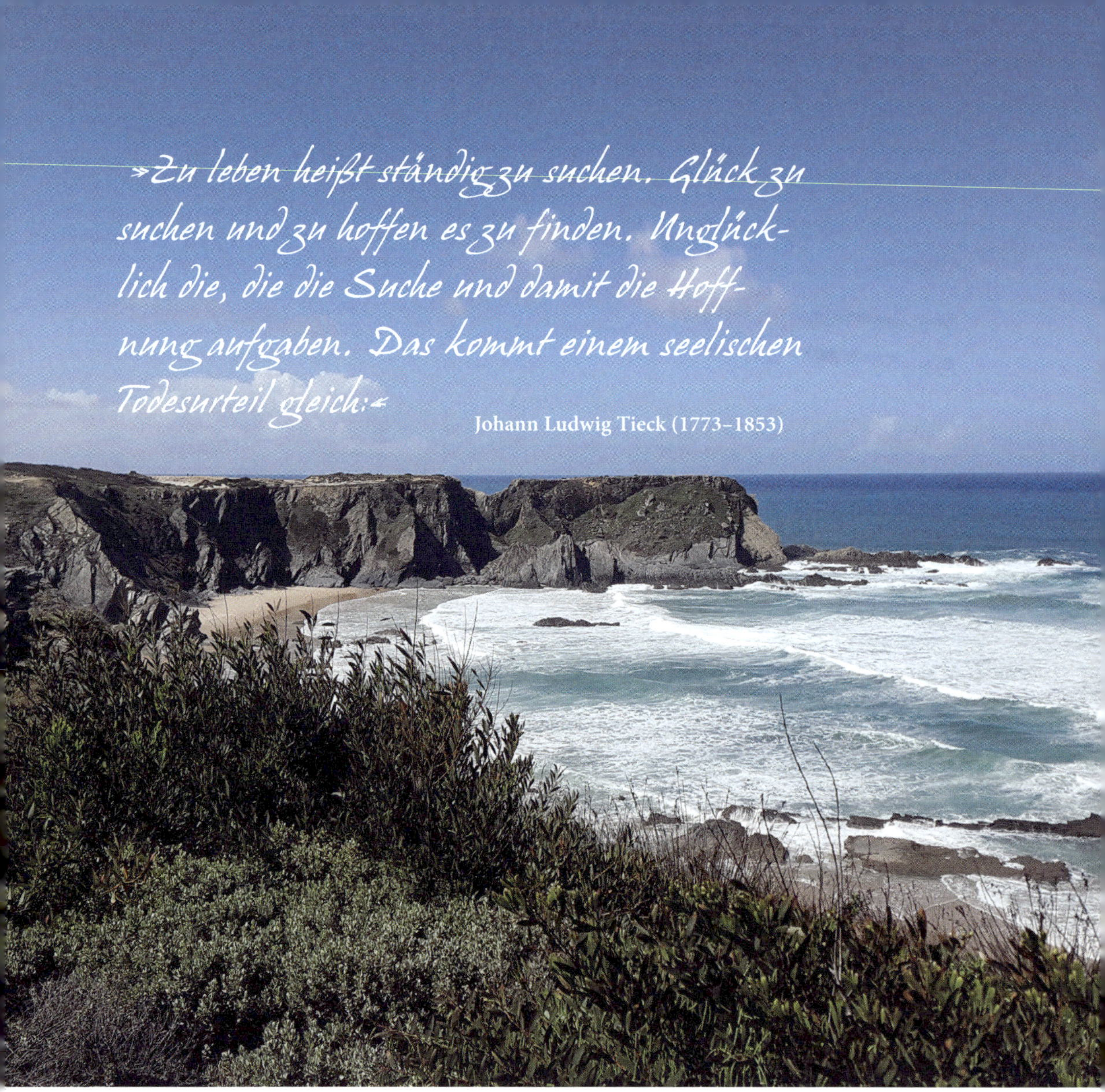

Was soll eigentlich das Ziel deiner persönlichen Entwicklung sein, die hier immer wieder thematisiert wird? Albert Kitzler beschreibt es mit **»nach Hause zu sich selbst kommen«**. Er stellt die These auf, dass ein Weiser überall zu Hause sei, weil er in sich selbst ruhe. Um diesen Zustand geistiger Reifung und einer weisen Lebensführung zu erlangen, gelte es aktiv zu werden – am besten wandernd. Dabei passiert vieles mit uns von selbst, für manche Erkenntnisse muss man allerdings auch etwas tun und Eigeninitiative ist gefragt. Dabei steht an erster Stelle, dass du dich überhaupt aufmachst, das bequeme Sofa verlässt, den Rucksack packst und losziehst. Dann liegt es an dir, en route abzuschalten, den Cut zum Alltag zu wagen, dich auf Neues einzulassen und dieses anzunehmen. Neulich sah ich eine TV-Reportage über eine Alpenüberquerung de luxe. Die zahlungskräftige Kundschaft tauschte Berghütten gegen 5-Sterne-Hotels im Tal, schweißtreibende Aufstiege gegen bequeme Seilbahnen, die Brotzeit aus dem Rucksack gegen Mehrgangmenüs in edlen Restaurants und Schusters Rappen, wo immer möglich, gegen den Shuttlebus des Veranstalters. Eigeninitiative: Fehlanzeige. Was meinst du, welche Erkenntnisse diese Leute nach ihrer Tour mit nach Hause bringen?

Ohne Schweiß kein Erfolg – automatisch und ohne eigenes Dazutun werden auf Wanderschaft jedenfalls deine Sinne geschärft und sensibilisiert und damit dein Empfindungsvermögen gestärkt. Auf meinen Fernwanderungen werde ich nach wenigen Schritten gefühlt Teil der Natur und reagiere ständig auf sie. Kein noch so kleiner Sinnesimpuls von außen, der in mir nicht irgendeine, wenn auch noch so kleine Reaktion auslösen würde – sei es auch **»nur«** ein Lächeln über die schöne Blume am Wegrand oder die Freude über ein kühlendes Lüftchen an einem heißen Sommertag. Mich befreien diese Erfahrungen von psychischen Belastungen und negativen Gedanken im Sinne eines Neustarts. Letztendlich geht es darum, den Kopf frei zu kriegen und anschließend mit neuen Gedanken zu füllen. Damit veränderst du aktiv deine Ausgangslage.

Natürlich wäre es überzogen zu glauben, dass alleine eine Wanderung bewirken kann, **»nach Hause zu sich selbst zu kommen«**. Während der eine dieses Ziel recht schnell erreichen mag, wird ein anderer es trotz regelmäßiger Wanderunternehmungen immer wieder verfehlen. Deshalb solltest du nicht gleich zu große Erwartungen an eine Wanderung haben. Taste dich stattdessen besser in kleinen Gedankenschritten an dein Ziel heran und verwende zunächst besser das Bild des **»Wohlfühlkontos«**.
Im TIPP schreibe ich ganz bewusst **»Erlebnisse«**, nicht **»Ereignisse«**. Wie Seite 80 f. beschrieben hängt es von Emotionen ab, ob es vom Ereignis zum Erlebnis kommt. Um nachhaltig zu wandern, geht es folglich darum, Erlebnisse zu sammeln, keine Ereignisse. Es mag zunächst verwirren, dass es hierbei keine Rolle spielt, ob die Emotionen

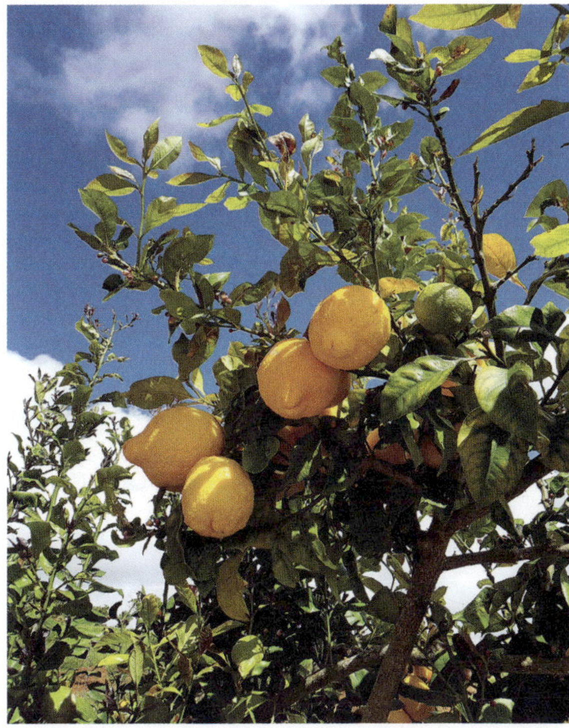

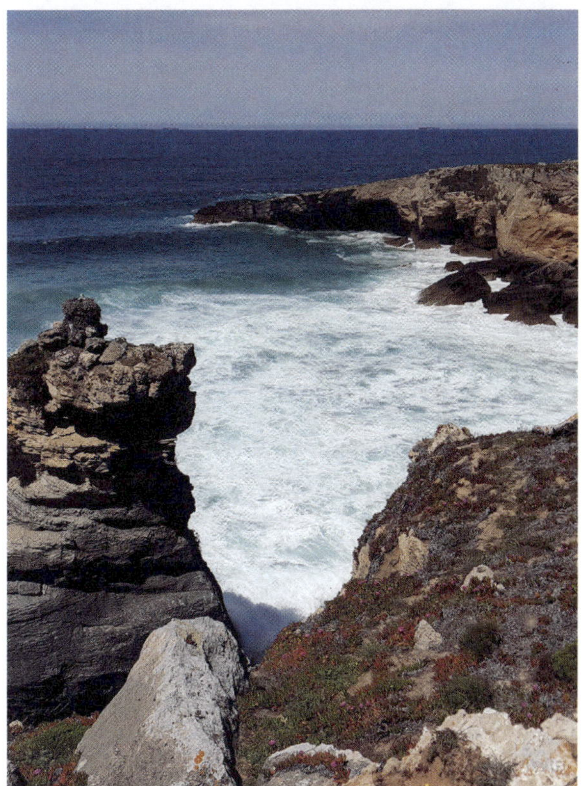

Impressionen auf der Rota Vicentina.

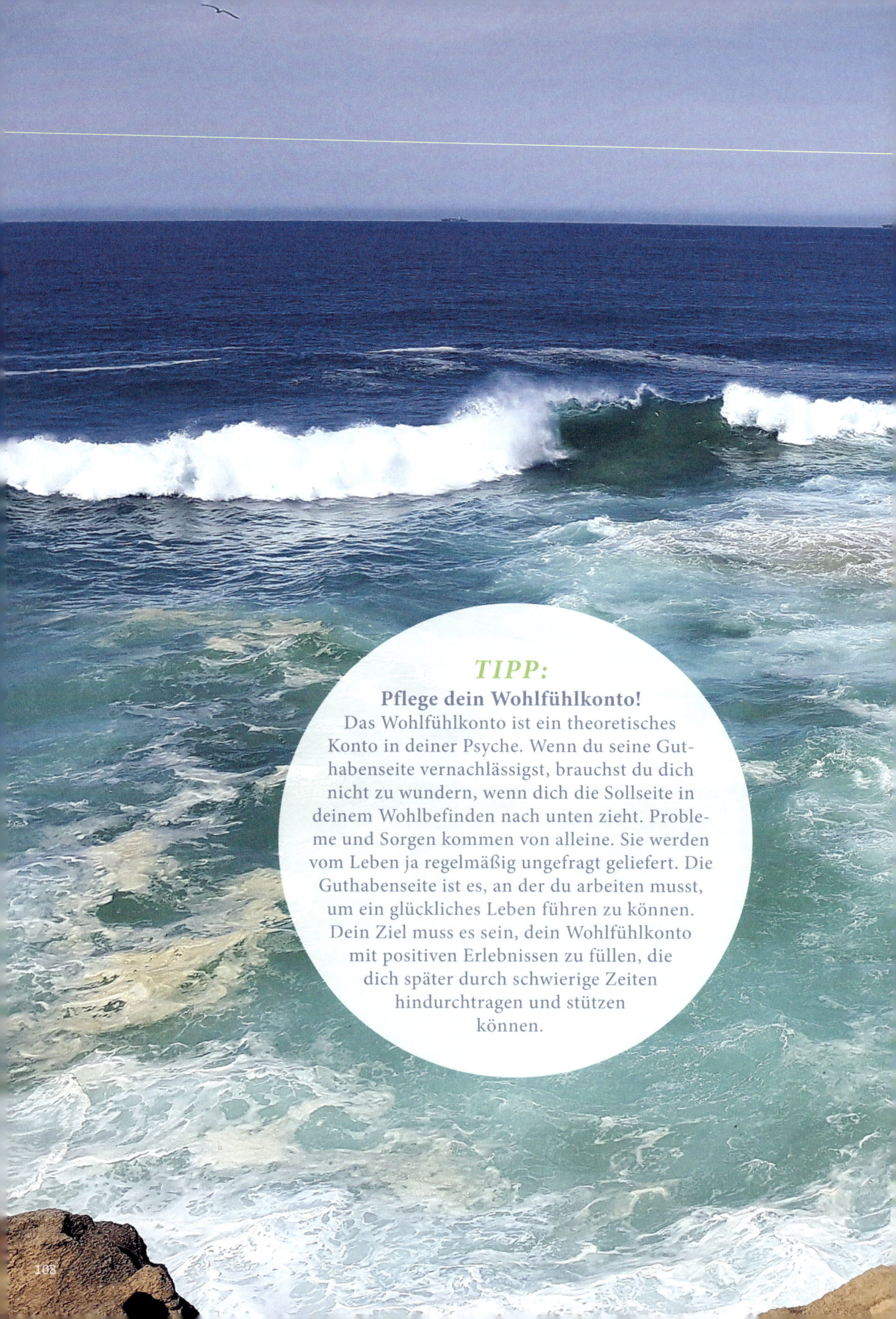

TIPP:

Pflege dein Wohlfühlkonto!

Das Wohlfühlkonto ist ein theoretisches Konto in deiner Psyche. Wenn du seine Guthabenseite vernachlässigst, brauchst du dich nicht zu wundern, wenn dich die Sollseite in deinem Wohlbefinden nach unten zieht. Probleme und Sorgen kommen von alleine. Sie werden vom Leben ja regelmäßig ungefragt geliefert. Die Guthabenseite ist es, an der du arbeiten musst, um ein glückliches Leben führen zu können. Dein Ziel muss es sein, dein Wohlfühlkonto mit positiven Erlebnissen zu füllen, die dich später durch schwierige Zeiten hindurchtragen und stützen können.

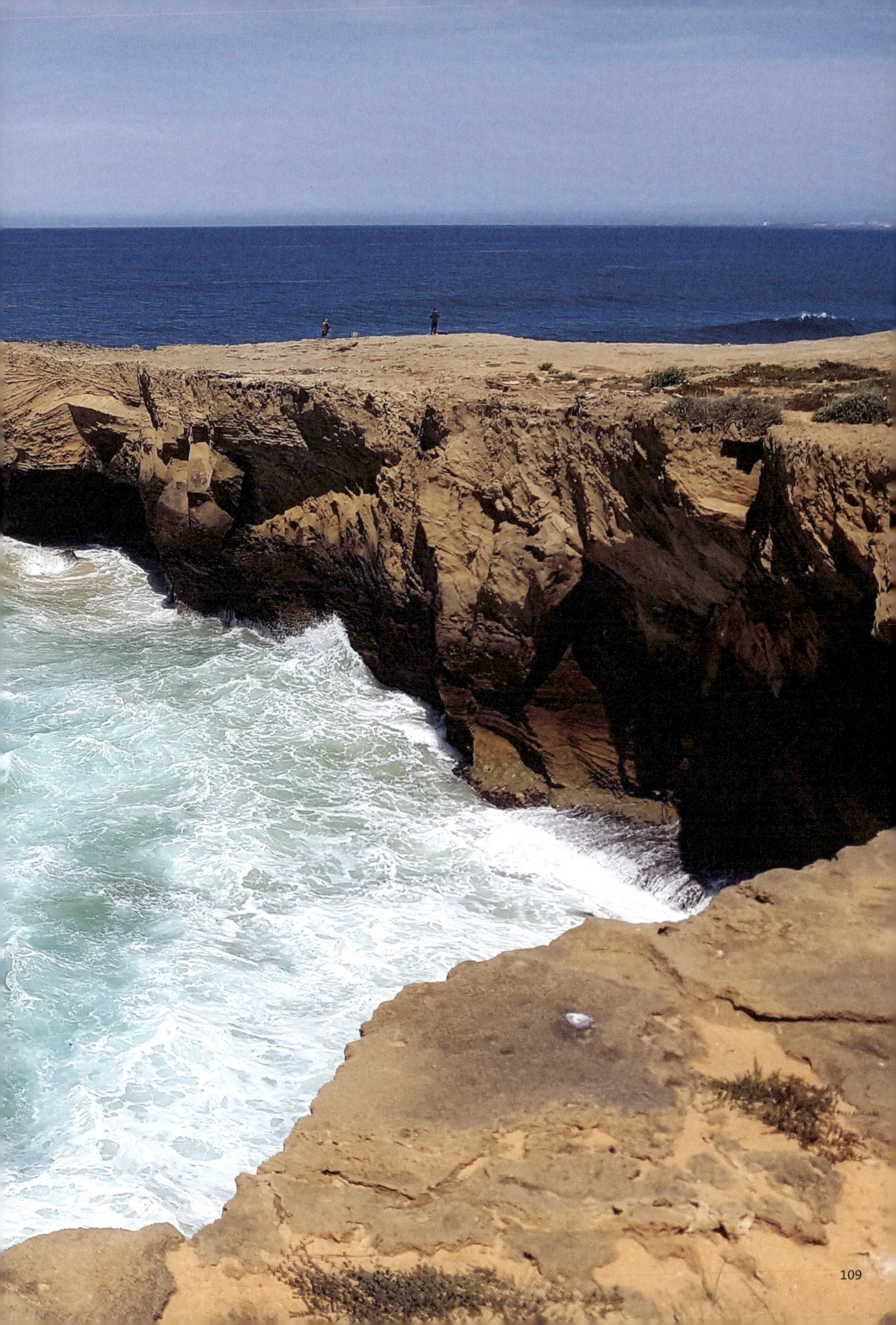

positiv oder negativ empfunden werden. Eine tolle Landschaft löst in mir beispielsweise positive Emotionen aus, ebenso das Hantieren mit meiner Trekkingausrüstung oder das Erreichen des Ziels nach der Tagesetappe. Mir machen solche einfachen Dinge sehr viel Freude und mit diesen positiven Emotionen sammle ich zugleich positive Erlebnisse.

Ich erinnere mich an eine Szene auf dem Fischerpfad im Südwesten Portugals. Meine Frau und ich hielten unsere Mittagsrast auf den Klippen hoch über dem Atlantik mit einer phantastischen Sicht über eine wildromantische Sandbucht zwischen schroffen Felsen. Unser Mittagessen bestand aus Chorizo, Weißbrot und Wasser aus einem Dorfbrunnen. Diese Rast – das einfache, schmackhafte Essen inmitten einer spektakulären Natur –, das waren positive Erlebnisse pur! Balsam für unsere Seelen und ein enormes Triggern der Haben-Seite unserer Wohlfühlkonten.

Vor dieser Rast mussten wir allerdings lange, anstrengende Weichsandstrecken bewältigen. Dass positive Erlebnisse das Wohlfühlkonto pushen, das ist sonnenklar. Weichsand wird allerdings eher mit negativen Emotionen verbunden, weil es anstrengend ist, darin zu gehen. Reduziert das nicht die positiven Erlebnisse und das Wohlfühlguthaben? Überhaupt nicht, denn es gibt kein Licht ohne Schatten. Ohne **»Schmerz« und Mühen**, gibt es auch keine Erleichterung, nachdem man diese erfolgreich bewältigt hat. Ich möchte sogar noch einen Schritt weiter gehen und behaupten, dass durch negative Emotionen geprägte, erfolgreich gemeisterte Erlebnisse das Guthabenkonto noch mehr füllen als positive.

Ein Beispiel: Auf meiner Alpenüberquerung war das prägendste Erlebnis im Nachhinein nicht das Erreichen des Höhepunktes bei der Ötzi-Fundstelle, sondern die noch nie zuvor erlebte Müdigkeit und Erschöpfung nach der 14-stündigen Schlussetappe mit 54 Kilometern bei brütender Hitze, Durst und die Querung einer gewaltigen, höchst steinschlaggefährdeten Rinne am Ausgang des Schnalstals in das Vinschgau, unweit Reinhold Messners Burg Juval. Das gab meiner Psyche den Rest. Doch ich behaupte, die ganzen positiven Erlebnisse meiner Alpenüberquerung, von der herrlichen Natur bis hin zu meinem sportlichen Erfolg, werden über die Jahre hinweg verblassen. Als es aber richtig wehtat und lebensbedrohlich wurde, löste dies Emotionen aus, die sich für immer eingeprägt haben.

Ich will hier nicht dafür werben, ständig bis an die eigenen Grenzen zu gehen, doch ich habe am eigenen Leib erfahren, dass eine Aktivität schon ein wenig kitzeln muss, sonst lässt du dir viele Emotionen entgehen. Stell' dir vor, ich wäre von nubischen Schönheiten in einer Sänfte über die Alpen getragen worden und mir wäre mit Pfauenfedern kühlende Luft zugefächelt worden. Zwar hätte ich die Landschaft genießen können, aber wäre ich abends so erfüllt gewesen wie nach schweißtreibenden Etappen und der damit einhergehenden Müdigkeit?

Ich denke eine gesunde Mischung aus »Sich-plagen-müssen« und «positiven Erlebnissen«, DAS lässt dein Wohlfühlguthaben richtig wachsen! Diese Erkenntnis umfasst auch eben auch Situationen, die negative Emotionen auslösen.

Betrachten wir **»Wanderglück«** mithilfe des »Zonenmodells« aus der Erlebnispädagogik. Stell dir eine Zielscheibe vor wie beim Bogenschießen mit drei Kreisringen. In der Mitte liegt die **»Komfortzone«**. Deine Komfortzone. Der Name ist Programm: Hier fühlst du dich wohl, du hast alles unter Kontrolle, musst mit keinerlei Überraschungen rechnen. Doch die Komfortzone bringt dich im Leben nicht weiter. Dafür musst du schon in den zweiten Ring der Zielscheibe, in die **»Lernzone«** hineinwechseln. Und genau dafür sind Heraus-

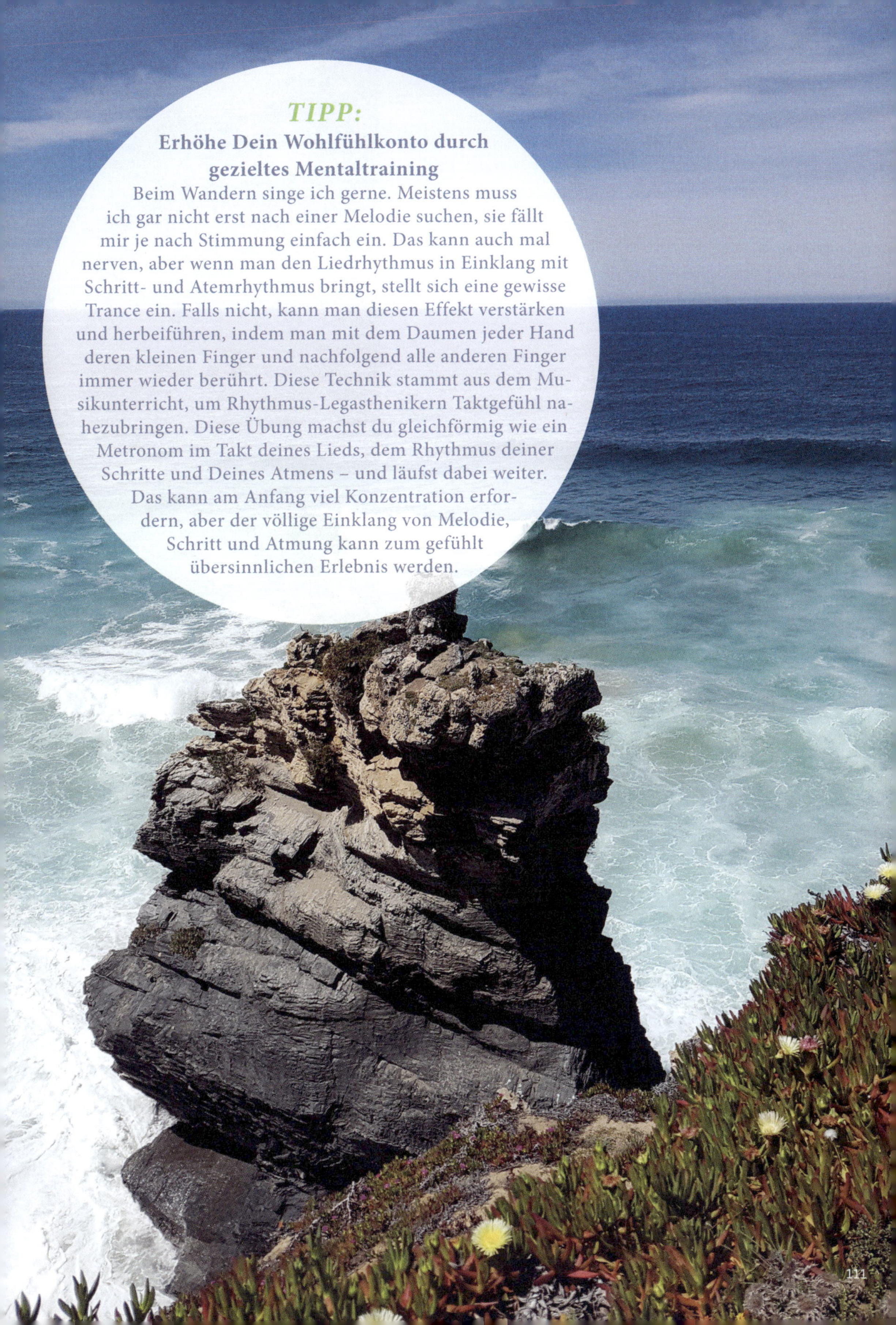

TIPP:

Erhöhe Dein Wohlfühlkonto durch gezieltes Mentaltraining

Beim Wandern singe ich gerne. Meistens muss ich gar nicht erst nach einer Melodie suchen, sie fällt mir je nach Stimmung einfach ein. Das kann auch mal nerven, aber wenn man den Liedrhythmus in Einklang mit Schritt- und Atemrhythmus bringt, stellt sich eine gewisse Trance ein. Falls nicht, kann man diesen Effekt verstärken und herbeiführen, indem man mit dem Daumen jeder Hand deren kleinen Finger und nachfolgend alle anderen Finger immer wieder berührt. Diese Technik stammt aus dem Musikunterricht, um Rhythmus-Legasthenikern Taktgefühl nahezubringen. Diese Übung machst du gleichförmig wie ein Metronom im Takt deines Lieds, dem Rhythmus deiner Schritte und Deines Atmens – und läufst dabei weiter. Das kann am Anfang viel Konzentration erfordern, aber der völlige Einklang von Melodie, Schritt und Atmung kann zum gefühlt übersinnlichen Erlebnis werden.

forderungen notwendig, die in dir die erwähnten Emotionen auslösen und aus einem Ereignis ein Erlebnis machen. Aus diesem Zusammenhang heraus wurde übrigens auch der Begriff **»Erlebnispädagogik«** entwickelt. Was beim Wandern Emotionen auslöst, ist von Mensch zu Mensch verschieden. Manch anderer wäre völlig emotionslos über das Pitztaler Jöchl gekraxelt, weil er keinerlei Höhenangst kennt. Mir brach der Angstschweiß aus und ich hatte zittrige Knie. Doch zurück zum Zonenmodell. Die Emotionen dürfen auf keinen Fall derart heftig werden, dass sie dich in den dritten Ring der Zielscheibe, in die **»Panikzone«** katapultieren würden. Das wäre kontraproduktiv. Die Situation darf keinesfalls lebensbedrohlich sein oder deine Gesundheit gefährden. Wäre der Weichsand an Portugals Küste Treibsand gewesen, wäre wohl schnell die Panikzone erreicht worden und daraus vielleicht sogar ein traumatisierendes Erlebnis entstanden, das auf den Saldo des Wohlfühlkontos sehr negativen Einfluss genommen hätte.

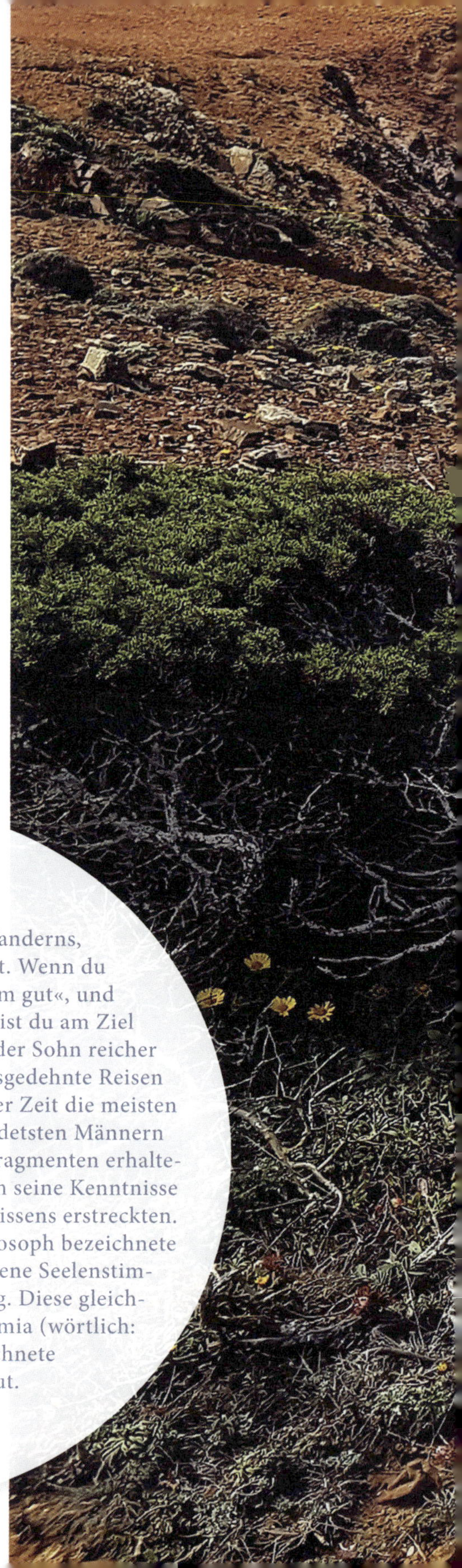

INFO:

Demokrit[29] bringt das Ziel des Wanderns, ja des ganzen Lebens, auf den Punkt. Wenn du sagen kannst »Es geht mir rundherum gut«, und dieses Gefühl tief in dir spürst, dann bist du am Ziel des Wanderns angekommen. Demokrit, der Sohn reicher Eltern, verwendete sein Vermögen für ausgedehnte Reisen und rühmte sich, von allen Menschen seiner Zeit die meisten Länder bereist zu haben und zu den gebildetsten Männern unter den Lebenden zu gehören. Seine in Fragmenten erhaltenen Schriften bezeugen in der Tat, dass sich seine Kenntnisse über den ganzen Umfang des damaligen Wissens erstreckten. Der von Zeitgenossen als »lachender« Philosoph bezeichnete Demokrit postulierte eine heitere, gelassene Seelenstimmung, fernab von Furcht oder Hoffnung. Diese gleichmütige Gestimmtheit nannte er Euthymia (wörtlich: Wohlgemutheit) und bezeichnete sie als das höchste Gut.

---

29 Demokrit Griechischer Philosoph (um 460–370 v. Chr.).

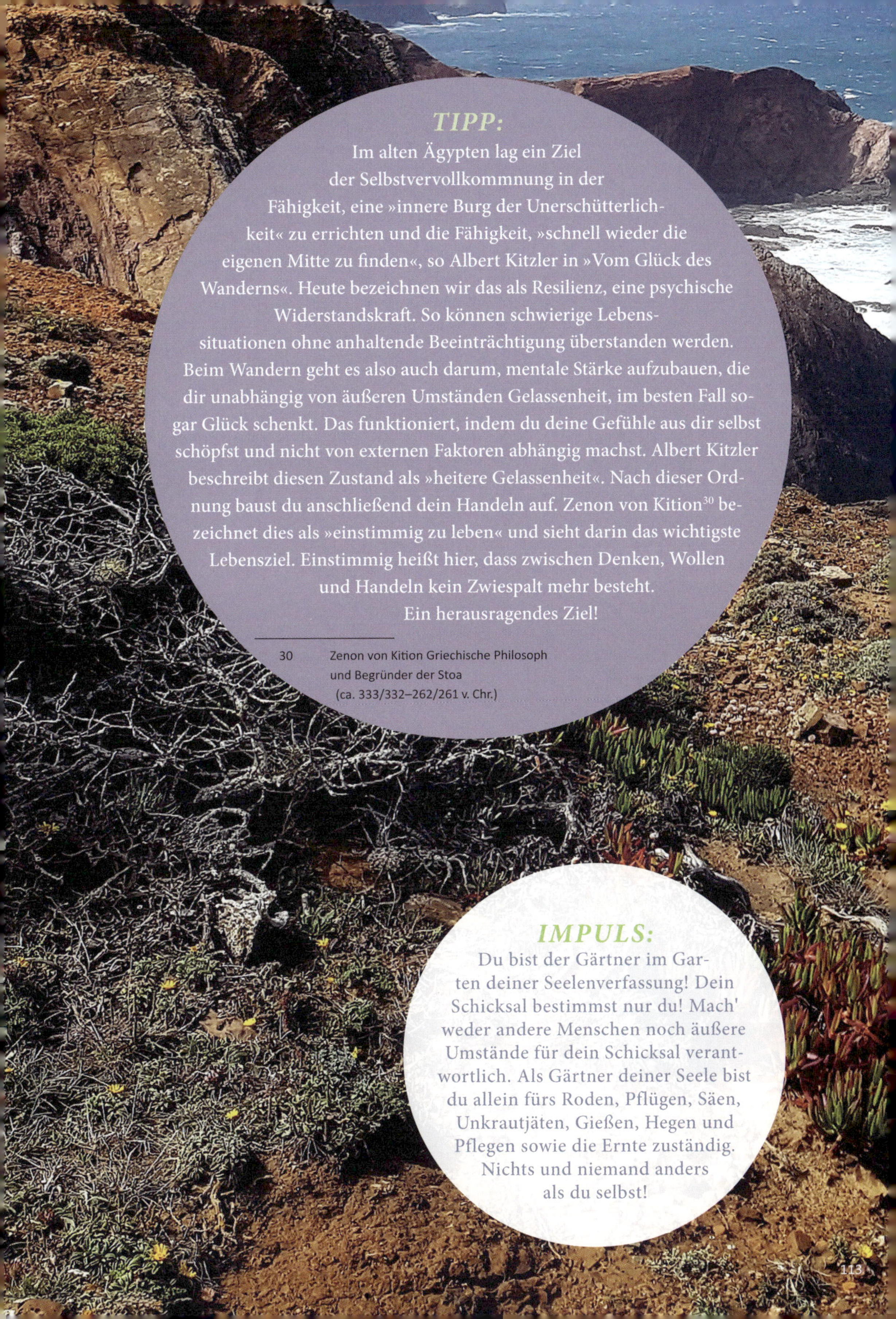

TIPP:

Im alten Ägypten lag ein Ziel der Selbstvervollkommnung in der Fähigkeit, eine »innere Burg der Unerschütterlichkeit« zu errichten und die Fähigkeit, »schnell wieder die eigenen Mitte zu finden«, so Albert Kitzler in »Vom Glück des Wanderns«. Heute bezeichnen wir das als Resilienz, eine psychische Widerstandskraft. So können schwierige Lebenssituationen ohne anhaltende Beeinträchtigung überstanden werden. Beim Wandern geht es also auch darum, mentale Stärke aufzubauen, die dir unabhängig von äußeren Umständen Gelassenheit, im besten Fall sogar Glück schenkt. Das funktioniert, indem du deine Gefühle aus dir selbst schöpfst und nicht von externen Faktoren abhängig machst. Albert Kitzler beschreibt diesen Zustand als »heitere Gelassenheit«. Nach dieser Ordnung baust du anschließend dein Handeln auf. Zenon von Kition[30] bezeichnet dies als »einstimmig zu leben« und sieht darin das wichtigste Lebensziel. Einstimmig heißt hier, dass zwischen Denken, Wollen und Handeln kein Zwiespalt mehr besteht. Ein herausragendes Ziel!

---

30 Zenon von Kition Griechische Philosoph und Begründer der Stoa (ca. 333/332–262/261 v. Chr.)

IMPULS:

Du bist der Gärtner im Garten deiner Seelenverfassung! Dein Schicksal bestimmst nur du! Mach' weder andere Menschen noch äußere Umstände für dein Schicksal verantwortlich. Als Gärtner deiner Seele bist du allein fürs Roden, Pflügen, Säen, Unkrautjäten, Gießen, Hegen und Pflegen sowie die Ernte zuständig. Nichts und niemand anders als du selbst!

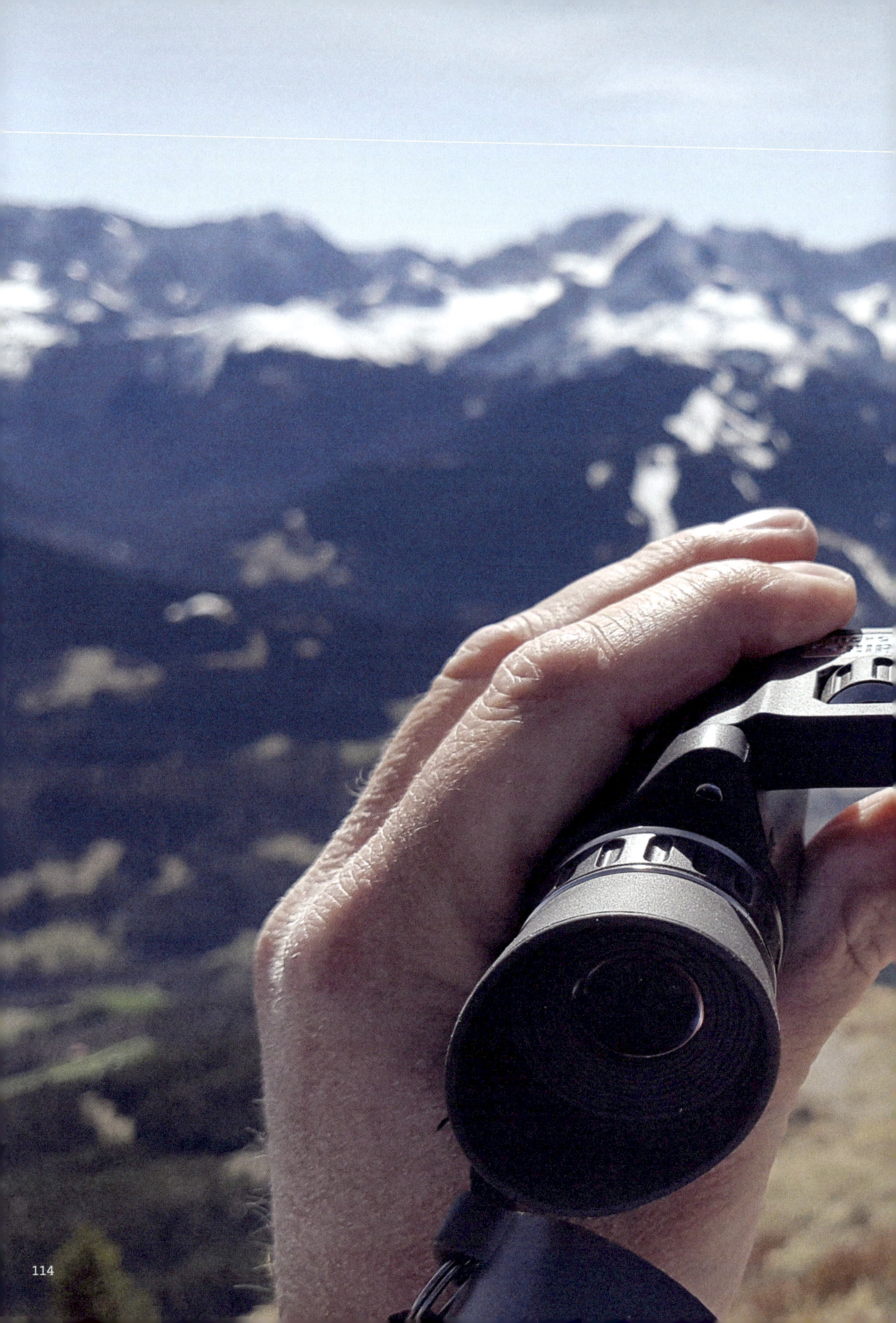

14 Ausrüstungsfragen:

Reduzierung auf das Maximum der Notwendigkeit

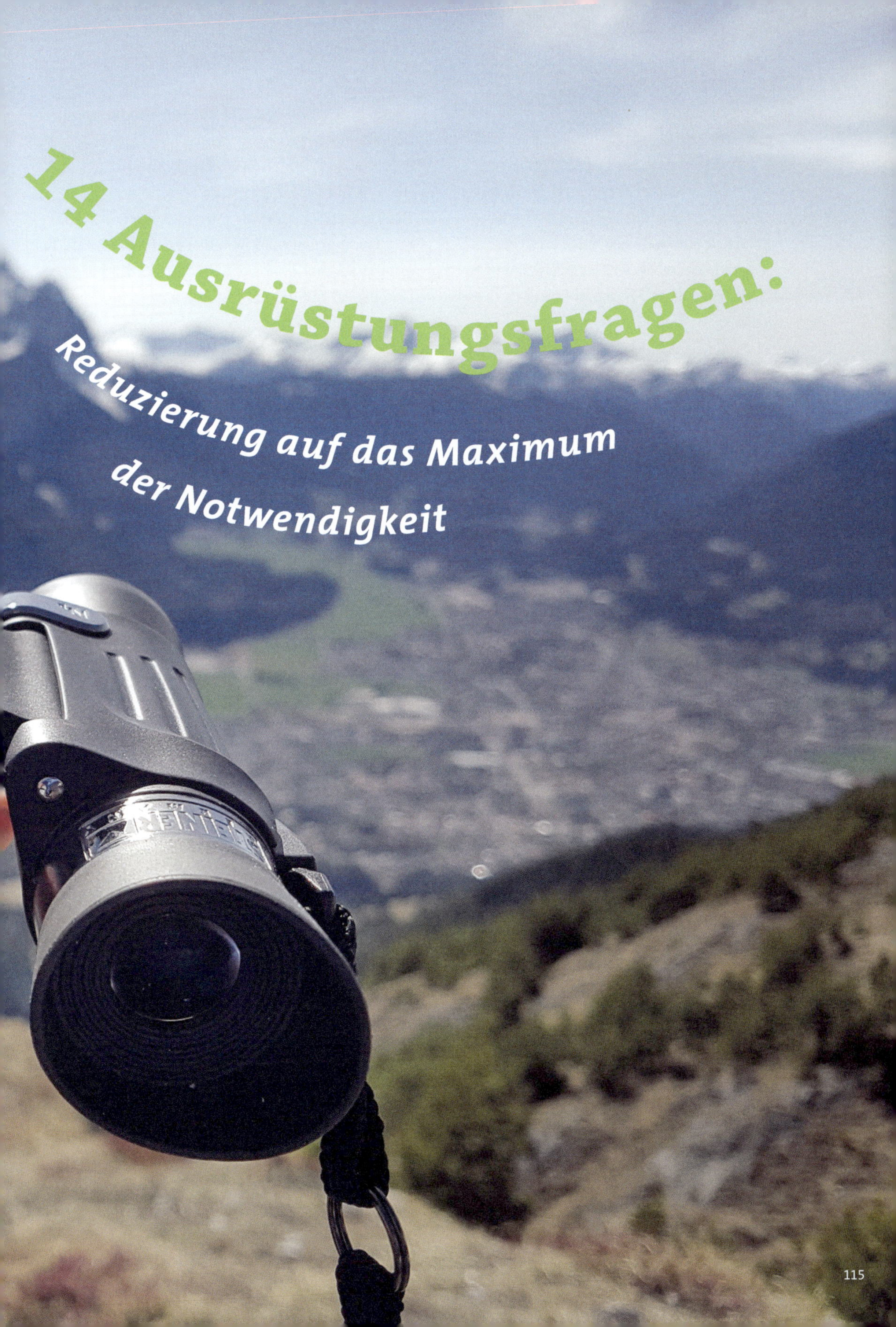

Das Wesentliche unseres Lebens besteht nur aus drei Dingen. Die sind allerdings fundamental: deine körperliche und seelische Gesundheit, gute mitmenschliche Beziehungen und in dem Erfüllung zu finden, was du tust. Materielle Dinge sind weitgehend nachrangig oder mit dem Volksmund ausgedrückt: »Geld macht nicht glücklich«. Noch weiter reduziert der griechische Philosoph Epikur die Definition von Glück. Sinngemäß sagt er, dass derjenige mit dem Göttervater Zeus an Glückseligkeit wetteifern könne, der nicht hungert, keinen Durst leidet und nicht friert.

Es ist wirklich unglaublich, wie wenig du zum Überleben brauchst. Auf meinem Walkabout passte meine komplette Ausrüstung in einen 40-Liter-Rucksack: Kleidung, 3 Liter Wasser, Proviant, Schlafsack, Isomatte, Zelt und Spiritus-Küche. Zuhause dagegen horte ich zu viele Klamotten und unnützen Krimskrams, was schlussendlich mehr Last als Lust bedeutet. Ich ärgere mich oft über mich selbst, welche Dinge ich einst wichtig fand und gekauft hatte! Wenn du jedoch auf deinen eigenen zwei Beinen unterwegs bist und alles selber tragen musst, was du zu brauchen meinst, lernst du schnell, was wirklich (überlebens-)notwendig ist und was zuhause bleiben kann. Dieses Mindestmaß an Dingen ist gleichzeitig das absolute Maximum der Notwendigkeit. Der scheinbare Verlust von Gegenständen wird für dich zum Gewinn.
Die **Reduktion auf das Maximum der Notwendigkeit** erleichtert ungemein. Das wusste und praktizierte auch der griechische Philosoph Diogenes von Sinope, um 413 v. Chr. in Korinth. Sein Beiname »der Hund« war Programm und beschrieb wohl sehr treffend seine Lebensweise. Der Mann, der Alexander den Großen der Überlieferung nach bat, ihm »aus der Sonne zu gehen«, führte freiwillig das Leben eines obdachlosen Armen. Ein einfacher Wollmantel, ein Rucksack mit Proviant und einigen Utensilien sowie ein Stock sollen seine einzigen Besitztümer gewesen sein. Nach einer Anekdote trennte er sich sogar von seinem Trinkbecher und seiner Essschüssel, als er gesehen hatte, wie Kinder aus ihren Händen getrunken und Linsenbrei in einem ausgehöhlten Brot aufbewahrt hatten.

Besitzlosigkeit befreit. Diese Freiheit wird beim Fernwandern verstärkt, da der Wanderer weiß, dass er alles (Über-)Lebensnotwendige am Körper trägt. Und das ist eben verblüffend wenig: eine Garnitur Kleidung am Körper, eine als Wechselwäsche im Rucksack, etwas Warmes/Wasserdichtes zum Anziehen bei schlechtem Wetter, eine Handvoll Hygieneartikel, der Alleskönner Smartphone zum Fotografieren und Navigieren, Geld und Papiere, der Tagesproviant an Essen und Trinken – fertig.
Reduktion auf das Maximum der Notwendigkeit bedeutet aber auch Einfachheit. Ich gehe gerne gut essen. Wer tut dies nicht? Doch das schönste Restaurant, das ich kenne, ist die Natur. Der Rand des Wanderweges wird zu meinem Sternerestaurant, die isolierende Sitzunterlage oder die Picknickdecke zum bequemsten Sitzplatz der Welt. Brot, Wurst und Käse sind mein Drei-Gänge-Menü, frisches Quellwasser, manchmal auch ein Kunststoffbecher voll Wein, vervollkommnen die Gaumenfreuden und das Fest der Sinne. Kitzler bringt es auf den Punkt: **»Es gibt keinen besseren Aperitif als eine Wanderung, kein besseres Gewürz als ein überwältigendes Panorama. [...] Hier begegne ich mir selbst in der Einfachheit meines Existierens. Alles fällt von mir ab, und zurück bleibt das Bewusstsein der eigenen Lebendigkeit und der Verbundenheit mit der Natur. In solchen Momenten lernen wir loszulassen und erkennen die Leichtigkeit und Einfachheit des wesentlichen Lebens. Es braucht nicht viel um glücklich zu sein.«**
Wandern zwingt uns förmlich in diese Einfachheit. Ein weiterer Aspekt davon ist, dass Wandern eine vergleichsweise kostengünstige Freizeitaktivität darstellt, weil sich die notwendige Ausrüstung sehr in Grenzen hält und in der Regel langlebig ist. Das macht das Wandern auch für Personen in prekären sozialen und wirtschaftlichen Verhältnissen möglich.

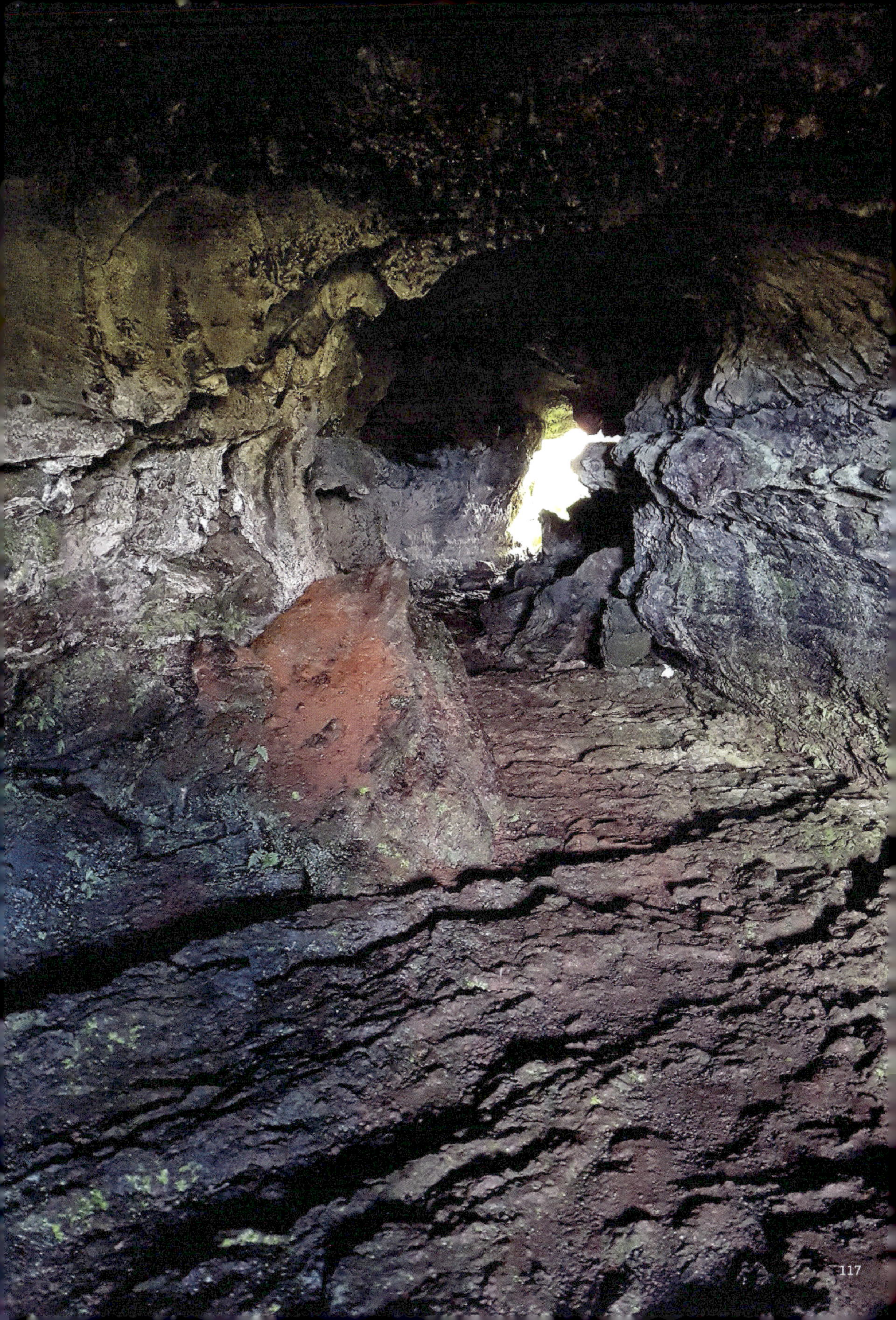

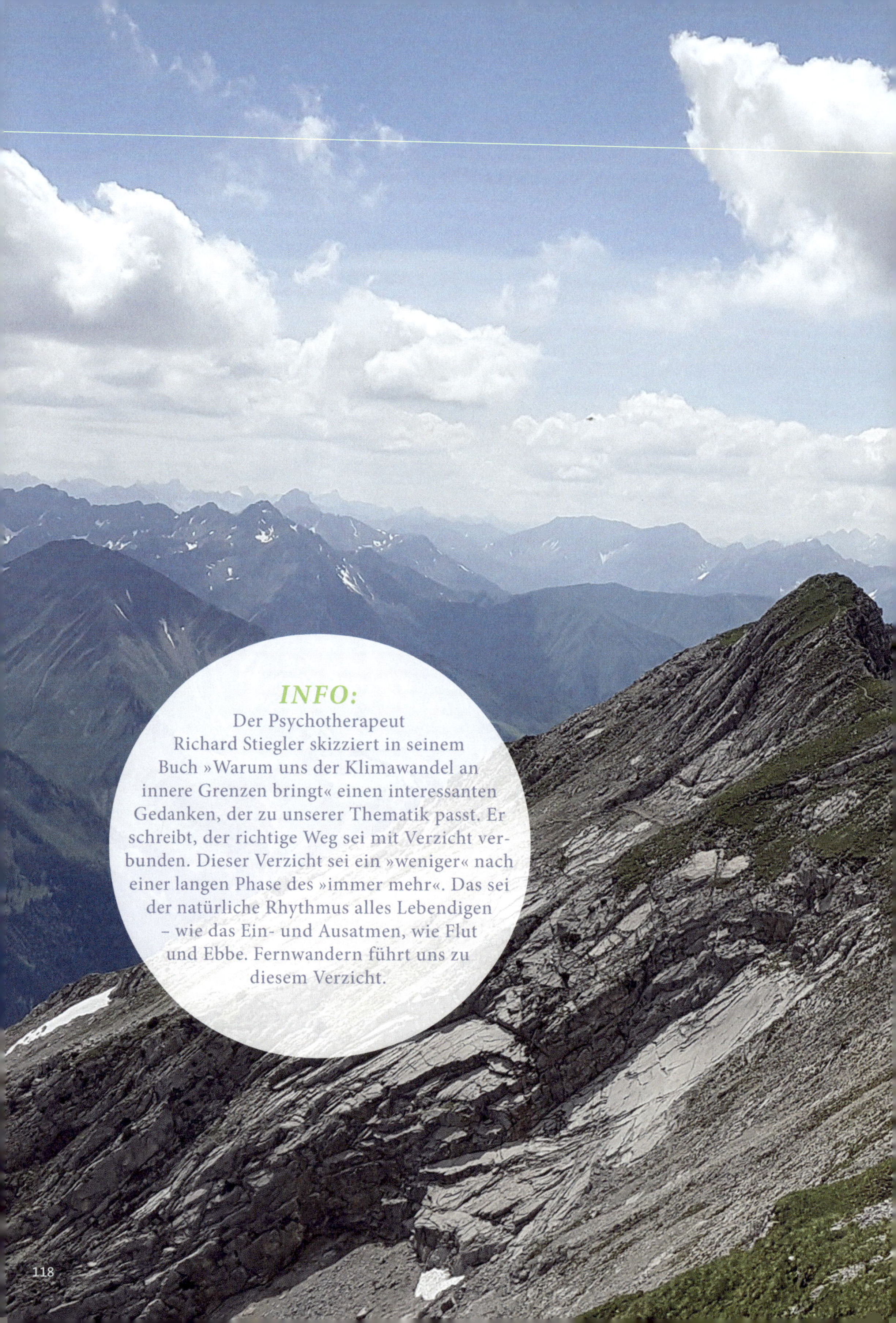

INFO:

Der Psychotherapeut Richard Stiegler skizziert in seinem Buch »Warum uns der Klimawandel an innere Grenzen bringt« einen interessanten Gedanken, der zu unserer Thematik passt. Er schreibt, der richtige Weg sei mit Verzicht verbunden. Dieser Verzicht sei ein »weniger« nach einer langen Phase des »immer mehr«. Das sei der natürliche Rhythmus alles Lebendigen – wie das Ein- und Ausatmen, wie Flut und Ebbe. Fernwandern führt uns zu diesem Verzicht.

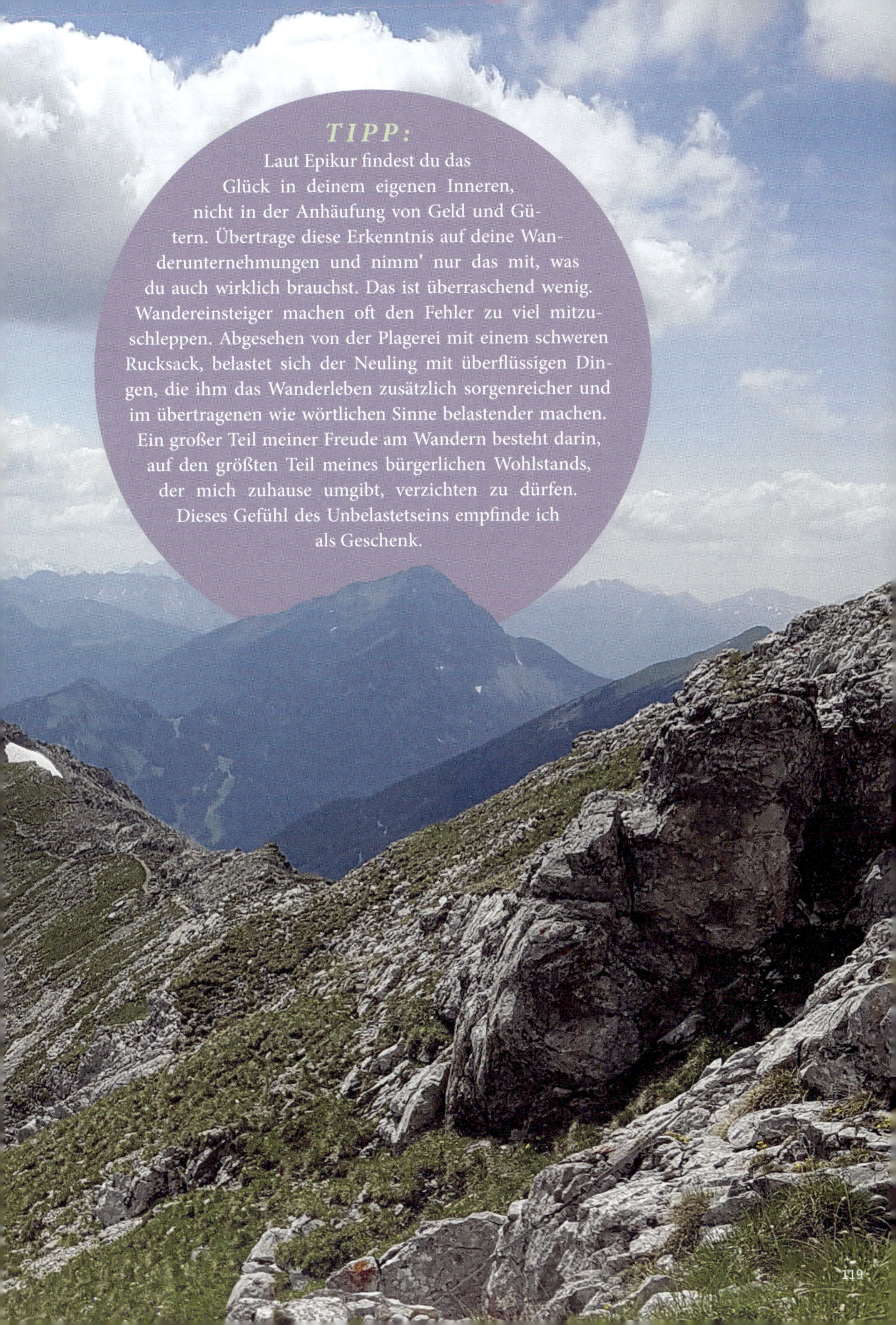

TIPP:

Laut Epikur findest du das Glück in deinem eigenen Inneren, nicht in der Anhäufung von Geld und Gütern. Übertrage diese Erkenntnis auf deine Wanderunternehmungen und nimm' nur das mit, was du auch wirklich brauchst. Das ist überraschend wenig. Wandereinsteiger machen oft den Fehler zu viel mitzuschleppen. Abgesehen von der Plagerei mit einem schweren Rucksack, belastet sich der Neuling mit überflüssigen Dingen, die ihm das Wanderleben zusätzlich sorgenreicher und im übertragenen wie wörtlichen Sinne belastender machen. Ein großer Teil meiner Freude am Wandern besteht darin, auf den größten Teil meines bürgerlichen Wohlstands, der mich zuhause umgibt, verzichten zu dürfen. Dieses Gefühl des Unbelastetseins empfinde ich als Geschenk.

TIPP:

Stelle deine Wanderausrüstung nach meiner »Survival 3.0«-Regel zusammen! Diese orientiert sich an der Frage, was ich auf Wanderschaft WIRKLICH brauche. Damit reduziert sich die Anzahl der Dinge radikal. Im Zentrum steht die magische Zahl »3«. Anders als bei den Griechen der Antike, den Kelten, den Christen, den Gebrüdern Grimm und sonstigem Alltagsaberglauben, steht die 3 hier auf einem wissenschaftlichen Fundament. Auch der unerfahrene Neuling, der plötzlich gewollt oder ungewollt in eine Survivalsituation gerät, was beim Wandern jederzeit passieren kann, muss sich lediglich diese »3« merken, um automatisch die richtigen Schritte einzuleiten. Je nach Survival-Situation hast du 3 Zeiteinheiten Zeit, um zu überleben. Sonst endet die Angelegenheit mit der 0-Linie. Exodus. Tod.

3 Minuten ohne Sauerstoff und dein Erstickungstod tritt ein.
3 Stunden ohne Kälteschutz und du stirbst den Erfrierungstod.
3 Tage ohne Wasser sind der beste Weg in den Verdurstungstod.
3 Wochen ohne Nahrung sind dein Einstieg in den Hungertod.

Meine 3.0-Regel gibt die Handlungsprioritäten und Ausrüstungsgegenstände in einer Survivalsituation vor. So kümmerst du dich beispielsweise zunächst um einen Kälteschutz, bevor du an die Nahrungsaufnahme denkst. Denn was würde es dir nützen, mit vollem Bauch zu erfrieren?

Gehen wir gemeinsam meine 3.0-Regel durch und stellen dabei schrittweise deine Ausrüstungsliste zusammen!

3 Minuten ohne Sauerstoff: Du hältst den Gedanken auf deiner Fernwanderung zu ersticken für abwegig? Im Freien wird dir die Luft sicher nicht ausgehen und auch Ertrinken wirst du nicht, wenn dir kein Badeunfall in die Quere kommt. Aber spätestens zu dem Zeitpunkt, wenn du abends in einer kleinen (Selbstversorger-) Hütte oder Biwakschachtel im Ofen Feuer machst, sollte dir das Thema wieder präsent sein. Denn dann stellt sich die Frage nach ausreichender Versorgung mit Atemluft, und du musst für genügend Frischluftzufuhr sorgen. Für deine Ausrüstungsliste notieren wir nebenbei, dass ein Feuerzeug in deinen Rucksack gehört.

3 Stunden ohne Kälteschutz: Dieses ist für deine Unternehmung wohl das Wichtigste und für die Planung das aufwändigste Kapitel. Kurzum, es geht um die Frage, was du anziehst.
Bei der Kleidungswahl orientiere ich mich am Zwiebelprinzip. Zwiebeln bestehen aus einer Schale und vielen dünnen Schichten. Diese sind leicht voneinander zu lösen. So muss auch deine Kleidung strukturiert sein.

Beginnen wir mit der Unterwäsche. Suche dir zwei Garnituren aus Kunstfasern aus. Zwei deshalb, weil du die eine tagsüber beim Wandern trägst und durchschwitzt. Solange du in Bewegung bleibst, ist das kein Problem. Sobald du jedoch stehenbleibst, wirst du frieren. Dann ziehst du dich schnellstmöglich um. Die zweite Garnitur trägst du also am jeweiligen Etappenziel. Kunstfaser deshalb, weil du diese auch mit biologisch abbaubarer Seife in jedem Bach auswaschen kannst und die Sachen binnen weniger Stunden trocknen. Bei warmem Wind in nur 30 Minuten. Baumwolle bietet zwar ein besseres Hautgefühl, braucht aber sehr lange zum Trocknen. Alternativ kannst du auf Unterwäsche aus Merinowolle zurückgreifen.

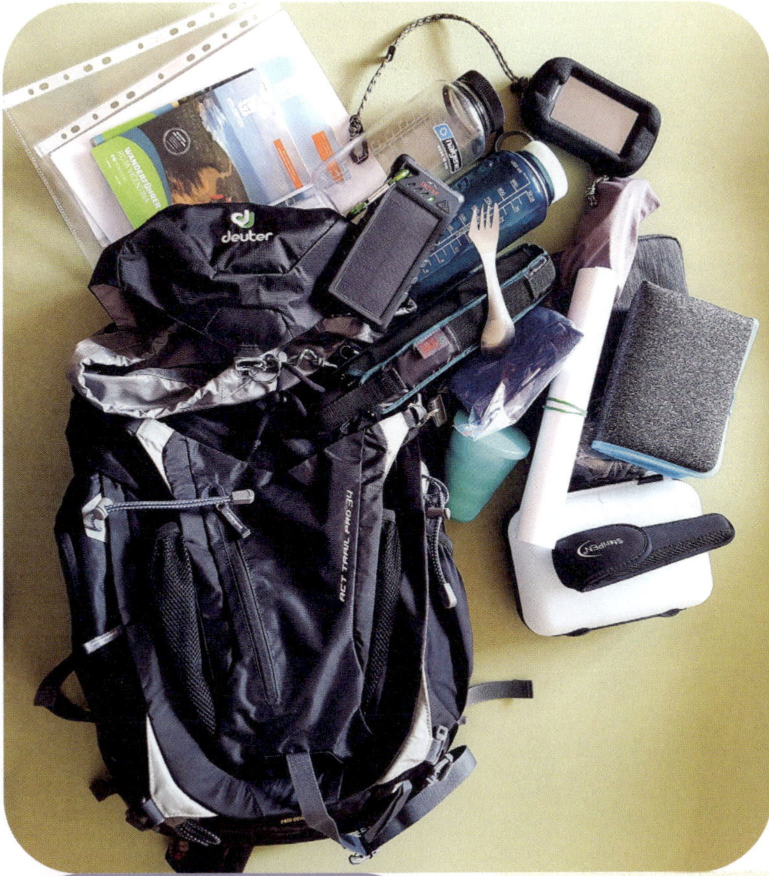

TIPP:
Den Rucksack lieber eine Nummer größer wählen als unbedingt nötig! Dann hast du noch Transportvolumen in Reserve, z. B. wenn du unterwegs etwas einkaufen möchtest. Und wenn du das Volumen nicht brauchen solltest, kannst du es mit den äußeren Spanngurten leicht reduzieren, um die Ausrüstung im Inneren ergonomisch zu fixieren.

TIPP:
10 kg Rucksackgewicht sind eine magische Grenze. Während man 9 kg noch verhältnismäßig »unbeschwert« tragen kann, fallen bereits 11 kg mächtig »ins Gewicht«. Klingt seltsam, ist aber so. Nicht nur bei mir. Diesen Sachverhalt bestätigten mir auch viele andere, darunter körperlich sehr starke und austrainierte (Berg-)Wanderer. Versuche deshalb immer, unter der magischen 10-kg-Marke zu bleiben. Bedenke auch, dass dein Rucksack unterwegs gefühlt von Tag zu Tag schwerer wird!

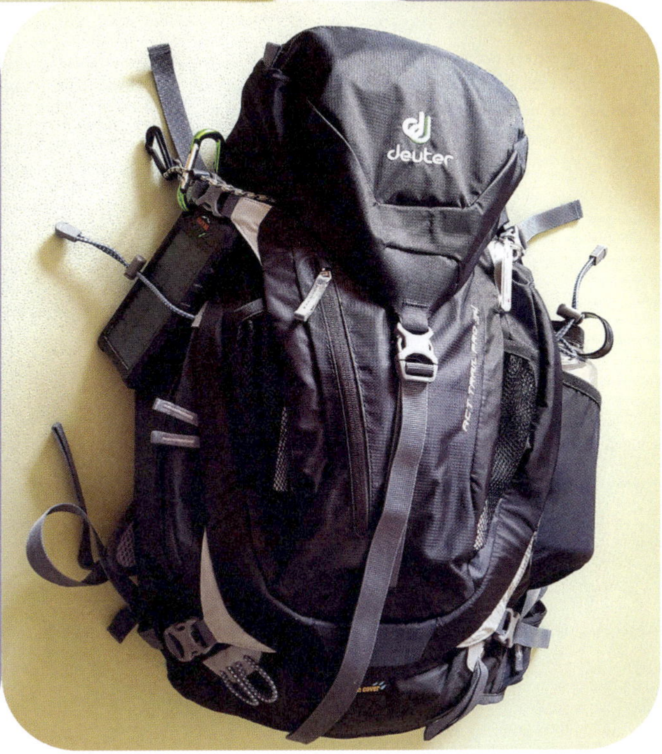

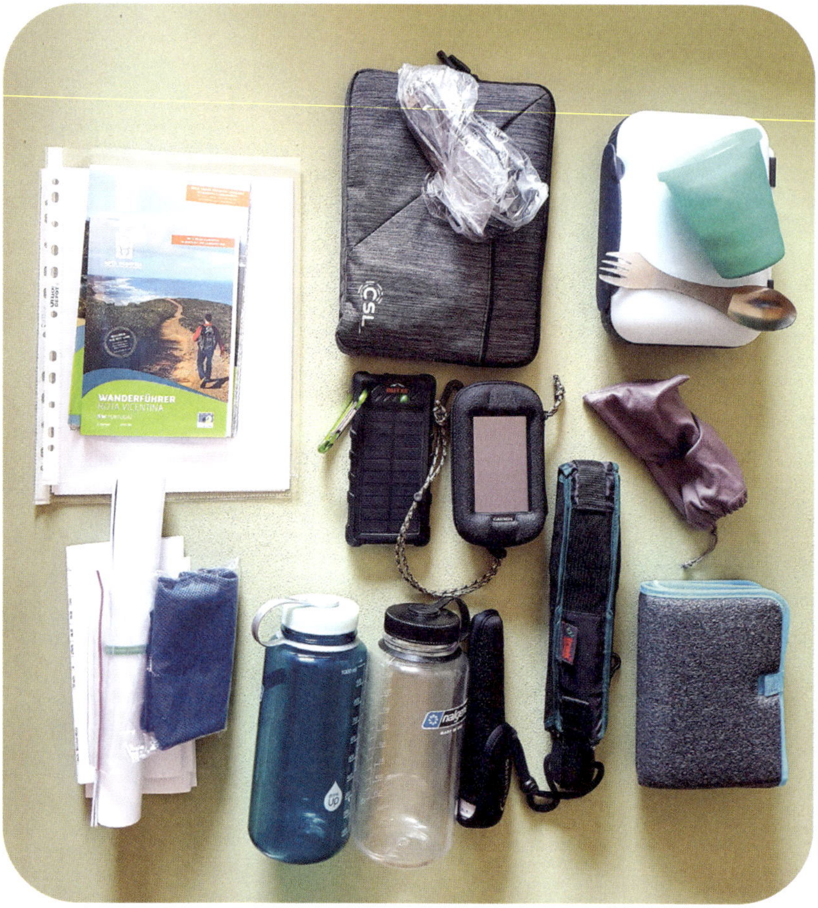

Grundausstattung meines Rucksacks: Regenschirm, Sitzunterlage, 2 l Flüssigkeit und ein SteriPEN, Brotzeitbox, Becher und Spork, GPSR, Akkupack zum Nachladen des Smartphones. Wanderkarten/-führer und meine Reisedokumente vervollständigen das Equipment. Als Autor ist natürlich auch immer mein Tablet-PC dabei.

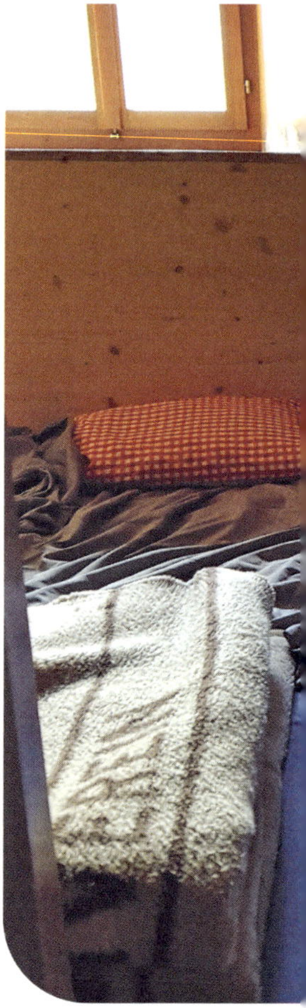

Im Matratzenlager einer Berghütte sind Platz, ungestörte Nachtruhe und Privatsphäre leider sehr oft Fremdwörter.

Das Naturprodukt aus nachwachsendem Rohstoff bietet feuchtigkeitstechnisch ähnliche Vorteile wie Kunstfasern, ist zusätzlich geruchsneutral und belastet die Umwelt nicht mit Plastikmüll.

Wenn du die Unterwäschethematik geklärt hast, widmest du dich der Bekleidung deines Oberkörpers. Dieser muss unbedingt auf Betriebstemperatur bleiben. Besser barfuß und in Shorts, als ohne Oberkörperbekleidung dazustehen. Nach dem Zwiebelprinzip sind vier dünne Shirts wertvoller als eine einzelne, dicke Lage. Nimm' für die äußerste Schicht eine wasser- und winddichte Jacke. Am besten ungefüttert oder nur ganz leicht gefüttert, sie soll nur eine Hülle sein, um die Elemente von dir abzuhalten. Ein Poncho oder eine Regenjacke sind z. B. gute Lösungen. Ein Poncho ist dabei die luftigere Variante, eine Regenjacke die wärmere.

Dazwischen planst du verschiedene Schichten: Über die Unterwäsche kommt ein enganliegendes T-Shirt, ebenfalls aus Kunstfaser. Sportbekleidung toppt auch hier, denn diese Funktionsschicht soll den Schweiß vom Körper möglichst wegtransportieren. Auch hier rate ich dazu, ein zweites Ersatz-Shirt mitzuführen, denn das eine wird durchgeschwitzt. Darüber kommt im Bedarfsfall eine weitere Isolationsschicht, ebenfalls aus Kunst-

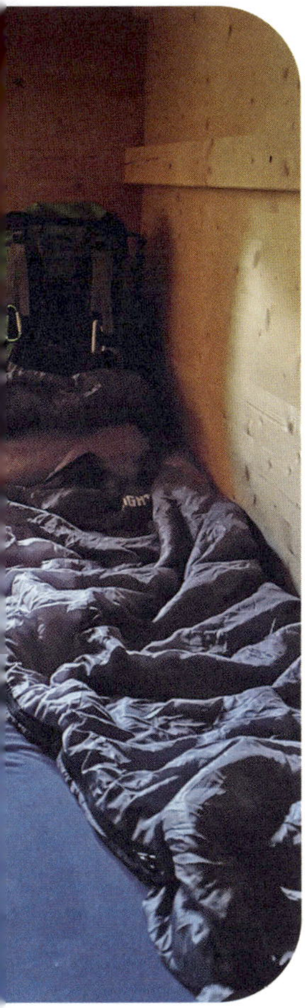

Der Hüttenschlafsack ist ein Muss. Praktisch sind Modelle mit einem seitlichen Reißverschluss.

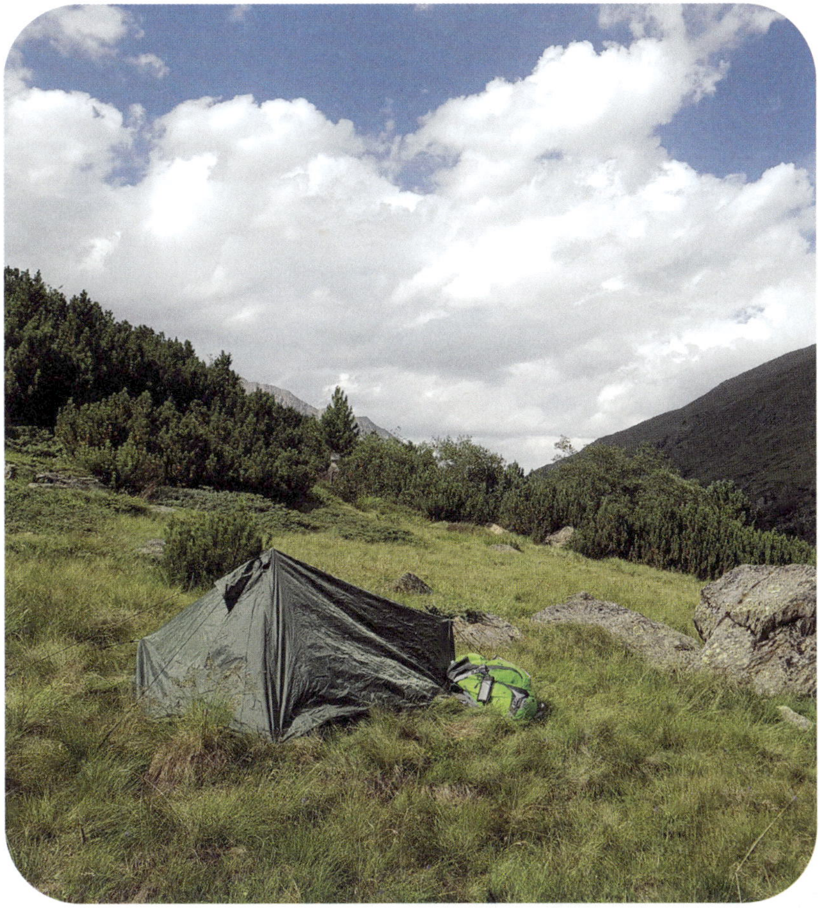

»Wildes Campieren« ist nahezu überall verboten. »Biwakieren« (Nächtigen im Freien ohne Zelt) ist dagegen erlaubt. Genauso wie das Campieren mit dem Okay des Grundeigentümers.

fasern. Dafür ist ein Langarmshirt eine gute Wahl. Solange du in Bewegung bist, werden das T-Shirt und ein Langarmshirt dich ausreichend warm halten. Je nach Temperatur vielleicht sogar das T-Shirt alleine. Wenn du Rast machst oder abends in der Hütte oder gar im Zelt übernachtest, brauchst du noch mehr Isolationsschichten. Bitte immer nur aus Kunstfasermaterial! Ein kuscheliger Faserpelz, evtl. auch zusätzlich noch ein Kapuzen-Shirt, wenn du leicht frierst, wären geeignete Kleidungsstücke. Denke bei Touren im Hochgebirge auch im Sommer an einen möglichen Wintereinbruch. Deshalb darf auch ein gefüttertes Kleidungsstück, wie z. B. eine Daunenjacke, nicht fehlen. Ein dünnes Exemplar genügt, denn die wärmende Isolation übernehmen bereits die unteren Kleidungsschichten. Mit vielen dünnen Schichten bist du flexibel und kannst je nach Temperatur und körperlicher Aktivität eine oder mehrere Schichten an- oder ausziehen. Abschließend überlegst du, ob Handschuhe notwendig sind, das Gleiche gilt für eine Kopfbedeckung als Wärmeschutz, allerdings auch als Sonnenschutz. Die Schuhe wählst du nach den Anforderungen deiner Wanderung. Während in leichtem Gelände Turnschuhe genügen, fordern Wanderungen in den Bergen entsprechend passendes Schuhwerk. Der Fachhandel wird dich beraten.

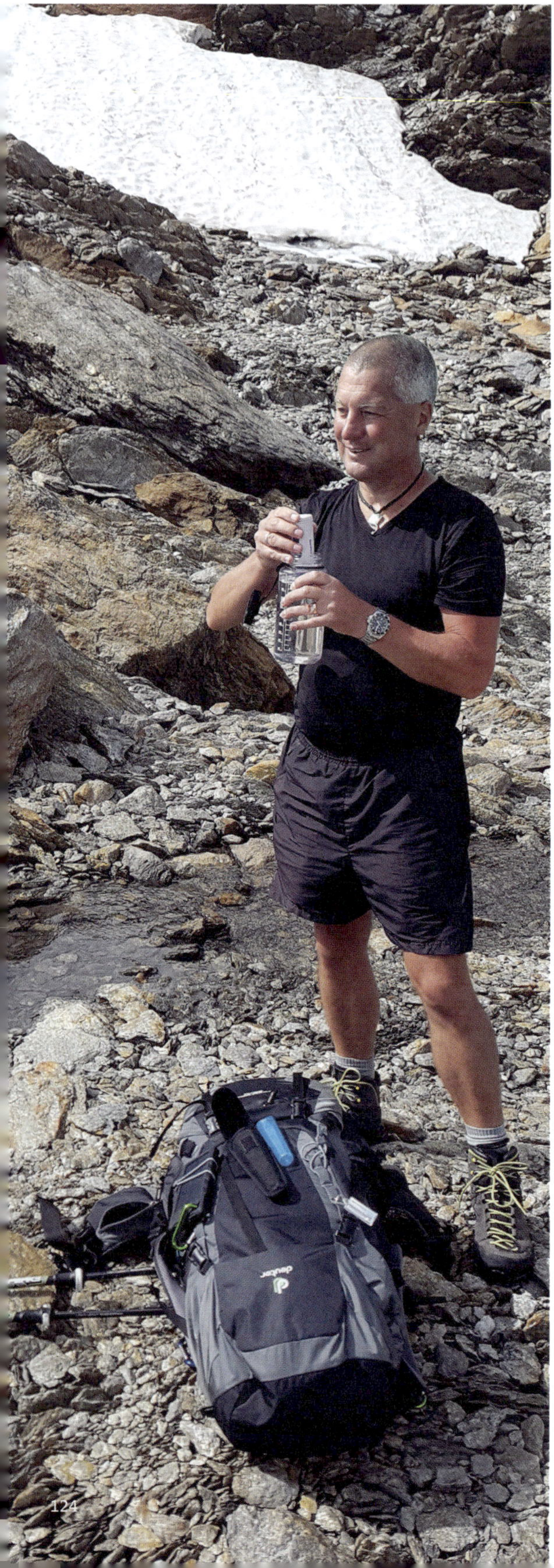

3 Tage ohne Wasser: Für eine ausreichende Trinkwasserversorgung genügen in den allermeisten Fällen zunächst zwei Liter pro Person als Marschproviant, falls du in Gebieten mit entsprechender Infrastruktur Getränke nachkaufen oder im Gebirge auf Quellwasser zurückgreifen kannst.

Denke dann aber an die Desinfektion des Wassers! Auch scheinbar kristallklares Wasser kann Bakterien und Viren enthalten. Verunreinigungen, die meist auf die landwirtschaftliche Nutzung von Almen zurückzuführen sind. Ich benutze seit Jahren den sehr praktischen SteriPEN. Einen batteriebetriebenen UV-Licht-Stift, der 1 Liter Wasser in nur 90 Sekunden keimfrei macht. Dies funktioniert aber nur mit klarem Wasser.

Was für die Kleidung gilt (Zwiebelprinzip!), gilt auch für deine Trinkflaschen. Nimm' besser drei kleine mit als eine große. So bist du flexibler und kannst z. B. in eine Tee abfüllen oder, wenn eine Quelle nicht ganz so vertrauenswürdiges Wasser hergibt und du noch einen Rest sauberes Wasser hast, dann kontaminierst du nicht deinen ganzen Wasservorrat und kannst auf Flasche zwei oder drei zurückgreifen.

TIPP:
So kannst du schnell und einfach feststellen, ob dein Flüssigkeitshaushalt stimmt. Mit Daumen und Zeigefinger der einen Hand ziehst du auf dem Handrücken deiner anderen Hand eine Hautfalte hoch. Bleibt diese stehen, anstatt elastisch zurückzugleiten und sich wieder zu glätten, bist du mit großer Sicherheit dehydriert.

Vergiss niemals das Entkeimen deines Trinkwassers!

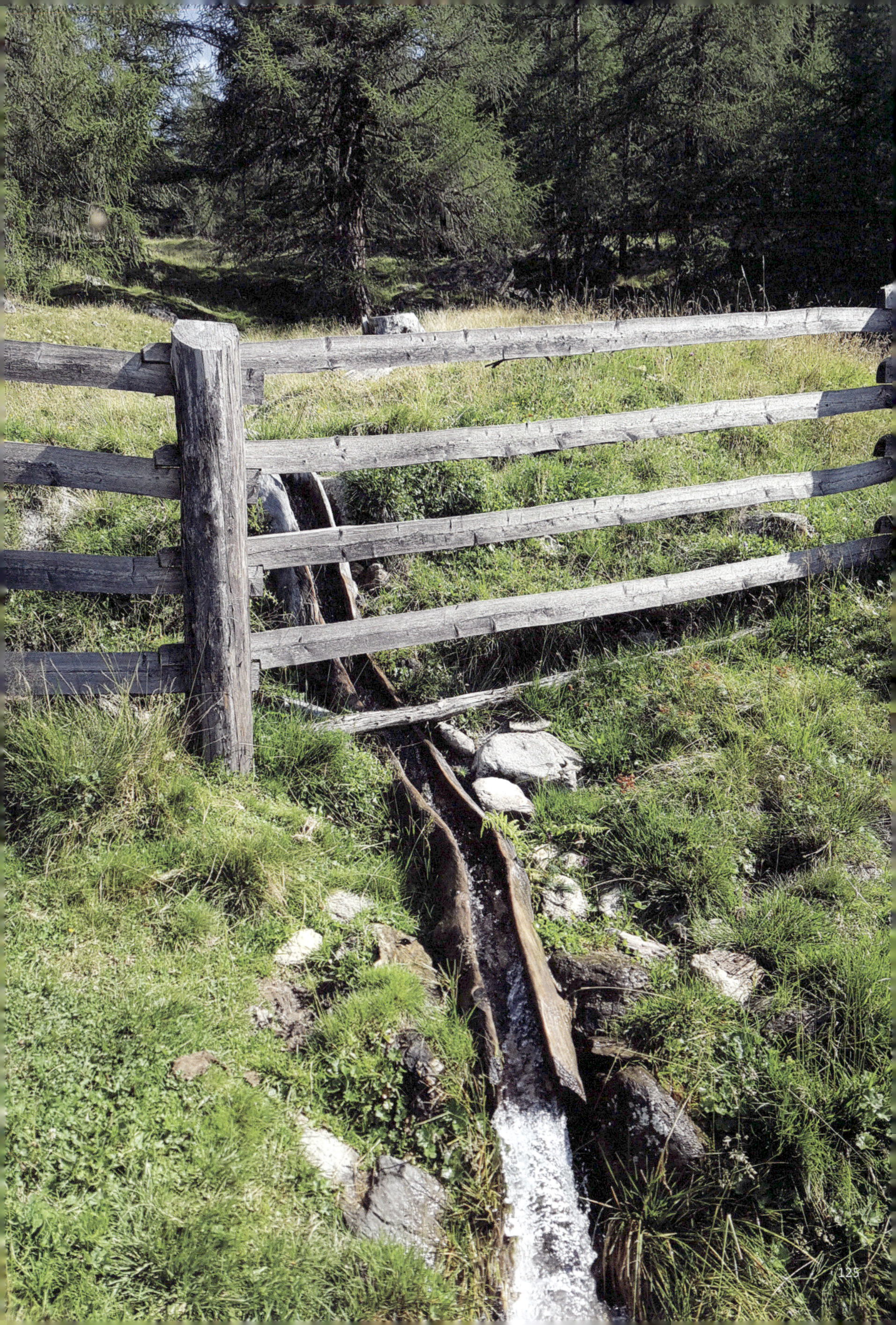

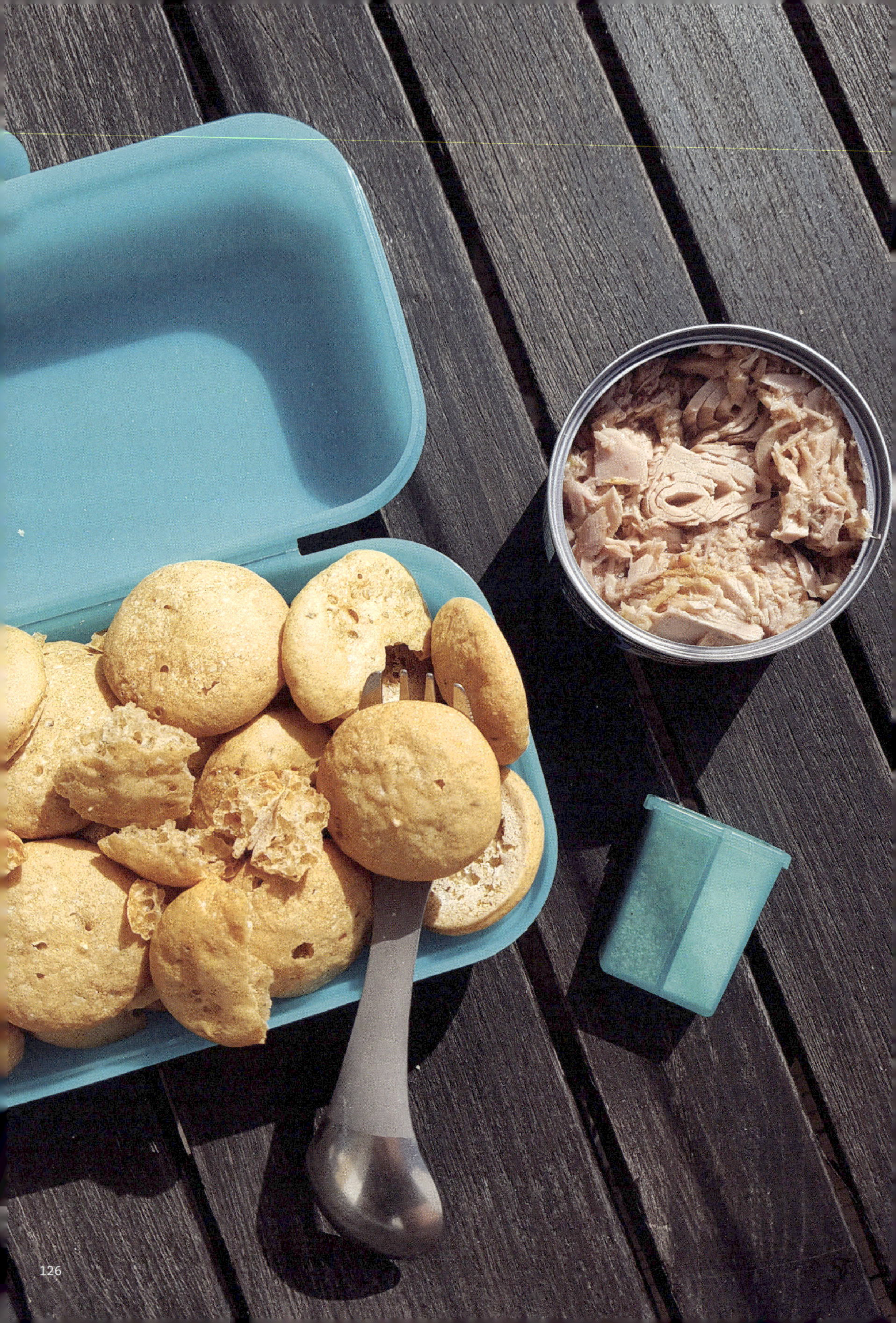

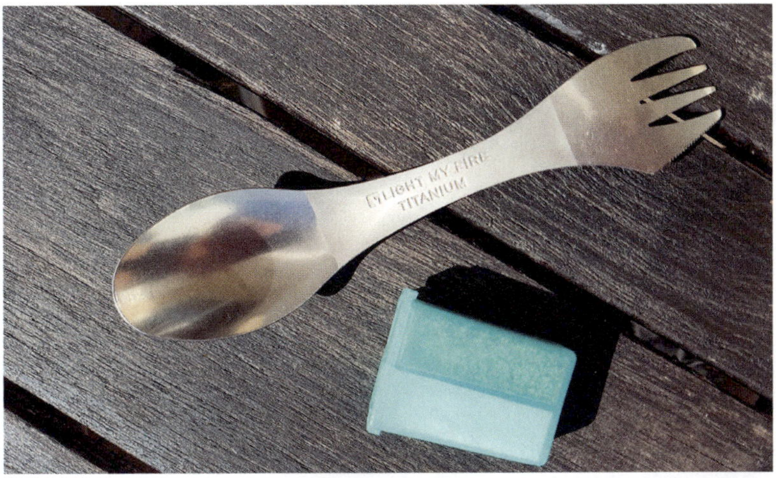

Ein Salz-Pfefferstreuer und ein Spork gehören in jeden Rucksack. Nach mehreren zerbrochenen Kunststoffsporks erfreue ich mich nun seit Jahren an einem stabilen und trotzdem leichten Luxusmodell aus Titan.

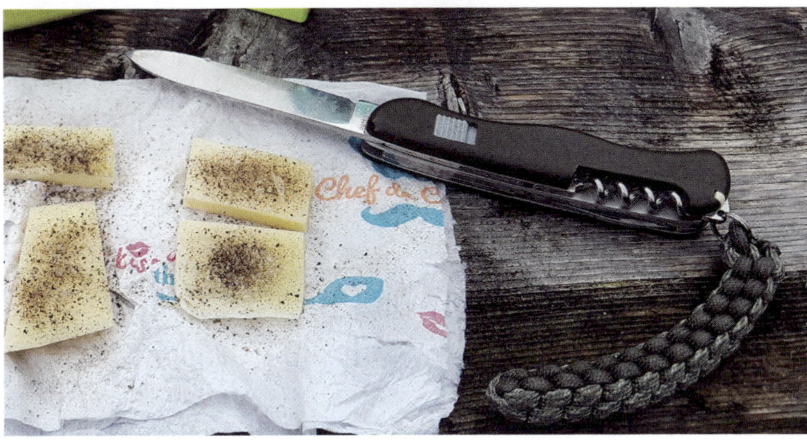

Ein Schweizer Taschenmesser ist ein treuer Begleiter und praktischer Helfer. Sichere es gegen Verlust durch Taschen mit Reißverschluss oder einen Fangriemen mit Karabiner.

3 Wochen ohne Nahrung: Fernwandern ist anstrengend und verbraucht Kalorien. Gleichzeitig soll dein Rucksack unter der magischen 10-kg-Marke bleiben. Ich halte es auf meinen Fernwanderungen so, dass ich ausgiebig frühstücke und am Abend in meiner Unterkunft oder einem Restaurant warm esse. Tagsüber genügen mir dann ein paar Snacks und mein Kalorienbedarf ist gedeckt. Bewährt haben sich Beef-Jerky, Salami oder Speck, Backwaren wie z. B. das leichte Südtiroler Schüttelbrot, Müsliriegel, Kekse, Nüsse, ein Stück Käse, etwas Obst und ein Seelentröster wie Schokolade. Wichtig ist für mich auch, dass die meisten Lebensmittel regional sind. So koste ich meine Wanderunternehmung auch über die Geschmacksknospen aus.

Damit sind wir fast schon fertig mit dem Packen. Wärme, Wasser und Proviant sind abgehakt. Abschließend brauchst du nur noch ein paar kleine Helfer, die das Leben einfacher und angenehmer machen, so wie Hygieneartikel und Dinge deines persönlichen Bedarfs wie Medikamente und das unverzichtbare Erste-Hilfe-Set.

Im Fachhandel (Outdoorausrüster, Drogeriemarkt, Apotheke) findest du speziell für die Bedürfnisse von Wanderern zusammengestellte Packungen, die auch einen ausreichenden Vorrat an Blasenpflastern beinhalten. So einfach ist das Rucksackpacken.

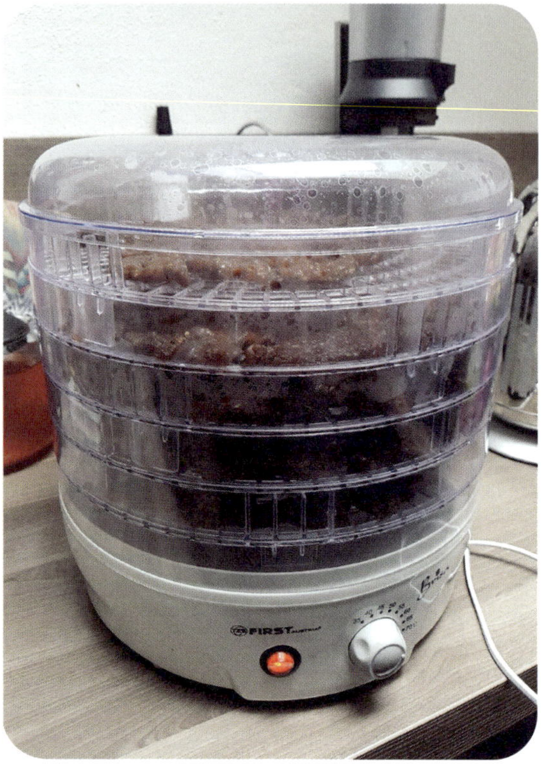

Im Dörrautomaten lässt sich kostengünstig und einfach individuell zugeschnittener Proviant für deine Wanderungen zubereiten.

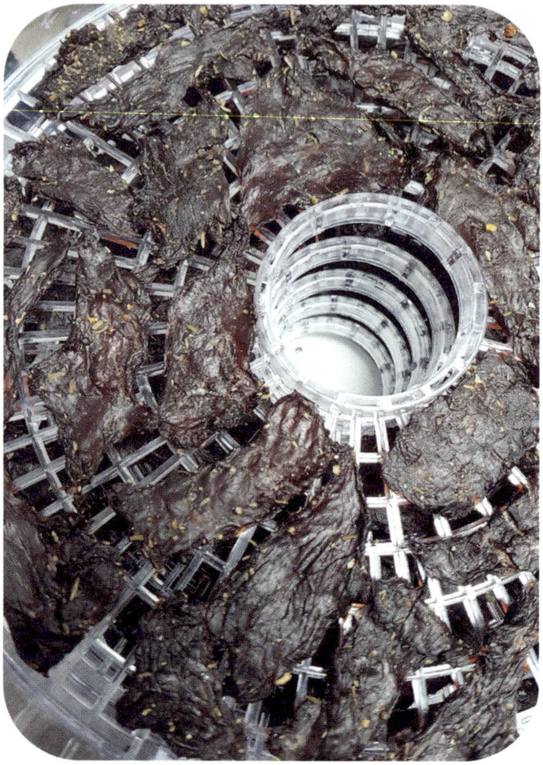

Dörrfleisch schmeckt gut und versorgt dich mit wertvollen Proteinen und Mineralien. Es ist leicht und ungekühlt haltbar.

TIPP:

Eigenproduktion von Jerky, dem idealen Proteinspender auf Wanderungen.

Jerky stellst du am besten aus Rinderrouladen her. Entferne alle Flachsen und schneide die Rouladen gegen die Faserrichtung in maximal etwa 2 cm breite und 5–10 cm lange Streifen. Nicht größer, denn sonst kann keine gleichmäßige Trocknung erreicht werden.

Anschließend werden die Fleischstücke mariniert. Am einfachsten geht das mit Essig und Kräutern wie Koriander, Knoblauch sowie Pfeffer und Chili. Würze nach Belieben und probiere auch mal andere Mischungen aus! Natürlich gehört auch Salz in die Marinade – etwa 2 TL auf ein ½ Kilo rohes Fleisch – nicht mehr, sonst bildet sich nach dem Trocknen ein Salzbelag. Eine Alternative zum Essig ist asiatische Sojasauce, die allerdings bereits Salz enthält. Vorsicht beim Nachsalzen. Übergieße das Fleisch in einer Schüssel mit der Marinade und vermische alles so lange, bis Marinade und Gewürze die Fleischstreifen rundherum völlig bedecken. Dann lässt du das das Ganze in einer abgedeckten Schüssel über Nacht im Kühlschrank durchziehen.

Bevor das Fleisch getrocknet wird, mischst du es nochmals gut durch. Zum Dörren verwendest du am besten einen Dörrautomaten. Gute Einsteigermodelle kosten etwa 35 €. Alternativ dörrst du dein Fleisch im Backofen auf dem Grillrost. Achte dann darauf, die Fleischstreifen immer über zwei Stäbe zu legen, damit

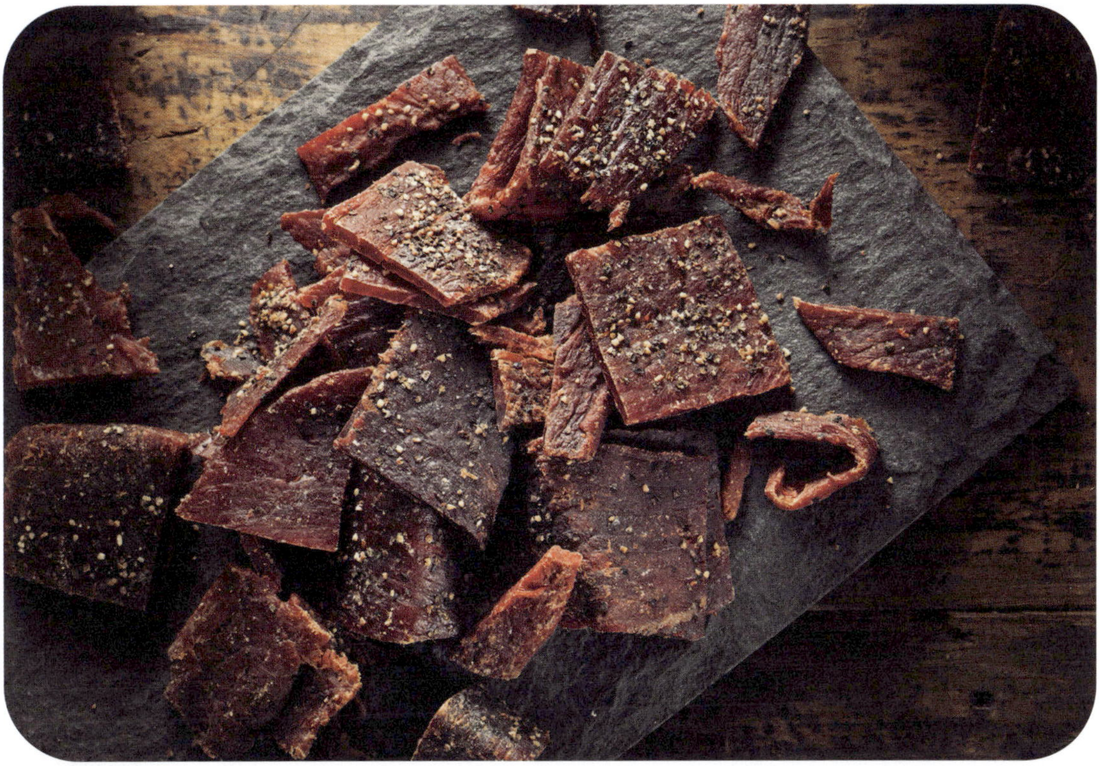

Dörrfleisch kann aus allen Fleischarten hergestellt werden, solange diese mager sind. Experimentiere mit verschiedenen Kräuter- und Gewürzmischungen!

sie nicht zusammenkleben. Die Ofentür mit einem Kochlöffel als Türspreizer einen Spalt geöffnet lassen, damit die Feuchtigkeit entweichen kann. Bei 50°C Umluft dauert das Dörren nun 6 bis 8 Stunden. Das fertige Dörrfleisch muss sich spröde anfühlen und darf auf keinen Fall mehr weich sein.

Zerschneide dein Jerky mit einer Geflügelschere in kleine Stücke, das erleichtert den Verzehr.

Das Trockenfleisch muss luftdicht verpackt gelagert werden, damit es keine Feuchtigkeit zieht. Idealerweise vakuumierst du kleine Mengen (80 Gramm) und hast so beim Wandern immer eine passgenaue Portion zur Verfügung. Vorsicht: Jerky schmeckt gut und »geht weg wie Kartoffelchips«! Doch Vorsicht: wenn du sehr große Mengen davon isst, kann es schwer im Magen liegen. Tipp: Besser über längere Zeit verteilt immer wieder ein Stück davon essen.

Wer kein Fleisch isst oder pflanzliche Nahrung bevorzugt: Auch verschiedene Obstsorten lassen sich hervorragend als energiereicher Wandersnack dörren!

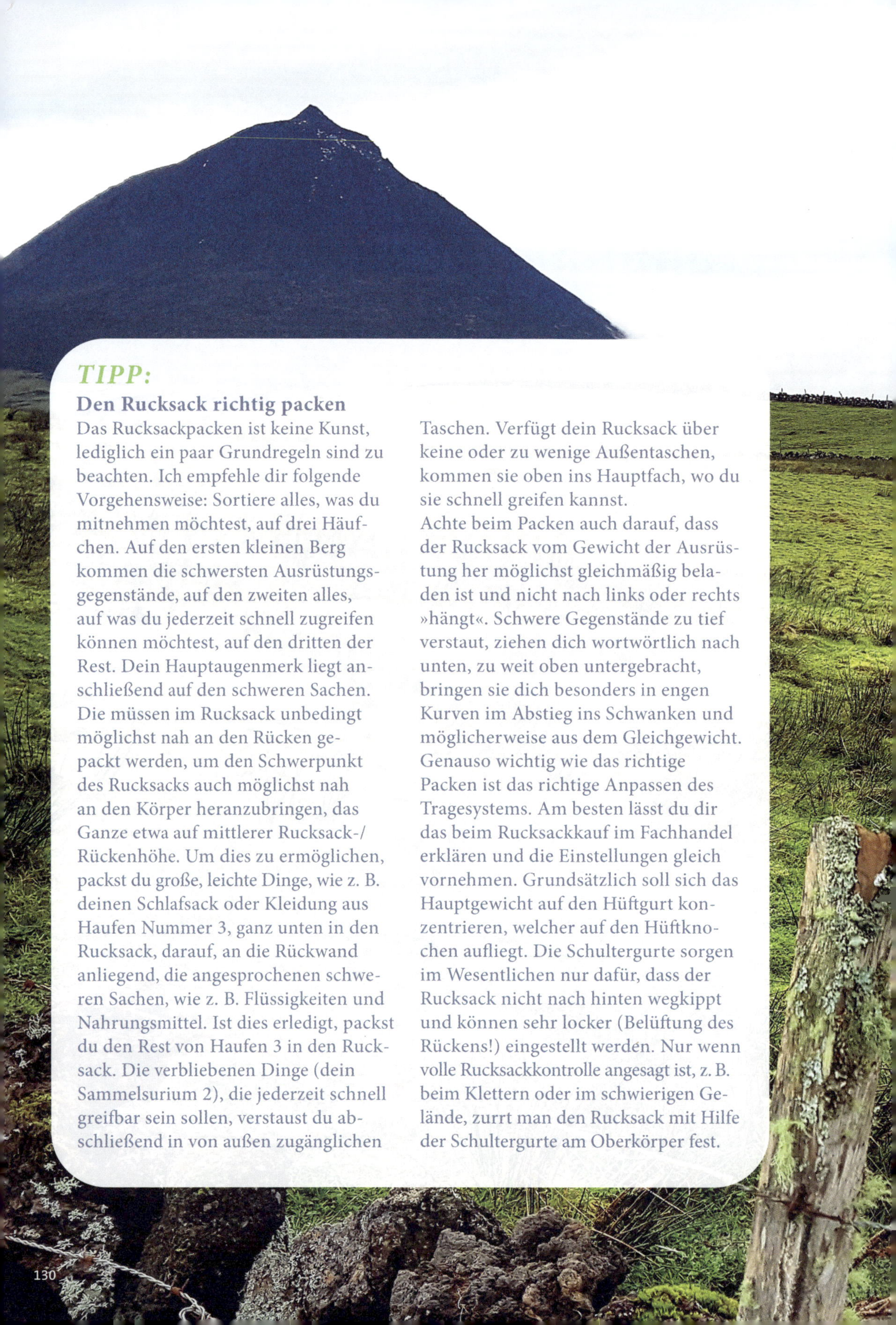

TIPP:

Den Rucksack richtig packen

Das Rucksackpacken ist keine Kunst, lediglich ein paar Grundregeln sind zu beachten. Ich empfehle dir folgende Vorgehensweise: Sortiere alles, was du mitnehmen möchtest, auf drei Häufchen. Auf den ersten kleinen Berg kommen die schwersten Ausrüstungsgegenstände, auf den zweiten alles, auf was du jederzeit schnell zugreifen können möchtest, auf den dritten der Rest. Dein Hauptaugenmerk liegt anschließend auf den schweren Sachen. Die müssen im Rucksack unbedingt möglichst nah an den Rücken gepackt werden, um den Schwerpunkt des Rucksacks auch möglichst nah an den Körper heranzubringen, das Ganze etwa auf mittlerer Rucksack-/Rückenhöhe. Um dies zu ermöglichen, packst du große, leichte Dinge, wie z. B. deinen Schlafsack oder Kleidung aus Haufen Nummer 3, ganz unten in den Rucksack, darauf, an die Rückwand anliegend, die angesprochenen schweren Sachen, wie z. B. Flüssigkeiten und Nahrungsmittel. Ist dies erledigt, packst du den Rest von Haufen 3 in den Rucksack. Die verbliebenen Dinge (dein Sammelsurium 2), die jederzeit schnell greifbar sein sollen, verstaust du abschließend in von außen zugänglichen Taschen. Verfügt dein Rucksack über keine oder zu wenige Außentaschen, kommen sie oben ins Hauptfach, wo du sie schnell greifen kannst.

Achte beim Packen auch darauf, dass der Rucksack vom Gewicht der Ausrüstung her möglichst gleichmäßig beladen ist und nicht nach links oder rechts »hängt«. Schwere Gegenstände zu tief verstaut, ziehen dich wortwörtlich nach unten, zu weit oben untergebracht, bringen sie dich besonders in engen Kurven im Abstieg ins Schwanken und möglicherweise aus dem Gleichgewicht. Genauso wichtig wie das richtige Packen ist das richtige Anpassen des Tragesystems. Am besten lässt du dir das beim Rucksackkauf im Fachhandel erklären und die Einstellungen gleich vornehmen. Grundsätzlich soll sich das Hauptgewicht auf den Hüftgurt konzentrieren, welcher auf den Hüftknochen aufliegt. Die Schultergurte sorgen im Wesentlichen nur dafür, dass der Rucksack nicht nach hinten wegkippt und können sehr locker (Belüftung des Rückens!) eingestellt werden. Nur wenn volle Rucksackkontrolle angesagt ist, z. B. beim Klettern oder im schwierigen Gelände, zurrt man den Rucksack mit Hilfe der Schultergurte am Oberkörper fest.

ACHTUNG:

Zum Scheitern verurteilt bist du,
wenn du…
… dir zu viele Lasten auflädst,
… die Schwere des gewählten Weges unterschätzt,
… dich auf Wanderschaft unzureichend ernährst und
… übermotiviert startest, um dir und der Welt etwas zu beweisen.

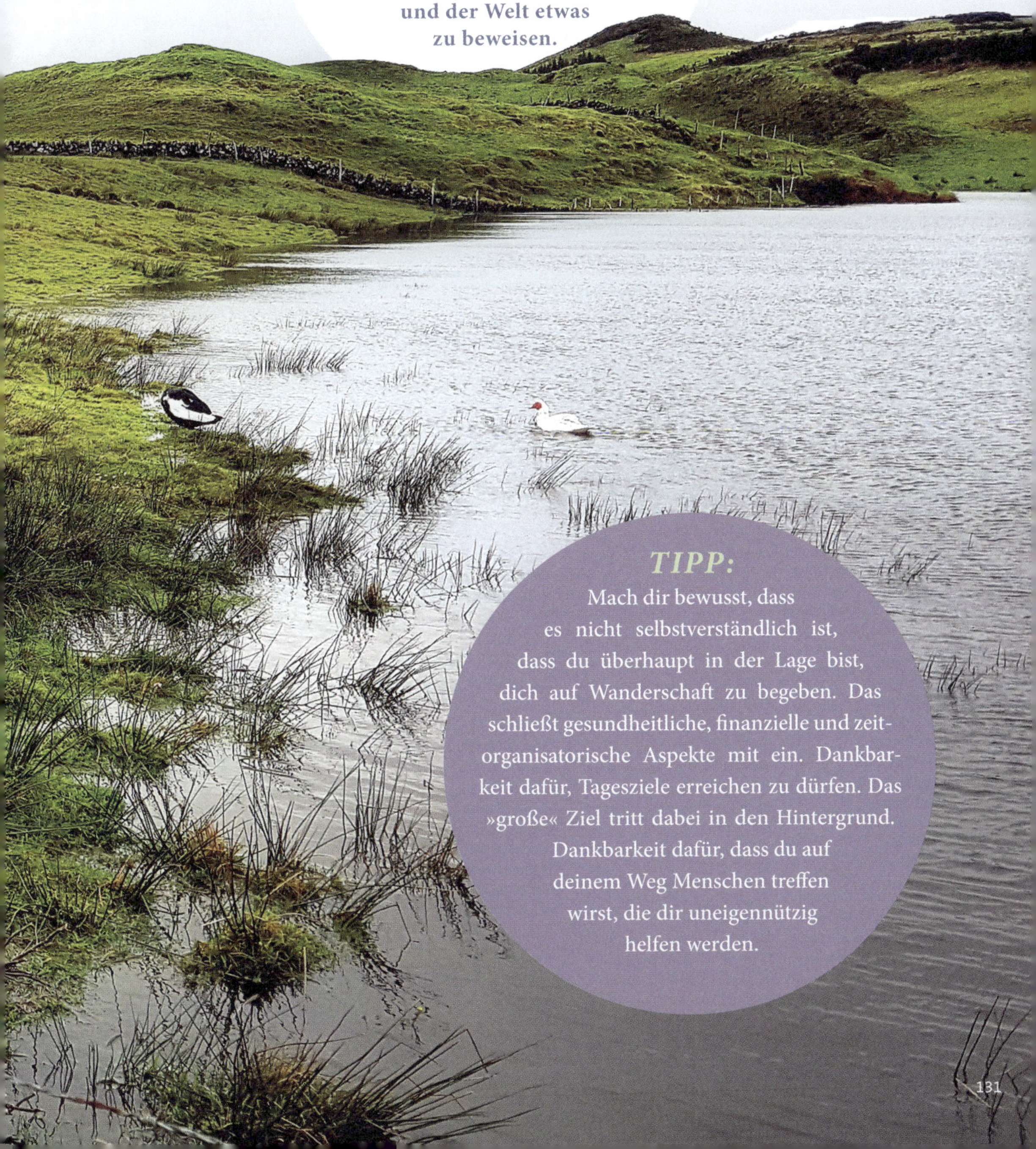

TIPP:

Mach dir bewusst, dass es nicht selbstverständlich ist, dass du überhaupt in der Lage bist, dich auf Wanderschaft zu begeben. Das schließt gesundheitliche, finanzielle und zeitorganisatorische Aspekte mit ein. Dankbarkeit dafür, Tagesziele erreichen zu dürfen. Das »große« Ziel tritt dabei in den Hintergrund. Dankbarkeit dafür, dass du auf deinem Weg Menschen treffen wirst, die dir uneigennützig helfen werden.

15 Intensive Selbstreflexion

mit Hilfe der 3-Helden-Übung

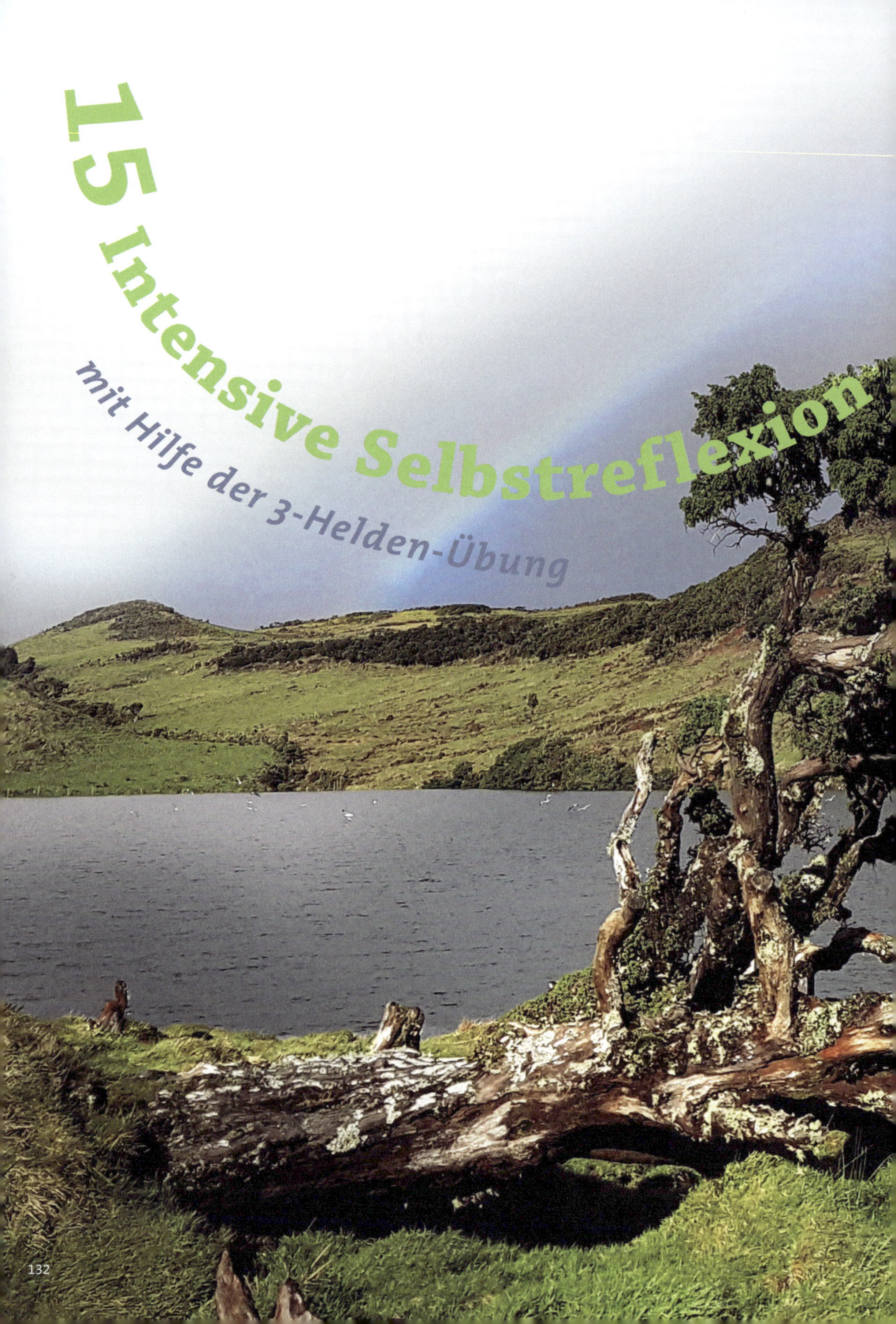

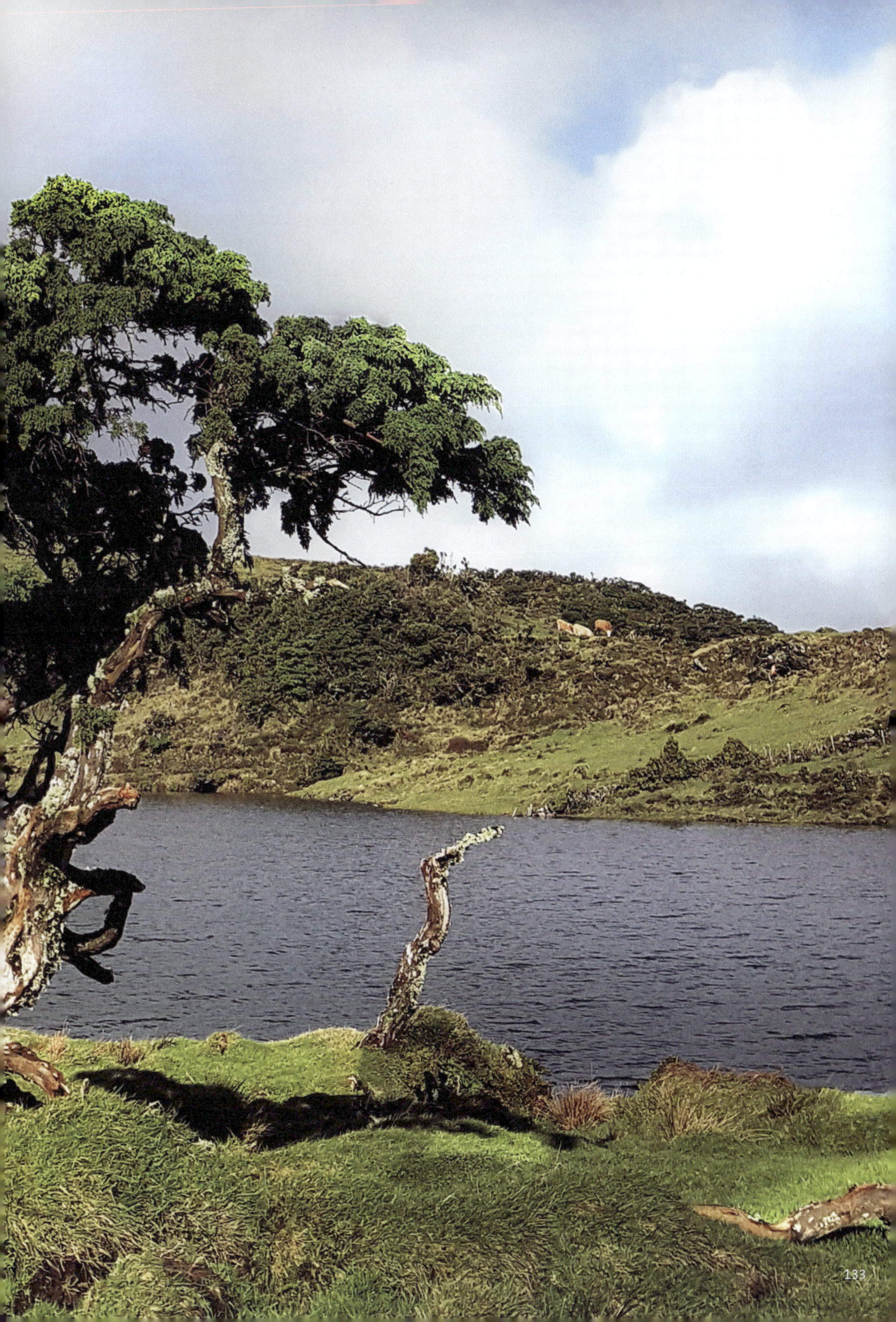

Wir haben erfahren, dass Fernwandern körperliche und seelische Stresssymptome reduzieren und Gefühle wie Zufriedenheit, Demut, Dankbarkeit und den Lebenssinn stärken kann. Diese Lerneffekte funktionieren besonders gut mittels Selbstcoaching. In den folgenden beiden Kapiteln möchte ich dir zwei solche Coaching-Anleitungen an die Hand geben.

Dabei halte ich die **3-Helden-Übung** für eine der wichtigsten und gewinnbringendsten Selbstreflexionsübungen, die du beim Wandern durchführen kannst. Sie hilft einerseits Menschen, die ihre Wohlfühlaktivität noch nicht gefunden haben und andererseits kann sie diejenigen bestätigen, die meinen, ihre Wohlfühlaktivität bereits zu kennen.

Als Lehrer setze ich die 3-Helden-Übung in Sachen Berufsfindung bei meinen Schülern ein. Sie funktioniert folgendermaßen:

Du suchst dir drei Helden Das können Menschen sein, aber auch Comicfiguren oder Kinohelden. Wichtig ist, dass du diese drei Helden in einer besonderen Hinsicht bewunderst. Es geht dabei nicht darum, die persönlichen Idole vorbehaltlos in ihrer Gesamtheit zu vergöttern, es genügen auch Einzelaspekte wie besondere Fähigkeiten, Talente oder Charaktereigenschaften. Vielleicht bewunderst du auf der einen Seite Robert Geiss als einen findigen und erfolgreichen Unternehmer, der aus eigener Kraft ein Millionenvermögen aufbaute, auch wenn du ihn andererseits wegen seines protzigen Auftretens im Fernsehen unsympathisch findest.

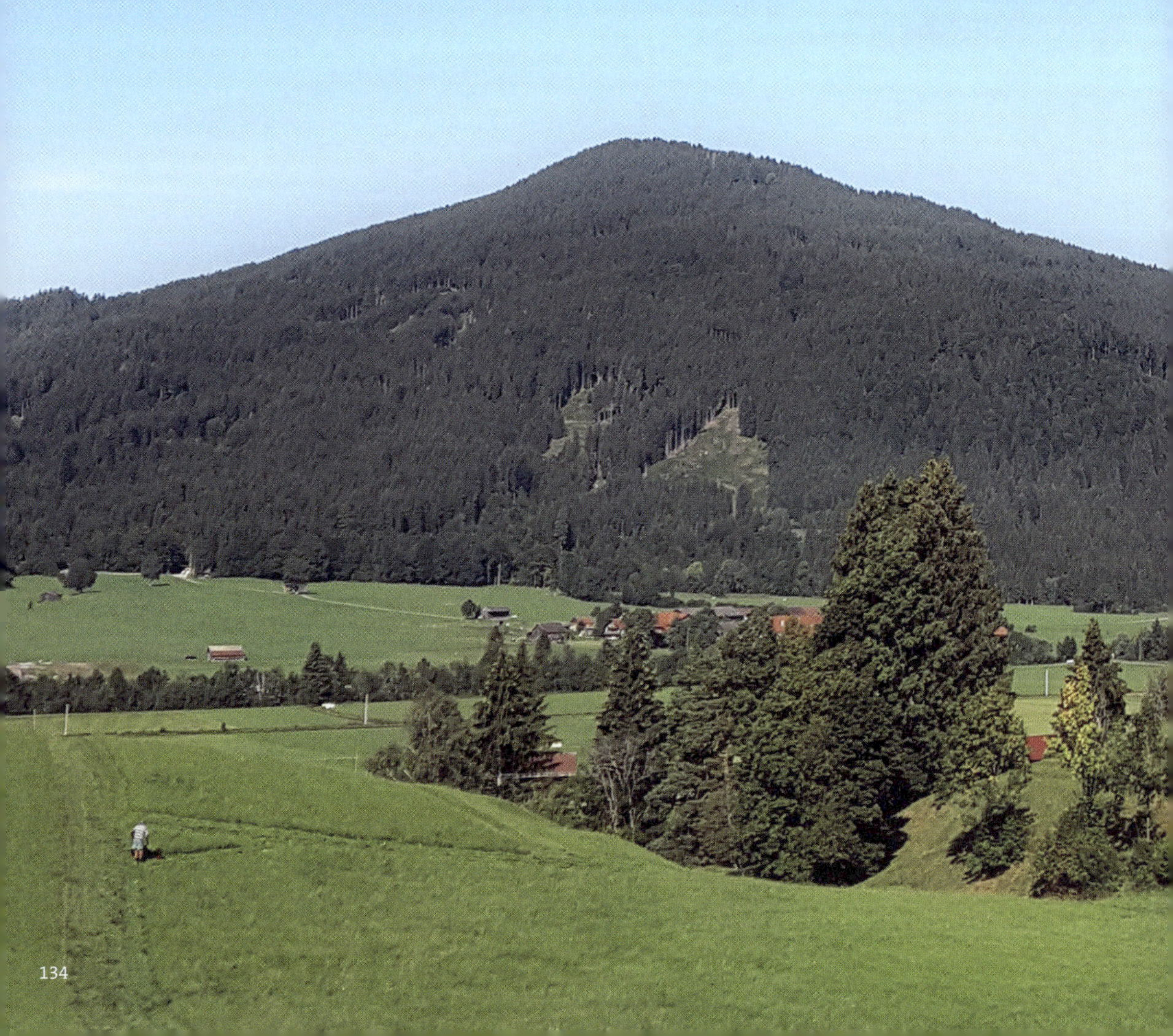

Nimm' dir etwas Zeit und wähle deine drei Helden sorgfältig aus! Vielleicht fallen dir spontan gleich mehrere Personen ein, die deine Helden sind. Reduziere die Liste jedoch auf drei Personen, Möglicherweise dauert es mehrere Tage, bis du dir darüber im Klaren bist.

Hast du deine drei Helden gefunden, formulierst du für jeden/jede mindestens drei Eigenschaften, die du bewunderst. Wenn dann schließlich mindestens neun Eigenschaften auf deinem Zettel stehen, markierst du wiederum davon die drei, die dir am wichtigsten erscheinen. Spätestens jetzt verlangt dir die Reflexion einiges ab. Lass' dir Zeit und wähle sorgfältig und ehrlich dir selbst gegenüber aus!

Wenn du das geschafft hast blickst du auf die Auswahl deiner drei Haupteigenschaften. Ja, richtig gelesen, DEINER Eigenschaften! Der Clou ist nämlich folgender. Du bist mit allen Eigenschaften deiner drei Helden, besonders aber mit den drei von dir markierten Eigenschaften auf dem Notizzettel ausgestattet! Du blickst in diesem Moment ganz tief in dein Innerstes! Du kannst nämlich nur dann Eigenschaften als bewundernswert ansehen, wenn diese auch in irgendeiner Form in dir angelegt sind.

Erklären lässt sich dieser Sachverhalt vielleicht am besten mit dem Zitat des österreichischen Philosophen Ludwig Wittgenstein (1889–1951) aus dem »Tractatus logico-philosophicus« (1963).

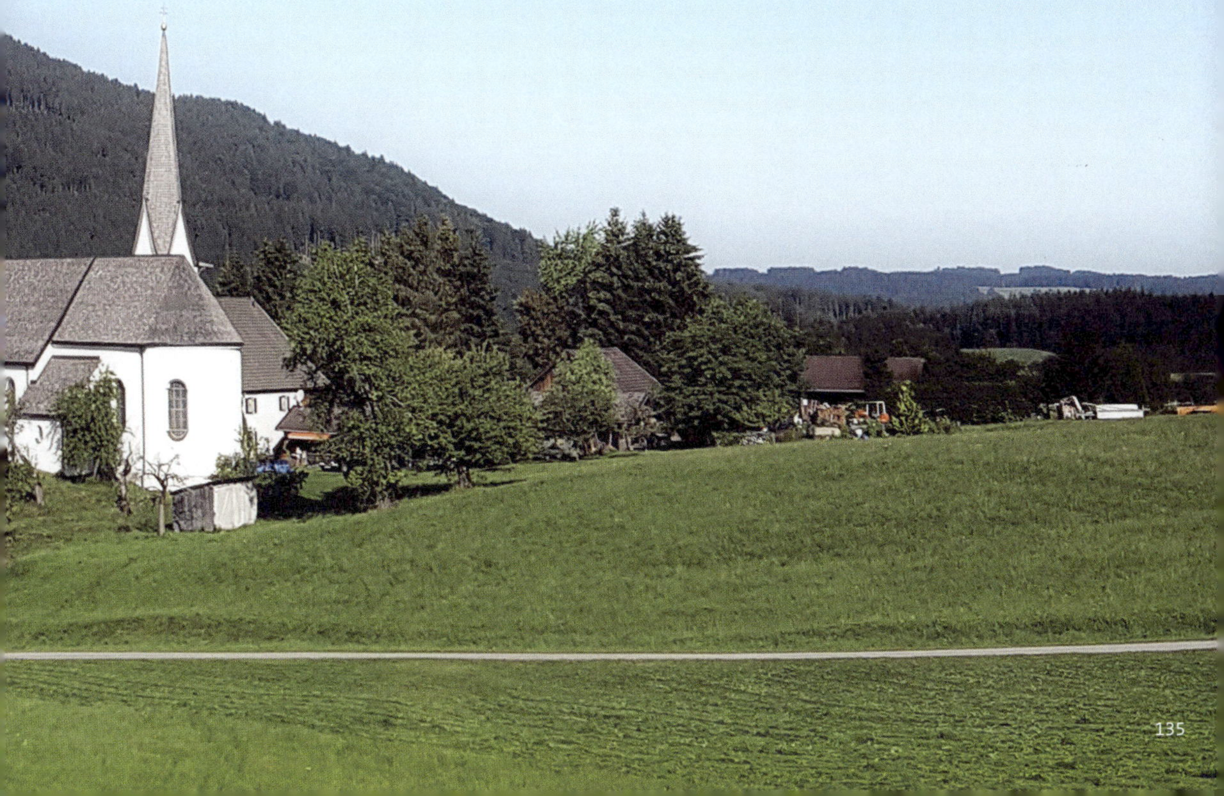

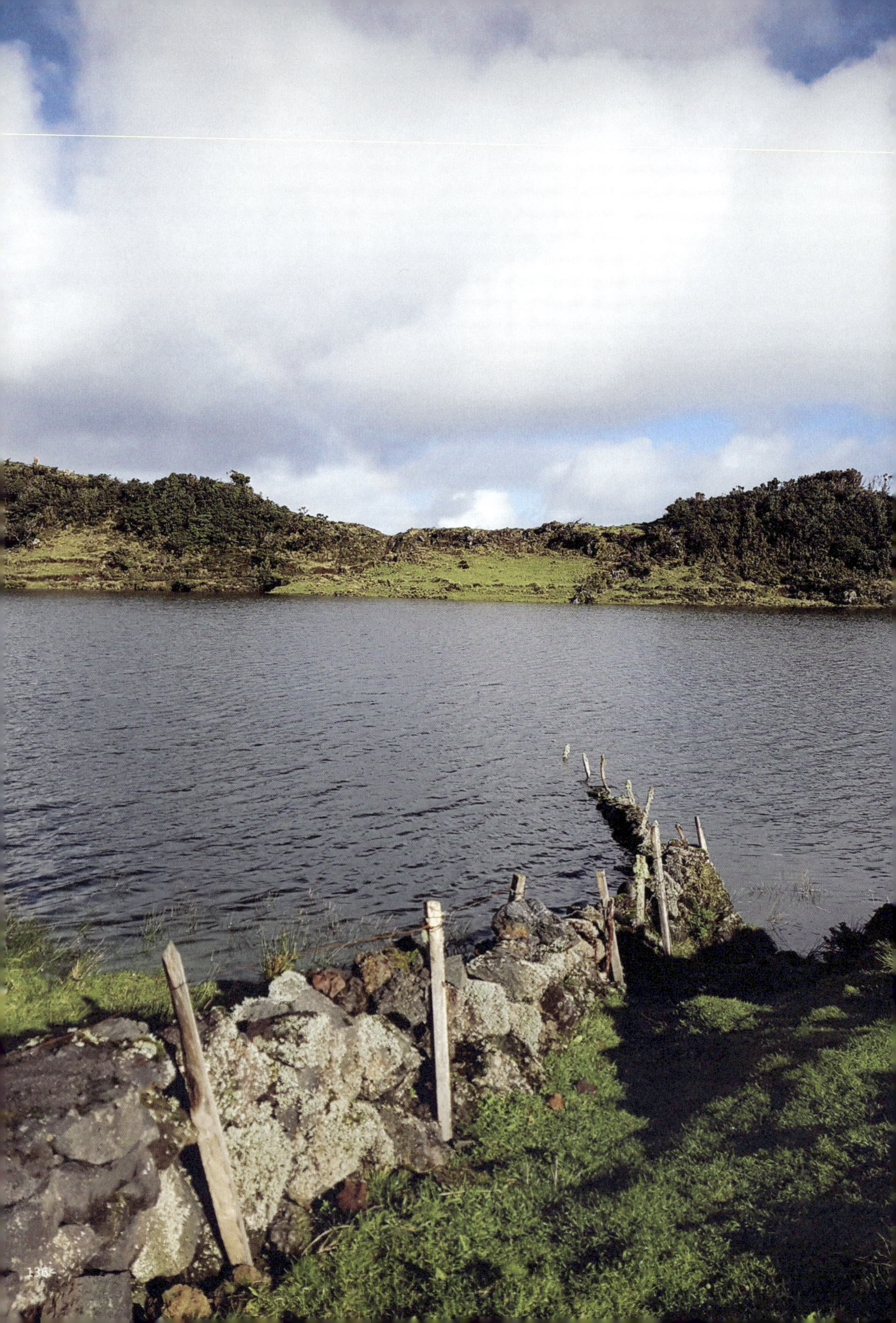

Wittgenstein behauptet: **»Die Grenzen meiner Sprache bedeuten die Grenzen meiner Welt«.** Was heißt das? Wenn ich eine Sache nicht in Worte fassen kann, weil mir die richtigen Begriffe dafür fehlen, dann wurde dieses Phänomen von mir auch nicht vollständig geistig durchdrungen. Als Lehrer weiß ich, dass ich den zu vermittelnden Unterrichtsstoff selbst vollständig verstanden haben muss, um ihn in passende und treffende Worte fassen zu können und meinen Schülern zu vermitteln. Wenn mir jedoch der Zugang zu einem Thema fehlt, nach Wittgenstein der sprachliche Zugang, in unserer Betrachtung der persönlich-individuelle Zugang, dann ist dieses Thema kein Element meiner Lebenswirklichkeit.

Ich möchte dir noch ein Beispiel mit an die Hand geben, um dies zu verdeutlichen. Wenn ich im TV durch die Programme zappe, werde ich die Übertragung eines Tennis-Matches garantiert überspringen, und sei es das Endspiel in Wimbledon. Tennis interessiert mich null Komma null. So wird auch kein noch so erfolgreicher Tennisspieler auf meiner 3-Helden-Liste landen.

An einer Dokumentation über Levison Wood, der den Nil von der Quelle bis zur Mündung zu Fuß abschritt, werde ich garantiert nicht vorbeischalten, da Fernwandern ein Teil meiner Persönlichkeit und entsprechend in mir angelegt ist.

Um Missverständnissen vorzubeugen – die drei Eigenschaften, die du markiert hast, sind in dir angelegt. Das bedeutet noch lange nicht, dass du auch gut darin bist. Du kannst die Huber-Buam wegen ihrer Kletterkünste bewundern, musst aber selbst kein Kletterer sein. Aber der Zugang zu diesem Sport, der schlummert in dir.

Was machst du nun mit dieser Erkenntnis? Nähre diese Eigenschaften! Füttere deine Anlagen! Baue sie aus! Erweitere und mehre sie! Bedenke, wir sind auf der Suche nach dem Glück. Nur wenn du dich mit etwas beschäftigst, das dir innewohnt, kommst du deinem Glück näher. Als anschauliches Negativbeispiel möge dir der überzeugte Vegetarier dienen, der als Metzger seinen Lebensunterhalt verdienen müsste …

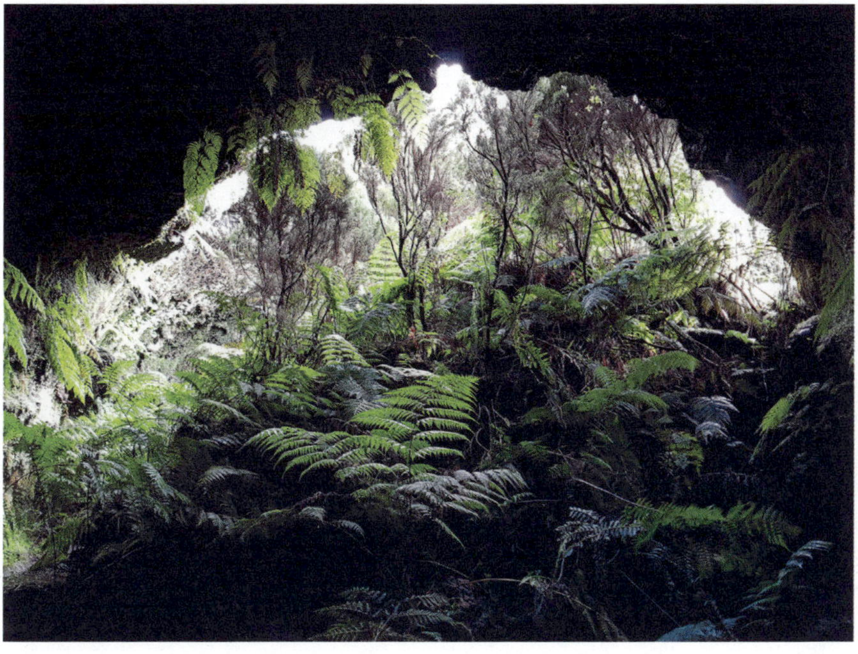

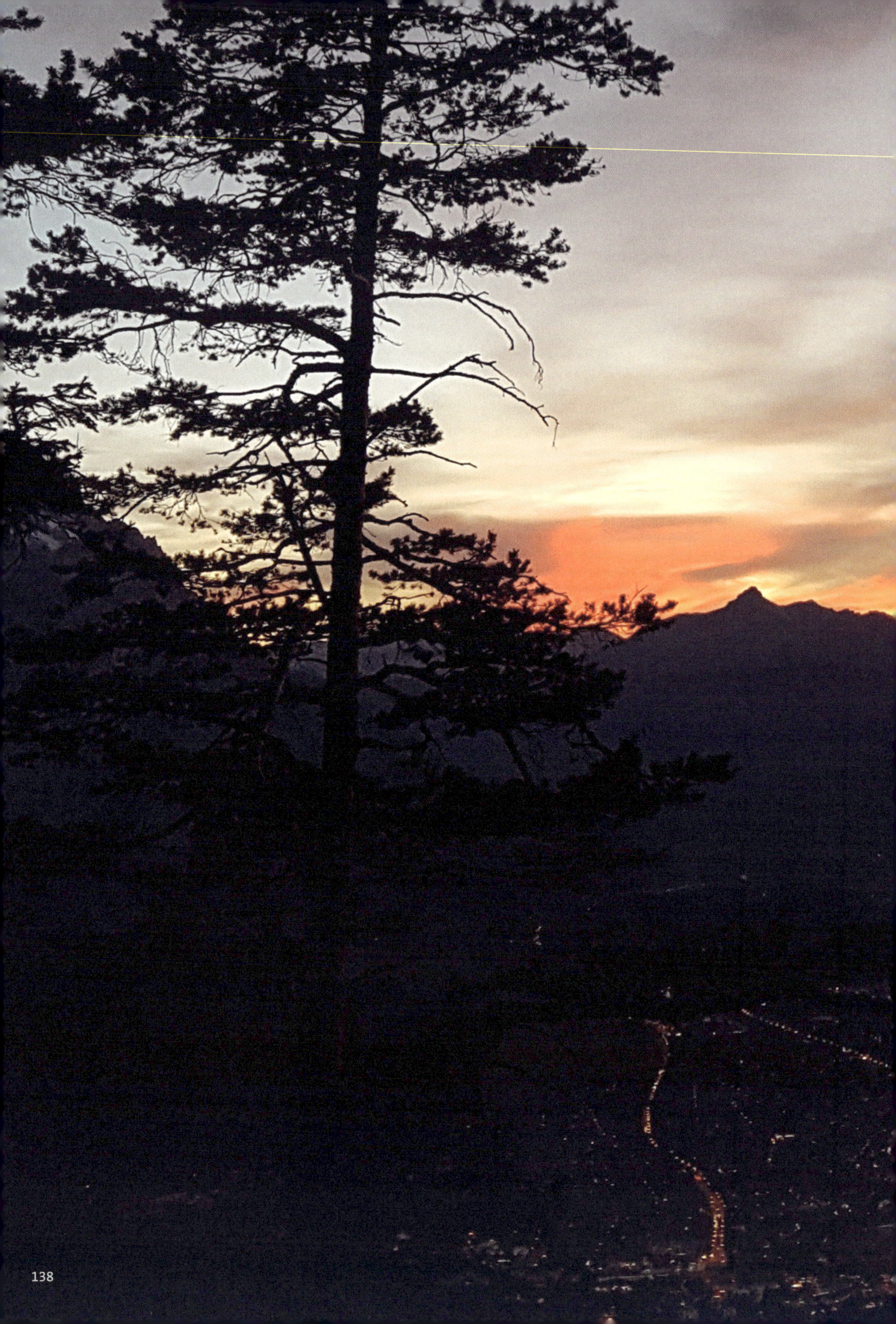

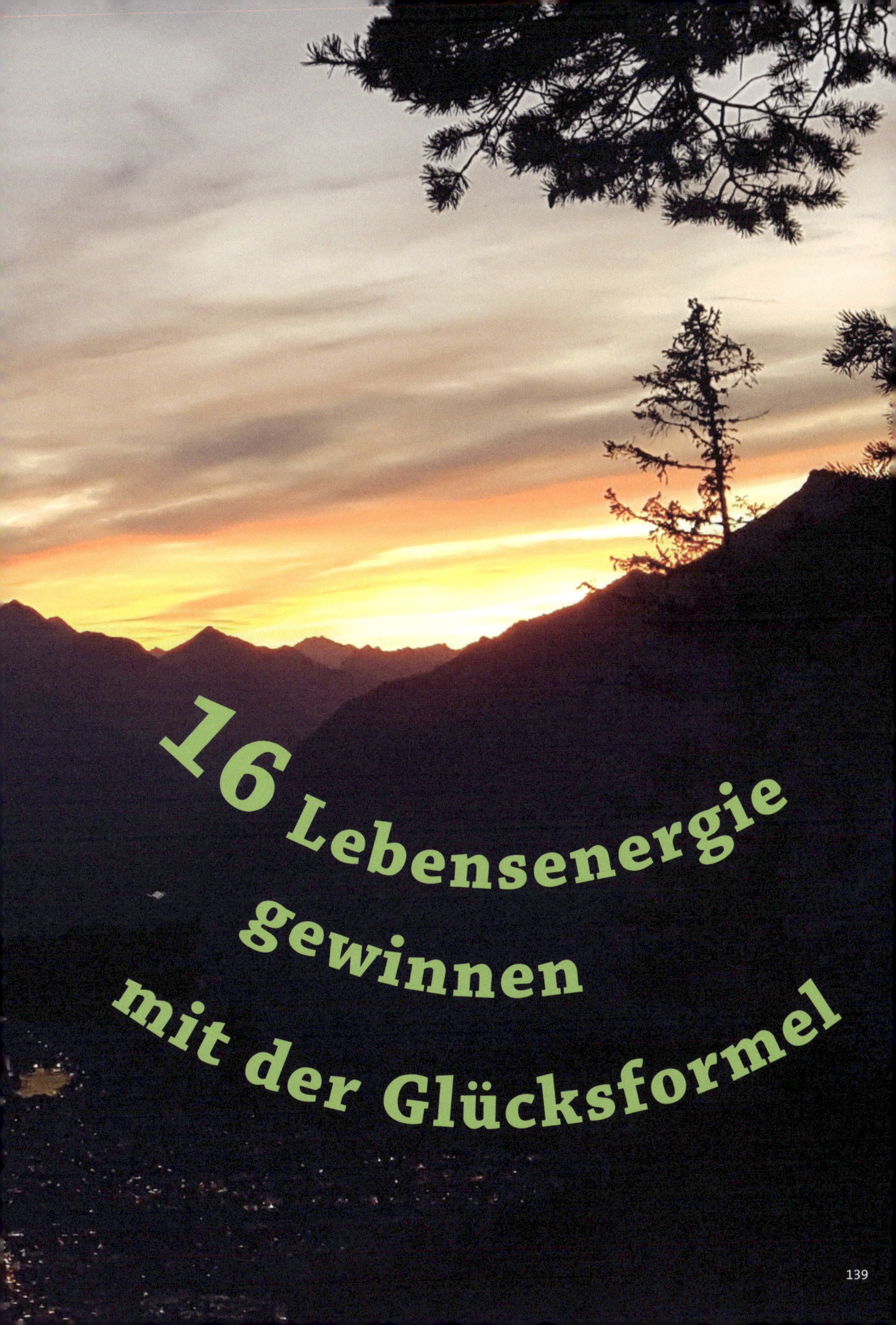

16 Lebensenergie gewinnen mit der Glücksformel

Glücksformel WANDERN

Der norwegische Philosoph Arne Næss (1912–2009), begeisterter Bergsteiger und einer der Begründer der **»Tiefenökologie«**, unternahm den Versuch, das Glück oder den Schmerz, je nach Betrachtungsweise, in einer mathematischen Formel zu fassen. Næss gehörte der neopositivistischen Tradition an, deren Erkenntnisse sich auf tatsächlich wahrnehmbare und empirisch überprüfbare Befunde beziehen. Aus diesem Grund versuchte er auch das Wohlgefühl in einer mathematischen Formel zu fassen.[31] Meiner Meinung nach gelang ihm das recht gut und du musst kein großer Mathematiker sein, um seine Formel zu verstehen. Jetzt brennst du natürlich darauf, seine Glücksformel kennenzulernen. Hier kommt meine an Arne Næss angelehnte Version: W ist gleich G hoch größer gleich 2, geteilt durch SPsy addiert mit SPhy oder mathematisch geschrieben:

$$W = \frac{G^{\leq 2}}{SPsy + SPhy}$$

W = Wohlgefühl

G = Glut

SPsy = Schmerz (psychisch)

SPhy = Schmerz (physisch)

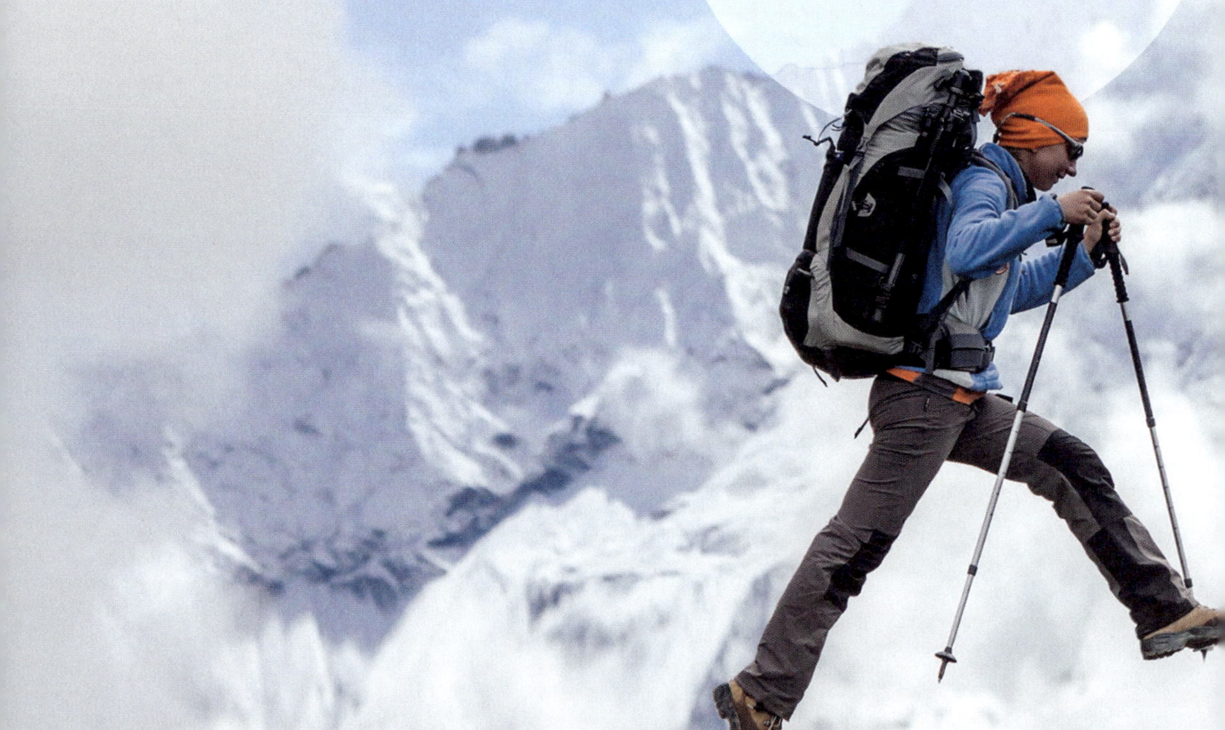

31 Arne Næss: »Ser du ikke at det er en vissen blåveis?« In: Hvor kommer virkeligheten fra? 18 Samtaler med Arne Næss, av Henrik B. Tschudi. Kagge Forlag. (norwegische Originalfassung) Oslo 2005. Deutsche Übersetzung des betreffenden Interviews: https://www.information-philosophie.de/?a=1&t=2545&n=2&y=4&c=0

W steht dabei für das Wohlgefühl. Dieses interpretiert Næss als Quotient aus der Glut G im Zähler des Bruches. Diese muss nach ihm mit 2 potenziert werden. Ich änderte die Formel dahingehend ab, die Glut mit größer gleich 2 zu potenzieren. Das hebt die Bedeutung der Glut noch mehr hervor und betont das »Glühen-Müssen« für eine Sache. Im Nenner steht die Summe aus SPsy, dem psychischen Schmerz addiert mit SPhy, dem physischen Schmerz.

Am einfachsten erklärt sich die Formel mit einem Beispiel. Nehmen wir im Zähler den Wert 3 an. 3 deshalb, weil die »Glut« im Zähler mit größer gleich 2 potenziert werden muss. 3 potenziert mit 3 ergibt den **»Glutwert«** 27. Im Nenner setzen wir hier der Einfachheit halber für jede Variable den gleichen Wert ein, ist ja nur ein theoretisches Gedankenspiel.
Für psychischer und physischer Schmerz setzen wir also jeweils 3 ein, das macht in der Summe 6. 27 geteilt durch 6 ergibt 4,5. Der Wert liegt somit über 1 und zieht damit das Wohlfühlkonto nach oben. Du erkennst, wenn der Wert deiner **»Glut«** mit mindestens 2 potenziert wird, dieser Wert jedoch kleiner als die Summe im Nenner ist, dann kippt die Formel unter den Wert 1. Beispiel: Glut mit dem Wert 1 potenziert mit dem Minimumwert 2 macht 1. Schmerzen physisch und psychisch je ebenfalls mit dem Minimumwert 1 macht in der Summe 2. 1 geteilt durch 2 macht 0,5. Und schon fallen wir unter die 1,0-Grenze und damit ins Unwohlsein.

Was die Glücksformel nach Næss deutlich zeigt, ist die Tatsache, dass du für etwas wirklich glühen musst, will heißen überaus begeistert davon sein musst, um für G einen möglichst hohen Wert zu erzielen. Je mehr du für eine Sache glühst, desto höher kannst du deren Wert potenzieren. Wenn du z. B. das Fernwandern mit dem gefühlten Wert 8 belegst und ebenfalls mit 8 potenzierst, weil du für das Fernwandern dermaßen glühst, dann stehen im Nenner 8 hoch 8, also 16.777.216. Im Nenner geben die beiden Schmerzarten jedoch nur eine Summe von 8 plus 8 ist gleich 16. 16.777.216 geteilt durch 16 ergäbe damit einen mathematisch berechenbaren Wohlfühlüberschuss von sagenhaften 1.048.576 Punkten. Wow! Da kann viel psychischer und physischer Schmerz zusammenkommen, ohne dass dieser dich herunterdrücken würde.

Oder anders ausgedrückt: **ein volles Wohlfühlkonto rettet dich über Probleme des Alltags.**

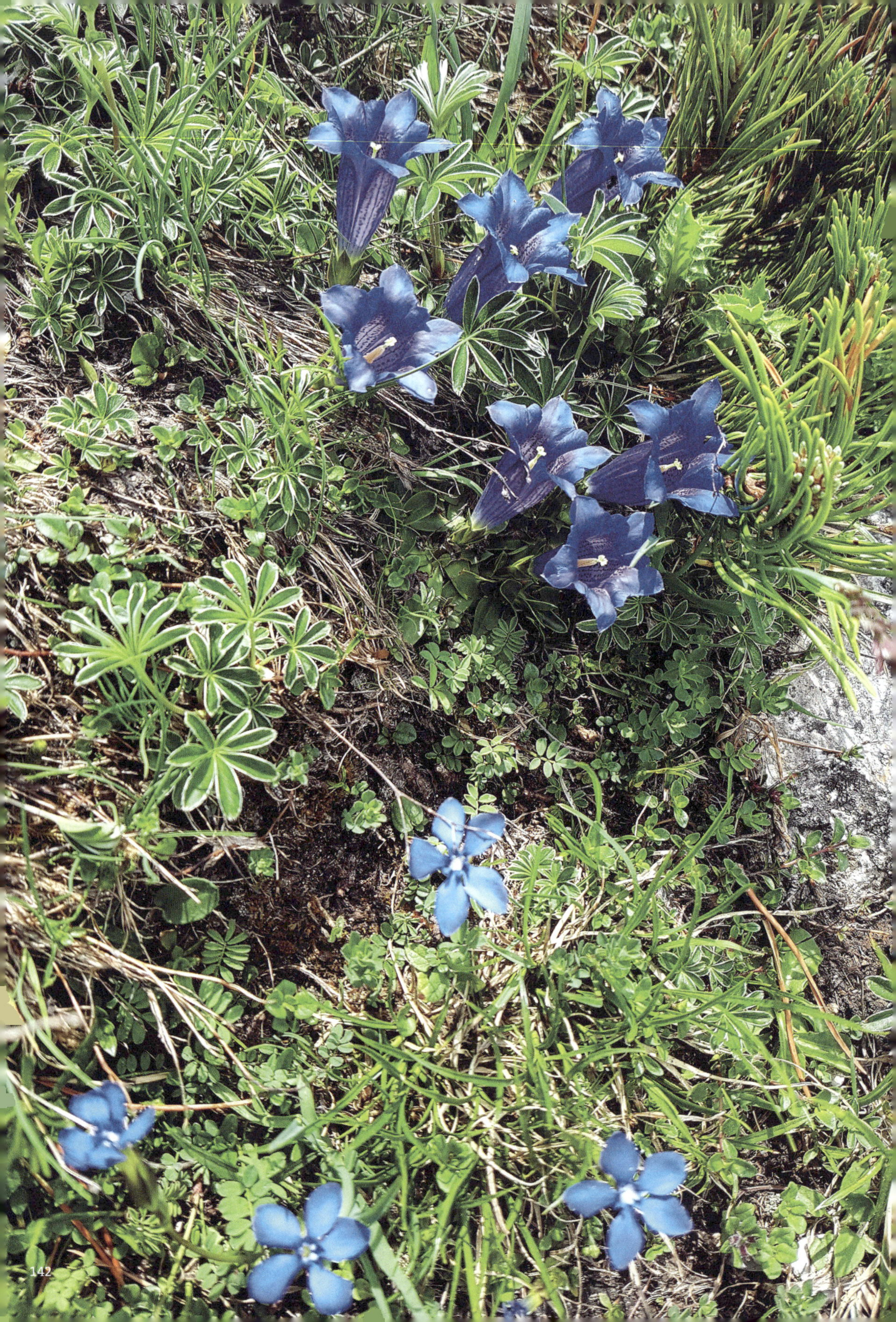

Im Grunde ist es **mit dem Wohlfühlen und dem Lebensglück ganz einfach.** Psychischer und physischer Schmerz kommen so sicher wie das Amen in der Kirche. Du kannst diese Schmerzen weder vermeiden, ihnen nicht aus dem Weg gehen und auch kaum Einfluss auf sie nehmen. Sie sind einfach da, kommen und gehen und gehören zum Leben. Aktiv auf dein Wohlgefühl und Glück einwirken kannst du nur über den Faktor Glut. Einzig und alleine über diesen! Du brauchst dafür eine Sache, für die du glühst. Je mehr Glut, desto besser. Je höher du dieses Glühen potenzieren kannst, desto besser. Dies gelingt dir durch Begeisterung für eine Sache und die Emotionen, die sie in dir auslöst.

Damit komme ich auch hier wieder auf den Aspekt der Emotionen zurück, den ich bereits im Rahmen der E-Kette beleuchtet habe!

Aber was geschieht, wenn dich ein Lebensereignis so sehr mit psychischem und/oder physischem Schmerz konfrontiert, ich denke z. B. an den Tod eines geliebten Menschen, den Verlust der Arbeitsstelle, eine schwere Krankheit oder Ähnliches, sodass die Summe im Nenner dein Wohlfühlkonto unter den magischen Wert 1 fallen lässt? Wie findest du aus dieser Krise wieder heraus?

Ich sehe da verschiedene Möglichkeiten. Als Erstes musst du dir darüber im Klaren sein, dass früher oder später ein solches Ereignis eintreten wird. Wenn du dich also darauf einstellst, dass auch bei voll aufgeladenem Wohlfühlakku irgendwann etwas passieren wird, was diesen Akku schlagartig leert, dann bist du in gewisser Weise schon darauf vorbereitet.

Ein Beispiel: Laut Kriminalstatistik gibt es in Deutschland pro Jahr etwa 2 Millionen Eigentumsdelikte. Gehst du von einer durchschnittlichen Lebenserwartung von 80 Jahren und etwa 83 Millionen Einwohnern aus, wird jeder Deutsche im Laufe seines Lebens statistisch gesehen etwa zweimal bestohlen. Wenn dir also etwas geklaut wird, kannst du dich zumindest mit dem Gedanken trösten, dass dies sowieso irgendwann geschehen musste. Im besten Fall reißt dich der Ärger dann nicht ganz so tief runter.

Anders ausgedrückt – lerne zu akzeptieren, dass das Leben nicht nur aus Zuckerschlecken besteht. Und bringe dann die Kraft auf, so schnell wie möglich nach einem solchen Ereignis wieder am Aufbau deines Wohlfühlkontos zu arbeiten. Gut wenn du dann auf eine **»Glut-Aktivität«** zurückgreifen kannst. Ich denke, dass eine Auszeit nach einem Unglück wohl eine gute Chance darstellt, so schnell wie möglich Abstand zu gewinnen, die Wunden zu lecken und gleichzeitig die Guthabenseite deines Wohlfühlkontos aufzubauen, z. B. durch eine lange Fernwanderung.

Noch ein weiterer Gedanke: So interessant die Wohlfühlformel ist, klar ist auch, dass die Formel an sich niemanden glücklich macht. Was Næss damit vermutlich vermitteln wollte, sind zwei Dinge: Erstens, zu zeigen, dass du auf dein Wohlgefühl nur über den Faktor »Glut« einwirken kannst und zweitens, dass Schmerz, welcher Art auch immer, nicht wegzudiskutieren ist, weil er ein Bestandteil des Lebens ist. Viele Menschen möchten ihr Wohlbefinden dadurch positiv beeinflussen, indem sie versuchen, dem Schmerz zu entfliehen.

Das gilt vor allem für den psychischen Schmerz, dem physischen können wir nicht so leicht entkommen. Eine Krankheit oder körperliche Schmerzen lassen sich nicht wegleugnen. Viele Menschen stehen im Beruf unter starkem Stress und drohen auszubrennen. Das ist psychischer Schmerz pur. Also fahren sie in den Urlaub und legen sich tagsüber am Strand in die Sonne und entspannen abends in der Bar etc. Momentan mag beides helfen, dem psychischen Schmerz zu entrinnen, doch zuhause laufen die Mühlräder des Alltags erneut an und der psychische Schmerz stellt sich sofort wieder ein und zieht ihr Wohlgefühl wieder ins Negative. Der Urlaub hatte keine nachhaltige Wirkung. Und genau hier greift erneut die E-Kette:

Das Wandern, sofern du dafür glühst, sorgt für Erlebnisse, von denen du auch zuhause noch zehren kannst!

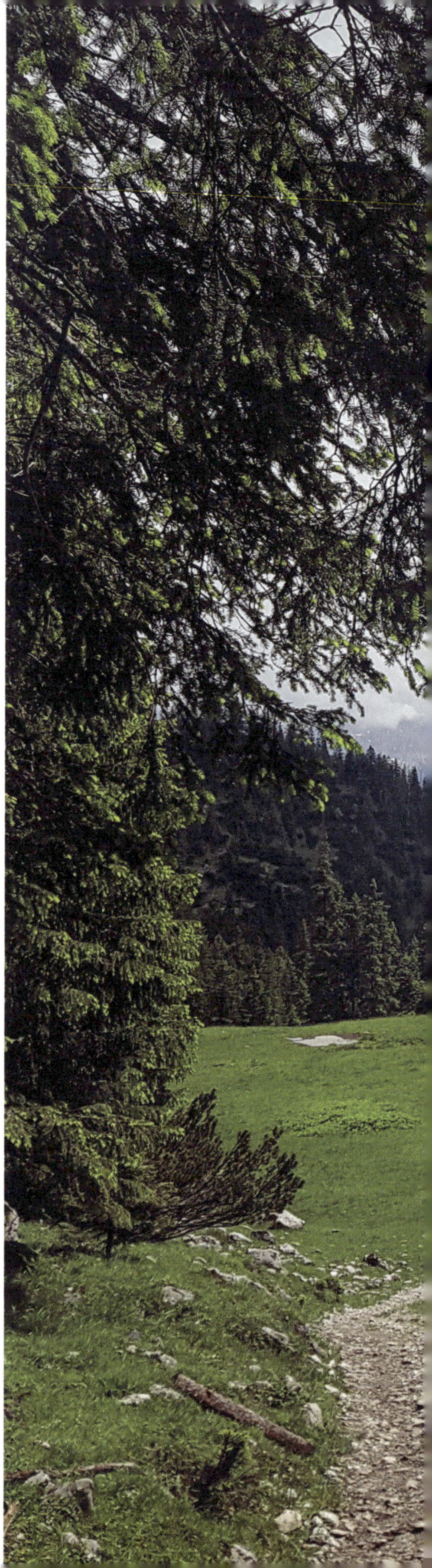

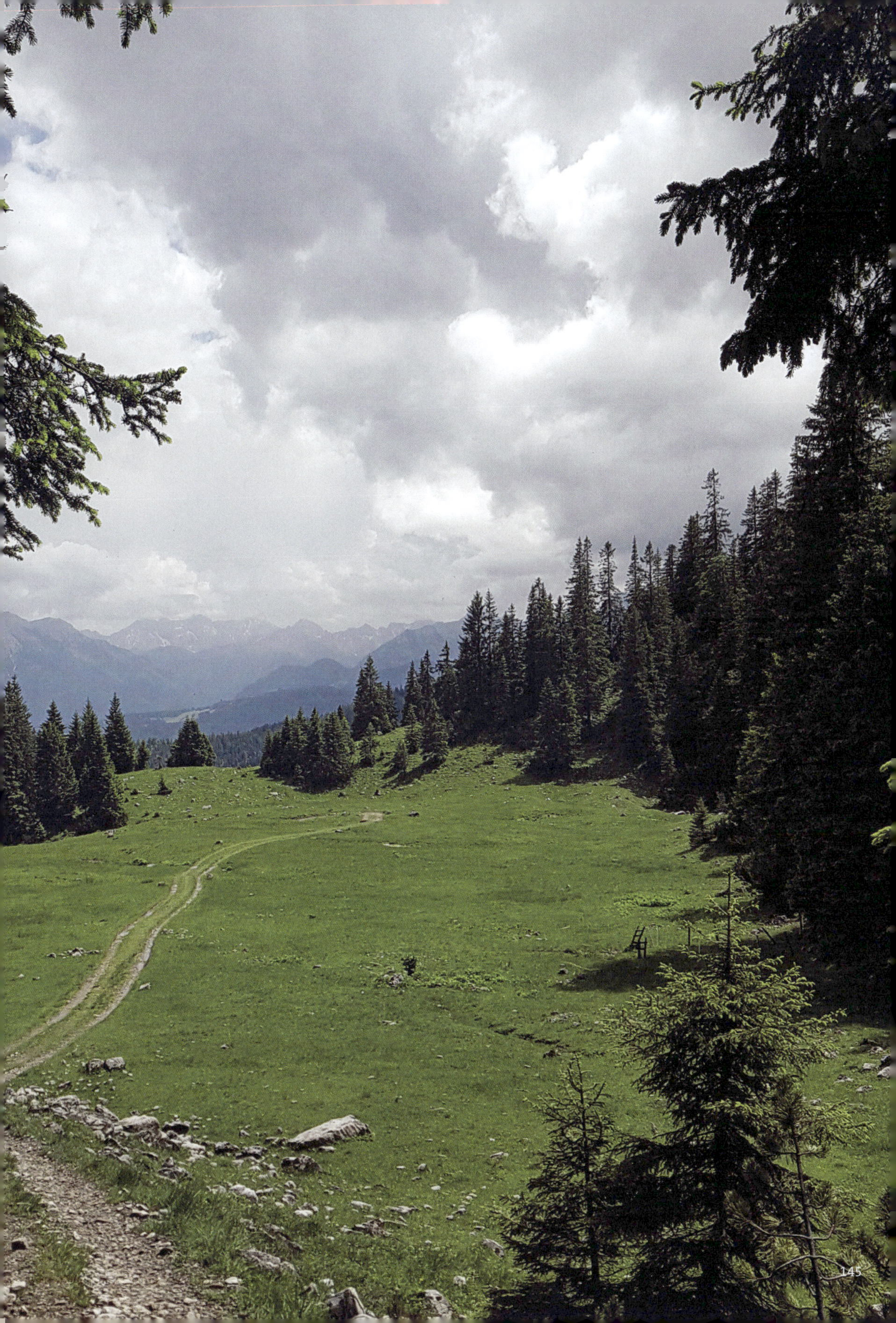

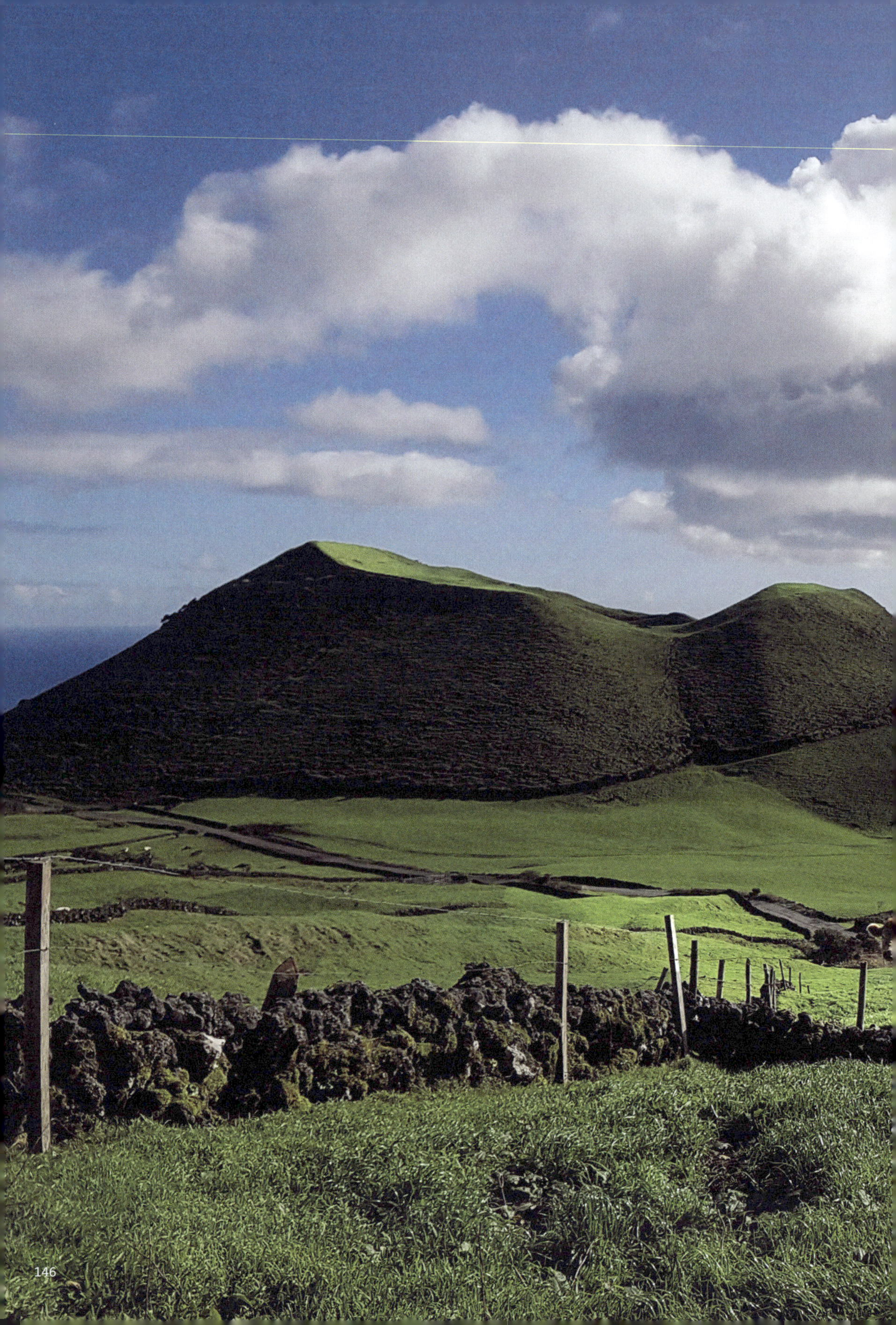

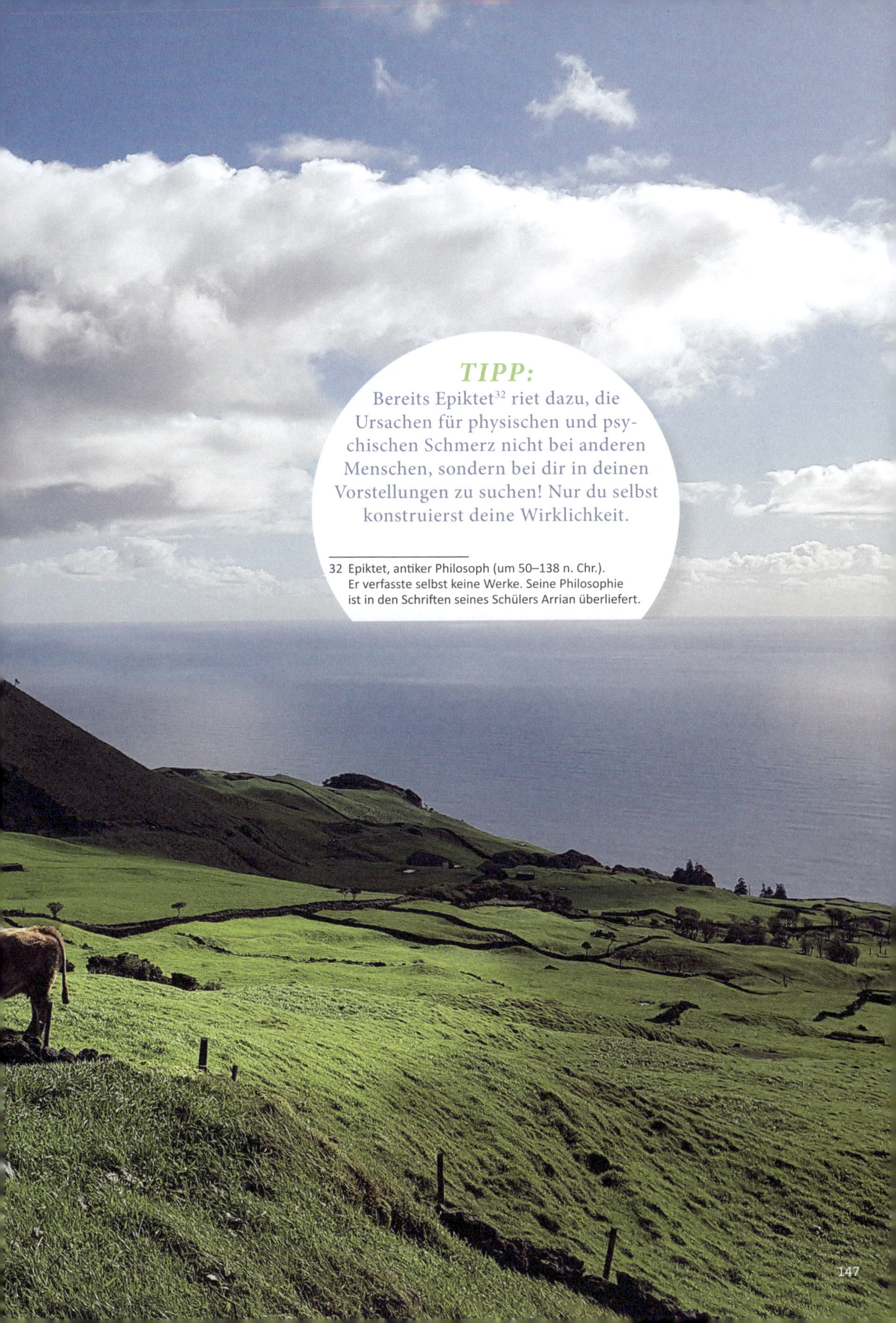

TIPP:

Bereits Epiktet[32] riet dazu, die Ursachen für physischen und psychischen Schmerz nicht bei anderen Menschen, sondern bei dir in deinen Vorstellungen zu suchen! Nur du selbst konstruierst deine Wirklichkeit.

32 Epiktet, antiker Philosoph (um 50–138 n. Chr.). Er verfasste selbst keine Werke. Seine Philosophie ist in den Schriften seines Schülers Arrian überliefert.

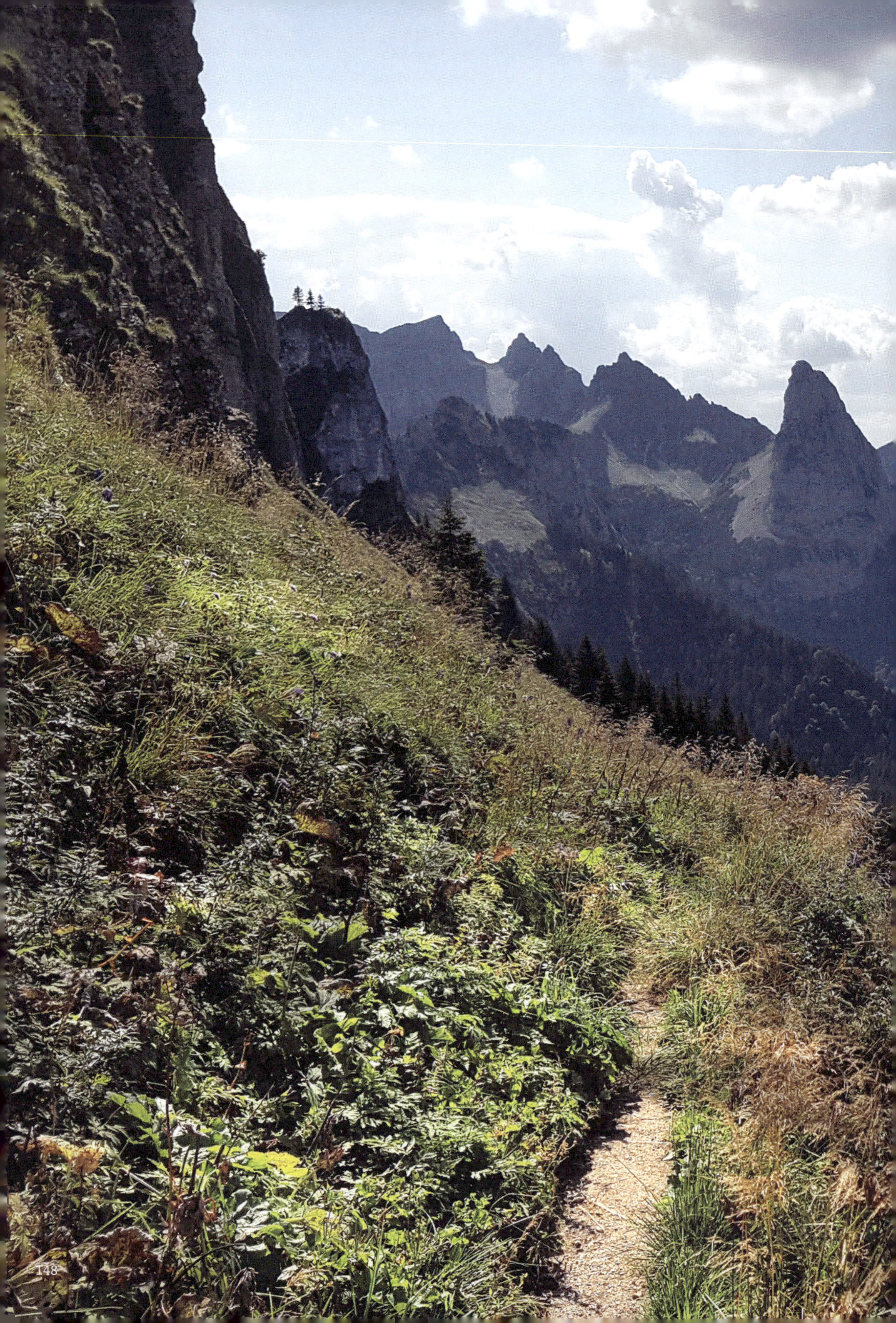

17 Und Action!

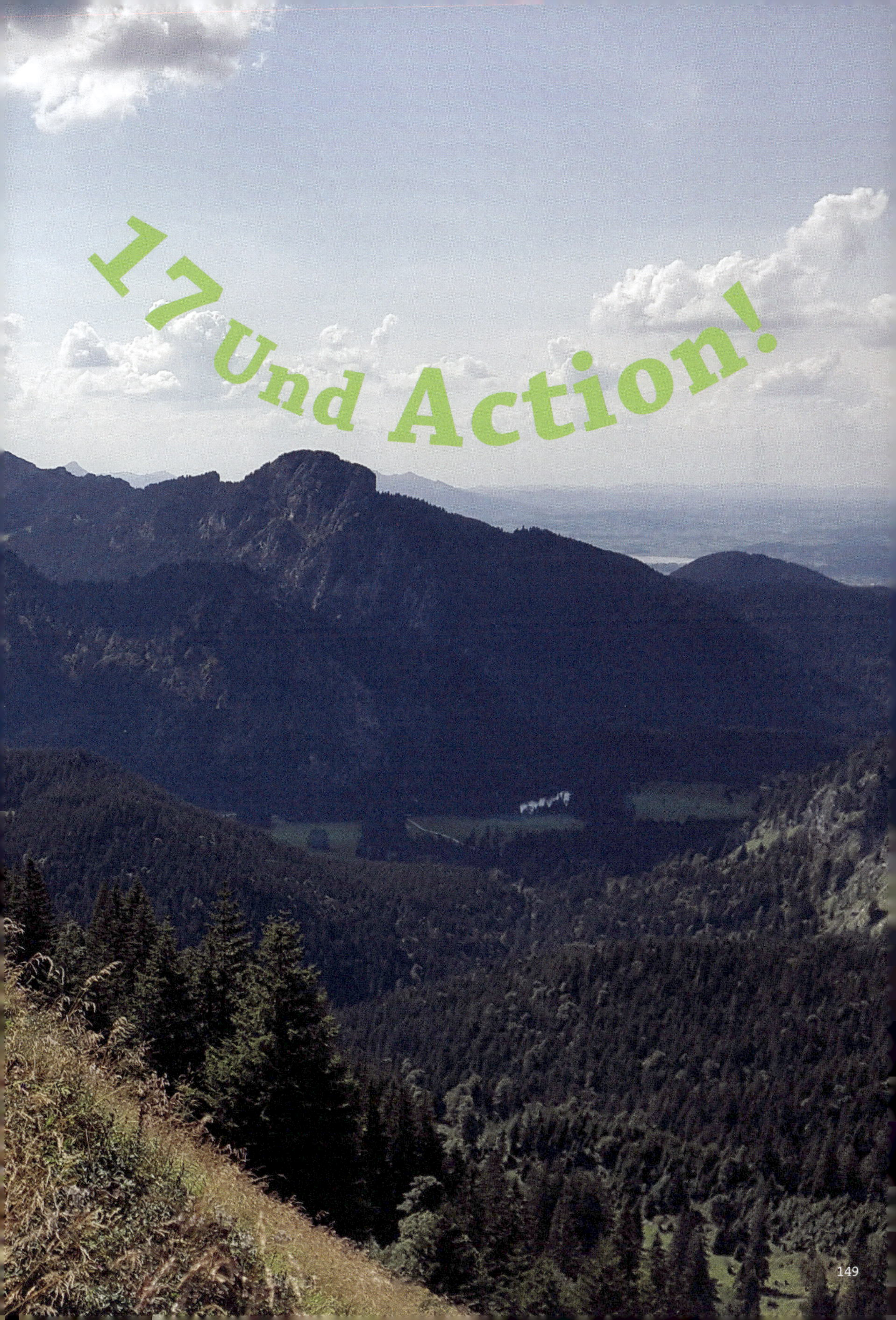

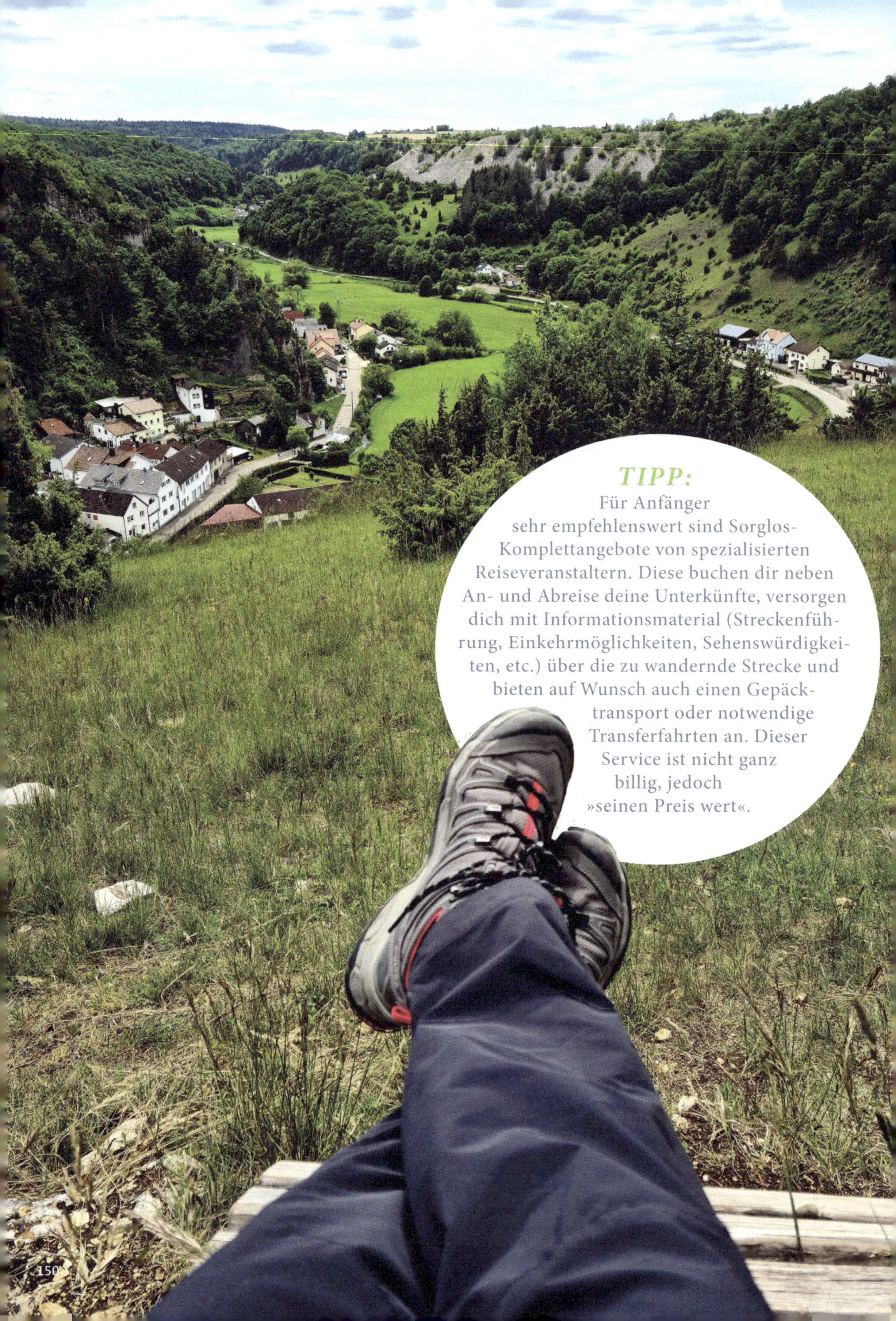

TIPP:

Für Anfänger sehr empfehlenswert sind Sorglos-Komplettangebote von spezialisierten Reiseveranstaltern. Diese buchen dir neben An- und Abreise deine Unterkünfte, versorgen dich mit Informationsmaterial (Streckenführung, Einkehrmöglichkeiten, Sehenswürdigkeiten, etc.) über die zu wandernde Strecke und bieten auf Wunsch auch einen Gepäcktransport oder notwendige Transferfahrten an. Dieser Service ist nicht ganz billig, jedoch »seinen Preis wert«.

Falls du schon ein erfahrener Wanderer bist, dient dieses Kapitel in erster Linie deiner Unterhaltung. Bist du durch die Lektüre neugierig geworden, möchtest das (Fern-)Wandern für dich ausprobieren und stehst jedoch am Anfang deiner Wanderkarriere, findest du hier hilfreiche Praxistipps für einen erfolgreichen Start in diese Sportart, die dir neben körperlicher Fitness Erfüllung und Lebensglück spenden kann. Zur Veranschaulichung greife ich hier nochmals auf die Vorbereitungen zu meinem Walkabout über die Alpen im Sommer 2017 zurück. Außerdem stelle ich dir kurz und knapp eine leichte, eine mittelschwere und eine herausfordernde Fernwanderung vor, die ich jeweils selbst durchgeführt habe.
Vor dem Beginn deines Konditionstrainings und der Beschaffung deiner Ausrüstung steht naturgemäß die Festlegung einer Route und eines Zieles für deine Fernwanderung.

Als zeitlichen Rahmen für deine Einstiegstour empfehle ich dir, mindestens eine Woche, besser 10–14 Tage zu veranschlagen. Als Neuling solltest du auf eine leichte Variante einer Unternehmung mit möglichst wenigen Höhenmetern und Tagesetappen von maximal 20 km zurückgreifen. Entsprechende Informationen und Eckdaten über die angedachte Tour findest du im Internet oder bei bekannteren Strecken als Flyer oder Broschüre gratis bei den betreffenden Fremdenverkehrsämtern. Diese halten oft auch Kartenmaterial vor und beraten dich bei der Auswahl deiner Unterkünfte. Als besonders attraktiv empfinde ich in dieser einfachen, aber deshalb nicht weniger psycho-wirksamen Kategorie Wege entlang von Flüssen, die man in der Regel flussabwärts wandert. Neben dem ebenen Relief wirkt ein Fluss oder Bachlauf beruhigend und inspirierend zugleich. So erinnere ich mich oft und gerne an die 160-km-Fernwanderung von Treuchtlingen nach Kelheim entlang der Altmühl, die ich im Frühsommer 2020 mit meiner Frau beging.

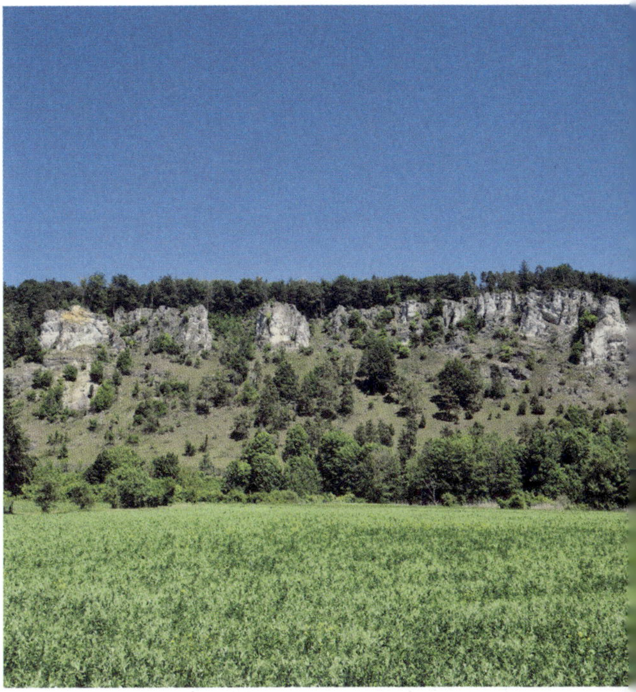

Schroffe Klippen im Altmühltal.

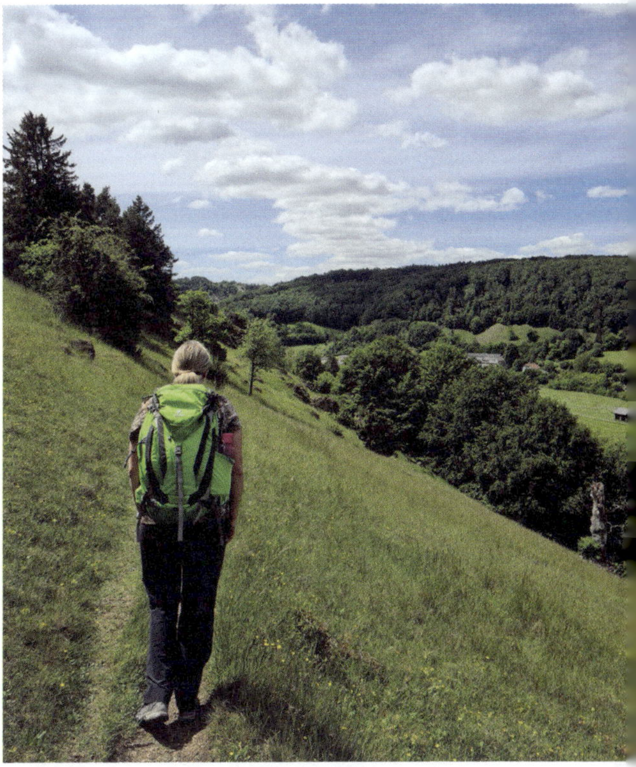

Altmühltal-Panoramaweg: typische Wacholderheide bei Solnhofen.

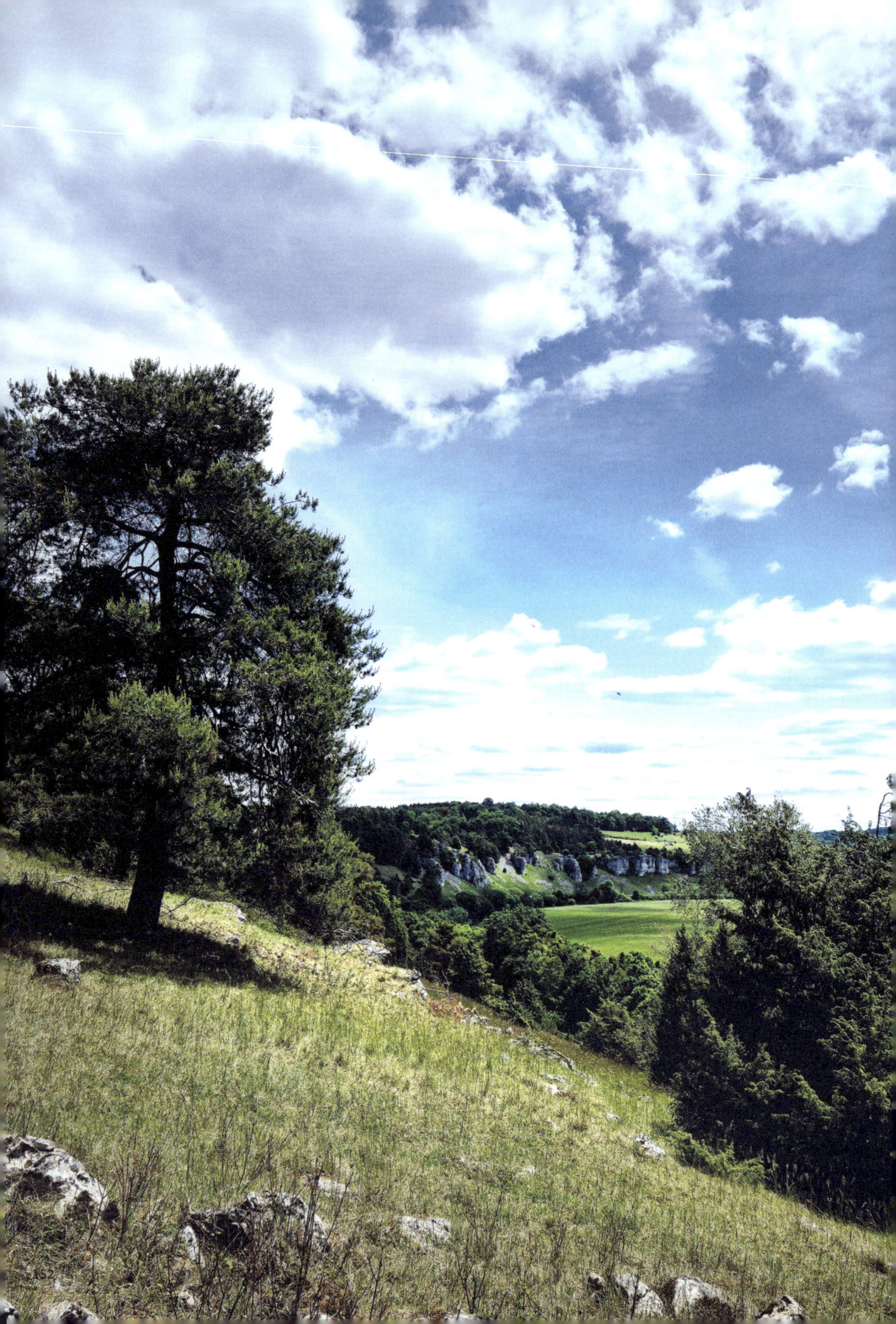

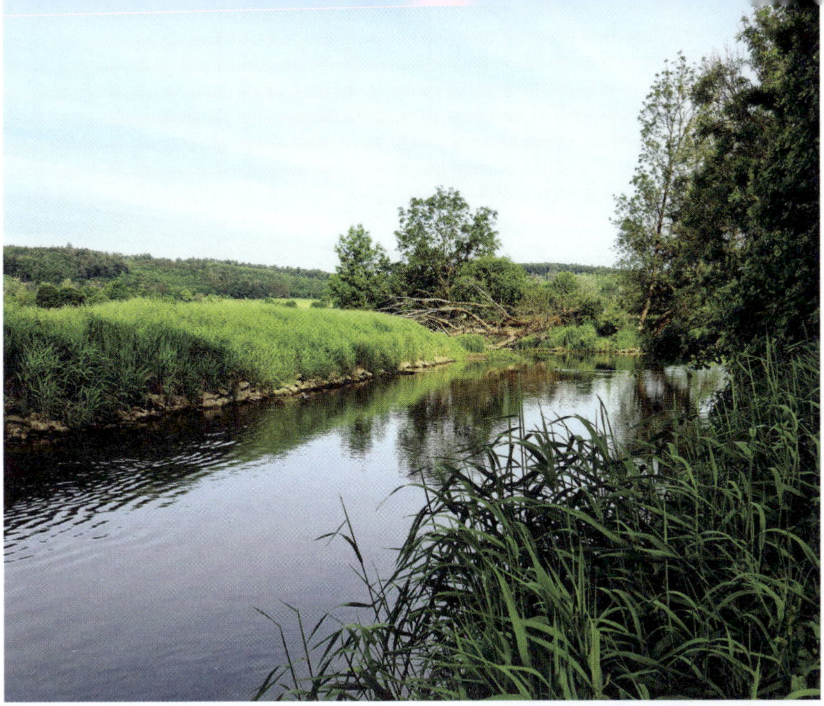

Bei dieser Tour konnten wir beobachten, wie der Fluss immer breiter und mächtiger wurde.

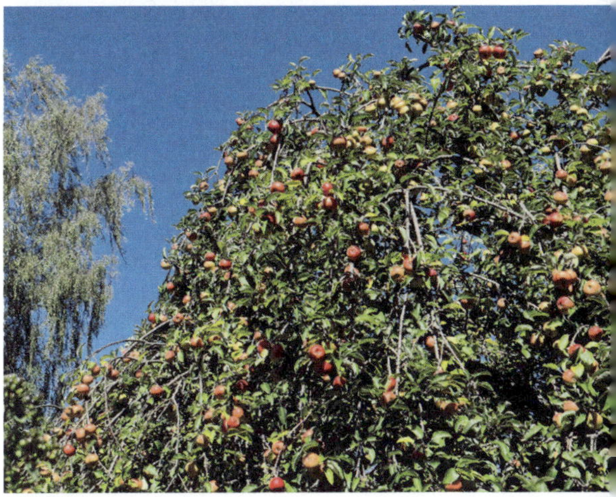

Der **»Altmühltal-Panoramaweg«** misst auf seiner Gesamtlänge von Gunzenhausen nach Kelheim 200 km.
Wer Höhenmeter einsparen möchte, denn der Weg wechselt häufig von den Flussauen auf die Hochflächen der Fränkischen Alb, bleibt in Altmühlnähe auf dem ebenen Altmühltal-Radweg.

Wo entlang eine Fernwanderung führt, ist zunächst einmal völlig zweitrangig. Alleine in Deutschland gibt es rund 40 Fernwanderwege und es kommen immer wieder neue dazu. Ortsnamen sind austauschbar. Der Weg ist das Ziel und es ist das mehrtägige Wandern als solches, das dich, den Reisenden, im übertragenen Sinne **»weiterbringen«** wird.

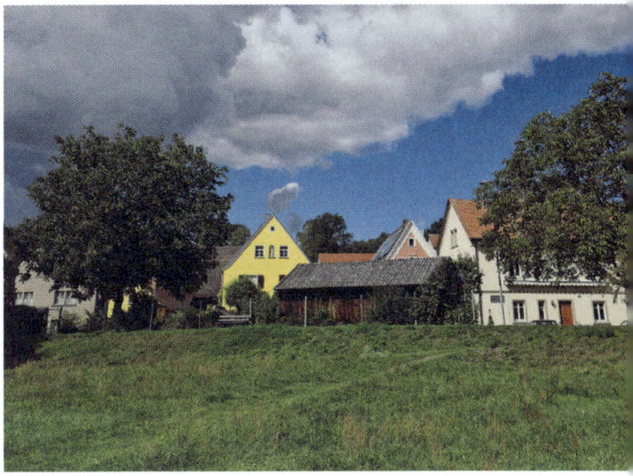

Das Maintal, hier bei Schweinfurt, zeigt sich im Sommer reich an Farben und Früchten.

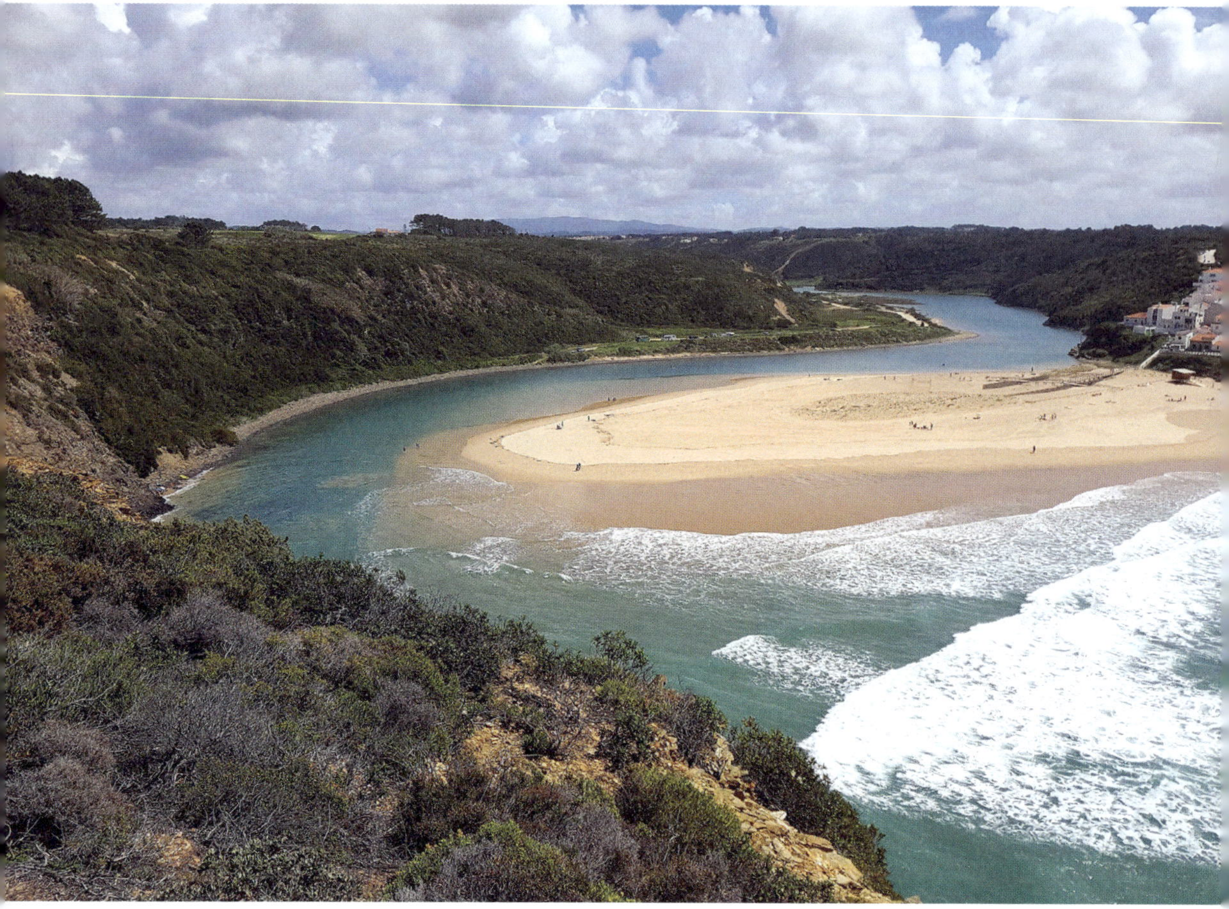

Mündung des Flusses Ribeira de Seixe bei Odeceixe. Grandioses Finale der vier Etappen des Fischerpfades im Südwesten Portugals.

Als **mittelschwere Fernwanderung** schlage ich eine Tour vor, die Wandern und Urlaubsgefühle in einmaliger Art und Weise in sich vereint. Wer südländisches Flair, erlesenes Essen und erstklassige Weine schätzt, dem empfehle ich einen Blick auf die Rota Vicentina in Portugal zu werfen. Mehr geht nicht für fortgeschrittene Fernwanderer! Ich wurde durch einen Artikel in der Zeitschrift **»Panorama«** des Deutschen Alpenvereins darauf aufmerksam, genauer gesagt durch ein doppelseitiges Foto darin, das eine wilde Küstenlandschaft mit schroffen Klippen und lieblichen Sandstränden dazwischen zeigte. Mannshohe Wellen bezeugten eine starke Brandung, in der auf steilen Felsnadeln die Störche brüteten. Das Foto roch geradezu nach Meeresbrise. Die Rota Vicentina im Südwesten Portugals ist ein Netz von Fernwanderwegen. Das unbestrittene Highlight sind die vier Tagesetappen des Fischerpfades. Diese führen 75 Kilometer von Porto Covo nach Odeceixe. Immer an der Atlantikküste entlang. Sie verbinden Pfade und Steige, an denen die Einheimischen schon immer die Steilküste hinabstiegen zum Angeln. Meist verlaufen sie oberhalb der Klippen, teilweise aber auch über sandige Strandabschnitte. Man kann nach den vier Tagen Fischerpfad die Fernwanderung nach Süden fortsetzen, um z. B. das Südwest-Kap, das Cabo de Sao Vicente zu erreichen.

TIPP:

Ich wandere am liebsten in den Bergen oder an der Küste. In beiden Naturregionen wechselt das Landschaftsbild extrem schnell. Für die Berge spricht neben der grandiosen Natur der sportliche Aspekt des Bergwanderns, für eine Wanderung an der Küste der meditative, Glücksgefühle auslösende Anblick der Weite und der Bewegungen des Meeres. Angeblich gelten Küstenbewohner deshalb als besonders glückliche Menschen.

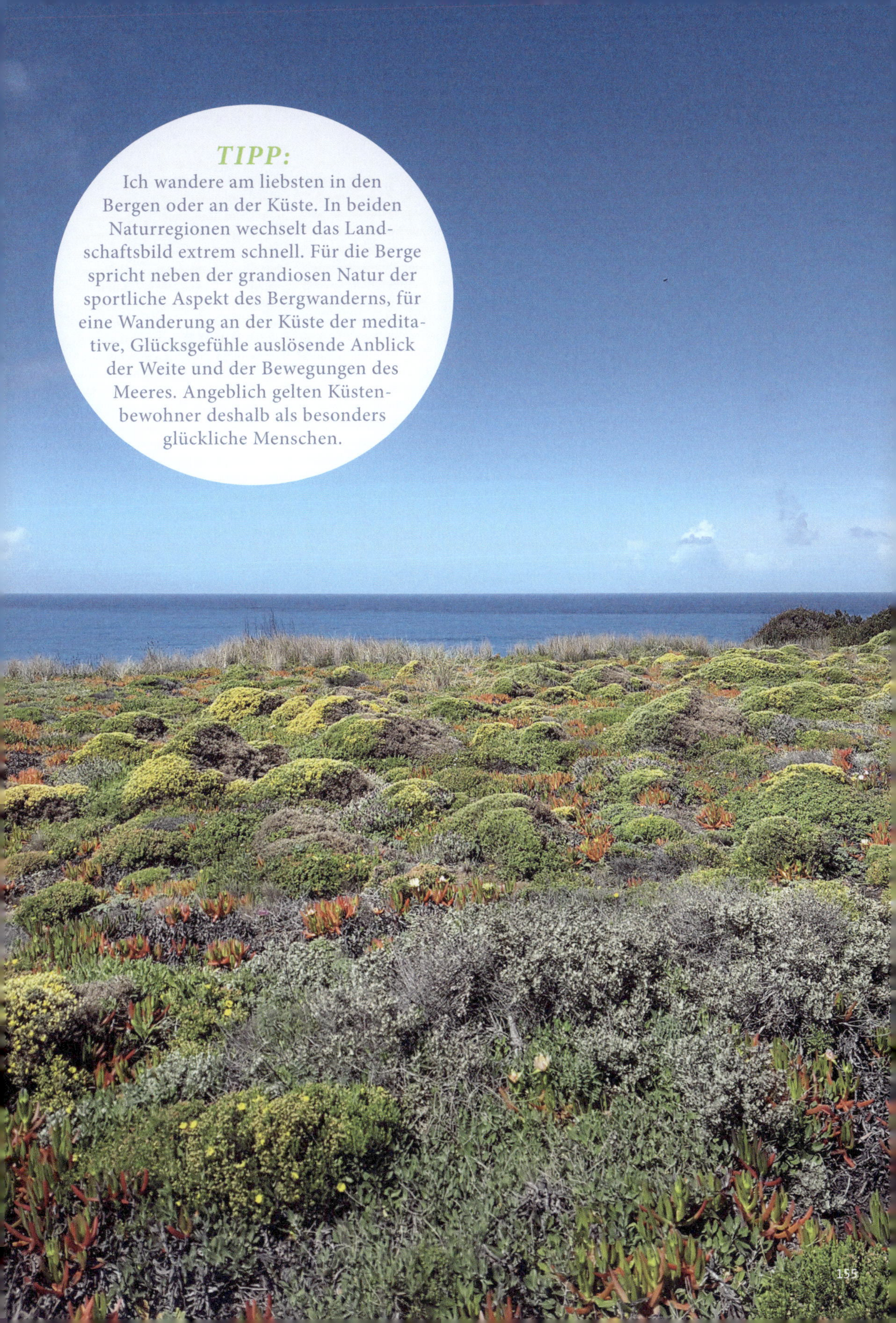

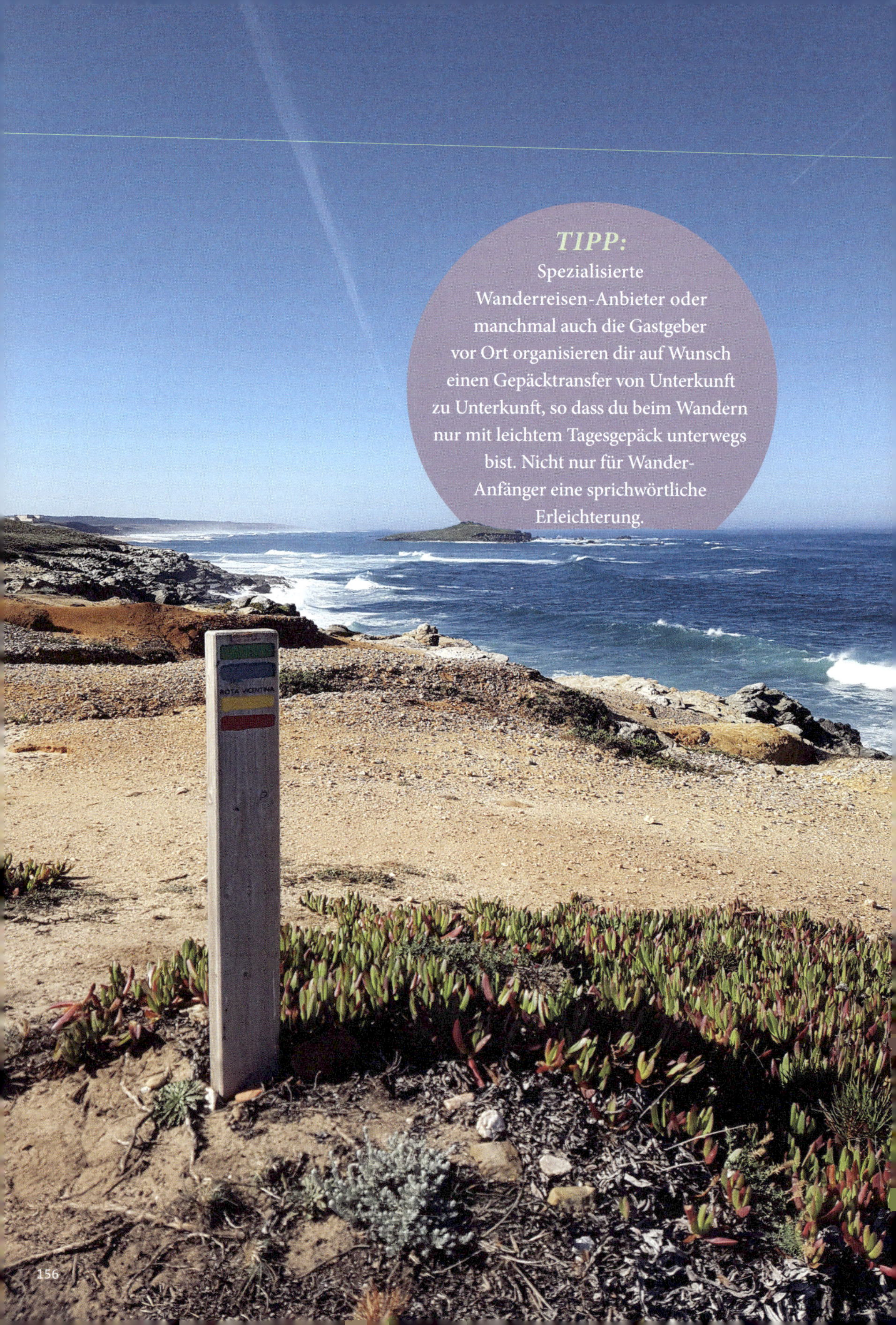

TIPP:

Spezialisierte Wanderreisen-Anbieter oder manchmal auch die Gastgeber vor Ort organisieren dir auf Wunsch einen Gepäcktransfer von Unterkunft zu Unterkunft, so dass du beim Wandern nur mit leichtem Tagesgepäck unterwegs bist. Nicht nur für Wander-Anfänger eine sprichwörtliche Erleichterung.

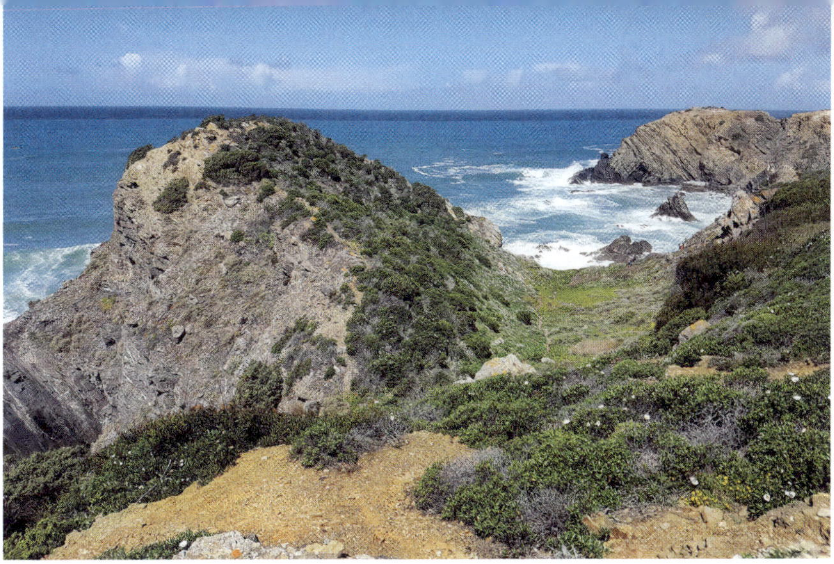

Naturgewalt Atlantik an der Südwestküste Portugals.

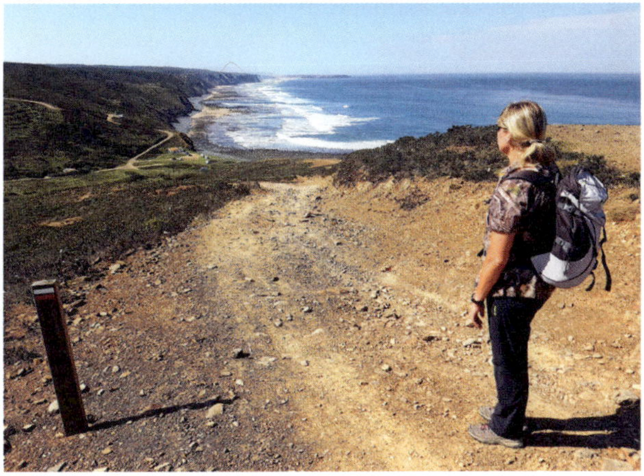

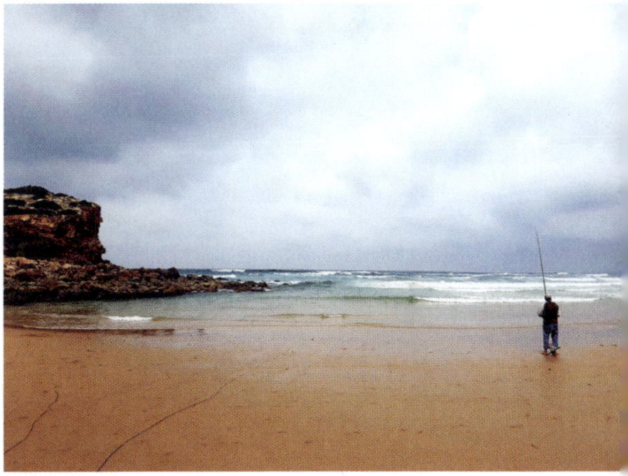

Zwischen schroffen Dünen finden sich liebliche Sandbuchten. Ein Eldorado für Surfer.

Häufige Weichsandabschnitte, besonders im Bereich des Fischerpfades und das herausfordernde Wetter, das dir sowohl eine steife Brise als auch eine starke Sonneneinstrahlung zugleich bieten kann, machen die Rota Vicentina zu **keiner Anfängertour**. In den Hochsommermonaten rate ich aufgrund der Hitze vom Wandern in Portugal ab.

Ich ging die Rota Vicentina in den Osterferien 2019 mit meiner Frau und gönnte uns eine Extraportion Luxus. So wurden wir am Flughafen in Lissabon mit einem Privatshuttle abgeholt und nach Vila Nova de Milfontes chauffiert. Von dort aus starteten wir am Folgetag unsere Fernwanderung. Wir wurden zum Einstieg in den Fischerpfad nach Porto Covo gefahren und wanderten dann die erste Etappe zurück zu unserem Hotel in Vila Nova. Auch die nächsten Tage brachte uns immer wieder ein Shuttle zu den Anfangspunkten der Tageswanderungen bzw. nach deren Abschluss zum Hotel. Wir setzten die Wanderung nach den vier Etappen des Fischerpfads bis zum Südwestkap fort. Ein Gepäcktransport gehörte zum Service, genauso wie ein tägliches Lunchpaket mit einheimischen Leckereien. Wir wanderten also nur mit leichtem Tagesgepäck. Eine wirkliche Traumreise!

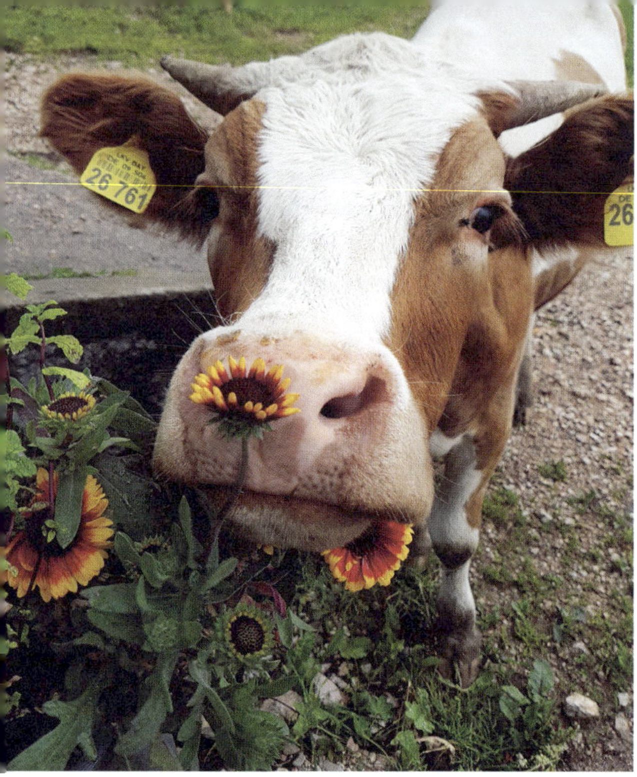

Tierische Begegnung auf der Alm.

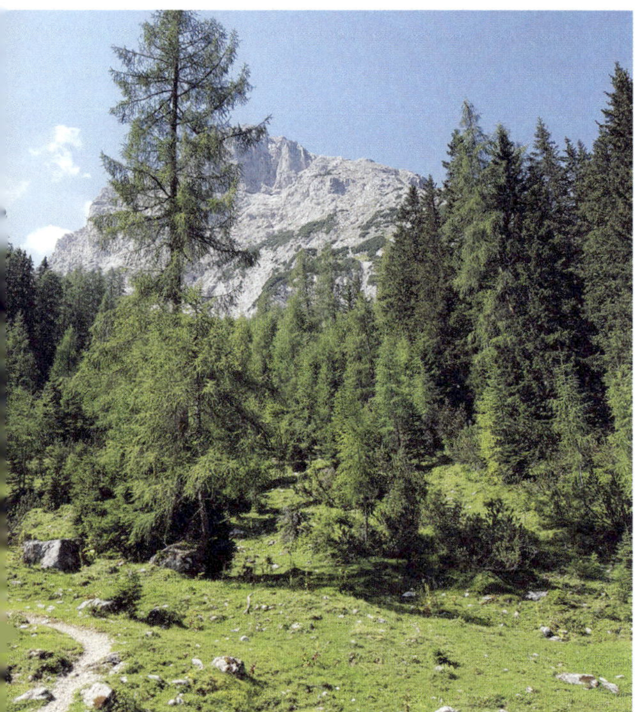

An der Baumgrenze wird die Natur rauer, um schließlich im nahezu vegetationsfreien Hochgebirge zu münden (rechts).

Abschließend noch das angekündigte Beispiel für eine schwierige Unternehmung. Damit wären wir bei einer Alpenüberquerung. Deren Schwierigkeit setzt sich aus den körperlichen Herausforderungen, Tag für Tag viele hundert Höhenmeter bewältigen zu müssen und den naturgegebenen Gefahren des Hochgebirges zusammen, was alljährlich viele Unerfahrene in Lebensgefahr bringt und trotz modernster Technik auch immer wieder Todesopfer fordert.

Wenn du nicht bereits über die notwendige alpine Erfahrung verfügst, gibt es für dich zwei Möglichkeiten, trotzdem die Alpen zu überqueren: Du eignest dir das notwendige Wissen an – die Alpenvereine bieten hierfür passende Kurse und Seminare an – oder du begibst dich in die Obhut eines staatlich geprüften Bergwanderführers, der sich um deine Sicherheit kümmert. Bergunerfahren, alleine und in Eigenregie über die Alpen zu wandern, ist höchst unverantwortlich! **Bringe bitte nicht die Bergretter aufgrund deines Unvermögens in Lebensgefahr!**

Die grandiose Natur und die sportliche Herausforderung machen eine Alpenüberquerung zu einer gewaltigen Erfahrung. Hauptrouten wie der berühmte E5, der als europäischer Fernwanderweg eigentlich von der Pointe du Raz in der Bretagne im Nordwesten Frankreichs nach Verona in Italien führt, ist in seiner Gesamtheit 3200 km lang. Er wird jedoch in der Regel auf sechs Bergetappen von Oberstdorf nach Meran und damit auf lediglich 115 km Streckenlänge reduziert, die allerdings einen Höhenunterschied von über 12.000 Metern vorhalten. Bergschulen, die untrainierte Flachlandtouristen alljährlich zu tausenden über den E5 schleusen, entschärfen diese beeindruckende Zahl an Höhenmetern durch den Einsatz der verfügbaren Bergbahninfrastruktur und gelegentliche Bustransfers.

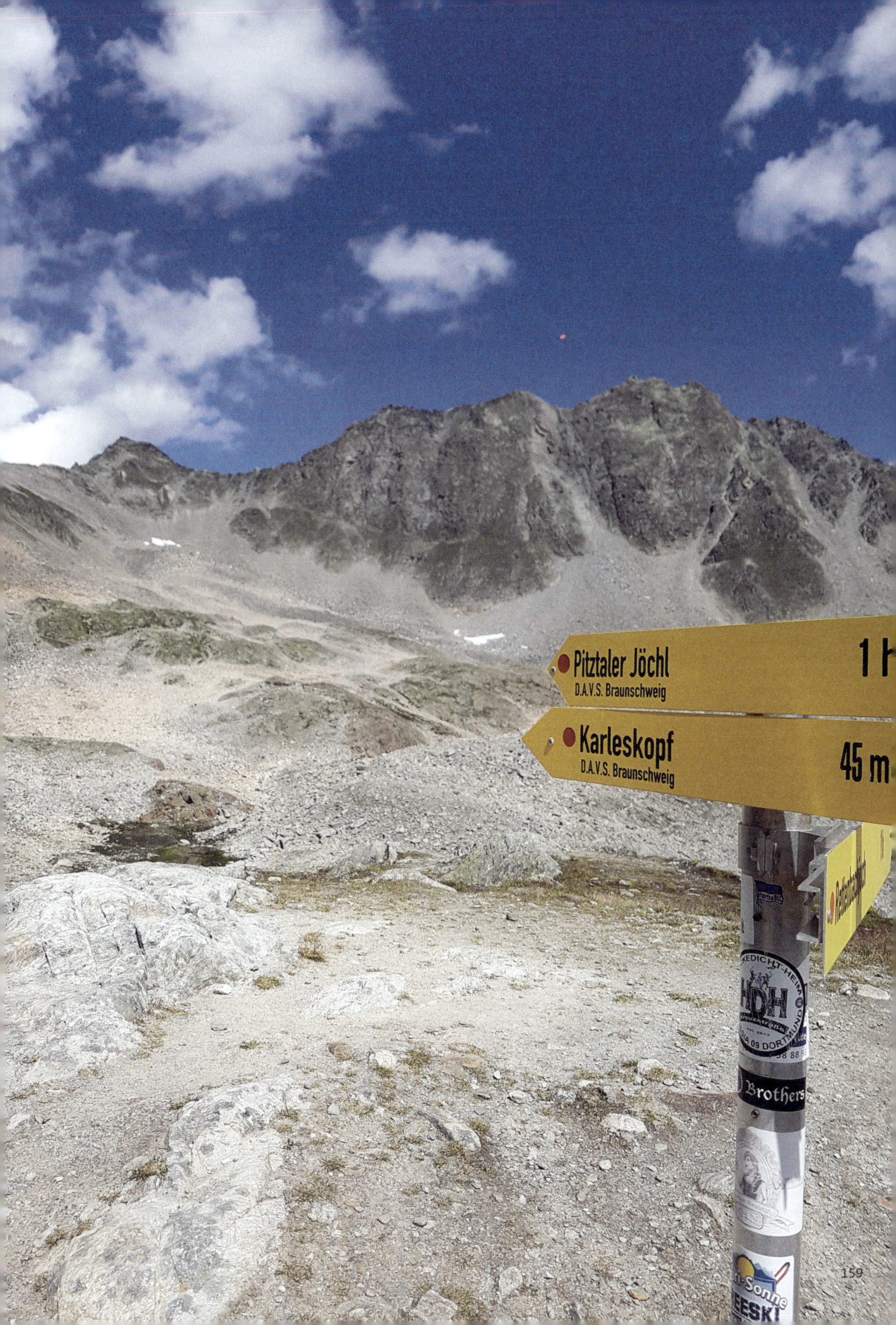
Pitztaler Jöchl
D.A.V.S. Braunschweig
Karleskopf
D.A.V.S. Braunschweig
45 m
Brothers

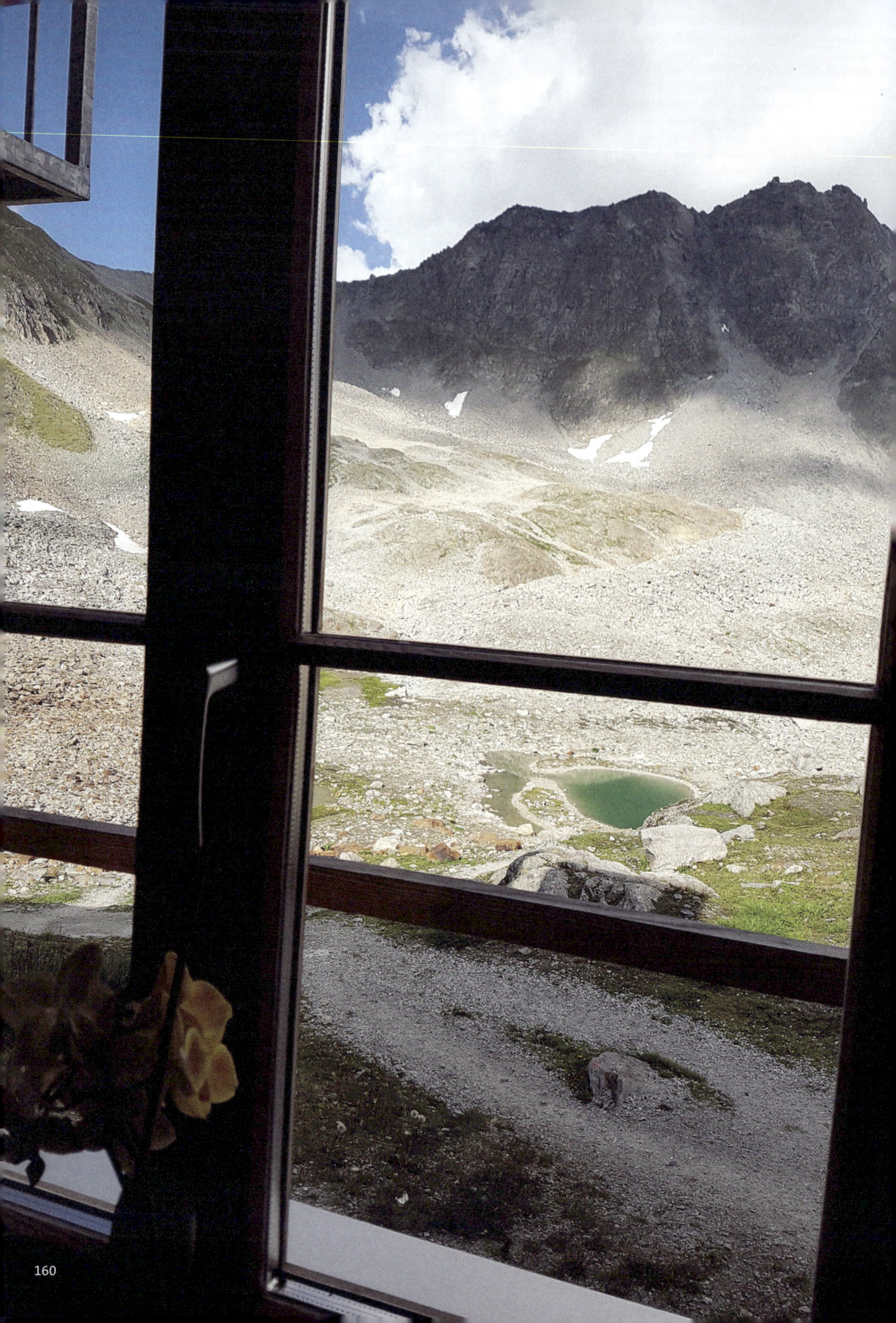

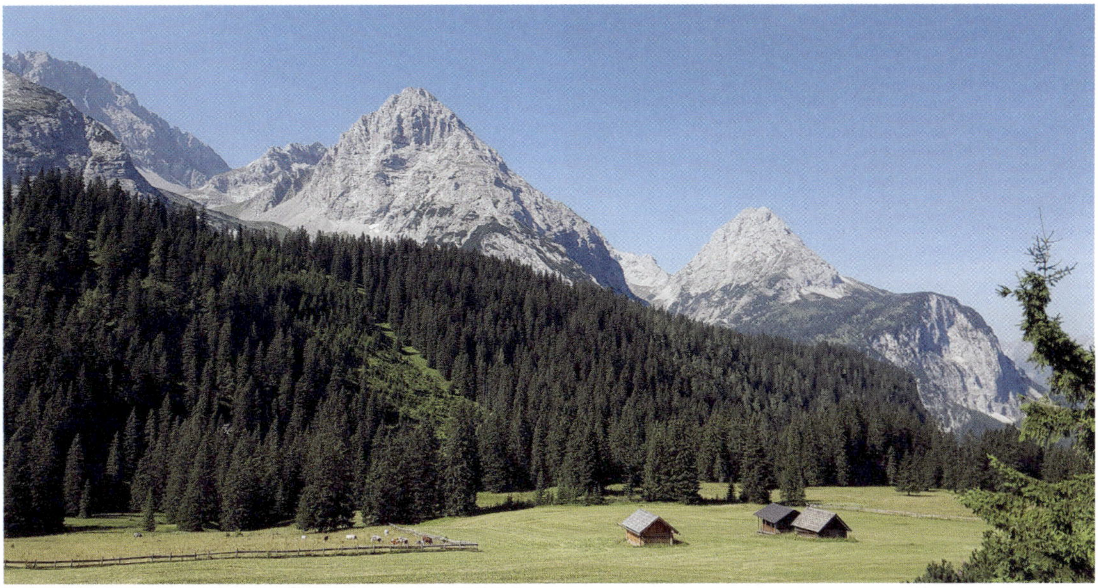

Die Alpen sind seit Jahrtausenden eine vom Menschen geprägte Kulturregion mit Alm- und Forstwirtschaft, die heute vom Massentourismus zunehmend bedroht ist.

Egal ob es der E5 oder die nicht weniger populäre Alpenüberquerung vom Münchener Marienplatz zum Markusplatz in Venedig ist, die vom Erstbegeher und Begründer Ludwig Graßler 1977 in einem Buch veröffentlicht und als **»Traumpfad«** bezeichnet wurde, beide bieten eine umwerfende Naturkulisse ... und Massen an Besuchern! Bergeinsamkeit wirst du hier nicht finden, dafür aber überfüllte Berghütten und Menschen-Staus an Nadelöhren. Aus diesem Grund wählte ich für meine Alpenüberquerung bewusst eine selbst zusammengestellte Individualroute. Im Internet kannst du dich über solche und auch über ständig neu entstehende, landschaftlich nicht weniger attraktive Alternativrouten informieren, die versuchen die Besuchermassen gerade vom E5 umzuleiten.

Anders als leichte oder mittelschwere Fernwanderungen will eine Alpenüberquerung sorgfältig organisiert und vorbereitet sein. Touren wie den Altmühltal-Panoramaweg kannst du mehr oder weniger **»einfach so«** angehen. Die Infrastruktur ist ausgezeichnet und die Natur hält keine Hürden vor, die mit den Gefahren des Hochgebirges vergleichbar wären. Und wenn du nicht mehr weiter kannst, weil du erschöpft bist, setzt du dich in den nächsten Bus des ÖPNV oder rufst dir ein Taxi. Einen Rettungshubschrauber und die Bergwacht wirst du kaum benötigen. Anders in den Alpen. Wenn du noch nie mehrere Tage am Stück gewandert bist, wirst du überrascht sein, wie anstrengend das ist. Das gilt schon für die Ebene und in potenzierter Weise für gebirgige Wanderetappen. Einen Tag zu wandern, sagen wir 20 km, das steckt jeder gesunde Mensch recht gut weg. Soll es allerdings tags darauf weitergehen, werden sich erste Zipperlein einstellen, weil sich dein Körper über Nacht nicht vollständig regenerieren konnte. Die Fähigkeit der Regeneration ist aber eine Frage deiner Kondition! Wenn du also gut trainiert bist, wirst du nicht nur die Leistung tagsüber besser erbringen, sondern dein Körper wird sich danach auch schneller erholen können! Konditionstraining sollte also zur Vorbereitung deiner Fernwanderung gehören, insbesondere wenn du in die Mittelgebirge oder ins Hochgebirge willst.

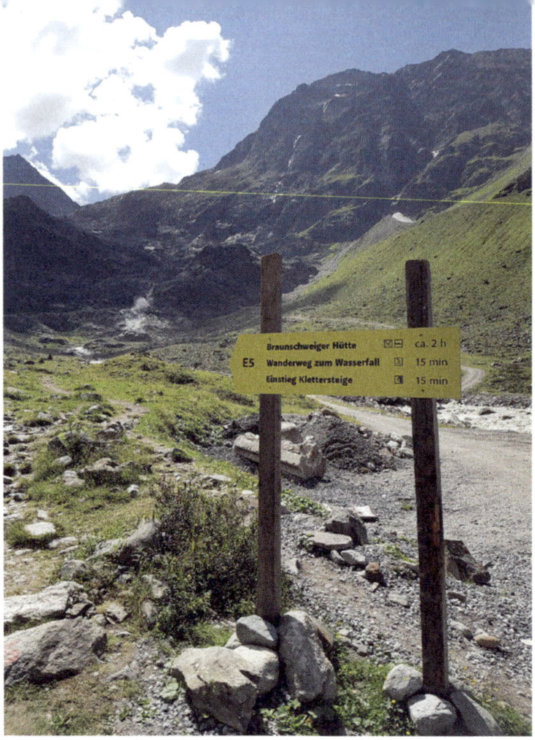

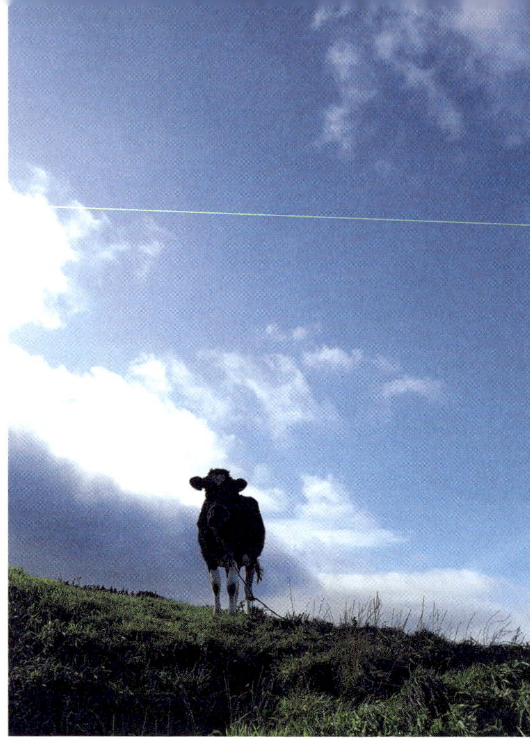

Im hinteren Pitztal erstreckte sich vor 100 Jahren noch die Gletscherzunge. Heute grasen an dieser Stelle Kühe und Haflinger. Ein Wintereinbruch im Sommer ist jedoch immer noch keine Seltenheit.

Ich hatte im Vorfeld meiner Alpenüberquerung das Glück, dank jahrzehntelanger Bergwandererfahrung bereits über eine gute, überdurchschnittliche Kondition zu verfügen. Trotzdem begann ich mich intensiver zu fordern, um meinen Körper auf die hohe Belastung über Tage hinweg vorzubereiten. Im März, gut vier Monate vor meinem Walkabout, begann ich so mit dem Konditionstraining.

Mit 1100 Höhenmetern Aufstieg bot sich mein Hausberg Wank (1780 m NHN) als Trainingsobjekt geradezu an. In der ersten Trainingswoche bestieg ich ihn gleich zweimal. Außerdem machte ich eine Skitour (650 Höhenmeter) und zwei weitere, kleinere Bergtouren, eine davon mit bewusst zehn Kilometern Wegstrecke, einfach um mich »einzulaufen«. Das Ganze mit schweren Bergschuhen. So kamen in nur sechs Tagen fast 4000 Höhenmeter zusammen. Dann wurde mein Training von 48 Stunden heftigem Dauerregen unterbrochen. Die in der Zwischenzeit doch etwas schweren Beine dankten heimlich dem Wettergott. Trotzdem war ich mir sicherer denn je, dass ich die Anforderungen des Walkabouts packen würde, denn die Trainingswerte der ersten Woche machten mich zuversichtlich.

Anfangs war ich nur mit leichtem Tagesgepäck unterwegs. Bis zu den Osterferien Mitte April wollte ich dies auch weiterhin so handhaben. So gliederte ich mein Training in drei grobe Abschnitte: Einlaufen bis Ostern, große Tages- und auch Mehrtagestouren mit dem geplanten Marschgepäck, lieber sogar etwas mehr, in den sechs Wochen zwischen Ostern und Pfingsten, abschließend, nach den Pfingstferien im Juni/Juli, den Feinschliff bis zu den Sommerferien. Die letzten beiden Wochen vor Antritt des Walkabouts reduzierte ich das Training aus Regenerationsgründen auf ein/zwei Bergunternehmungen pro Woche, um optimal gestärkt, mit **»vollen Akkus«**, den Walkabout in Angriff nehmen zu können.

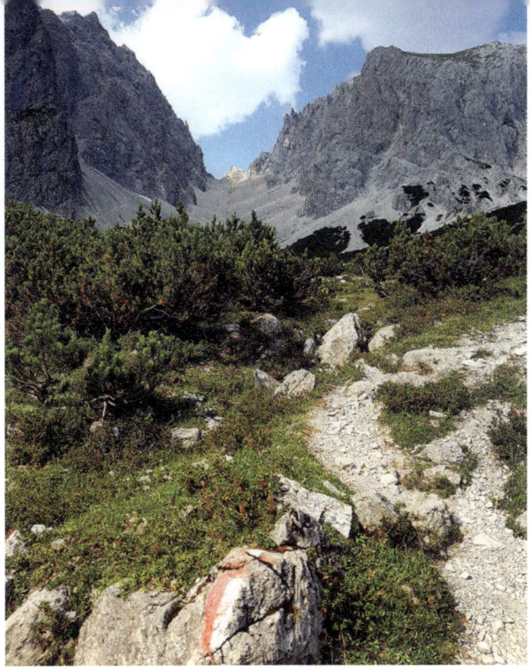

Ich versuchte dabei, mein Training möglichst vielseitig zu gestalten. Höhenmeter machen auf der einen Seite, Kilometer machen auf der anderen. Daneben immer wieder luftige Klettersteige, möglichst ohne Sicherung, um gegen meine Höhenangst anzukommen. Der schroffe Gipfel des Oberammergauer Kofels (1342 m NHN) bot sich dafür besonders an. Auch quälte ich meine Füße und Beine, so oft es das einkehrende Frühjahr zuließ, mit meinen 20 Jahre alten, schweren Tourenski und den dazugehörigen Skischuhen. Ich gestaltete mein Training so abwechslungsreich wie möglich, um später auf Tour den verschiedensten Anforderungen gerecht werden zu können.

Den ersten Trainingserfolg bemerkte ich bereits knapp zwei Wochen nach Beginn meines Trainingsprogramms. Ich hatte inzwischen etwa fünfeinhalbtausend Höhenmeter abgespult. Bei einer Tour auf den Wank, diesmal hatte ich eine besonders steile Aufstiegsvariante gewählt, konnte ich das angesetzte, flotte Anfangstempo über eine Stunde nahezu mühelos halten und in dieser Zeit 650 Höhenmeter bewältigen – ohne in Atemnot zu geraten oder stark zu schwitzen. **»Ich bin auf dem richtigen Weg!«**, spornte ich mich bei der Gipfelrast für mein weiteres Training an. Es ist einfach schön, wenn man merkt, dass es mit der Form vorangeht.

Möchtest du deine Wanderkarriere wie ich mit der Königsdisziplin **»Alpenüberquerung«** starten, dann ist ein Training in oben beschriebener Form unabdingbar. Anders sieht dies bei Flachwanderungen aus. Wenn du die Tagesetappen kurz gestaltest, also auf keinen Fall über 20 km, dann kannst du, wie oben schon bemerkt, **»aus dem Stand starten«**. Die unausweichlichen Zipperlein werden weniger deine Beine und Füße befallen, sondern deinen Rücken, besonders im oberen Bereich durch das stundenlange Rucksacktragen.
Neben dem Konditionstraining galt der zweite Teil meiner Walkabout-Vorbereitung diversen Ausrüstungsfragen. Denn mein Walkabout sollte etwas Besonderes werden. Eine vielleicht einmalige Sache in meinem Leben. Da musste auch die Ausrüstung erste Sahne sein. Mit gutem Material zu arbeiten macht einfach Spaß! Gut heißt dabei: funktional, qualitativ hochwertig und vor allem leicht.
So besorgte ich mir als Erstes einen neuen Rucksack. Um die 40 Liter Volumen sollte der Neue haben und ein ausgezeichnetes Tragesystem. Schnell kristallisierte sich der **»Deuter Act Trail Pro 40«** als geeignet für mein Vorhaben und mich heraus. Das Wichtigste: **Er passte mir wie auf den Leib geschneidert. Perfekt!**

Neue Bergschuhe hatte ich bereits seit dem Vorsommer. Sie waren ausgezeichnet eingelaufen und ideal für meinen Einsatzzweck. Hart und derb für grobes Gelände, jedoch auch leicht und geschmeidig für agiles Laufen auf guten Wegen. Die zwei Eckpfeiler meiner Ausrüstung standen.
Anknüpfend an das Ausrüstungskapitel lasse ich dich jetzt noch etwas tiefer in meinen Rucksack schauen und zwar auf die Ausrüstungsgegenstände, die nicht wirklich (überlebens-)notwendig sind, für mich allerdings wichtig waren und unbedingt mit auf Tour mussten.

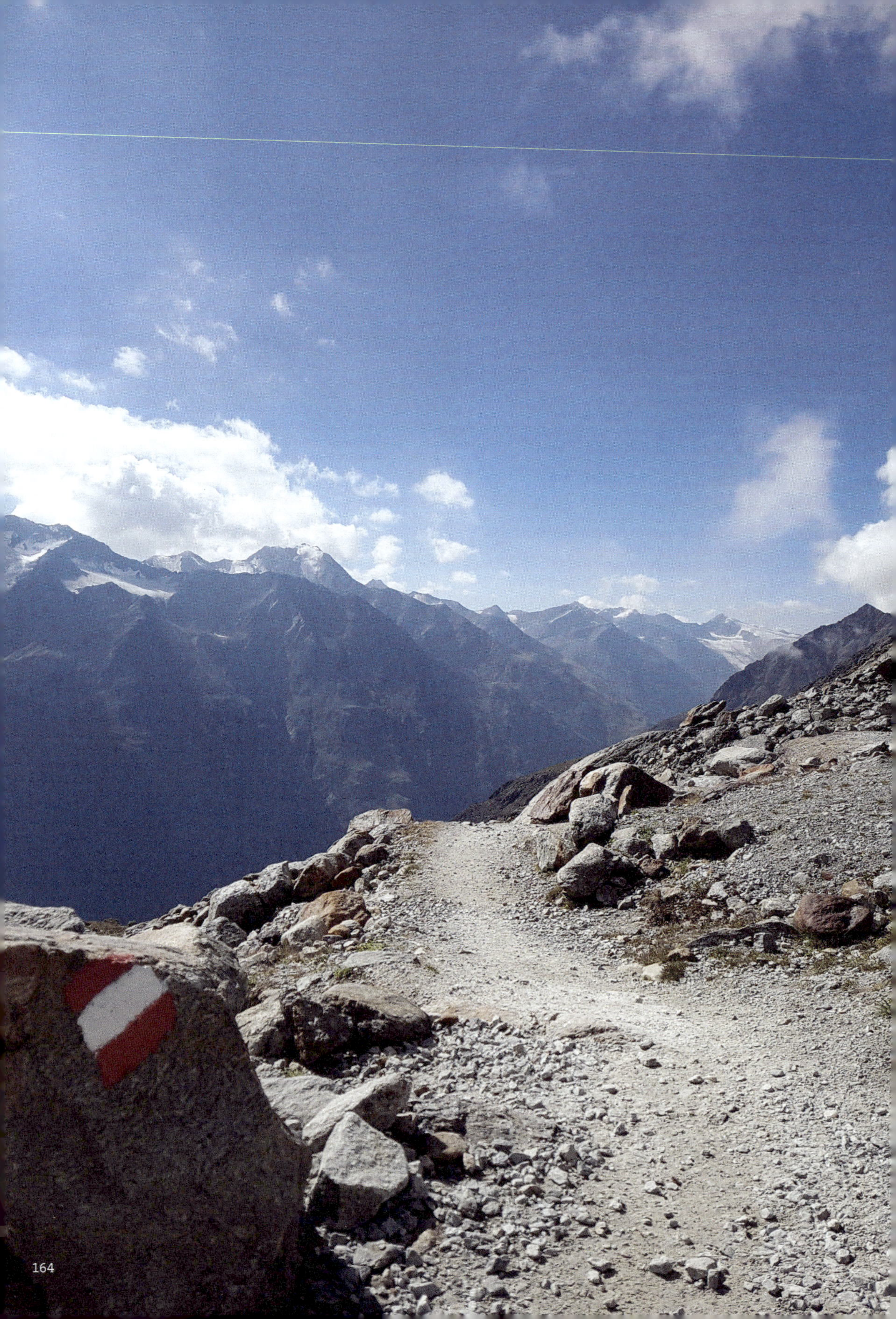

Da war an erster Stelle ein zweites Paar Schuhe, gedacht, um sie abends und auf Hütten zu tragen. Ich entschied mich für Birkenstock-Sandalen, die komplett aus Kunststoff gefertigt sind. Sie sind nicht nur leicht und bequem, sondern auch wasserunempfindlich. Man kann sie also auch beim Duschen an der Fußpilzfront in Berghütten tragen. Zur Navigation nutzte ich mein Garmin Oregon 600-GPS. Das entsprach dem neuesten Stand der Technik, genauso wie mein Smartphone, ein Samsung Galaxy, dessen ausgezeichnete Kamera meine schwere Spiegelreflex-Kamera ersetzte. Ich besorgte mir lediglich einen Akkupack (16.000 mAh), mit dem ich das Handy 2–3 Mal würde aufladen können und zusätzlich ein starkes Solar-Panel-Ladegerät. Damit wollte ich unabhängig von jeglicher Stromversorgungsinfrastruktur sein.

Da ich plante, auf meinem Alpenüberquerung-Solo großteils zu biwakieren, zog dies ein Mehr an Ausrüstung nach sich, die ein **»normaler«** Fernwanderer, der in Hütten/Herbergen/Gasthöfen/Pensionen/Hotels übernachtet, nicht braucht. Zelt, Schlafsack, Isomatte und Spirituskocher katapultierten das Gesamtgewicht meines Rucksacks auf enorme 17 kg. Obwohl ich bei allen Produkten auf Lightweight achtete! Ab dem dritten Tag taten diese 17 kg sehr weh. Ein Jahr später wiederholte ich – fasziniert von den Eindrücken meines Walkabouts – die Alpenüberquerung, diesmal zusammen mit meiner Frau. Auf dieser Tour übernachteten wir in Berghütten, Pensionen und Hotels, nicht im Zelt. Die **»Erleichterung«** mit nur 10 kg am Rücken unterwegs zu sein, war phänomenal. Aus diesem Grund pochte ich bereits an anderer Stelle in diesem Buch derart auf die **»magische«** 10-kg-Marke.

Teste dich und deine Ausrüstung im Vorfeld deiner Fernwanderung! Der Erfolg deiner Unternehmung hängt direkt proportional von deren Planung und Vorbereitung ab. Das behaupte ich nicht nur, das weiß ich. Auf Tour passieren genug unerwartete Dinge, die es dann spontan zu bewältigen gilt. Nicht alles kannst du durch Planung ausschließen, aber vieles. So ist z. B. schlecht funktionierende Ausrüstung besonders ärgerlich und nervtötend. Gutbedient bist du also, wenn du zuhause, im Vorfeld deiner Unternehmung, möglichst viele denkbare Probleme durch eine entsprechende Vorsorge ausschließen kannst. Also lautete die Devise für meinen Walkabout: **»Was planbar ist wird systematisch entwickelt.«** Ohne Wenn und Aber. Dazu gehörten neben dem theoretischen Kalkül und meinem Trainingsprogramm auch das Kapitel Material- und Ausrüstungscheck. Erst auf der Tour herauszufinden, ob das Equipment das hält, was der Hersteller verspricht, bzw. es so performt, wie ich mir das vorstelle, das wäre mir zu heikel gewesen. Aus diesem Grund nutzte ich einen Aufenthalt auf dem Hochgernhaus im Chiemgau für einen großangelegten Ausrüstungscheck.

Das Hauptaugenmerk bei diesem Test galt meinem neuen Rucksack. Exemplarisch möchte ich dir damit erklären, worauf ich bei meinen Produkttests achte. Dass der Rucksack genau auf meinen Rücken passte, das hatte ich bei der Anprobe vor dem endgültigen Kauf bereits festgestellt.
Meinen neuen Rucksack hatte ich weitgehend so gepackt, wie ich es auch für meinen Walkabout plante. Nur auf Zelt und Campingausrüstung hatte ich verzichtet. Diese wurden durch vergleichbare Gewichte ersetzt. Auf diese Weise vollzog ich mein Tragesystem und meine Ausrüstung einem ersten Test. Der Aufenthalt auf der Hütte würde Mängel schnell offenlegen.

Die Waage zeigte ein Gewicht von 15 kg, inklusive 2 Liter Wasser. Von der berüchtigten 8-kg-Empfehlung verschiedener Autoren hatte ich mich bereits im Vorfeld mental verabschiedet. Diese 8 kg sind nur dann zu schaffen, wenn man wirklich extrem minimalistisch unterwegs ist, das heißt z. B. auch den Geldbeutel durch ein Plastiktütchen ersetzt. Mein Training richtete ich deshalb von Anfang an auf ein Rucksackgewicht von 10 kg aus. Wir kommen immer wieder auf die magische 10-kg-Marke zu sprechen!

Schon nach dem ersten Wegkilometer stellte ich fest, dass der Rucksack-Tragetest erfolgreich war. Neben dem Komfort des Tragesystems fand ich besonderen Gefallen am Rücken-Belüftungskonzept. Zwar betrug die Lufttemperatur beim Aufstieg kaum 20 °C und ich war bewusst langsam unterwegs, trotzdem war ich bei der Ankunft am Ziel sehr überrascht, dass mein Funktionsshirt weitgehend trocken geblieben war. Nur am unteren Rücken, da wo der Hüftgurt aufsitzt, war das Hemd durchgeschwitzt. Dieses Ergebnis fand ich wirklich überaus sensationell. Ein guter Rucksack ist folglich der, der möglichst wenig Auflagefläche am Rücken hat. So lässt er die Luft zwischen Rücken und Rucksack zirkulieren und der Schweiß kann verdunsten. Manche Rucksäcke liegen mit einer Art Netz auf dem Rücken auf. Auch mit solchen Modellen machte ich in der Vergangenheit recht gute Erfahrungen.

Bei meinem Rucksack liegt das Gewicht zum größten Teil auf der Hüfte auf, so wie es sein soll. Die Schultergurte sorgen lediglich dafür, dass der Rucksack nicht nach hinten wegkippt und lassen auf diese Weise viel Platz zum Rücken hin. In Situationen, in denen man die absolute Kontrolle über den Rucksack braucht, z. B. beim Klettern oder bei Skiabfahrten, lässt sich der Rucksack mit Hilfe von zwei oben an den Schultergurten befindlichen Riemen an den Rücken heranziehen und fixieren. Nicht sensationell, aber dennoch wohldurchdacht und für meine Bedürfnisse absolut ausreichend, empfand ich die diversen Verstauoptionen des Rucksacks. Der Hersteller verzichtet dabei auf abstehende Außentaschen. Der Vorteil davon ist, dass nichts über den eigentlichen Rucksack hinaus-

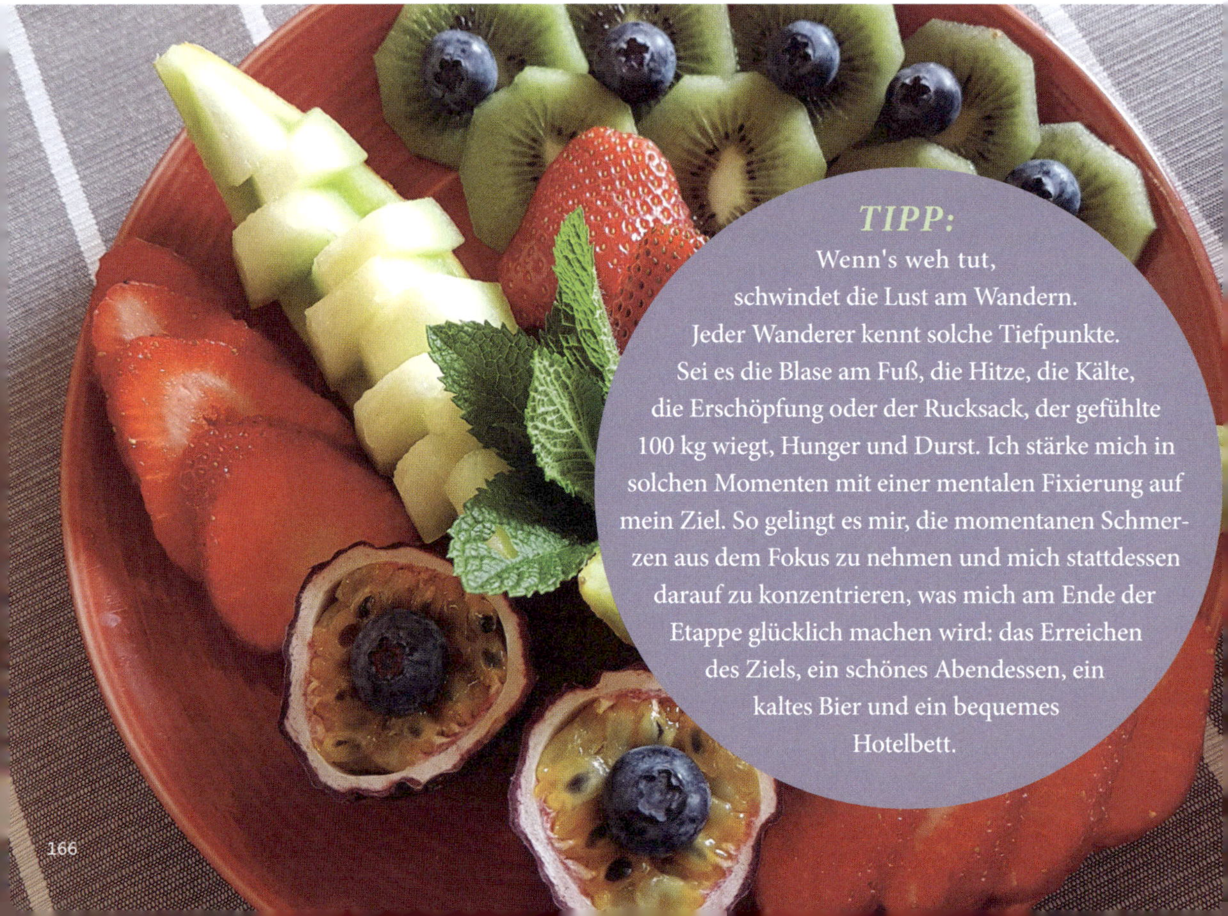

TIPP:

Wenn's weh tut, schwindet die Lust am Wandern. Jeder Wanderer kennt solche Tiefpunkte. Sei es die Blase am Fuß, die Hitze, die Kälte, die Erschöpfung oder der Rucksack, der gefühlte 100 kg wiegt, Hunger und Durst. Ich stärke mich in solchen Momenten mit einer mentalen Fixierung auf mein Ziel. So gelingt es mir, die momentanen Schmerzen aus dem Fokus zu nehmen und mich stattdessen darauf zu konzentrieren, was mich am Ende der Etappe glücklich machen wird: das Erreichen des Ziels, ein schönes Abendessen, ein kaltes Bier und ein bequemes Hotelbett.

ragt und möglicherweise beim Wandern behindert – sprich: irgendwo hängenbleibt. Der Nachteil ist, die von außen zugänglichen Taschen verfügen über eine geringe Tiefe, sodass sie nur flache Gegenstände aufnehmen können, wie z. B. Wanderkarten. Im Gegensatz zu meinem bisherigen Rucksack, der üppige Außentaschen hatte, musste ich also logistisch umdisponieren. Ich investierte dafür am Vortag der Tour nahezu einen halben Nachmittag. Wirklich! So lange dauerte es, bis alles seinen Platz gefunden hatte. **Beim Rucksackpacken bin ich ein Perfektionist!** Ich breitete zunächst die gesamte Ausrüstung auf dem auf Maximallänge ausgezogenen Esszimmertisch aus und sortierte dann nach den Aspekten **»Wo muss ich schnell 'mal ran?«** und »Was kann tief unten im Rucksack transportiert werden?«. Es würde jetzt den Rahmen sprengen, genau zu beschreiben, was wo seinen Platz fand, denn die Bedürfnisse und Vorlieben sind von Wanderer zu Wanderer verschieden. Kurzum, ich kam mit der Aufteilung meiner Ausrüstung im neuen Rucksack nach anfänglichen Problemchen gut zurecht. Der Hüttenaufenthalt erwies ein paar kleinere Optimierungsmöglichkeiten, aber schnell hatte jeder Ausrüstungsgegenstand seinen perfekten Platz im Rucksack gefunden. Alleine das zeigt, wie wichtig und unverzichtbar der Rucksack-Testlauf für mich war.

Was für den Rucksack galt, wendete ich in abgespeckter Form auf alle anderen Ausrüstungsgegenstände an. Mein Credo dabei war, mit ihnen quasi **»blind«** umgehen zu können. Es hätte mich auf meiner Fernwanderung gestört, wenn ich mich zuerst mit der Bedienung meiner Ausrüstung hätte auseinandersetzen müssen. So wurde auch mein Zelt erst einmal **»im Trockenen«** aufgebaut, nicht erst bei der ersten Nacht im Gelände. In einem Gewitterschauer mit der Aufbauanleitung des Zeltes dazustehen, ist nicht das, was ich mir unter guter Vorbereitung vorstelle.

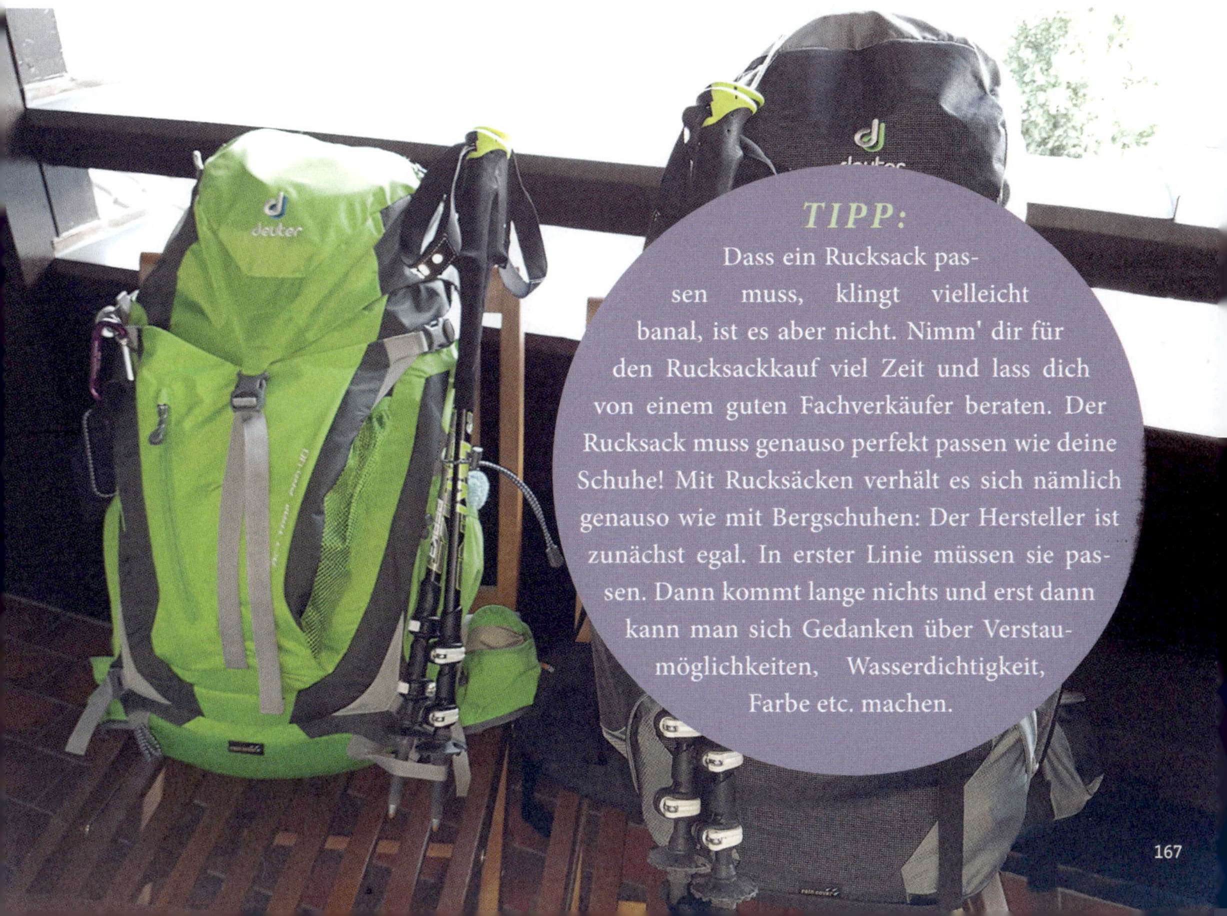

TIPP:

Dass ein Rucksack passen muss, klingt vielleicht banal, ist es aber nicht. Nimm' dir für den Rucksackkauf viel Zeit und lass dich von einem guten Fachverkäufer beraten. Der Rucksack muss genauso perfekt passen wie deine Schuhe! Mit Rucksäcken verhält es sich nämlich genauso wie mit Bergschuhen: Der Hersteller ist zunächst egal. In erster Linie müssen sie passen. Dann kommt lange nichts und erst dann kann man sich Gedanken über Verstaumöglichkeiten, Wasserdichtigkeit, Farbe etc. machen.

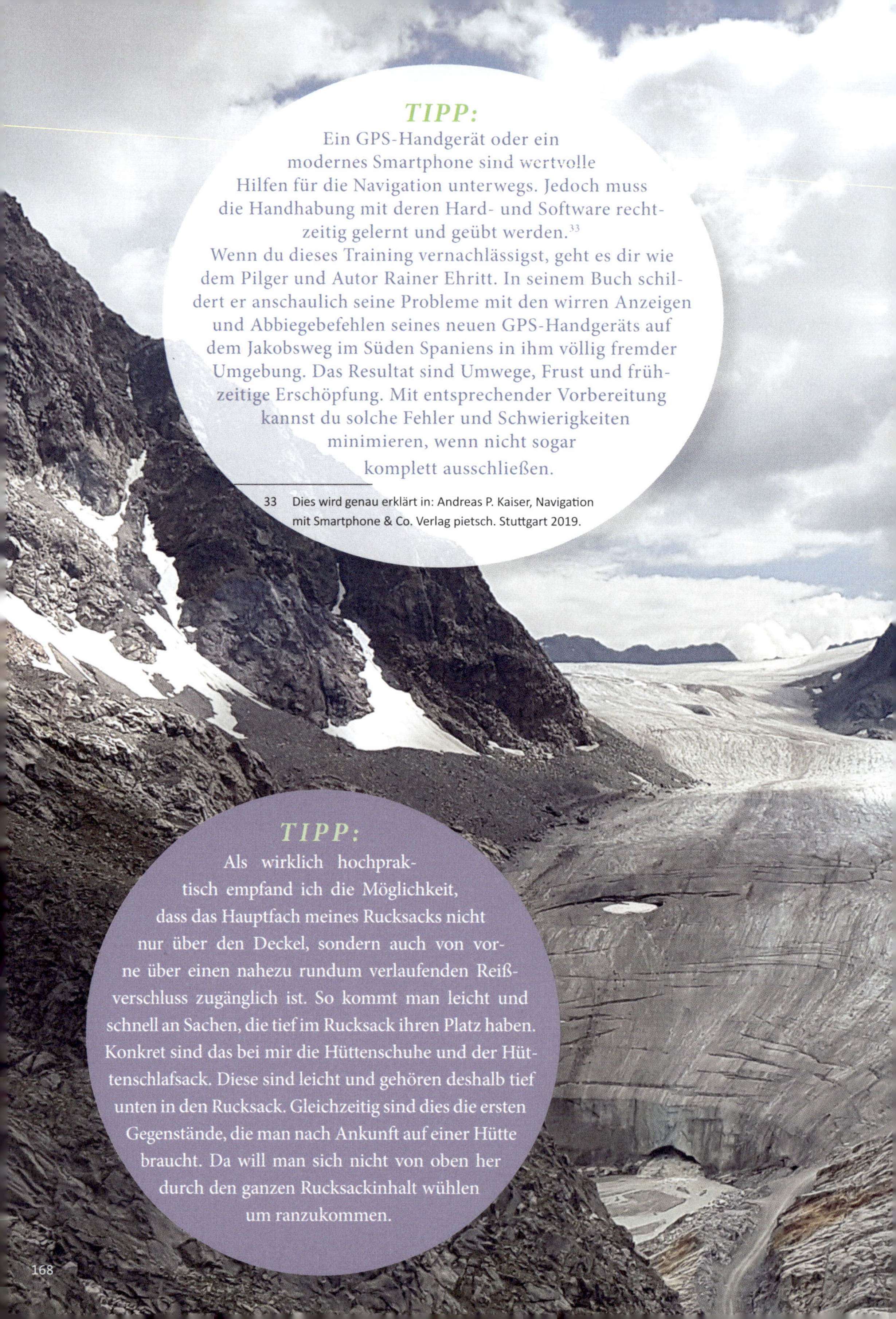

TIPP:

Ein GPS-Handgerät oder ein modernes Smartphone sind wertvolle Hilfen für die Navigation unterwegs. Jedoch muss die Handhabung mit deren Hard- und Software rechtzeitig gelernt und geübt werden.[33]
Wenn du dieses Training vernachlässigst, geht es dir wie dem Pilger und Autor Rainer Ehritt. In seinem Buch schildert er anschaulich seine Probleme mit den wirren Anzeigen und Abbiegebefehlen seines neuen GPS-Handgeräts auf dem Jakobsweg im Süden Spaniens in ihm völlig fremder Umgebung. Das Resultat sind Umwege, Frust und frühzeitige Erschöpfung. Mit entsprechender Vorbereitung kannst du solche Fehler und Schwierigkeiten minimieren, wenn nicht sogar komplett ausschließen.

33 Dies wird genau erklärt in: Andreas P. Kaiser, Navigation mit Smartphone & Co. Verlag pietsch. Stuttgart 2019.

TIPP:

Als wirklich hochpraktisch empfand ich die Möglichkeit, dass das Hauptfach meines Rucksacks nicht nur über den Deckel, sondern auch von vorne über einen nahezu rundum verlaufenden Reißverschluss zugänglich ist. So kommt man leicht und schnell an Sachen, die tief im Rucksack ihren Platz haben. Konkret sind das bei mir die Hüttenschuhe und der Hüttenschlafsack. Diese sind leicht und gehören deshalb tief unten in den Rucksack. Gleichzeitig sind dies die ersten Gegenstände, die man nach Ankunft auf einer Hütte braucht. Da will man sich nicht von oben her durch den ganzen Rucksackinhalt wühlen um ranzukommen.

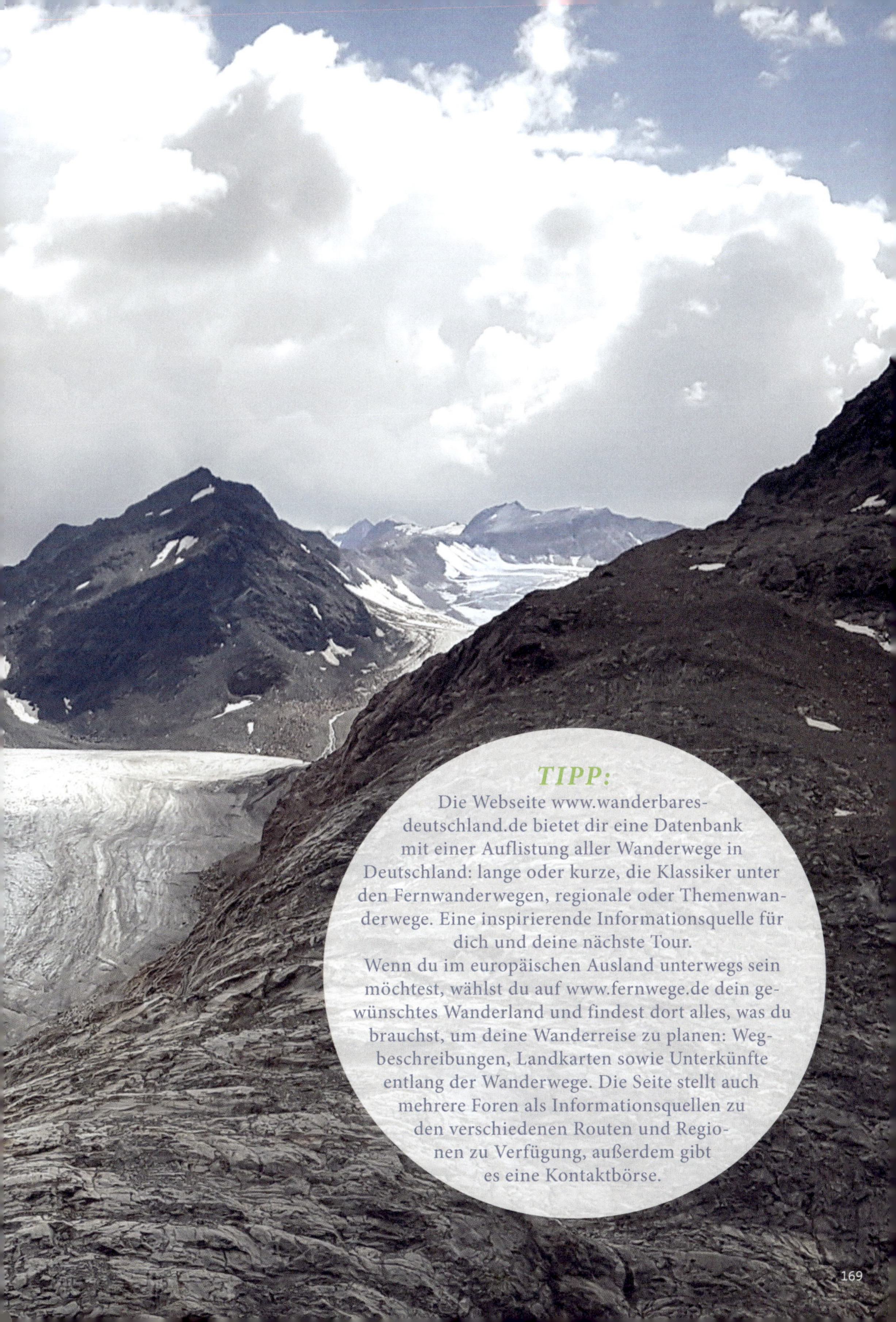

TIPP:

Die Webseite www.wanderbares-deutschland.de bietet dir eine Datenbank mit einer Auflistung aller Wanderwege in Deutschland: lange oder kurze, die Klassiker unter den Fernwanderwegen, regionale oder Themenwanderwege. Eine inspirierende Informationsquelle für dich und deine nächste Tour.

Wenn du im europäischen Ausland unterwegs sein möchtest, wählst du auf www.fernwege.de dein gewünschtes Wanderland und findest dort alles, was du brauchst, um deine Wanderreise zu planen: Wegbeschreibungen, Landkarten sowie Unterkünfte entlang der Wanderwege. Die Seite stellt auch mehrere Foren als Informationsquellen zu den verschiedenen Routen und Regionen zu Verfügung, außerdem gibt es eine Kontaktbörse.

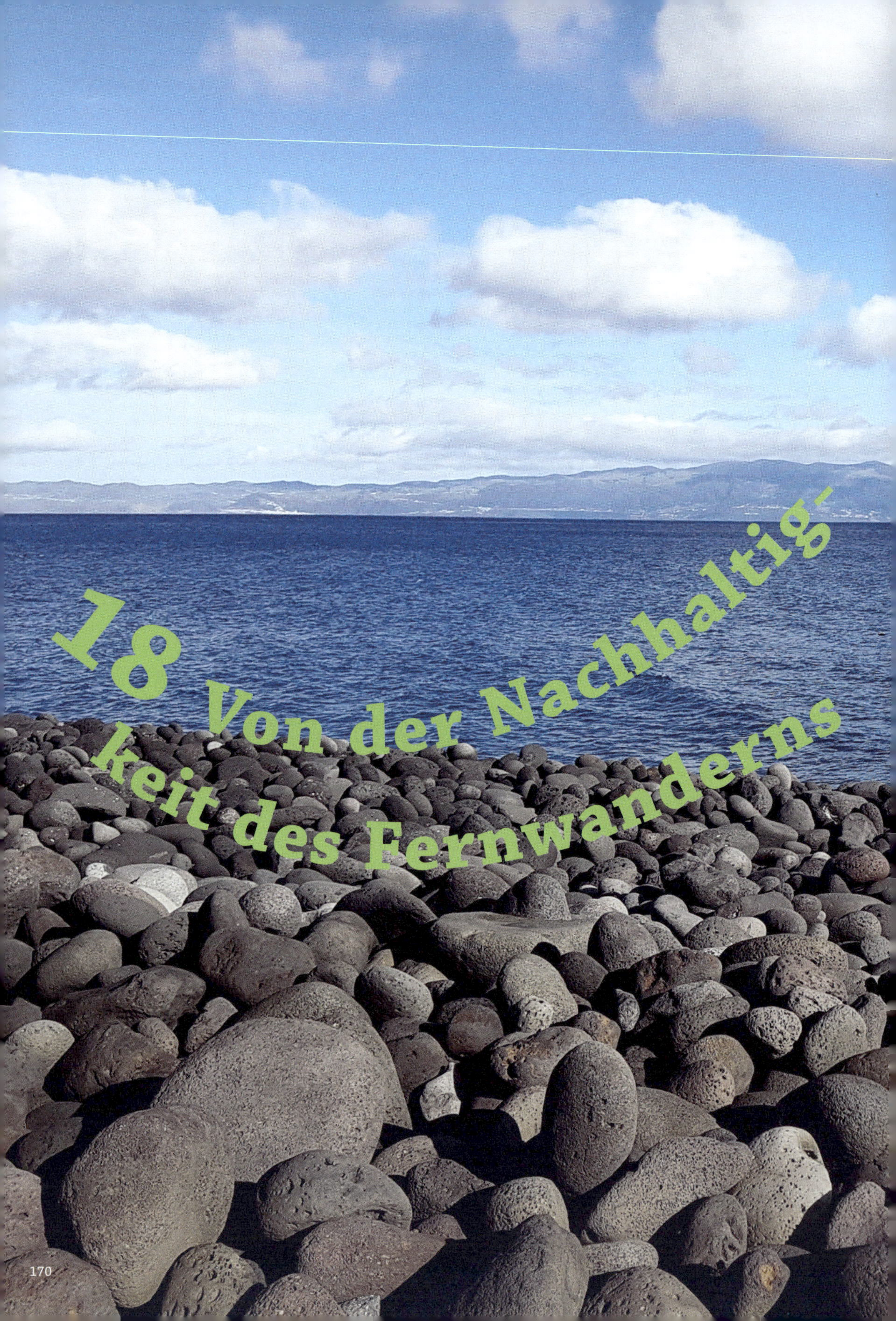

18 Von der Nachhaltigkeit des Fernwanderns

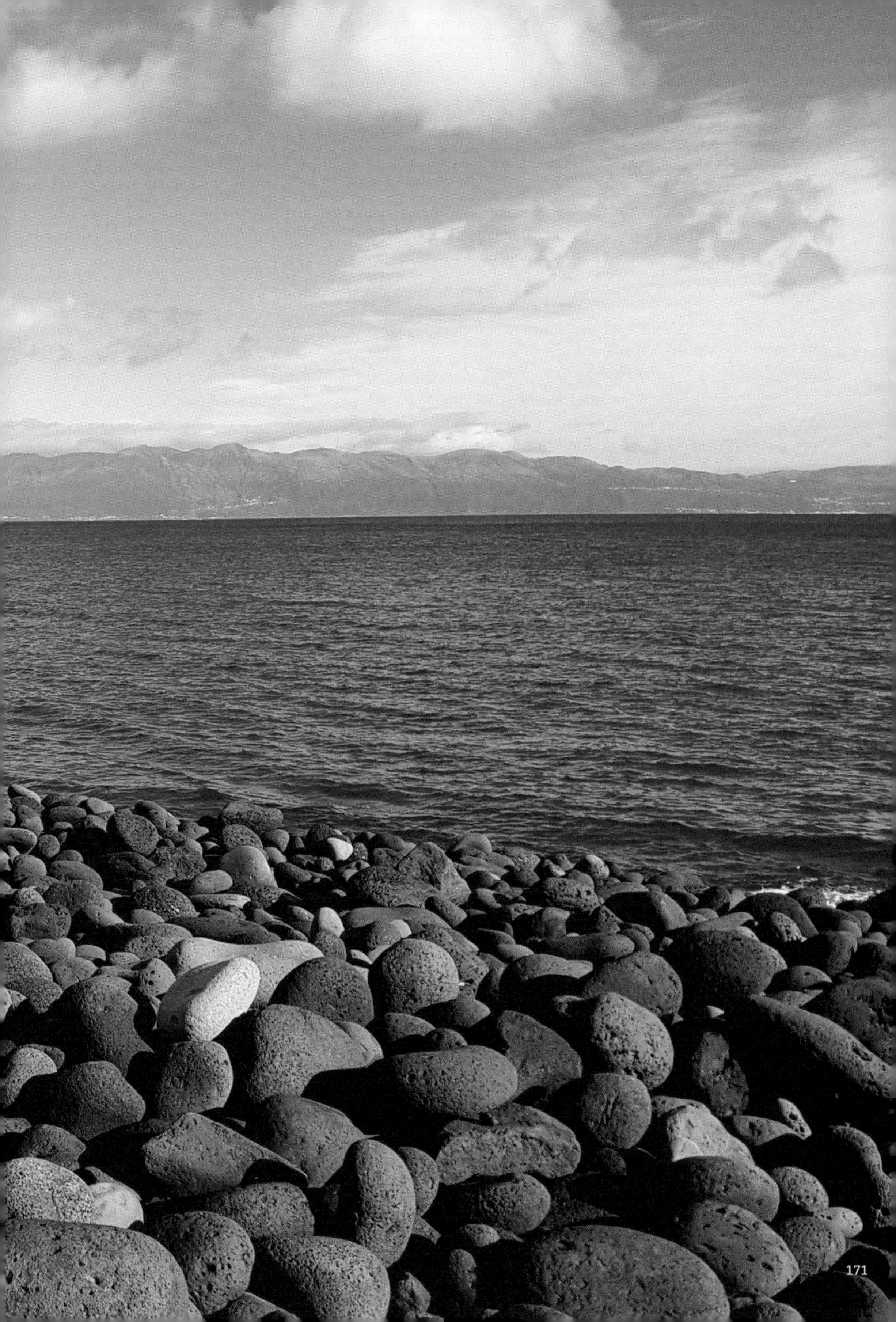

Das Wandern, insbesondere das mehrtägige Fernwandern, belohnt dich mit neuen Ideen. Vielleicht hast du diese Erfahrung bereits selbst schon gemacht und den Entschluss gefasst eine Idee in die Realität umzusetzen. Nicht alles wird gelingen. Wir alle kennen dieses Phänomen der Silvestervorsätze, die selten den Dreikönigstag überdauern. Gib dann nicht auf, denn zumindest der Anfang ist gemacht. Sieh' die Sache so: **Das Wandern spendet dir den Zündfunken, animiert dich den ersten Schritt zu tun, mit dem auch sprichwörtlich der längste Weg beginnt**. Auch wenn du nicht beharrlich genug bist, diesen neu eingeschlagenen Weg bis zum Ende zu gehen, bringt dich alleine die Tatsache weiter, etwas erkannt und zumindest einen Anfang gemacht zu haben.

Wir Menschen sind niemals »fertig«. Wir verändern uns ständig, genauso wie sich unsere Umwelt andauernd wandelt. »Tempora mutantur, nos et mutamur in illis«, lateinisch für **»Die Zeiten ändern sich und wir ändern uns in ihnen«**. Das formulierte bereits Publius Ovidius Naso, **»Ovid«** genannt (43 v. Chr. – 17 n. Chr.), in seinen Fasti, antiken Lehrgedichten. Wer sein Glück sucht, wird deshalb um die permanente Anpassung nicht herumkommen. Das zu akzeptieren ist ein Lernprozess. Und jede Justierung beginnt mit einem ersten Schritt, sei er auch noch so klein. Dieser ist dein ganz persönlicher Freund. Heiße ihn willkommen!

Dabei hilft dir Gelassenheit. Gestatte dir, nicht jeden Weg um jeden Preis bis zum Ende zu beschreiten. Diese Gelassenheit gründest du auf der Erkenntnis, dass du als Mensch immer unvollständig und immer fehlerbehaftet sein wirst. Das liegt ganz einfach in der Natur der Sache. Nutze also diese Gelassenheit, allzeit eine positive Grundstimmung aufrechtzuerhalten, die du auch beim Auftreten kleinerer oder größerer Probleme nicht verlierst.

Du wirst beim Wandern auch lernen, dass vieles von den äußeren Umständen abhängt: dem Wetter, Öffnungszeiten von Geschäften, Belegungsplänen von Unterkünften, Fahrplänen von Bussen und Bahnen, deiner Gesundheit und vielem mehr. Übertrage diese Erkenntnis auf deinen Alltag! Sie nimmt dich ein Stück weit aus der Verantwortung, alles perfekt abliefern zu müssen. **Konzentriere dich auf das, was du beeinflussen kannst und dulde in Ruhe und Gelassenheit Fakten, die definitiv nicht deinem Einflussbereich unterliegen** – ihm aufgrund der Natur der Sache nicht unterliegen können! Scheitern ist ein Teil des Spiels, das menschliche Maß seine natürliche Grenze.

Wenn du beim Wandern auf der einen Seite die Macht deines Potentials, auf der anderen Seite aber auch dessen Grenzen zu erkennen und zu akzeptieren lernst, hast du einen großen Schritt zu einem glückerfüllten Meistern deines Lebens getan.

Ich war bei meinem Walkabout anfänglich vom Ehrgeiz getrieben. Statt innezuhalten trieb ich mich ständig an. Ich setzte mich erheblichem selbst gemachtem Stress aus. Schließlich wollte ich auf keinen Fall versagen, sondern die Alpenüberquerung erfolgreich bewältigen. Was würden die Leute sonst sagen? Vielleicht wollte ich auch mir und der Welt beweisen, dass ein bald 50-Jähriger noch längst nicht zum alten Eisen gehört und einem 30-Jährigen in Kraft und Ausdauer in nichts nachsteht. Wie töricht diese Gier nach Anerkennung war. Wie belastend das selbstgeforderte Erzwingen von Leistung und Erfolg.

Es war das Fernwandern, das mich lehrte stehen zu bleiben, zu schauen, zu genießen. Dankbar zu werden. In mir zu ruhen.

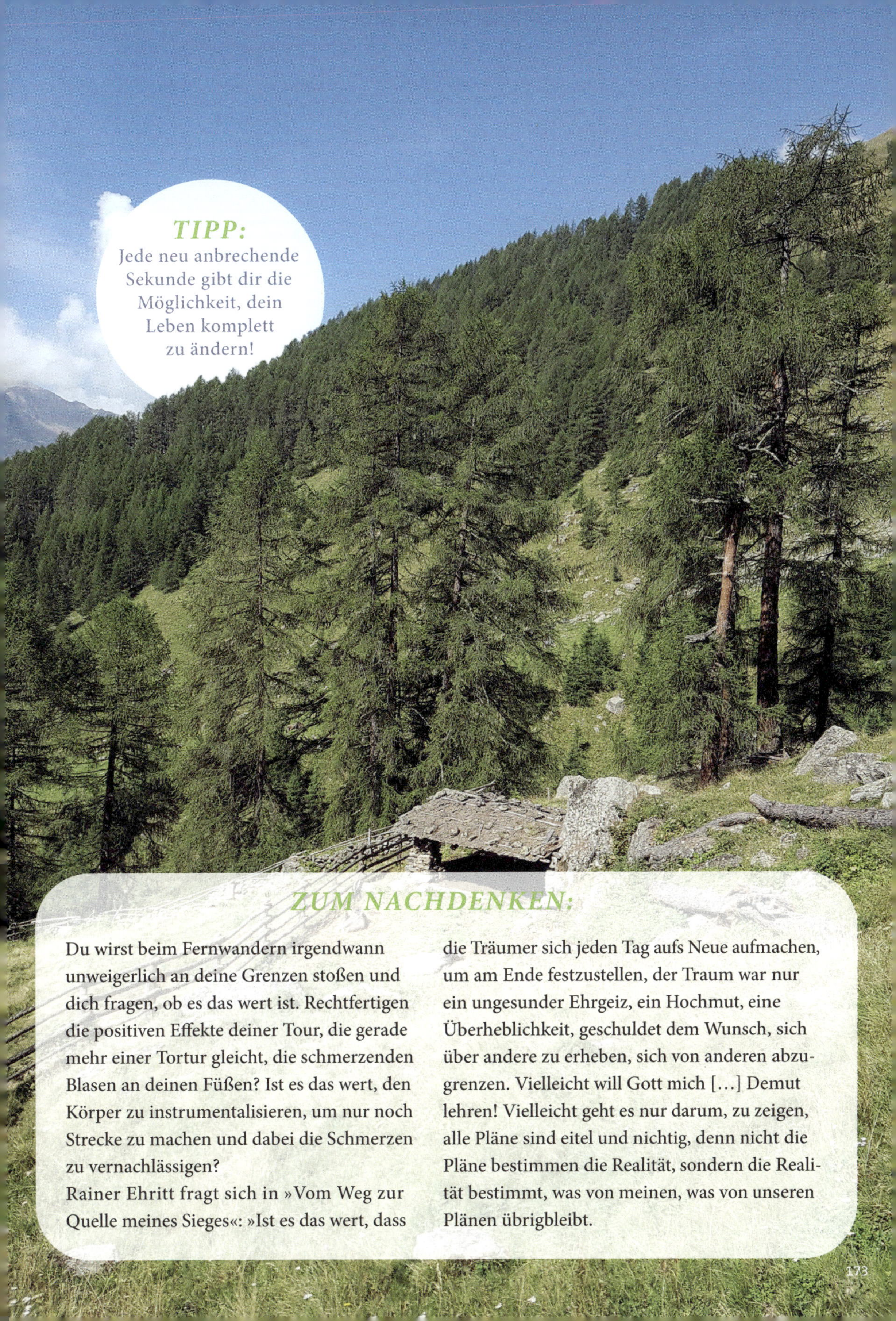

TIPP:
Jede neu anbrechende Sekunde gibt dir die Möglichkeit, dein Leben komplett zu ändern!

ZUM NACHDENKEN:

Du wirst beim Fernwandern irgendwann unweigerlich an deine Grenzen stoßen und dich fragen, ob es das wert ist. Rechtfertigen die positiven Effekte deiner Tour, die gerade mehr einer Tortur gleicht, die schmerzenden Blasen an deinen Füßen? Ist es das wert, den Körper zu instrumentalisieren, um nur noch Strecke zu machen und dabei die Schmerzen zu vernachlässigen?

Rainer Ehritt fragt sich in »Vom Weg zur Quelle meines Sieges«: »Ist es das wert, dass die Träumer sich jeden Tag aufs Neue aufmachen, um am Ende festzustellen, der Traum war nur ein ungesunder Ehrgeiz, ein Hochmut, eine Überheblichkeit, geschuldet dem Wunsch, sich über andere zu erheben, sich von anderen abzugrenzen. Vielleicht will Gott mich […] Demut lehren! Vielleicht geht es nur darum, zu zeigen, alle Pläne sind eitel und nichtig, denn nicht die Pläne bestimmen die Realität, sondern die Realität bestimmt, was von meinen, was von unseren Plänen übrigbleibt.

ERLEBTE HILFSBEREITSCHAFT:

Auf einer Tour zwischen Würzburg und Sommerhausen am Main

Schon am Morgen, beim Aufbruch von unserer Unterkunft, gleicht der Himmel mit seinen Farben geschmolzenem Blei. Es wird heute Gewitter geben. So müssen wir auch nicht lange darauf warten, dass sich der westliche Horizont von gleißendem Grau in ein Dunkel-Blaugrau verwandelt. Böiger Wind kommt auf. Es riecht nach Regen. In der Ferne Donnergrollen. Schon fallen die ersten schweren Tropfen. Und dann ist er da: Schutzengel # 1 in Form der »Mainbrücke Randersacker« der Autobahn A3 über das Maintal. Diese erreichen wir gerade noch trocken, bevor das Unwetter lostobt. 20 Meter über uns rauscht der Verkehr, links und rechts von unserem Trockenstreifen prasselt der Regenguss.

Der Blick auf das Regenradar am Smartphone verheißt nichts Gutes. Es wird etwa drei Stunden dauern, bis die Gewitterfront durchgezogen ist. Während wir uns auf eine längere Zwangspause einstellen, naht Schutzengel #2 des heutigen Tages in Gestalt eines in die Jahre gekommenen VW Polos. Ein Mann um die 30 steigt aus, kommt schnurstracks auf uns zu und verkündet, er habe uns von der in der Nähe verlaufenden Bundesstraße aus hier stehen sehen und wolle sich nun dafür revanchieren, dass er vor Jahren auf einer Wanderung in den Alpen im Regen von einem Einheimischen im Auto mitgenommen worden sei. Wohin wir denn wollten, er würde uns hinfahren. Unser Tagesziel lag zwar nur 6 km entfernt, wir hätten das Gewitter abwarten können oder wären entsprechend ausgerüstet gewesen, um die Etappe auch aus eigenen Kräften vollenden zu können. Trotzdem schlägt man so ein Angebot nicht aus, wenn es wie aus Kübeln gießt. 10 Minuten später stehen wir trocken vor unserer Unterkunft. Was ersparte uns Anselm, so hieß der Mann, für Unannehmlichkeiten!

Voneinander wissen wir nur unwesentlich mehr als unsere Vornamen. Trotzdem werden wir uns alle drei noch in Jahrzehnten daran erinnern, einen kurzen, dafür umso intensiveren Moment unserer Leben geteilt zu haben. Danke an Anselm und danke an das Fernwandern, das solche Erlebnisse ermöglicht.

Wandererlebnisse und Wandererkenntnisse bleiben lange in Erinnerung. Du kannst sie mit in deinen Alltag hineinnehmen. So kommen wir zum Thema der Nachhaltigkeit des Fernwanderns. Diese ganz persönlichen Erlebnisse während deiner Fernwanderungen wirken länger nach, wenn du dir – zurück in der Tretmühle der Normalität – immer wieder Inseln der Stille verschaffst. Das können eine Meditation, ein Spaziergang, das Hören von Musik oder das Lesen eines Buches sein. Hauptsache, du hältst in der Hektik des Alltags inne und sammelst dich. Du lässt es so zu, den Alltag loszulassen. Viele Südländer machen uns das mit ihrer Siesta vor. Ich für meinen Teil rufe mir z. B. häufig Szenen meiner Alpenüberquerung und anderer Fernwanderungen in Erinnerung. Eine Sammlung besonders ausdruckvoller und erinnerungsträchtiger Fotos davon auf meinem Smartphone hilft mir dabei und ich gönne mir auf diese Weise auch im Alltag ein bisschen (geistigen) Urlaub.

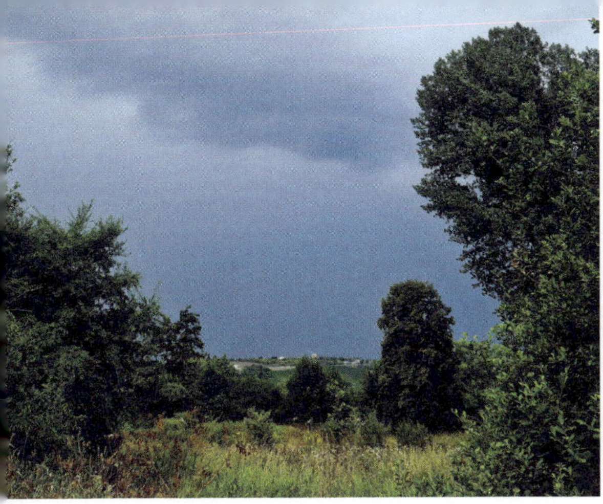 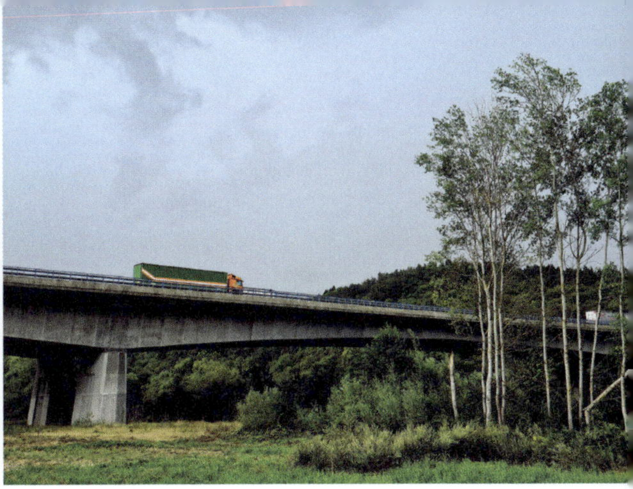

Bei Gewittern gilt es sich möglichst rasch in Sicherheit zu bringen.

Die Nachhaltigkeit des Fernwanderns hat nicht nur eine psychische und körperliche Dimension, sondern auch eine ökonomische als wichtiger Wirtschaftsfaktor für konjunkturschwache Regionen. Die **Rota Vicentina** im Südwesten Portugals liegt in einem Naturpark im Südwesten Portugals. Er erstreckt sich entlang der Atlantikküste, der Costa Vicentina, über eine Länge von 80 km und eine Fläche von 75.000 ha. Der Park wurde 1988 eingerichtet. Um nachhaltigen Tourismus zu fördern, wurde im Naturpark mit der Rota Vicentina ein 450 km langes Wanderwegenetz mit Tagesabschnitten zwischen 15 und 25 km und acht, an einem halben Tag begehbaren Rundwegen angelegt. Im Februar 2016 wurde die Route von der Europäischen Wandervereinigung mit dem europaweiten Qualitätsprädikat **»Leading Quality Trails – Best of Europe«** ausgezeichnet. Die zwei wichtigsten Fernwanderwege der Rota Vicentina sind der »Fischerpfad« (portugiesisch »Trilho dos Pescadores«), 4 Etappen, insgesamt 75 km, dazu fünf ergänzende Rundwege mit zusammen 45 km Länge und der »Caminho Histórico« (deutsch »Historischer Weg«), 12 Etappen, insgesamt 230 km.

In diesem Naturpark, und das trifft auf alle anderen Regionen zu, die an einen Fernwanderweg **»angebunden«** sind, können örtliche Erlebnispotentiale gezielt eingesetzt werden. Das bedeutet, dass sich die Gegend mit ihren ganz eigenen Stärken und Besonderheiten präsentieren kann. So partizipieren viele in und um den Park lebende Bewohner an den Einkünften, besonders natürlich die Tourismusbranche in dieser ansonsten äußerst konjunkturschwachen Region Portugals.

Übereinstimmend berichteten mir meine Gastgeber, dass sie in Zeiten **»bevor die Wanderer kamen«**, lediglich in den Sommermonaten Juli und August ihre Zimmer an meist portugiesische Strand- und Badetouristen vermieten konnten. Dank des überaus attraktiven Wegenetzes der Rota Vicentina kämen nun von September bis Juni die Wanderer. Auf diese Weise freuen sich die Einheimischen das ganze Jahr über Einkünfte. Doch nicht nur die Beherbergungsbetriebe profitieren. Es entstehen Synergieeffekte. Touristen kehren in Restaurants ein, versorgen sich in kleinen und großen Lebensmittelgeschäften, kaufen Souvenirs, nützen Taxis, kurz, sie lassen auf mannigfaltige Art und Weise Geld im Land. So lernte ich einen selbständigen Kajak-Guide kennen, für den Gepäcktransfers für die Wanderer von Unterkunft zu Unterkunft ein sicheres, finanzielles Standbein waren, wenn ihm ansonsten eigene Kajak-Kunden fehlten. So ermöglicht das Fernwandern vergleichsweise hohe Wertschöpfungsraten für die lokalen Anbieter, da sie viele Angebote in einem finanziell überschaubaren Rahmen selbst realisieren können.

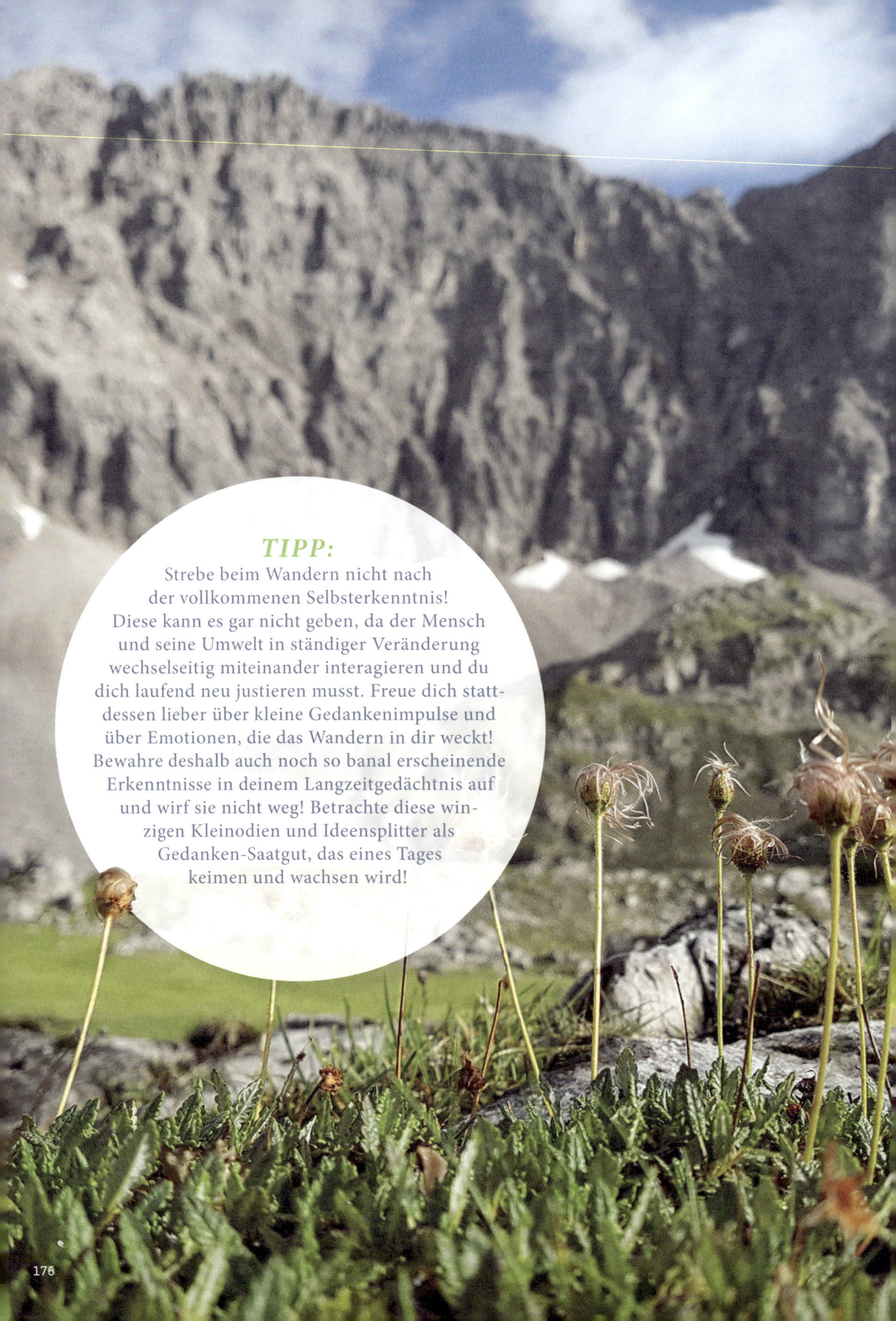

TIPP:

Strebe beim Wandern nicht nach der vollkommenen Selbsterkenntnis! Diese kann es gar nicht geben, da der Mensch und seine Umwelt in ständiger Veränderung wechselseitig miteinander interagieren und du dich laufend neu justieren musst. Freue dich stattdessen lieber über kleine Gedankenimpulse und über Emotionen, die das Wandern in dir weckt! Bewahre deshalb auch noch so banal erscheinende Erkenntnisse in deinem Langzeitgedächtnis auf und wirf sie nicht weg! Betrachte diese winzigen Kleinodien und Ideensplitter als Gedanken-Saatgut, das eines Tages keimen und wachsen wird!

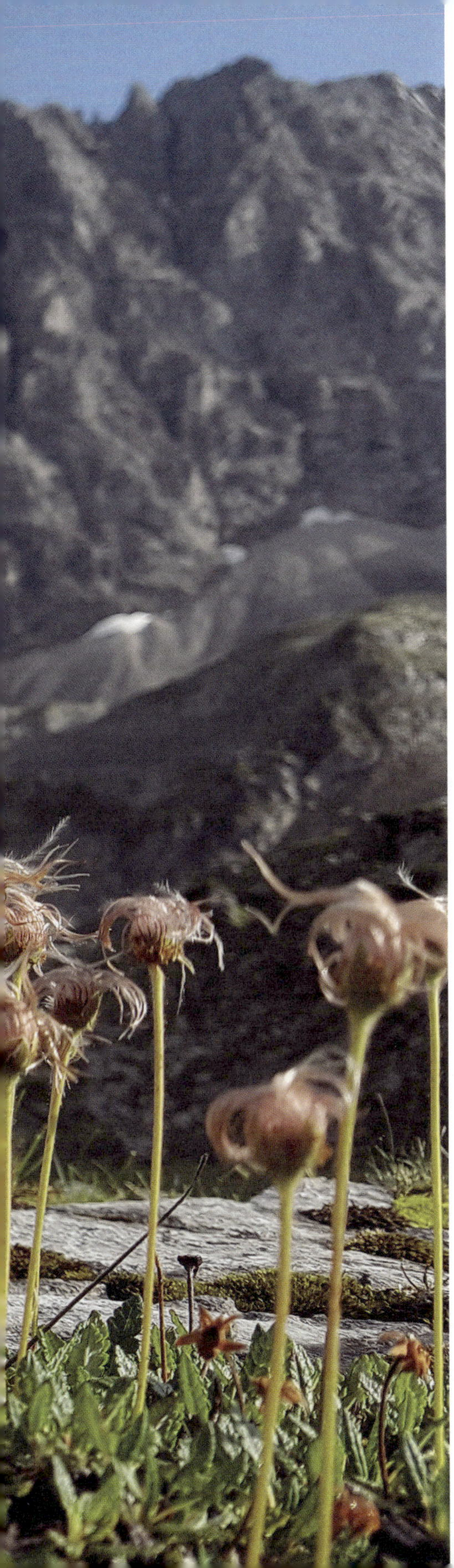

Darüber hinaus und verglichen mit anderen Trendsportarten benötigt das Fernwandern nur eine minimale technische Infrastruktur bestehend aus gut ausgeschilderten und gewarteten Wegen und Steigen. Damit wird der Wanderer durch die (geschützte) Natur **»kanalisiert«** und die Umweltbelastung auf begrenzte Zonen gebündelt. Auch benötigt kein Fernwanderer sein Auto für die Wanderunternehmung. Stattdessen wird er bei An- und Abreise sowie bei evtl. notwendigen Transferfahrten auf den ÖPNV ausweichen. Das hält die Kraftfahrzeugdichte vor Ort gering und stellt auf diese Weise eine gelebte Nachhaltigkeit dar. Die Nachhaltigkeit dieses Tourismuskonzepts liegt in seiner Sanftheit.

Als Fernwanderer lebst du selbst nachhaltiger, weil dein Lebensstil weniger Ressourcen verbraucht.

Damit verbindest du die jahrhundertealte Tradition des Wanderns mit einem modernen Profil. Unter ökologischen Gesichtspunkten betrachtet ist jede Form des Wanderns eine sanfte Sportart, die sich in ihrem Selbstverständnis auf die Schonung der Natur ausrichtet, weil sie darauf angewiesen ist. Würdest du als Wanderer dagegen wie die Axt im Walde hausen, würdest du dich selbst der Grundlage für den Erlebniswert deiner Sportart berauben. Als Wanderer bist du quasi aus Eigeninteresse dem Umwelt- und Naturschutz verpflichtet.

Ich bin fest davon überzeugt, dass der Wanderer diesen Naturbezug mit in seinen Alltag nimmt und auch dort einen nachhaltigen Lebensstil lebt. Man könnte sagen, das Wandern ist ein außerschulischer Lernort für die Ausbildung eines positiven Natur- und Umweltverständnisses.

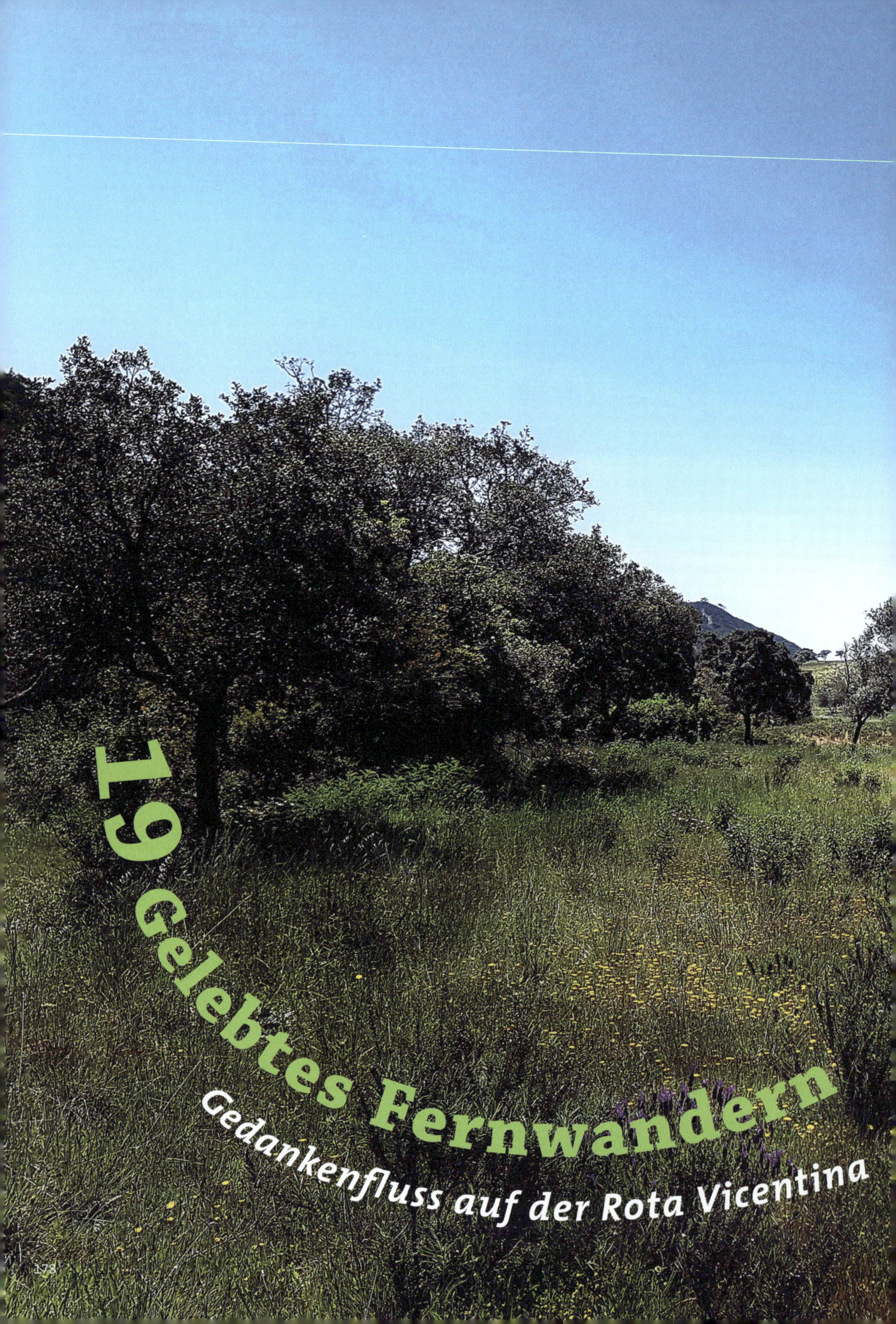

19 Gelebtes Fernwandern

Gedankenfluss auf der Rota Vicentina

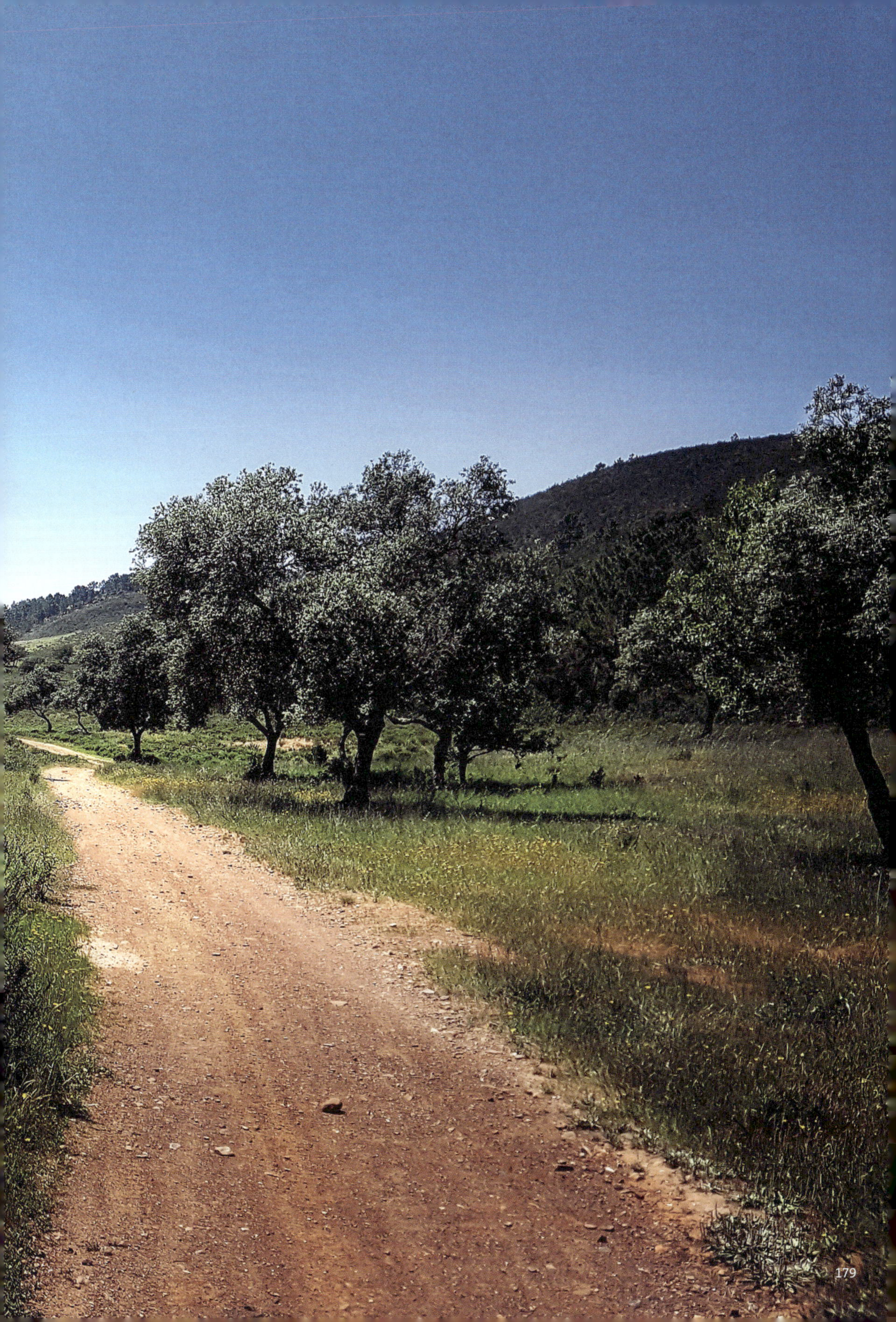

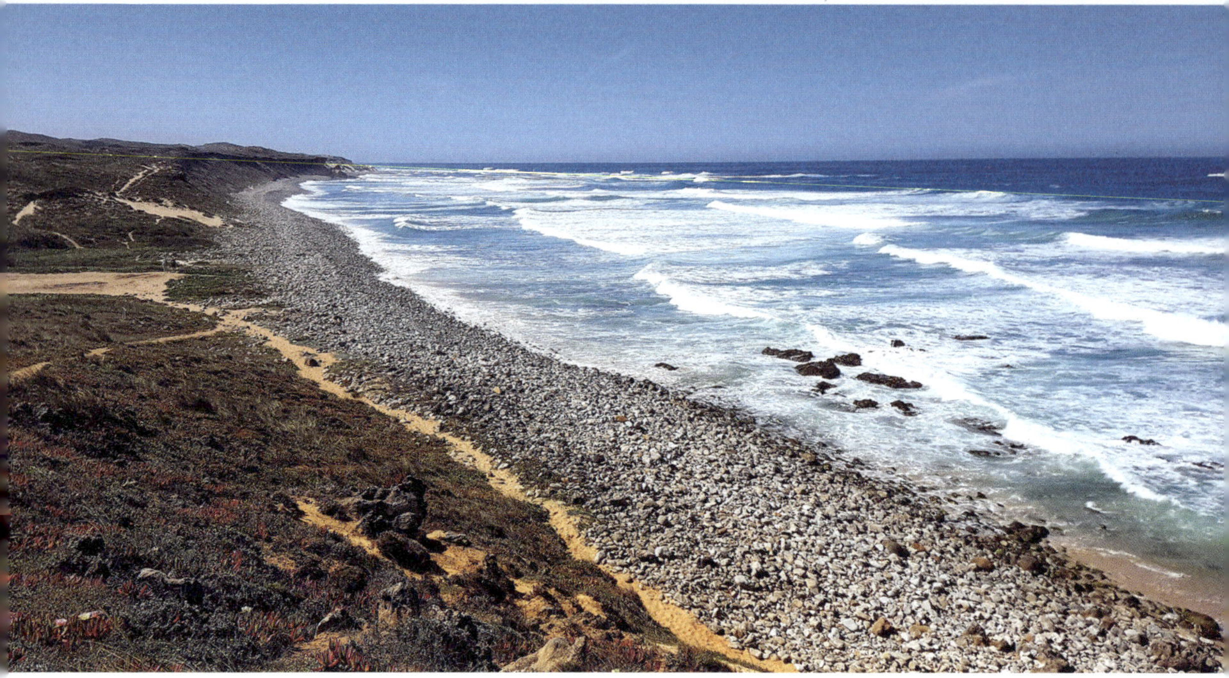

Aus meinen Reiseerinnerungen:
»Heute bin ich gleich mit zwei Schönheiten gesegnet. Mit meiner Frau, die wenige Meter vor mir wandert und mit dieser atemberaubenden Küstenlandschaft. 20 Kilometer anspruchsvoller Strecke liegen heute auf unserer ersten Etappe von Porto Covo nach Vila Nova de Milfontes vor uns. Wir haben gerade einmal die ersten paar hundert Meter geschafft und die Ortsgrenze von Porto Covo passiert. Mein Reisefieber der letzten 48 Stunden beginnt sich langsam zu legen. Immer wieder beeindruckend, wie Wandern das Hirn frei bläst.

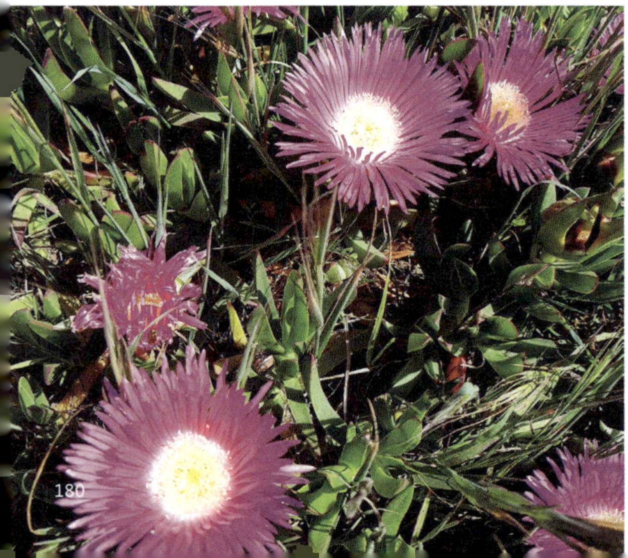

Die Füße sorgen zusätzlich im sprichwörtlichen Sinn für Erdung. Dass die 20 km der ersten Etappe im Handbuch der Rota Vicentina als »anspruchsvoll« bezeichnet werden, ist für mich bislang nicht nachvollziehbar. Was sind denn schon 20 km Tagesleistung bei keinem offensichtlichen Höhenunterschied? Jetzt bin ich schlauer. Von dem Dorf Porto Covo, das oben auf der Küstenebene liegt, führte der Fischerpfad hinunter auf Meeresniveau, nur um anschließend wieder hinauf auf die Klippen zu steigen. Das geht die nächsten Stunden und Tage sicher mehrmals so. Insofern werden einige hundert Höhenmeter zusammenkommen. Alpinismus an der Atlantikküste. Lustig! Und der Weichsand, über den wir gerade laufen, macht die Sache auch nicht einfacher. Wie in einem Hamsterlaufrad. Drei Schritte vor und zwei zurück, so fühlt sich das an. Das wird sportlich. Da fühlen sich heute Abend die 20 km wohl eher nach 40 km an. Außerdem habe ich bereits Sand in den Schuhen. Ausleeren ist bald angesagt, sonst gibt es Blasen. Ich freue mich jetzt schon auf den Jacuzzi in unserem Hotel. Unsere Füße werden glühen und die Beine lahm sein. Der Weichsand hat's wirklich in sich.
Ich freue mich aber auf die körperlichen Herausforderungen. Und die psychischen. Wenn der allgegen-

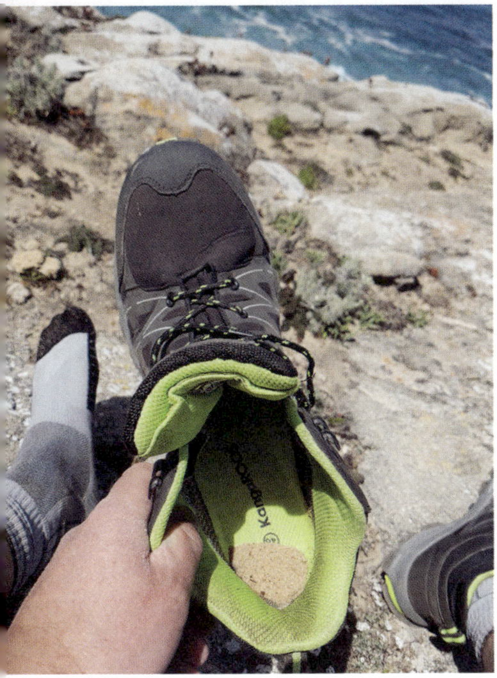 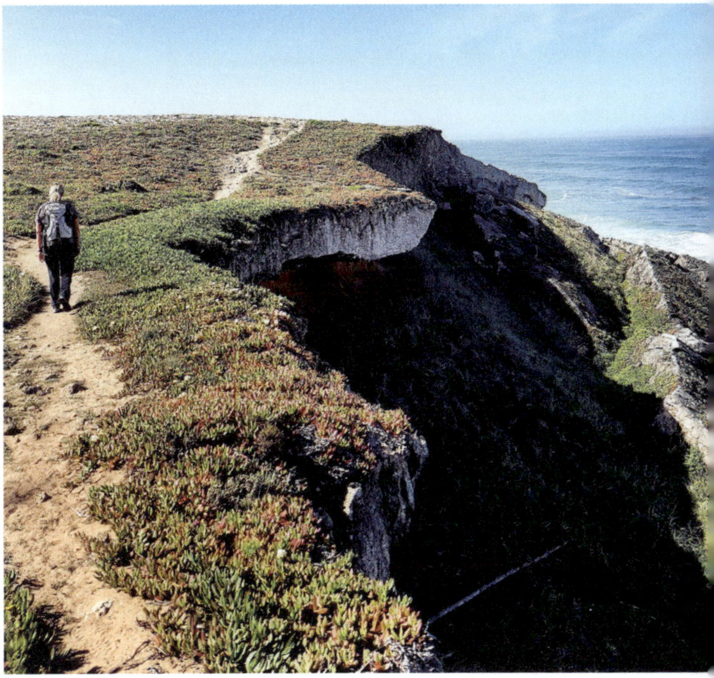

wärtige Wind vom Atlantik zu Orkanstärke ansteigt und dann vielleicht noch Regen mit ins Spiel kommt, dann wird es echt heftig. Waagrechter Regen. Bääh! Ein Ehepaar stellt sich den Herausforderungen der Natur. Großes Kino. Der Fischerpfad macht jetzt schon enorm Spaß. Die Landschaft ist ein Traum. Meine Frau sowieso.
Sie wirkt genauso glücklich wie bei unserem Walkabout über die Alpen im Sommer 2018. Außerdem sind wir perfekt ausgerüstet. Gute Ausrüstung macht einfach Spaß. Interessant, dass wir uns kaum unterhalten. Zu intensiv sind die Eindrücke.

Die Strahlkraft und Klarheit der Farben ist höchst stimulierend. Selten zuvor habe ich einen Himmel gesehen, der derart blau war, selten ein Meer das mehr Azur bot. Die Natur in Farben, die selbst der beste HD+ Fernseher nicht bieten kann. Der Ozean zieht am Horizont mit vehementem Dunkelblau eine kerzengerade Grenzlinie zum deutlich helleren Himmelblau. Eine Handvoll Schönwetterwolken umschmeichelt diesen knallharten Farbübergang und versöhnt damit meine harmoniesüchtigen Augen.
In Küstennähe zeigt sich der Atlantik in karibischen Calypso-Farbnuancen, in denen das makellose Weiß der Gischt dynamische Akzente setzt. Eine nicht enden wollende Inszenierung der Farbe Blau inmitten schroffer Klippen. Ein sandiger, in warmen Ockertönen einladender Traumstrand wird von einem rauen Felsenodeon umrahmt und setzt in einer menschenleeren Bucht einen ruhigen Kontrapunkt zum Wellengetöse des Ozeans.
Eine Ebene über dem Meeresspiegel überrascht die Landschaft mit üppigem Grün. Jetzt, im Frühling, scheint die Natur förmlich zu explodieren. Die fleischigen Blätter der sukkulenten Mittagsblume sind prall mit Wasser gefüllt, den Niederschlägen des Winterhalbjahres sei Dank. Die Blüten setzen mit ihrem Violett oder Gelb farbenfrohe Akzente im saftigen Grün der Umgebung. Kniehohe Büsche zeigen mit ihren zarten, gelben Blüten im Mittagsblumenrasen selbstbewusst Präsenz. Landeinwärts des schmalen Pfades, auf dem wir inzwischen seit Stunden wandern, wächst oftmals Getreide, überwiegend Gerste. Die schon weit gereiften Ähren teilen sich den Acker mit knallroten Mohnblumen und weiteren, farbenfrohen Blüten, die der Landwirt als Unkraut bezeichnen würde, wir Wanderer hingegen als fröhliche Farbtupfer.

Ich fühle mich angekommen und ruhe in mir selbst.

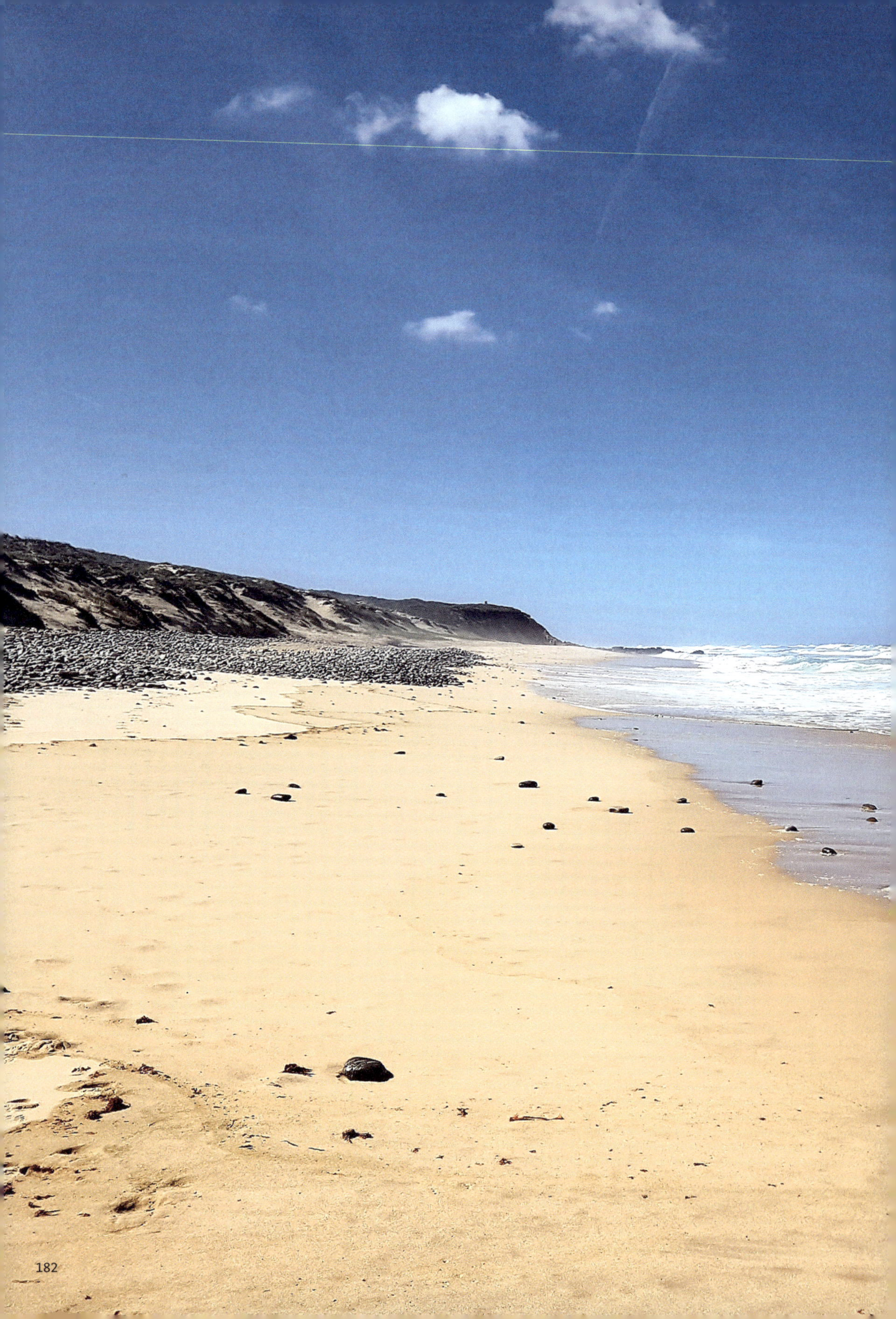

20 Die Summe der Erkenntnisse

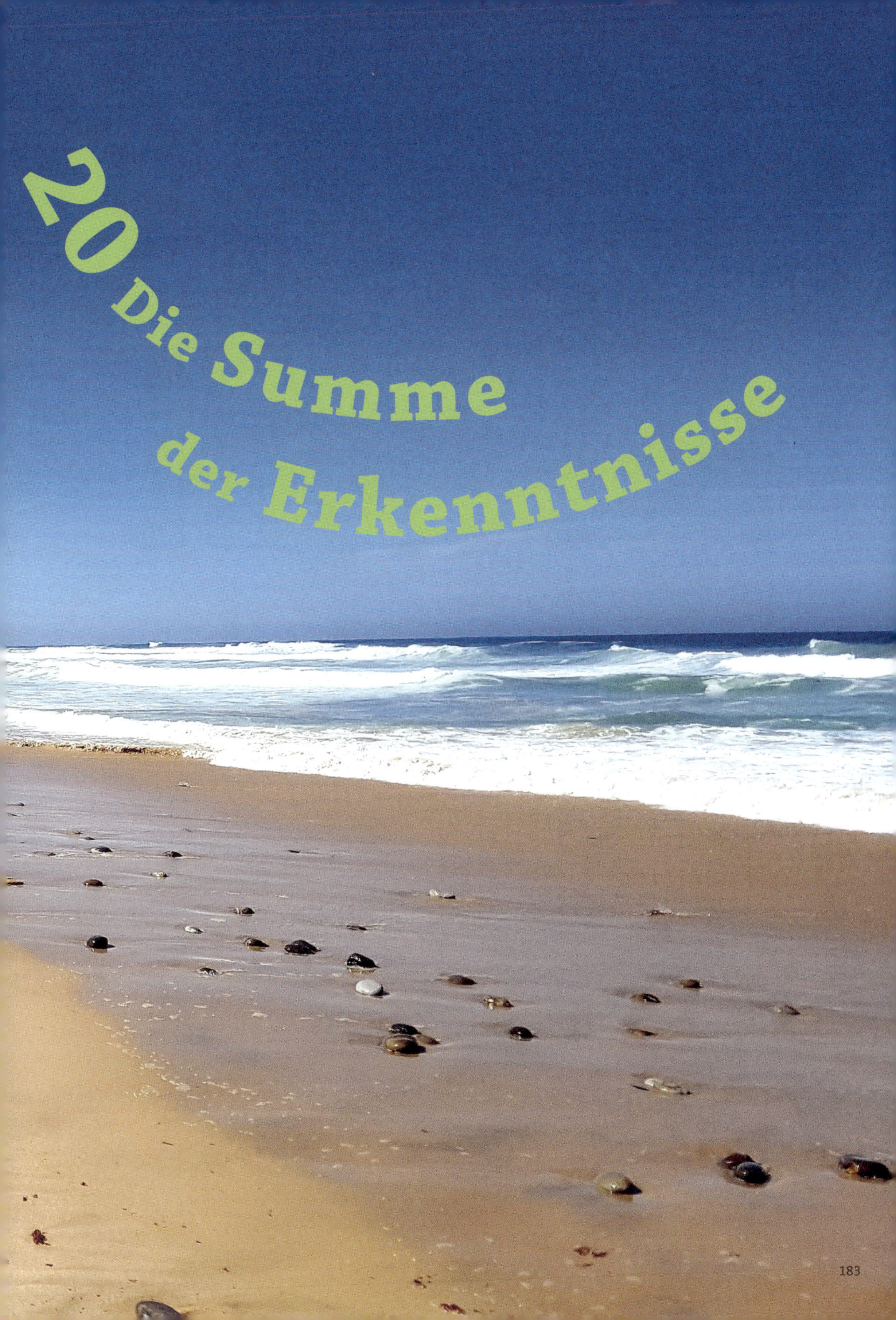

»Ich frage mich, was mich eigentlich überhaupt dazu gebracht hat, quer über die Alpen zu laufen? Eine Strecke zu Fuß zurückzulegen, die man in wenigen Stunden bequem mit dem Auto bewältigen könnte? Warum habe ich mich überhaupt auf dieses Abenteuer eingelassen und was hat es in mir bewirkt? Hat sich für mich wirklich etwas verändert oder bilde ich mir das bloß ein? Und wenn ja, was genau? Wiegt das Glücksgefühl, das mich gerade durchflutet, die Mühen und Plagen auf?«

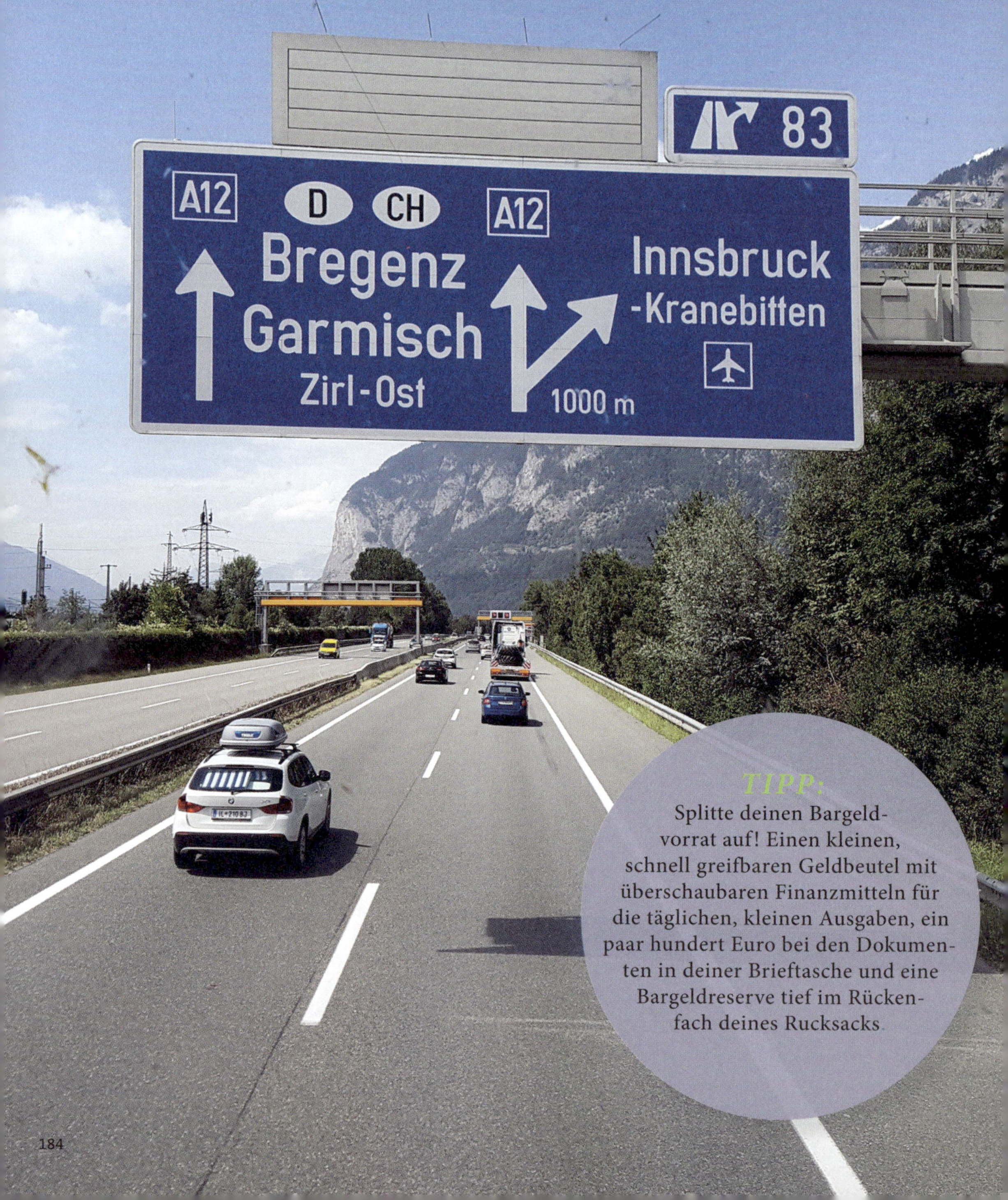

TIPP:

Splitte deinen Bargeldvorrat auf! Einen kleinen, schnell greifbaren Geldbeutel mit überschaubaren Finanzmitteln für die täglichen, kleinen Ausgaben, ein paar hundert Euro bei den Dokumenten in deiner Brieftasche und eine Bargeldreserve tief im Rückenfach deines Rucksacks.

Auf diese Fragen aus dem ersten Kapitel fand ich erst im Laufe der Folgemonate nach meiner ersten Alpenüberquerung zahlreiche Antworten. In diesem Buch ließ ich dich daran teilhaben. Doch wie lautet nun die Quintessenz?
Wandern dient der Stressbewältigung und fördert die persönliche Zufriedenheit – von den zahlreichen positiven physiologischen Auswirkungen auf unseren Organismus ganz zu schweigen. Es hilft dabei, mehr Gelassenheit zu entwickeln, um den Alltag besser zu bewältigen. In der Summe stärkt es damit unsere **»Resilienz«** im Sinne einer psychischen Unverletzlichkeit. Ist Fernwandern für die Seele das, was für Siegfrieds Körper das Bad im Drachenblut war?

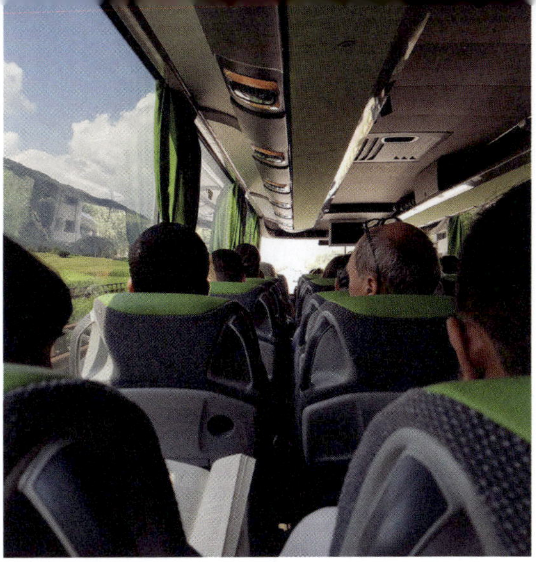

Mitten in der Nacht sitze ich im Busbahnhof in Bozen. Die ganze Woche über hatte ich Traumwetter. Jetzt tobt über der Südtiroler Landeshauptstadt ein Gewitter. Für 2 Uhr morgens ist die Heimreise mit dem Flixbus gebucht. Ich bin todmüde, wage es allerdings nicht die Augen zu schließen, denn ich fürchte die Abfahrt zu verschlafen. 54 km wanderte ich in den letzten 20 Stunden. Aus dem Schnalstal bis nach Meran. Mit dem Zug ging es dann weiter nach Bozen. Auf dem Bahnhof treiben sich im wahrsten Sinne des Wortes finstere Gestalten herum. Mir ist mulmig zumute. Ich fühle mich angreifbar. In den Bergen hatte ich solche Ängste nicht. Dann endlich ist der Bus da. Die Fahrt holt mich endgültig aus der Parallelwelt, in der ich in der letzten Woche leben durfte und bringt mich in die Realität zurück. Die Distanz zum wahren Alltag empfand ich als so groß, als hätte ich mich in einem anderen Universum befunden.

Mein Walkabout ist vollendet. Was nun kommt, ist der Abspann. Kaum sitze ich auf meinem Platz, dem letzten freien im Flixbus, der aus Ancona kam, übermannt mich die Müdigkeit und Erschöpfung endgültig. Das Ortsschild von Bozen passiere ich bereits tief schlafend. Trotz der Enge stören mich die Mitreisenden nicht. Ich fühle mich selbst im vollbesetzten Bus noch so allein und befreit wie während meiner nun abgeschlossenen Wanderunternehmung. Mein Schlaf ist traumlos. Doch tief in mir durchflutet mich Stolz. Stolz, aus eigener Kraft etwas Großes geleistet zu haben. Und die Erkenntnis reift, dass eine immens intensive Zeit, die meinem bisherigen Leben eine neue Richtung gab, nun definitiv und unvermeidlich zu Ende geht.

Als ich am frühen Sonntagmorgen in meinem Heimatort Garmisch-Partenkirchen aus dem Bus steige, bin ich alleine auf den Straßen. Kein Mensch ist an diesem Wochentag und zu dieser frühen Stunde freiwillig auf den Beinen. Wenige Zehnermeter vor meiner Haustüre treffe ich auf die Stelle, an der ich vor acht Tagen zu meiner Alpenüberquerung aufbrach und in eine Seitenstraße einbog. Der Kreis schließt sich an dieser Stelle. **»Ein unwichtiger Schritt für die Menschheit, aber ein bedeutsamer für mich...«** schießt mir das auf meine Situation abgewandelte Neil Armstrong-Zitat durch den Kopf. Mit dem ersten Schritt vor acht Tagen entließ ich den alten Andreas Kaiser in die Vergangenheit, als neuer Andreas Kaiser kehre ich nun zurück. Bevor ich den Schlüssel in das Haustürschloss stecke, drehe ich mich noch einmal um. Ich blicke sehnsüchtig hinauf zum markanten Gipfel der Alpspitze. Irgendwo dahinter verläuft der Weg nach Meran... Dann begrüßt mich das metallische Klicken des sich drehenden Schließzylinders zurück in der Realität.

Ich möchte, mit Verneigung vor der sportlichen Leistung einer Alpen-Ost-West-Durchquerung und ihrem daraus entstandenen Buch »Alpensolo«, Ana Zirner das Schlusswort sprechen lassen, welches das Resümee meiner Fragen vom Tisenjoch zieht und unser aller Fragen nach einer allumfassenden Antwort auf die Wirkung von Fernwanderungen auf den Punkt bringt:

»Alle Geschichten, alle Bilder, alle Gefühle und Erlebnisse dieser Zeit haben sich in mir eingenistet und machen einen großen Teil von dem aus, was ich jetzt bin.«

Ana Zirner

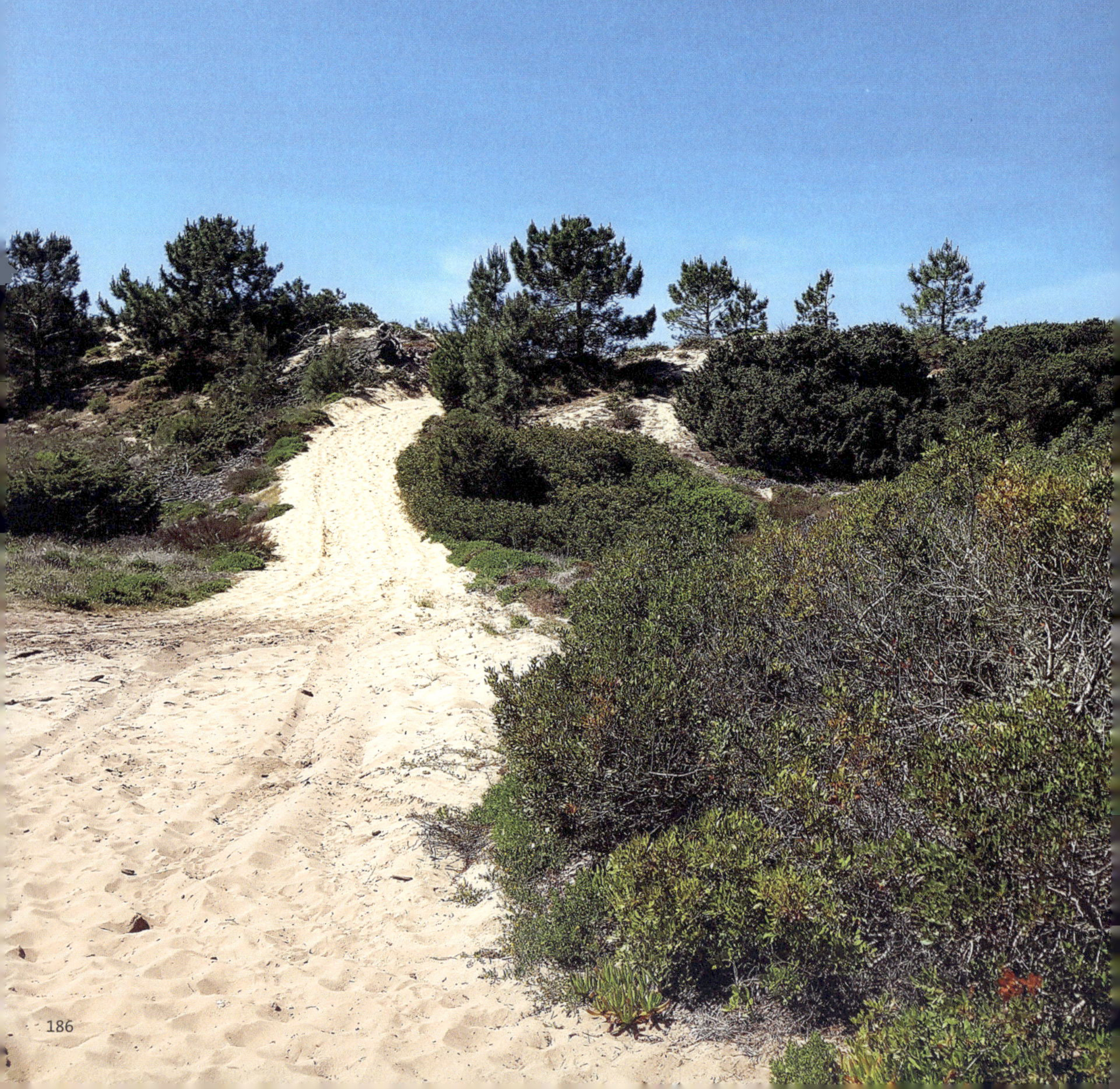

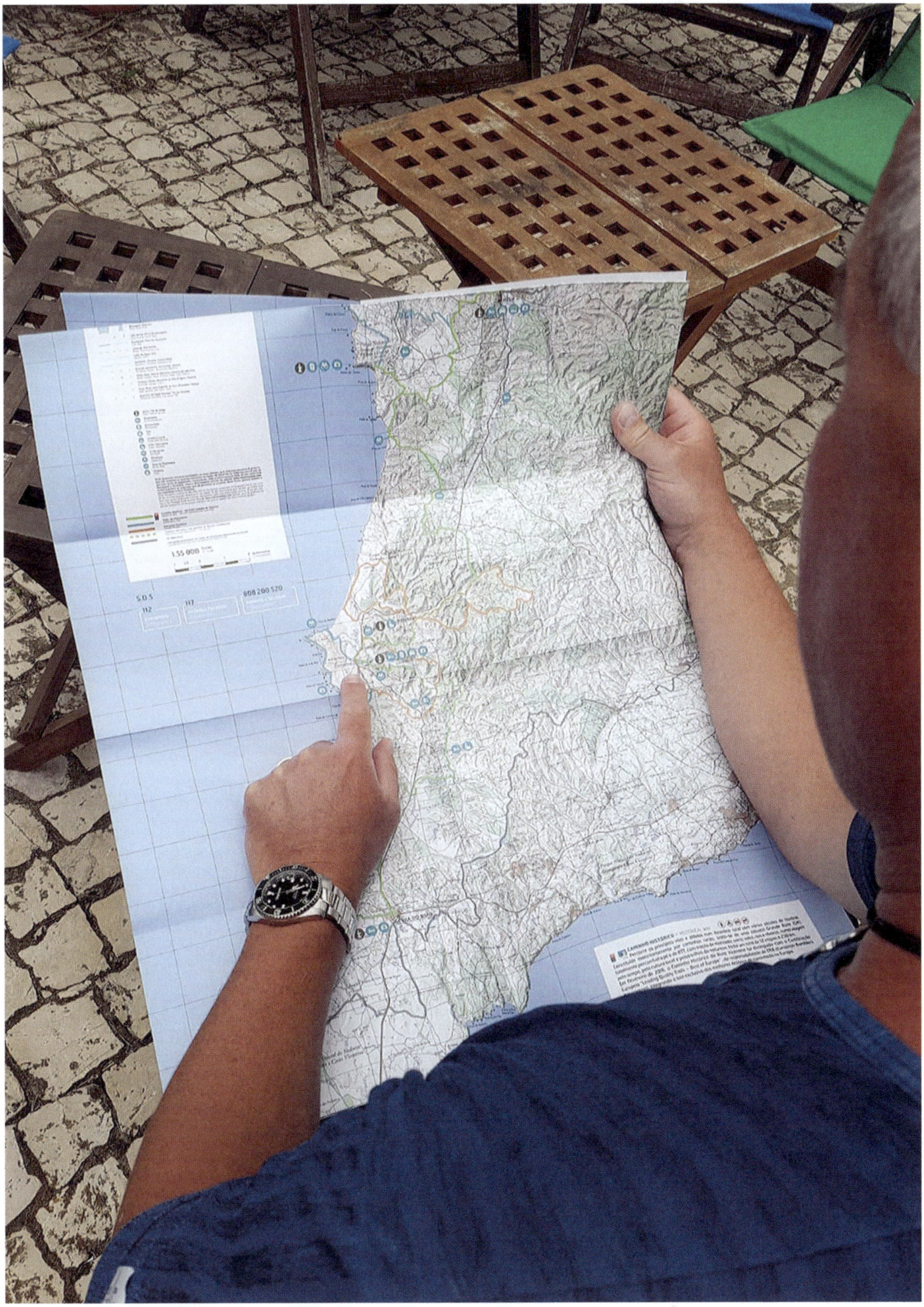

Fernwandern lehrt euch Orientierung. Nicht nur auf der Karte und im Gelände, sondern auch daheim im Alltag.

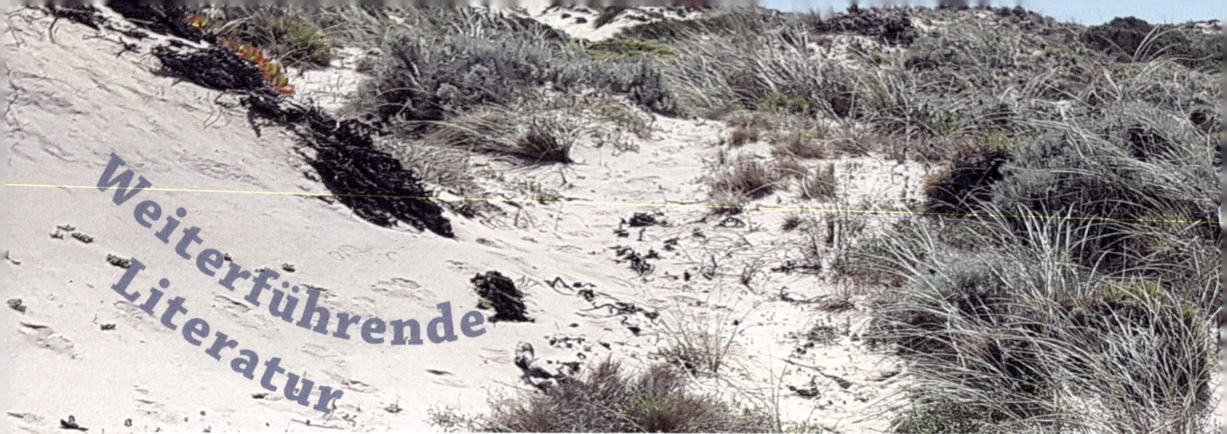

Weiterführende Literatur

Inspirationen und Gedankenansätze:

Arvay, Clemens G: Der Biophilia-Effekt. Heilung aus dem Wald. Ullstein Buchverlage. Wien 2016.

Dürr, Hans-Peter: Warum es ums Ganze geht: Neues Denken für eine Welt im Umbruch. oekom Verlag. München 2009.

Im grünen Bereich. In: Panorama. Das Magazin des Deutschen Alpenvereins, 72. Jg. 2000, Heft 4, S. 30–37.

Kagge, Erling: Gehen. Weiter gehen: Eine Anleitung. Insel Verlag. Berlin 2018.

Kitzler, Albert: Vom Glück des Wanderns. Droemer Verlag. München 2019.

Massenphänomen Transalp. In: ALPIN 11/2018.

Smolka, Henning: Wandern und Nachhaltigkeit – Eine Positionsbestimmung. In: www.wanderforschung.de .2009.

Sohr, Sven / Abbattista, Anton, In: DAV (Hg.): Studie – Stressreduktion durch Bergwandern. München 2020.

Tsunetomo Yamamoto: Hagakure. Japan 1710–1716.

Berichte von (Fern-)Wanderungen:

Andrack, Manuel: Gesammelte Wanderabenteuer. KiWi Verlag. Köln 2005.

Bargel, Matthias: Alpenüberquerung live!. Books on Demand, 2. Auflage. Norderstedt 2018.

Ehritt, Rainer: Vom Weg zur Quelle meines Sieges. Ein Pilgerabenteuer. tredition. Hamburg 2019.

Kerkeling, Hape: Ich bin dann mal weg. Piper Verlag, 28. Auflage. München 2006.

Sohmen, Michael: Der Jakobsweg am Meer. Michael Sohmen. 2019.

Zirner, Ana: Alpensolo: Allein zu Fuß von Ost nach West. Piper Verlag. München 2018.

Unverzichtbares Outdoorwissen für Fernwanderer findet sich in:

Brendan, Leonard: Draußen unterwegs: Der LEITFADEN. pietsch. Stuttgart, 2019.

Kaiser, Andreas Paul: Navigation mit Smartphone & Co. pietsch. Stuttgart, 2019.

Vogel, Johannes: Der Expeditionsguide. pietsch. Stuttgart, 2018.

Fernwandertipp für Einsteiger:

Altmühltal-Panoramaweg. Der schönste Wanderweg durch das Altmühltal mit Toureninfos, Karten und Servicetipps. Herausgeber: Zentrale Tourist-Information Naturpark Altmühltal. Eichstätt.

Fernwandertipp für Fortgeschrittene:

Cabral, M. / Granja, J. / Canha, P.: Wanderführer Rota Vicentina. Herausgeber: www.rotavicentina.com .

Literaturtipps für Alpenüberquerer:

Baur, Stephan / Steuerwald, Dirk: Fernwanderweg E5. Bergverlag Rother. München 2016.

Baur, S. / Biehl, V. / Steuerwald, D.: München – Venedig. Bergverlag Rother. München 2016.

Unterhaltsames für Fernwanderer:

Kaiser, Andreas P.: Alpen – Amor – Abenteuer. MAK Trek. Garmisch-Partenkirchen 2016.

Biographische Informationen zu den aufgeführten Philosophen wurden aus Wikipedia themenpassend zusammengefasst.

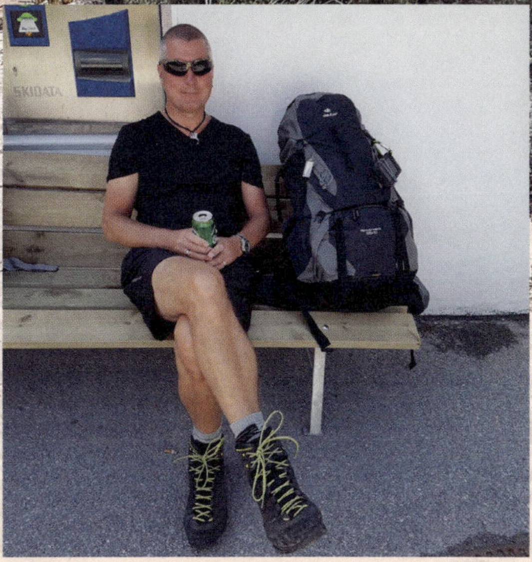

Der Autor

Andreas P. Kaiser ist Geograph und Inhaber der Firma MAK Trek, die geowissenschaftliche und erlebnispädagogische Dienstleistungen anbietet. Er arbeitet zudem als Beratungslehrer an Schulen im Landkreis Garmisch-Partenkirchen. Als begeisterter Wanderer und Fernwanderer veröffentlichte er einen Wanderführer im Bergverlag Rother sowie im Verlag pietsch die beiden erfolgreichen Titel »Navigation mit Smartphone & Co. Der ultimative Pocket-Guide für Outdoor-Touren« (2019), in dem vorgeführt wird, wie das Smartphone als vollwertiges Navigationstool eingesetzt wird, sowie »Schatzsuche für echte Kerle« (2018) mit dem Co-Autor Jürgen Proske, das zurzeit umfassendste Buch zum Thema Schatzsuche.

Wenn du den Autor auf seinen Wanderungen begleiten möchtest – zu diesem Buch gibt es einen Blog: **https://gluecksformelwandern.blogspot.com**

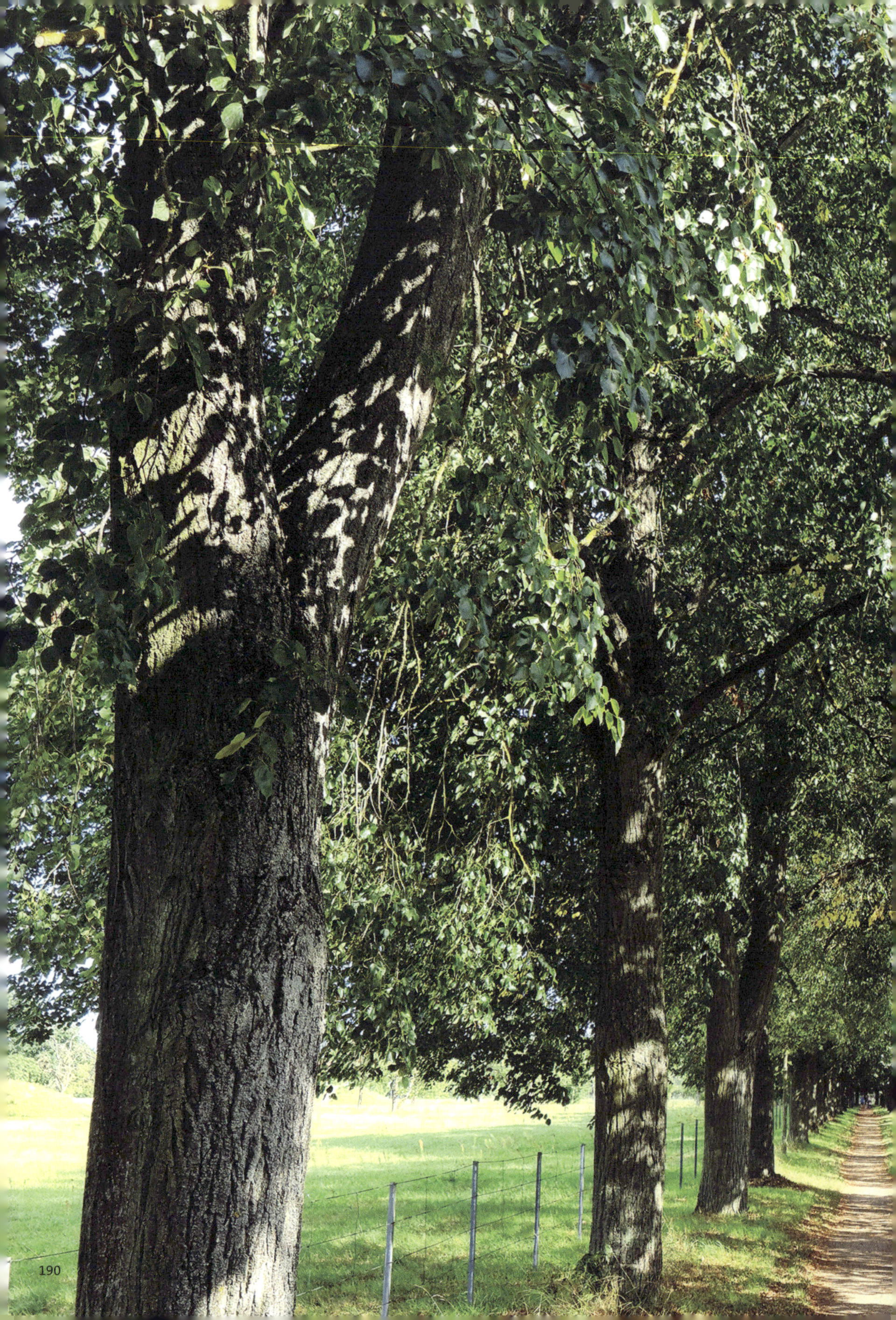

Stichwortverzeichnis

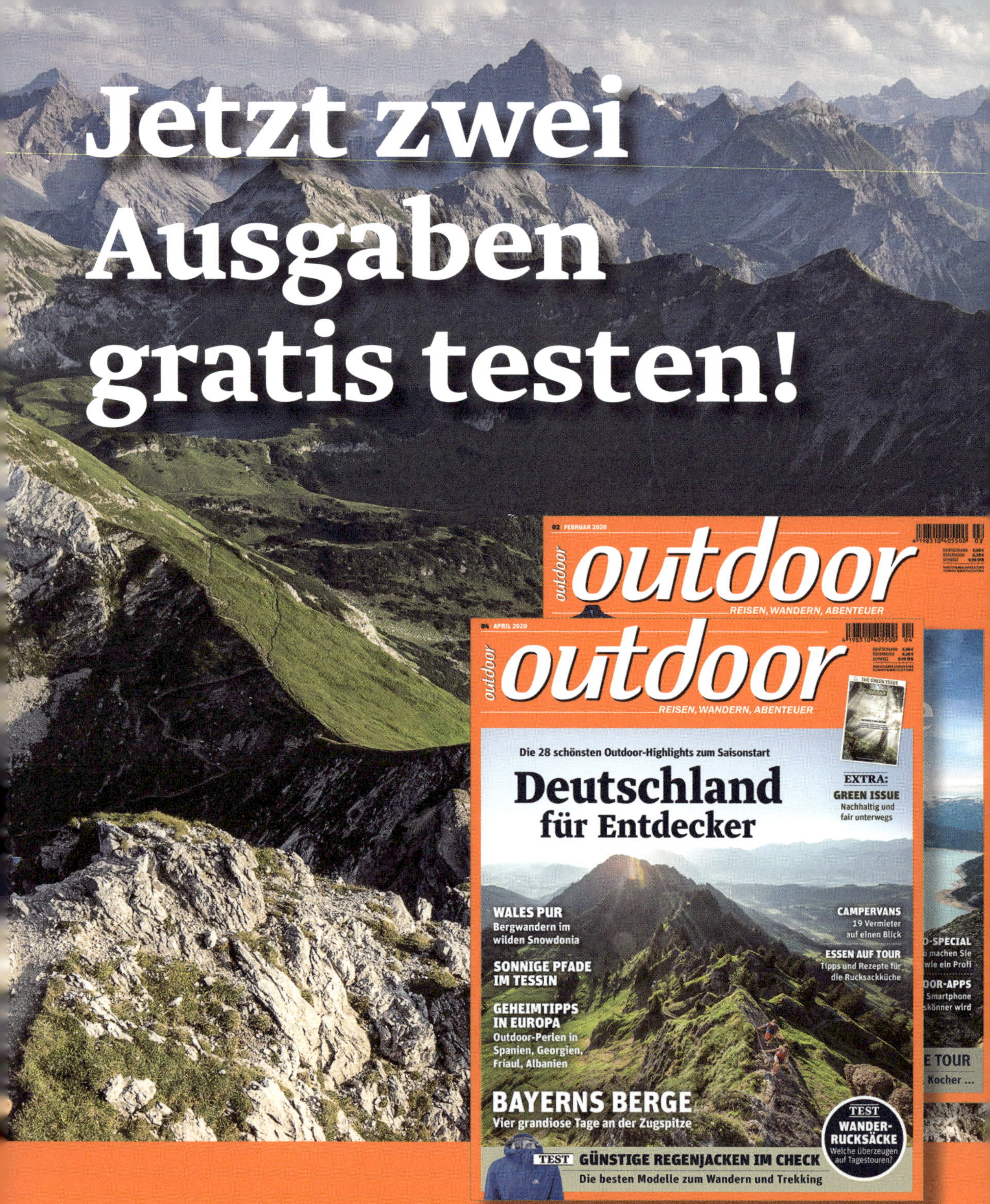
Jetzt zwei Ausgaben gratis testen!
02 FEBRUAR 2020
outdoor
REISEN, WANDERN, ABENTEUER
04 APRIL 2020
outdoor
REISEN, WANDERN, ABENTEUER
Die 28 schönsten Outdoor-Highlights zum Saisonstart
Deutschland für Entdecker
EXTRA:
GREEN ISSUE
Nachhaltig und fair unterwegs
WALES PUR
Bergwandern im wilden Snowdonia
SONNIGE PFADE IM TESSIN
GEHEIMTIPPS IN EUROPA
Outdoor-Perlen in Spanien, Georgien, Friaul, Albanien
CAMPERVANS
19 Vermieter auf einen Blick
ESSEN AUF TOUR
Tipps und Rezepte für die Rucksackküche
BAYERNS BERGE
Vier grandiose Tage an der Zugspitze
TEST
WANDER-RUCKSÄCKE
Welche überzeugen auf Tagestouren?
TEST GÜNSTIGE REGENJACKEN IM CHECK
Die besten Modelle zum Wandern und Trekking